国家社科基金
后期资助项目
GUOJIA SHEKE JIJIN HOUQI ZIZHU XIANGMU

Research on Wang Dungen :
A Journalist-Writer in Early
Twentieth-Century China

民国报人作家
王钝根研究

罗紫鹏　著

中国社会科学出版社

图书在版编目（CIP）数据

民国报人作家王钝根研究／罗紫鹏著 . -- 北京：
中国社会科学出版社，2025. 4. -- ISBN 978-7-5227
-4671-5

Ⅰ. K825.6

中国国家版本馆 CIP 数据核字第 2025U6E403 号

出 版 人	赵剑英	
责任编辑	慈明亮	
责任校对	韩海超	
责任印制	李寡寡	

出　　版	中国社会科学出版社	
社　　址	北京鼓楼西大街甲 158 号	
邮　　编	100720	
网　　址	http：//www.csspw.cn	
发 行 部	010-84083685	
门 市 部	010-84029450	
经　　销	新华书店及其他书店	

印　　刷	北京君升印刷有限公司	
装　　订	廊坊市广阳区广增装订厂	
版　　次	2025 年 4 月第 1 版	
印　　次	2025 年 4 月第 1 次印刷	

开　　本	710×1000　1/16	
印　　张	23.75	
字　　数	431 千字	
定　　价	136.00 元	

国家社科基金后期资助项目

出版说明

　　后期资助项目是国家社科基金设立的一类重要项目，旨在鼓励广大社科研究者潜心治学，支持基础研究多出优秀成果。它是经过严格评审，从接近完成的科研成果中遴选立项的。为扩大后期资助项目的影响，更好地推动学术发展，促进成果转化，全国哲学社会科学工作办公室按照"统一设计、统一标识、统一版式、形成系列"的总体要求，组织出版国家社科基金后期资助项目成果。

全国哲学社会科学工作办公室

文学永远在新旧冲突与融合中
通变。后来视之为旧者，当初也曾
是新的，王钝根面对西民初的文坛，强
调了文学要自由地写突出趣味性
等，一变了当时的风气，受到了读者
的欢迎，何尝没有革新的意味？我
赞赏对王钝根们作历史的辩证的、
踏实的分析。

范霖

目　录

绪　　论

近年来，越来越多的学者致力于对清末民初的报刊进行整理和研究，史学、社会学、新闻学、文学等专业都欲从这些原始材料中追述曾经的史实和社会文化内容。就中国文学研究而言，将古与今连成一体、打通二十世纪文学、考察中国文学的发展轨迹和演变规律则是目前学界所着力的重点。而要解决这些问题，对清末民初的重点刊物、具体作家、典型文学流派及其代表作品的考察与梳理就必不可少。

从近代转型期的文学情况来看，这一时期最突出的问题是古与今的问题、中与西的问题。而反映在具体的文学现象中，则是文学创作逐渐倾向白话，是小说、戏曲等俗文学地位的上升，是创作手法对西式文学的极力模仿，是文学作品依靠报刊新媒体向民众的加速传播。故讨论这一时期的文学变革，报刊中的文学作品是焦点，小说、戏剧的内容形式是参照，而新旧文学的思想论争、知识分子的转变历程也是其中必须要讨论的话题。自清末黄遵宪、梁启超等人提出"诗界革命"，以及1902年梁启超放言"今日欲改良群治，必自小说界革命始"，关于新旧文学的讨论就从未停止，而至新文化运动时期这种讨论达到顶峰。民国时期旧文学继续与新文学并存，而新旧的界限却逐渐模糊，特别是像所谓的"礼拜六派"这样最初自认为"新"的文学很快就被判为旧文学，像南社这样一直以旧派自居的文学社团却又时时闪耀着新的文学光芒。这样一群在新旧之间游走的作家正是用以考察近代文坛与文学的契机，其中又以被定义为"旧派"的作家身上更能见出文学变革的过程及其复杂性，而王钝根就是当时混合着新旧文学思想、夹杂在新旧人物之中的报人作家之一。

一　研究缘起

自晚清以来，中国开始经历三千年未有之大变局，这一变局涵盖范围之广、涉及人事之众都是前所未有的。对于当时普通的读书人来说，这一变局直接而真实地触及其生存、生活的主要有两点：其一是科举制度的结束，其二是文学观念的变迁。就科举制度的结束而言，它主要阻断了普通读书人固有的阶层上升之路，失去了传统士绅阶层的头衔、职业和收入。那些处在社会顶层的读书人或者仍有门路更换"官服"、谋求高位，但成批的中下层读书人除了赋闲在家、自耕自读外，少有换取衣食的方法。就文学观念的变迁而言，它主要改变了传统读书人的书写内容和创作指向。以前是写八股、作诗文，偶有闲情还可创作诗余、小令。戏曲、小说都是小道，即使有所"染指"也常常要隐去真实姓名。

但晚清以来，由于西方文学、文化的对比参照，不但"文学"的概念内涵有了扩展转变，原不为读书人所看重的小说、戏剧等俗文学也有了与诗文比肩的地位，而且其现实价值还要凌驾于诗文之上，更重要的是能比诗文更快、更多地获取稿费和知名度。因此，从科举路上"解放"出来的大批读书人很快便涌入了说部、戏剧等俗文学创作的职业道路上，而架在两条道路之间的桥梁便是全新的发表平台——报刊。因此，处在时代变局中的中下层读书人进驻报界并乐于创作小说、戏剧等俗文学几乎是其谋求生路的必然。对于脱离科举轨道，而有科举经历、习惯诗书写作的士绅来说，夤缘搭上报刊这个极速的文学传播工具，从传统诗文写作的框架里跳出来，进入当时最流行的小说界成为一种可能。可以说，新生的报刊媒体是当时文学产生的最主要平台，也是影响文学发展的最重要机制。

从目前学界对近代中国文学的研究就能发现，几乎所有的文学现象、文学流派都绕不开报刊以及新媒体的传播问题。这一时期文学作品文献的汇集基本就是"报刊文学作品"文献的汇集，所有文学问题的研究也都要从报刊的渠道着手，研究报刊与中国文学转型问题的论著更是不胜枚举。作品的发表与传播都得益于刊物的登载平台，撰稿者的成就感来自报刊对稿件的接纳与承认，而创作者的写作欲望也可以源于报刊的求稿广告，整个新闻媒体、舆论场域的变化加速解构着原有的社会结构，推动着社会的变革，也同样推动着文学的变革。而社会政治的巨变、知识阶层的巨变正是清末以来新文学生长的环境，也正是旧文学延续和渐变的环境。在这样的环境中，一个文学话题可以引来整个媒体平台、整个知识界参与讨论，而在这讨论中要么可以得出某些共识，如"小说的社会功用"；要么形成几种各不相同的观点，并在不同文学阵营的对垒中被反复论证，如"新旧文学之调和"。更重要的是，这一文学环境与时代变革紧密相连，甚至文学的目标之一就是推动"社会革命"。

而在所有的文学革命与社会革命背后，是众多参与变革的报人、作家、社会活动家，是被时代所推动或抛弃的普通知识分子。他们的日常生活直接与文学创作、与报刊媒体相关；他们的个体命运也直接构筑了近代文学转型中的具体细节。在这之中，最多体会变革阵痛的是被时代抛弃的旧派文人，而最能呈现变革冲突的是被改良、被革命的旧派文学。因此，若能捕捉旧文人在时代变革中的文学生活与最终归宿，便能更好地说明旧文学的时代命运，更好地再现中国近代文学的变革过程。

在考察近代旧派文人的归宿之前，首先要知道清末至民国的旧派文学家是一个多层次的文人群体。不断变化着的旧派文学也有不断变化的创作者，而这一群体大致由清末遗老派文人、早期南社文人和所谓的"礼拜六派"文人构成。但这并不是一个准确的分类，也不能囊括所有的旧派文学创作者。事实上，像桐城派文人、同光体诗人中虽多有遗老，但文学创作持续到民国的也不少，所谓的"礼拜六派"与南社成员又多有重合，而二十年代的学衡派、甲寅派又并不属于"遗老""南社文人""礼拜六派"中的任何一类。所以，我们需要一个更明晰的分类将这些文人予以区别，进而才能将其发展走向予以归纳，并找出可以代表某种出路或归宿的文人典型。

汤克勤在《论晚清小说家的分类》一文中曾对晚清时期的小说家有过分类，他认为："士的近代转型可以具体分解成三个部分：一、传统士大夫向知识分子转型，二、普通士人向知识分子转型，三、近代新式学堂培养的学生（包括留学生）向知识分子转型。我们拟确定的三类晚清小说家：士大夫出身的小说家，以报人身份为主的职业、半职业小说家和新学生（包括留学生）小说家，恰好与士的近代转型三部分一一对应。"①他这里虽是对晚清小说家群体构成的分析，但其实清末至民国的旧派文学家也与之大致相当，即"传统士大夫出身的旧派文人"、"以报人身份为主的旧文学家"和"新学生及有留学背景的旧派文人"。在这三类之中，"以报人身份为主的旧派文人"的数量很多，特别是不少"传统士大夫"还有过"报人"的经历，而民国时期失去仕途的士人涌入报刊界，这一群体就变得愈加庞大。因此，"以报人身份为主的旧派文人"在这一时期是颇具典型性的。

而说到这些旧派文人在民国时期的归宿，一部分是精神上的归宿，另一部分是现实生活中的归宿。无论是哪一类别的旧派文人，从科举制度被废除的那一刻起，他们固有的生活习惯与生命过程已注定要有翻天覆地的

---

①　汤克勤：《论晚清小说家的分类》，《中国近代文学研究三十年回顾与前瞻学术研讨会暨中国近代文学学会第十六届年会论文集》，湖南大学文学院，2012年，第579页。

变化。最初的阵痛当然是没有仕途可走，接下来就是没有职业，生活没有着落。而伴随着生存困境，更大的痛苦来自精神上的无可归依。"传统"一次次地被摒弃，能够紧跟"传统"的改变而开眼看世界的人已是"新人"，而能够混迹于报界，谋求职业、获取名誉地位的人更是其中的"先进"。但他们终究还是"旧派"文人，跟随文学发展的脚步还是过慢。他们后来有投身政坛的，有投身教育界、学术界的，有以诗书自娱终老文坛的，但更多的是坚守在报界、与旧派文学一起凋零于文坛。像梁启超是出入于文坛、政治及学术界，林纾是出入文坛、报刊界及教育界，柳亚子是来去于政界、文坛及报刊界，而王钝根虽曾涉足过商界、电影界，但主要坚守在报刊界。涌入报界的士人极多，而最后坚守或凋零于报界文坛的旧派文人也不少。所以，欲考察一代旧派文人的归宿与历史命运，民国时期的报人文学家就是其中的代表。他们的生平不仅可以基本涵盖整个清末民国时期，他们的一生事业也都围绕、纠缠在旧派文学之中，他们是民国初年集中在《申报》《新闻报》《时报》等大报副刊平台的主编与撰稿者，是集中在《小说月报》《礼拜六》《半月》等杂志周围的编辑与投稿人。他们被贴上"礼拜六派"或"鸳鸯蝴蝶派"的标签，而不管其文学思想和观念是否更守旧或更接近新派，他们最终都被中国文学的前进队伍所抛弃。

与此同时，在民国旧派文人无法扭转的历史结局之中，更具体的是每位作家的个体命运。以其中最具代表性的报人作家来看，他们在时代大潮中或被读者所熟知，如冷血（陈景韩）、周瘦鹃；或被市场所淹没，如向《申报》《新闻报》等报纸投稿的众多文人；或曾经家喻户晓，最后黯然离去，如《礼拜六》的主编王钝根。此外，还有因时局动荡而隐匿不出的，因看透世事而遁入空门的。在这之中自然有时代环境逼迫的原因，但也有文坛诸多变化的刺激，有旧派文人在新旧文学争论中的思考与选择。这些人的历史宿命与结局早在二十世纪二十年代就已显露端倪，那正是新文化运动发生后的几年，也是旧派文学真正走向衰落的时刻。

近代时期众多创作者的文学生涯及文学成就都是其个人命运的偶然，但也是时代洪流中的某种必然。清末民国的时代环境造就了一代旧式文人的文学观念，而旧派文学的整个发展过程也在他们的理解与误解中极速进行，并最终将他们推到了文学历史的深处。在某种程度上，他们最终的归宿及其所能取得的文学成就，都代表了旧派文学发展演进的一种方向与可能。故此，追寻这些人在民国时期最后的情形，需要以一个个从传统走向现代的普通文人的命运为参照，如周瘦鹃回忆文章中提到的姚鹓雏、天虚我生、王钝根等人就是可供选择的参照代表。而那一时期最有影响力的副刊《申报·自由谈》、最具流行性的《礼拜六》周刊,其主编均为王钝根,同时王钝根的生平又略与清末民国四十余年的时间相始终——其文学生命中既有时代催生的头衔与荣耀,也有诸多变革之后的孤寂与落寞。所以,以王钝根为典型来讨论民国旧派文学的发展、讨论旧派文坛的动态,是具有可操作性的选择。

二 王钝根的研究价值

王钝根,名晦,本名王永甲,曾主编《申报·自由谈》《礼拜六》等多种通俗刊物,是当时报界及通俗文坛的领袖人物,与包天笑、周瘦鹃等人齐名。王钝根的报人及作家生涯有三十余年,其文学创作过程及人生命运与清末民国时期旧派文学的盛衰相互映衬,是讨论近代中国旧文学变革、通俗文学发展的绝好材料,但目前学术界关于他的介绍和论述却不多,至少到目前为止系统而详细的研究是没有的。

梳理王钝根的创作生涯与生平经历是为了考察清末民初文人往来的个中细节,并探讨民初通俗小说家在保存旧文学方面的意图与实践过程。王钝根的文学创作及编辑生涯虽然短暂,但成就却不单薄。在其文学生涯的鼎盛时期,王钝根与旧派文学同仁一道推动了适应文学市场与市民阅读习惯的通俗文学的发展,为中国文学增添了数以万计的小说、戏剧、诗词等各类体裁作品,更为近现代报刊文学的发展做出了贡献。通过对具体史料的挖掘与考论,可知王钝根并不仅仅是《礼拜六》的主编、《申报·自由谈》的开创者,而民国旧派也并非仅会描写"鸳鸯蝴蝶"的无聊文人,他本人更不是只会在骈四俪六、文言八股等古董堆里编闲话的封建余孽。由王钝根一人之作品及观点,可见民国旧派作家文学观念之一斑;由民国旧派作家之文学观念亦可见近代通俗文学兴衰、古今文学演变之一斑。故而讨论旧文学、旧小说在民国时期的具体状貌,从旧派小说家王钝根文学创作之个案以观全体,是较为便捷的途径。

在王钝根生前,同辈文人曾多次撰文对其进行介绍,但那些多是同仁间的交际文字,还算不上研究性的文章。包括他本人的作品在内,那一时期关涉王钝根的文章基本以史料描述为主,依目前查得的资料共有八十余篇(详见附录三)。如他的文章《钝根随笔》《新年之回顾》《儿时顽皮史》,他的小说《家庭地狱》及《温柔乡》等均有对自己生平的记录。又如陈蝶仙的《钝根先生传》、刘渭贤的《说小说家》、许廑父的《王钝根》和许瘦蝶的《记王钝根》等,则是王钝根的朋友对他的描摹记述,其中有可做史料的文字，也有戏谑失实的地方。而大胆书生在《小说点将录》中将王钝根比为"入云龙公孙胜"，慕芳的《文苑群芳谱》将其比为梅花，以"钝根在小说界中资格最老"，两文较早地点评了王钝根的小说作品及成就。至于其他相关者，则是对民初旧文艺或"礼拜六派"的整体讨论，述及王钝根的极少。到了二十世纪三四十年代，随着"礼拜六派"文学成为过往，文艺界又有时人后辈对当初的沪上文学家进行追忆，其中涉及王钝根者，如耳神的《徐三档师事王钝根》、柳莹的《王钝根及其他》、阿拉的《报界名老枪王钝根戒烟》等文，对于王钝根的性格爱好、是否投敌等情况的记述已经有夸张、戏说的成分，且已存在讹误不实之处。

二十世纪四十年代至中华人民共和国成立初期，文艺界逐渐出现对民国通俗文学的相关研究论著，在这些论著之中也有一些涉及王钝根的内容。其中较重要的是范烟桥的《民国旧派小说史略》和郑逸梅的《民国旧派文艺期刊丛话》，它们都是研究清末民国"旧派"文学的必备参考资料。郑逸梅后来还陆续出版了多种关于民国文艺的回忆文章，像《南社丛谈》《尺牍丛话》等书中就多有"礼拜六派"及民国通俗文艺期刊的细碎资料信息。

新时期以来，魏绍昌编纂的《鸳鸯蝴蝶派研究资料》是国内第一次系统整理的"鸳蝴派"文艺史料，而王钝根只是被提及，并不是其中重要或特殊的研究内容。之后，具体而全面对民国通俗文学做出理论研究的有范伯群、芮和师等人，但他们也从未将研究重点放在王钝根身上。在探讨王钝根的文学成就，以及王钝根与民国旧派文学关系的问题上，真正称得上研究性专文的是栾梅健的《王钝根评传》①。该文除了对王钝根一生主要的办刊编辑经历做了介绍外，还对其小说理论和作品做了简略分析。但文中的史实性错误不少，例如将王钝根经商失利的时间定在编辑《新申报》之后，把《新申报》的两个副刊《自由新语》和《小申报》当成一回事等。② 此后，栾梅健先生在《纯与俗的变奏》（山东友谊出版社2006 年版）一书中，亦有两篇谈王钝根与《申报·自由谈》《礼拜六》的文章，但都属一般介绍性的文字，没有提供更多关于王钝根的信息。事实上，新时期以来虽然关于民国旧派文学的讨论文章不少，但有关王钝根

---

① 附录于曹惠民编校的《现代通俗文学的"幽默大师"程瞻庐》一书，南京出版社 1994年版。

② 因限于当时资料搜集的各种困难，这些错误在所难免。

的文字基本上只限于零星的介绍和一鳞半爪的人物生平信息，而这些信息实质上也多是从对"礼拜六派"等民初"旧派"小说的研究中获得的。

近二十年来，这种情况未发生根本性改变，王钝根仍然极少成为直接的研究对象。学界论及王钝根，仍多是出于对民国通俗文学、民国报刊的研究。如杜莎的《从〈礼拜六〉杂志看其主编王钝根的编辑意识》（《东南传播》2012 年第 3 期），吴绍群的《论王钝根〈社会之花〉的编辑特征》（《中国出版史研究》2021 年第 1 期）是从编辑者的角度谈到王钝根；如卞李雪的《传播学视域下的〈社会之花〉研究》（安徽师范大学，2015 年硕士学位论文），付珊珊的《〈礼拜六〉小说创作的性别叙事研究（1914—1916）》（长春师范大学，2021 年硕士学位论文）是在探讨杂志的刊载作品时，对主编王钝根有过简要的介绍；又如潘建国的《〈工商业尺牍偶存〉所载鸳鸯蝴蝶派小说家史料辑考》（《明清小说研究》2003 年第 3 期），以及《民国史料丛刊》中收录的《百弊丛书》①等，则是在梳理民国文学或史料文献时，涉及王钝根的书信、文章等具体作品。另外，花宏艳最近出版的《〈申报〉刊载旧体诗研究（1872—1949）》（凤凰出版社 2018 年版）和《〈申报〉的文人群体与文学谱系》（商务印书馆 2021 年版）两书，对《申报》文人群体有较多考述，但重点在清末，关涉《申报·自由谈》早期主编王钝根的篇幅也不多。

可以说，相较于周瘦鹃、包天笑更为学者和读者所熟知，王钝根目前在学界和读者心中的知名度和分量要低很多，而这种情况与民国时期的文坛真实状况却并不相符。在当时，王钝根的文坛地位要高于周瘦鹃，虽然他的小说作品在数量和质量上无法与周瘦鹃比肩，但作为报人编辑，他在新闻界的地位和影响力却略胜一筹。因此，挖掘梳理王钝根这一人物在民国"旧派"文坛的行迹对于重新认识民国"旧派"文学、重现当时文坛的真实面貌均是十分必要的。事实上，目前学界对《礼拜六》杂志的研究已取得不小的成绩，对诸如周瘦鹃、李涵秋、毕倚虹等通俗文学作家的研究也相当充分，但是作为《礼拜六》创始人的王钝根却一直被忽视，其真实的文学地位没有得到应有的关注，其基本的史料也有许多显见的错误。同时，也因为王钝根在当时"旧派"文坛的前辈地位，其交际范围甚广，好友同仁跨越政坛、新闻界、文化界、教育界等多个领域，举凡南社、基督教青年会、新剧社及一些社会公益协会等，王钝根皆与之有所联

---

① 之后又有人辑选《百弊丛书》的部分篇章，编成《百弊放言》一书，大众文艺出版社 2003 年版。

系。故通过对王钝根的考察，可以串联起当时社会的各个层面，这对于在大的时代背景、文学背景下认知民国"旧派"文学的真实面目很有裨益。最后，就王钝根个人而言，从离乡到闻名于上海文坛，又到全面抗战中退守还乡，再到最后隐匿苏沪鬻字卖文——他在文坛的起落成败，他一生编辑创作生涯的曲折变化，既是大时代中"旧派"文人的一种范本，亦是历史转折时期一代报人的精神画像。故而，研究王钝根一人之历史，考察王钝根一人之文学思想亦是从侧面剖析清末民国的文学历史进程，亦可以略见整个民国"旧派"文艺的精神内核。

正如前文所说，对王钝根其人其事的介绍在民初期刊杂志中多有出现，在其生前已有几种"小传"刊印出来，不仅同时代报界同仁、文坛好友常有提及他的文字，王钝根的个人作品也"陈列"于各大报刊之上，故而对他的文学生涯史料进行梳理、对其文学观点进行探析是大有可为的研究工作。而要挖掘新的材料，发现新的角度，人物研究能最大限度地将相关材料集中起来，将一个问题讲清楚，王钝根的报人作家生涯就是研究民国旧派文学的一个极好切入点。因此，本书即从报人作家王钝根出发，通过他与民国旧派同仁的互动史料，去再现民国旧派文学的发展历程，再现旧派文人文学思想与创作实践的复杂性，进而去考察旧派文人在近现代中国的文学成绩与历史命运。

三　研究方案及其他情况说明

"民国报人作家王钝根研究"，其实是通过王钝根的报人创作生涯这一个案，来观察1911年以来旧文学的发展状况；是以民国文坛网络中的一个点，考述旧派文人创作的情况、考述他们对以往文学传统的继承，以及对新文学的吸收和接纳程度。因此，整个书稿的设计和论证是以王钝根报人生涯的三个起伏阶段为线索，按照时间顺序，分析民国时期旧文学不断变化的面貌，分析旧派人物之间的纠缠与交往，进而总结出民国旧派报人作家文学命运的多重可能性。

在文献调查上，王钝根的生平年表要尽可能的翔实、准确；王钝根的作品搜集得要尽可能全面；引用的民国时期史料文献都要可以查证回溯。这三项工作是分析论题、比对论点及得出结论的依据，是在正文撰写之前必须完成的工作。其中，"王钝根年表""王钝根作品编年""已知王钝根书法作品目录"是文献整理的基础数据，均附在正文之后；同时，附录"民国时期王钝根研究资料汇目"，并制作"人名索引"，以便学界同仁参考与查证。

　　在章节结构上，本书共分为五大部分。第一部分是绪论，主要交代选题来由、王钝根的研究现状与研究价值，以及具体的研究方案。第二部分是王钝根的生平考述，主要介绍王钝根一生行止及活动轨迹。第三部分是王钝根三个阶段的创作状况及人事交游，共分三章，分别论述 1911—1919 年王钝根的报界文坛成就、1920—1926 年王钝根的报界文坛转向、1927—1951 年王钝根的晚年境遇。在各个时期的论述中，主要以王钝根具体的办报经历、文学作品为材料，以他与文坛同仁的交往、论争为依据，讨论每一时期的旧派文学语境及实际情况。第四部分是旧派作家在民国的历史命运，主要对民国旧派文学及王钝根的地位与价值做出相应的评价。第五部分是附录部分，将辑录的所有与王钝根相关的史料用表格的形式呈现出来，以佐学界同仁将来之研究。

　　同时，因本书主要探析的问题是民国时期新旧文学的演变、王钝根与新旧文学阵营的关系，故而这里需要界定一下本书所论"旧派"之内涵。

　　自清末以来，文坛及学界就常谈新旧之别，但新派文学和旧派文学并无标准的定义，其所指范围如何，到底包括哪些作家及作品也都没有定论。在清末时期的梁启超等人那里，旧派文学是"旧诗""旧小说""旧戏曲"，是适应旧道德、旧宗教、旧政治、旧风俗的文学；在新文化运动引领者陈独秀等人那里，旧派文学不仅是那些包含旧道德、旧思想的文学，也是那些言之无物、机械僵化的文学，包括桐城派的文章、同光体的诗歌等文学内容。而到了 1920 年之后，郑振铎、瞿秋白等人对旧派文学的解读又有所不同，他们认为民国时期《礼拜六》等通俗文艺期刊上发表的作品也是旧派文学，如瞿秋白在 1931 年就说过，当时的旧派文学是"旧式白话的文艺，以及高级的和低级的新式礼拜六派"[①]。这些学者在谈论旧文学或旧派文学时，都因其"文学革命"的理想而有专门针对的文学内容，由此也可见"旧派"或者旧文学的内容、范围、概念从清末到民国一直都在发生变化。

　　在这些变化之中，各个时期对旧文学的指认虽然都颇具针对性，但对"旧派"一词的使用却比较随意笼统，特别是"民国旧派"是否可以专指所谓的"礼拜六派"也一直存在争议。而本书所考察的有关王钝根的文学生活内容，是主要将王钝根放在所谓的"礼拜六派"话语范畴中进行的。其中，最直接的问题是王钝根及其同仁好友所处的文学圈层，用

---

① 　瞿秋白：《鬼门关以外的战争》，魏绍昌编《鸳鸯蝴蝶派研究资料》（上），上海文艺出版社 1984 年版，第 24 页。

"民国旧派""礼拜六派"以及"鸳鸯蝴蝶派"或者民国通俗小说家等概念①来解读都不算完全准确。因为这几个概念的所指并不一样,其中"礼拜六派"主要指《礼拜六》及相近杂志的编辑与撰稿人,"鸳鸯蝴蝶派"主要指清末民初徐枕亚、李定夷等撰写"哀感顽艳"的言情小说作家,民国通俗小说家则与"雅文学"作家、严肃文学作家相对,而旧派作家的指认更是以"新派"为参照才能确定。同时,又因为王钝根等人的创作处在不断变化之中,其所属文学圈层的对象也在不断变化,处在新旧之内的小说创作者并不在少数,而他们相对于更年长的旧派如吴趼人、林纾等人更是有颇多创新之处。然而本书依然用"民国旧派"这一称呼来对王钝根等人做出说明,是因为民国时期同属这一文学圈层的范烟桥、郑逸梅在自我追述与评介时都用了这一概念。

范烟桥在《民国旧派小说史略》中专门论述旧派小说,而他所指的旧派小说主要是指"章回体的小说",民国时期出版的章回体小说基本归在他所认为的旧派文学之内,而那些作者也就是他所认定的旧派作家。在此文中,他还谈及当时的两个社团——"青社"与"星社",这是有计划、有原则地组织的文学社团,社中人员自然均属其所言的"旧派",而范烟桥自己也位列其中。同样地,郑逸梅在《民国旧派文艺期刊丛话》中也用"旧派"一词来形容所列举的报纸杂志。虽然郑逸梅在文中并未交代"旧派"的定义及具体范围,但从其搜罗的百余种杂志、四十五种小报及数种大报副刊来看,郑逸梅所认为的"旧派"大致相当于学界所谓的"礼拜六派"或"鸳鸯蝴蝶派",即偏指民国时期通俗小说、通俗文艺期刊的作者及编辑。范、郑两人本身就在郑振铎等人指认的"旧派"之中,同时也在自己论述的"旧派"之中。因为民国时期旧的文学形式还继续存在着,一些从晚清走进民国的文人也还在遵从旧有的文学思想及写作习惯进行创作,因此不仅范烟桥讨论的"章回体小说"是旧派文学,所谓的"礼拜六派"是旧派文学,其他运用旧有的文学形式创作出来的作品也应该包括在旧派文学的范围之内。

故此,本书所谓之"民国旧派文学"是指民国时期延续了传统文学形式创作出来的文学,以及那些虽用新形式但被批评仍然包含旧思想、旧道德的文学。其中,既包括晚清遗老撰写的古诗文词,包括南社、希社等

---

① 近来有学者又提出"兴味派"的概念,也是对这一文学圈层的全新解读和认识。如黄霖的《民国初年"旧派"小说家的声音》,孙超的《"兴味派":辛亥革命前后的主流小说家》,朱泽宝的《"兴味派"文人与小说话关系探论》等文章。

旧文人团体创作的雅集作品，也包括当时通俗文艺期刊中刊载的所谓"礼拜六派"文学。即从清末至民国时期梁启超、胡适、郑振铎等人所批判的旧文学都在本书的讨论范围之内。也因此，在行文中，民国旧派是指除新派之外所有的旧文学时，一般不加引号；而只有在对"旧派"进行概念界说，在与"新派"进行对照讨论等情况下才加引号，予以强调。

另外需要说明的是：在正文的注释中，当引文出处为报纸的副刊版面时，因副刊版面相对固定，易于查找，因此只注明相应时间的报纸及其副刊名，而不再标注出自该报第几版，如注释为"《申报·自由谈》1913年11月2日"而非"《申报》1913年11月2日第13版"，"《新申报·自由新语》1917年8月30日"而非"《新申报》1917年8月30日第四张第1版"。又因《工商新闻》的副刊也曾名为"礼拜六"，后来还独立成张，故在正文中将此副刊加标双引号，在注释中写成"《礼拜六》（原《工商新闻》副刊）"，以与小说周刊《礼拜六》进行区别。

第一章　王钝根生平

　　王钝根，江苏青浦县人（今属上海），生于光绪十四年[①]（1888），原名王永甲，字耕培，后更名为晦，自取笔名钝根，并以此号称著于世。[②]他少年时期遭逢科举制度的废除，青年时期进入报界而成名，之后家中屡遭不幸，创作锐减，晚年退居乡间而文名遂没。他从小接受的家庭及私塾教育是传统旧学，而这也影响了他一生的创作与文学取向。他自 1911 年进入报界文坛，历经传统旧文学在清末民初时期的坚持与挣扎、民初九年旧派小说的热潮、五四前后新旧文学的争论以及二三十年代旧派小说的再兴与复落。他站在清末民初旧派文坛的先锋之处，又与旧派作家同仁一道通过报刊编辑、文学写作表达自己对时代以及文学的态度，并在这一巨变时代中不断调整着自己的位置。

第一节　早年的家庭教育

　　王钝根生于书香之家，自幼接受的是旧式教育。其父王家霖，字访严，

[①]　王钝根《新年之回顾》一文中有"十二岁己亥"之言，故可确知。《半月》1922 年第 1
　　卷第 10 期。

[②]　陈祖范在《晋帖颜书 胎息成珠——王钝根》一文中说他"原名永甲，字芷净，号耕培"
　　（《近代书苑采英》，浙江美术学院出版社 1992 年版，第 24 页）；郑逸梅《南社社友姓氏
　　录》中记其"一名永甲，字耕培，号钝根，别署根盘"（《南社丛谈》，上海人民出版社
　　1981 年版，第 582 页），但"芷净""根盘"之名号未见时人提及，在王钝根的文章署名
　　中也未曾见到。另外，二十世纪四十年代，有后辈盛俊才在《再谈自由谈人物——王钝
　　根、周瘦鹃两先生近状》一文中说："他是青浦县人，原名叫王永甲。幼年在科举时代，
　　常考第一名，乡里父老都称许他的令祖申蕃先生取这个名字，有先见之明。但是钝根先
　　生本人，觉得太自负了，不久改名为'晦'。……他在十八岁主编本乡《自治旬报》时，
　　又另取了一个笔名，就是这'钝根'两字。"（《申报馆内通讯》1948 年第 2 卷第 3 期）

曾在山西为官。《国朝青浦入泮录》"光绪六年庚辰岁试"记有："王家霖访严，廪，甲午举人"①，时人也曾介绍说，"他的老太爷访严先生，曾做过山西榷运局局长，政声很好"②。但正因王家霖常年在外为官，王钝根幼年主要随其祖父母生活，而对他一生学识影响至深的也是他的祖父母。

他的祖父是古文大家王鸿钧，王钝根自幼随其在乡读书。王鸿钧，字申蕃，生于 1833 年。《青浦县续志·附编》载：

> 王鸿钧字申蕃，增生。贞亮笃素，与人交，温恭尽礼。子家霖，甲午举于乡，尝宦游宣南。鸿钧不乐就养，日惟聚生徒讲学，至老不倦，泊如也。宣统元年，与姚葆辰同举孝廉方正，著有《小辋川居士吟稿》，卒年八十有二。③

另，《国朝青浦入泮录》中所载"咸丰七年丁巳科试"中也录有王钝根祖父之名："王鸿钧申蕃，增。"④《青浦县续志》亦载"王鸿钧申蕃，增生，宣统元年举孝廉方正。"⑤ 由此可知，王鸿钧虽中有举业，但也只是增生，科考之路并不算顺利。但他的古文却为时人所推重，他在乡设馆时收有不少门徒，王钝根亦从小随其学习诗文。1915 年王鸿钧逝世，1917 年王钝根服阕之后在报刊上发布"哀求挽章"启事，其文曰：

> 敬启者：先祖讳鸿钧，字敬忠，号申蕃，世居江苏省青浦县之西城。清咸丰七年丁巳，以府元入泮。十年庚申四月六日，发兵陷青浦，先祖奉父出奔，避居七汇镇，展转至王母荡、韩上、章练塘、金家庄等处，游离十年，始获宁处。家贫且遭父丧，财物尽罄，惟以教读所得束脩及先祖妣十指佣值，勉强度日。然能守分安命，箪食瓢饮，宴如也。先祖治经学，善诗古文词，为生徒讲解，循循善诱，无疾言厉色。生徒乐就之，多奇悟。远近闻风争致聘币，先后设馆于金

---

① （清）徐公修编校：《国朝青浦入泮录》，清光绪己亥年（1899）刊本，第 122 页 a。

② 盛俊才：《再谈自由谈人物——王钝根、周瘦鹃两先生近状》，《申报馆内通讯》1948 年第 2 卷第 3 期。

③ 张仁静、钱崇威、金咏榴等修纂：《青浦县续志·附编》，苏州陈海泉民国二十三年（1934）刻本，第 4—5 页。

④ （清）徐公修编校：《国朝青浦入泮录》，清光绪己亥年（1899）刊本，第 110 页 a。

⑤ 张仁静、钱崇威、金咏榴等修纂：《青浦县续志·卷十四·选举下·荐辟封赠保举例仕考职表》，苏州陈海泉民国二十三年（1934）刻本，第 1 页。

家庄、小泾、东洋甲、西小泾、朱家角、松江、上海、蔡家浜、小古塘等处，几四十年。及门弟子五百余人，多成通儒，或致贵显者。吴兴沈镕经方伯开藩广东，尝以厚币聘先祖入幕，先祖不就，谓先祖姒曰："吾宁以贫士终老也。"年六十五始辞馆家居，四方负笈来学者，犹络绎不绝。翌年，先祖姒病殁，先祖哭之恸，作《悼亡诗》一百首，见者酸鼻。又七年，学部通令各州县办学堂，先祖乃与门生施君恩需等创办西溪两等学校于本城，尽遣幼生入校。己则闭户焚香，读先儒语录为乐。里中女弟子从之学诗者，又二十余人。宣统元年，邑官绅公举先祖为孝廉方正，旌间表额，先祖歉然，如不敢承。晦欲征诗以纪其盛，先祖不许，正色训责曰："声闻过情，君子耻之。"先祖持躬严正而待人和易，生平不作草书，不御华衣美食，手未尝触赌具，恒劝人勿兴讼。族有无赖某，行次于先祖，急欲继任为族长，循例掌祭田，阴便挥霍。以先祖春秋犹矍铄，颇致怨望。辛亥革命后，某扬言推翻祖制，遽攫取祭田租谷，佃人弗与，则扭佃人至先祖处，咆哮冲突，先祖不能禁。自是祭田所出，尽掷虚牝，又不忍涉讼，叹息泪下而已。居恒悲郁，偃卧胃痛，泄泻时作。民国四年五月二十六日偶因送客触屝而踣，遂发剧热，气促痰壅，延至六月三日即阴历乙卯四月二十一日午正，竟卒。呜呼哀哉！家严服官晋北，得先祖病电，星夜驰归，即于六月二十二日举葬。执绋走送者数百人，青浦、上海两处收得挽诗联幛千余件。兹届服阕之期，拟更遍乞远方文字知交，宠锡鸿著，汇集刊行，藉光先德，先祖遗著诗稿《小辋川集》《鸿爪集》并拟附刊。家严未仕时颇负文名，晦今日幸免不识一丁之诮，皆出先祖所赐。追溯慈恩，益深感涕。为敢哀切，恳求海内外诸大文坛，公余吟暇，略开挽言。晦敬谨拜承，没齿不忘大德。王晦钝根再拜。①

由此文可知，其家世居青浦县（今上海市青浦区）西城，王鸿钧在乡文名甚盛。当年他被推荐为孝廉方正时，乡人曾作诗为颂，诗曰："龙飞宣统戴尧天，郡国同时并举贤。一曲清溪偏毓秀，八旬绛县漫疑年。元之相业高梁国，摩诘风流辟辋川。自是特科比鸿博，况教璧合更珠联"。②

---

① 《钝根哀求挽章》，《新申报·自由新语》1917 年 6 月 12 日。

② 芸：《赠姚荇田王申蕃两先生并举孝廉方正诗》，《青浦自治旬报》1911 年 5 月 3 日第 8 期（仅存 1 张，不确定是第几版）。

其中"摩诘风流辟辋川"一句便是称赞王鸿钧之言。

王鸿钧既善古诗文词，又是教书先生，他对孙儿的督促便主要集中于文章及举业。据王钝根《儿时顽皮史》及《新年之回顾》等文可知，他从启蒙识字到学诗作文，得益于祖父处甚多。如其言，"余十一岁时，先祖设塾于家，余随之读"，"九岁时之新年，一日清晨先祖偶拈'处处闻啼鸟'五字为题，命余作诗。欣然握笔，余只得一句云：'不知何处鸟'。先祖见之甚喜，谓思致活泼，即赏余桂元三枚"①。另据许厪父言："氏生而聪颖，从祖读，一目数行俱下。年十二，始学为八股，苦体例束缚，读不终卷，即弃去，学亦未有成。比清廷下诏废八股，改策论，乃大喜曰：此天赞我也。族中年长者皆笑之，以为狂，而氏自此始专力于古文。"②到1903年之后，王钝根便开始了自己的举业之路，光绪二十九年（1903）青浦县试第一名，宣统元年（1909）青浦生员考职第十五名。当时的录取情况，各大报纸上均有登录，其中《申报》所载为：

青浦县试三志：青浦友人函云，青浦县试已二志报端。兹县尊田大令将初覆试卷，评定甲乙，于上月二十七日酉刻榜示署前，计共录取一百二十名并定期二十九日二覆。当发案时，县役名阿毛者持案黏贴，矩目不识丁，将案前后颠倒而又反贴，一时观者狂笑雷动，错杂喧呼。大令闻之大怒，立即高坐堂皇，将阿毛重责五百板，命南礼房重书，小案始得清楚。兹将前列二十名照录如左：**王永甲**、刘曾禧、徐正常、徐宝璜……③

松郡府试五志：初九日府尊田绍白太守发南、青两案，录其前列各十名如下。南汇：范钦谟、罗毂仁……青浦：**王永甲**、臧中、程其业……④

青浦生员考职揭晓松江：今届考职之年，青浦县陈大令会同陈儒学在本署局门考试。首题"学而后入政论"，次题"铜元本以济钱荒，乃行不数年，官民交困，问用何术以挽救之"。是日与考者约有三十人，大令亲自阅卷，录取十五名，业已揭晓，兹将名单录下：杨

① 王钝根：《新年之回顾》，《半月》1922年第1卷第10期。
② 许厪父：《近代小说名家小史·王钝根》，《小说日报》1923年1月23日第2版。
③ 《青浦县试三志》，《申报》1903年12月19日第3版。
④ 《松郡府试五志》，《申报》1905年4月15日第9版。

振基、戴克仁、徐士廉……王永甲。①

由上述报道可知，王钝根参加举业虽有小成，但却止步于生员，又因1905 年清政府废除科举制度，他便从此弃绝经史八股之学了。

据他自己说："弟幼时对于八股，固不愿学，然于应试式之策论，亦未尝认为可喜之业。第以重违先祖之意，勉应科举，坐失中小学校之机会。后虽由学使拔入南菁书院，然该院当时只重经史，所学不合世用。嗣补习英文，亦浅尝辄止，未尝入京专习。后之仆仆京津晋豫间，皆为省亲而兼游览，非就学也。"② 则八股并非有意为之，乃是其祖父之愿。之后虽入江阴南菁书院学习，该校的"经史"内容也并不合王钝根之意。

王钝根对于文学的积累主要源于少年时代之自学自读。虽然由于祖父的教导，他从小研习经史治义、八股策问，但他对小说、戏曲的兴趣更浓。在祖父之外，他所受祖母的日常熏陶亦深。他曾回忆说："余幼时所受蒙养教育多出自先祖母，稗官小说悉以授余。每夜饭毕，余必侍先祖母坐，听讲英雄豪杰忠孝节义诸事，非十时不睡。"③ 儿时听祖母讲故事之乐事，及自己对于通俗说部之痴迷，王钝根均历历在目：

> 先祖母喜讲故事，冬日用脚炉，予常立炉上听讲。予躯短，颔仅及桌沿，每听至忘形时，足磨炉面，滑落于地，而颔钩桌沿，震击生痛，乃大哭。先祖母之说书，于是收场。旁立小婢颇慧，不得卒听，每窃窃怨予杀风景云。……十二三岁时，读《水浒》《七侠五义》《彭公案》《施公案》诸书，乃以侠客自命，日与同学辈练习弹弓，以邻家之门为鹄，门上弹痕如蜂窠，致惹起大交涉。又尝持木棍作撑篙跳，能超过屋后之小溪。一日失足堕溪中，衣履尽湿，狼狈而归，予友犹戏呼予为浪里白条张顺焉。④

由于对说部过于痴迷，王钝根难免荒疏学业，他祖父知道后还曾加以劝诫。好友在文中曾多次提到，他"尤爱小说家言，于中国旧小说中，最喜《水浒》《红楼》《荡寇志》《儿女英雄传》等书，而《三国演义》

---

① 《青浦生员考职揭晓》，《申报》1909 年 6 月 24 日第 12 版。

② 王钝根：《王钝根先生来函》，《小说日报》1923 年 1 月 29 日第 2 版。

③ 王钝根：《新年之回顾》，《半月》1922 年第 1 卷第 10 期。

④ 王钝根：《儿时顽皮史》，《半月》1922 年第 1 卷第 16 期。

则非所乐观"①，"幼颖悟，一目数行俱下。十岁时即喜阅小说，凡旧小说，几无不览被，祖摧烧则大愤"②。郑逸梅在《南社社友事略》中也说："访岩藏书颇多，稗官家言，也兼收并蓄。但这一类书，认为不宜给子弟阅看，贮诸秘箧中。一日清晨，家人打扫书房，发觉书籍满地，疑为昨宵被盗，可是邺架依然，青毡无恙，始知钝根私取说部，秉烛偷阅。"③ 诸人说法均可证明王钝根对于旧小说之热爱，不过个中细节与事实或有出入，均不及他自己所言明白：

> 余生九岁，即喜读小说。以先祖母知书，解吟咏，而体弱多病。遥夜失寐，恒以小说自遣。家君养志，到处购求，每自外归，必有以献。故先祖母寝室之外房，四大书架堆积小说为满。余于定省之余，辄猱升书架，抽取其有绣像者。窃把玩之时，复捉笔弄墨，依样胡卢，最喜作忠臣勇将、侠客美女之象。自视佳妙，更无比伦，则欣然黏之于壁。于是室隅屋角累累者，皆关云长、张翼德、李元霸、宇文成都、薛仁贵、杨宗保、穆桂英、包龙图、狄青、黄天霸、骆宏勋、鲍金花、花碧连之玉照。先祖母见之，亦不以为忤，尝指余笑谓某戚曰："此吾家之拉飞尔也。"戚不解所谓。先祖母益笑曰："君不观此四壁之画像耶？吾疑置身意大利，然则意大利之大画家，非拉飞尔不足拟吾孙也。"戚乃大噱。余摹绘画像既遍，则进而试读其文字。初择最浅俚之盲词，类为四小册一部者。更进乃读数十册之长篇弹词，如《安邦定国志》《天雨花》《凤双飞》之类。最后始读《红楼》《水浒》《三国》《儿女英雄传》，以至《聊斋》《西厢》。而余年亦随之俱进，盖已十二三龄矣。时先祖课余读，督责经史綦严，且须日作八股试帖无间。余不得已，乃于夜间燃烛帐中，潜取小说，卧枕而仰读之，一夜辄尽十数册。旋为先祖察觉，复于书案抽屉中搜得阅过书目表一纸，中有小说二百余种，而正经书籍不及十分之一。先祖于是怫然不悦，反复训诫，尤以闲邪存诚、明哲保身为重。余为之感激泣下，即遵先祖命，检出《金瓶梅》《醒世姻缘传》《绿野仙踪》《野叟曝言》等二十余种，拉杂摧烧之，以其间有描绘淫亵处也。实则旧派之长

---

① 许廑父：《近代小说名家小史·王钝根》（续），《小说日报》1923年1月23日第2版。
② 严芙孙编撰：《全国小说名家专集·王钝根》，云轩出版社1923年版。
③ 郑逸梅编著：《南社丛谈》，上海人民出版社1981年版，第101页。

篇小说，什九皆有淫亵之一段掺杂其间，几成定例。而旧社会之轻
蔑小说，屏诸文学之外，亦即以此。先祖当时，盖深望余节省读小
说之光阴，以致力于经史及古文、时文，蔚为他日之用。①

由此可知，王钝根自幼对说部等俗文学之喜爱及"用功"远超经史
古文。他的祖母潜移默化中向其输入了小说、戏剧知识，王钝根对这些知
识的研习比举业要主动许多。

幸运的是，清末科举制度被废，同时"小说界革命"之口号勃兴，
小说、戏曲等俗文学的地位渐高，王钝根后来于报界文坛成名，均源于对
小说等通俗文艺的提倡，连其祖父亦不得不对此叹服。王钝根曾回忆说，
"岂知十年后，余入报界，竟以小说弋微名。先祖犹健在，每月朔，余必
回里省视。先祖尝笑谓余曰：'曩患汝以小说荒正业，今汝乃以小说为正
业，天下事之难料有如此者'。言次欷歔叹息，然揣其意，未尝不以余自
辟生活之途径，幸得别树新帜为慰也。"②

王钝根二十一岁时结婚，自此步入成人生活，《礼拜六》1916 年第
100 期有其夫妇摄于 1911 年 5 月的照片。他于文中曾言："二十一岁余始
娶妻，此诚出于自父母之命，媒妁之言。"③ 盖自年少识字至科举被废，
以及在乡成家立业，王钝根早年之经历大致如前文所言。他自己曾感叹
说："二十一岁婚，二十二岁之新年携妻到岳家贺年。妻有甥四，皆来
集，环余而拜，余爽然自失。忆余丱角衣红袄，随佣媪往尊长家拜年，犹
了了若前日事，奈何一转瞬间，已身受儿童罗拜。信乎，《牡丹亭》曲词
'如花美眷，似水流年'，古人已先我作无穷之慨矣。"④ 不久之后，王钝
根出任新闻报纸编辑，正式开启了自己的报界生涯。

第二节　闻名于上海报界文坛

王钝根的家庭环境和幼年生活培养了他良好的文学素养，也为他创造
了进入士绅阶层的条件和机会。在这一过程中，祖父母对他的影响尤深。

---

① 　钝根：《温柔乡·楔子》，《社会之花》1924 年第 2 卷第 1 期。
② 　钝根：《温柔乡·楔子》，《社会之花》1924 年第 2 卷第 1 期。
③ 　王钝根：《家庭地狱》，《半月》1923 年第 3 卷第 3 期。
④ 　王钝根：《新年之回顾》，《半月》1922 年第 1 卷第 10 期。

然而在时代变革面前，既定的仕途之路与固化的士绅生活逐渐被打破，敢于求变的王钝根选择了新的职业道路。在激荡的社会巨变中，他较快地找到了可以发挥自己才能的场所，一个可以重新实现知识分子价值的话语平台，他不仅积极参与这一时代的文学变革，还与朋辈同仁一道发出了关于文学价值、文学变革的观点和声音。

一　首编《青浦自治旬报》

在报人职业道路的引荐上，对王钝根有知遇之恩的是青浦同乡席子佩。而席子佩之所以邀请王钝根到申报馆就职，与后者早年在家乡创办《青浦自治旬报》的经历有关。《青浦自治旬报》是王钝根在家乡的办报尝试，也是他进入报界的开始。

据民初及后来学者所说，该报为其自创，但该报具体的创始时间及王钝根主持的情况却都语焉不详：

> 长在故乡创《自治旬报》。①
> 他在故乡创《自治旬报》。②
> 清末，朝廷为实行宪政而推行所谓地方自治，王钝根就在青浦创办《自治旬报》，颇有成绩。③

依现存资料，仅可见到《青浦自治旬报》1911 年 5 月 3 日（宣统三年四月初五日）第 8 期的内容，且有部分残缺。这张仅存的报纸共一张四页（即四版），现藏上海图书馆④。

从这四页报纸来看，《青浦自治旬报》是一份比较标准的新闻报纸，内容共分社论、通俗谈、本邑要闻、时评、专件、文苑、来函等七个部分，基本涵盖了青浦一地的时事新闻事件及相关评论。在报纸的第一版最上方为"本报告白刊例"及"本报启事""阅者诸君鉴""振市公司股东公鉴""城镇乡自治公所执事员鉴"等广告声明。其主要内容

---

①　严芙孙编撰：《全国小说名家专集·王钝根》，云轩出版部 1923 年版。

②　郑逸梅编著：《南社丛谈》，上海人民出版社 1981 年版，第 101 页。

③　陆定中：《〈申报·自由谈〉首创者王钝根》，上海市青浦县文化局、青浦县博物馆编《青浦革命文化史料》，1991 年，第 187 页。

④　上海图书馆编：《上海图书馆馆藏中文报纸目录（1862—1949）》，上海图书馆，1982 年，第 216 页。

摘录如下：

　　第一页　**社论**：《国民军》（赓）；**通俗谈**：《破迷信》（钝根）
　　第二页　**本邑自治要闻**：章练塘暂就原详划区办理、大小蒸分划办理、商洋区戳记被驳、商洋乡之议长董佐、白鹤青村乡挽留许启秀、珠莳镇挽留陈承澍、呜呼凌古修、县自治筹备公所呈蒋监督文；**本邑要闻**：农务分会章程之条例、有志医学者请看、提倡实业、蜡烛公司认股之踊跃
　　第三页　**本邑要闻**：要犯推卸、佃户惨死、育德女校之纠葛、棍徒聚赌厅差得贿、警董可笑、调查员注意、调查员真难做、汛官通融、死得随便、和尚不守清规、谈判会之结果、学堂失窃、拐逃案移花接木、捏名禀控、幸而追获、烛公司火光烛天、乐极生悲、亲家母打亲家公、亲家公告亲家母、阿木金身死之原因；**时评**：其一（"或问烟禁綦严，调查员四出，私烟或能减少乎？"）
　　第四页　**时评**：其二（"盗匪要犯也，监狱重地也，而竟有运进之军器，通出之书信，有谓狱吏不能辞其责，吾谓于狱吏乎何尤？"）；**专件**：谘议局议员金咏榴张家镇报告常年会及临时会议决照施行事件、禁烟分所催缴照书、观音堂森浦西庄两校报告劝学所书；**文苑**：《题王兰泉先生〈雪鸿纪迹图〉词》《赠姚荇田、王申蕃两先生并举孝廉方正诗》《苴城柳》《过广富林谒陈夏二公祠》（吴隐），《有感用徐慎侯〈澄江留别〉韵》（两首）；**来函**：谨启乡间演剧最易伤财、敬启者前阅第六期贵报有先父因陆小倌告阴状毙命等语、声明侵夺权限、敬启者阅贵报上月十五日来函内登载孔宅庭、贵报于上月初五载章练塘镇有草菅人命一节、旬报主笔先生钧鉴敬启者贵报第六期载保正可当教员
　　第一、四页中缝：西岑防疫所捞埋关王庙、淀山湖浮尸报告书
　　第二、三页中缝：张汝谐启事（鄙人今承商务总会总董张君静连询问，昔年开办戒烟局事宜）、辩诬（阅贵报第六期载家严周永良为蚁媒一则，恐有失实）、同和改良茶食

　　从这些内容摘要来看，《青浦自治旬报》融时事与文艺、告白于一体，已是比较成熟的新闻报纸，从中可以发现当时"城乡自治"的一些活动和举措，目录中所提到的"提倡实业""县自治筹备公所""育德女校""谘议局""调查员"等名词都是清末实行宪政维新的直接反映，同

时也能看到当时地方政府执行中央政府旨意的具体情况。更重要的是，该报有"时评"和"文苑"两个栏目，这在当时虽不算新鲜，但是对照王钝根日后办报的情况，《青浦自治旬报》已然具备了所有的要素和精神——"时评"是对某类社会现实提出质疑、进行批判，"文苑"是专录诗词文章的文艺专栏，这些与后来《申报·自由谈》中的"游戏文章""诗选"、《工商新闻》中的"时评"等基本一致，既是王钝根所编报纸中最具特色的栏目，也是其发表作品最多的栏目。

王钝根创办《青浦自治旬报》的成绩引起了同乡席子佩的注意。席子佩，名裕福，"江苏青浦人，候选道，住西藏路，（营业）董理书业，创办点石斋书局、大有榨油公司"①，当时是《申报》的总经理。他的兄长席子眉"幼习贾，后游上海，入申报馆。馆主英人美查极器之，任以经理，凡分设之点石斋、图书集成局，命皆摄其事"②。席子佩进入《申报》及从事书局刊印、纂辑等文化出版工作，是因其兄长席子眉的缘故。1897 年年底席子眉去世，他在《申报》的职务便由席子佩接手。席子佩接办后厉行改革，先是在 1907 年"以七万五千元代价取得申报馆产业全部"③，并于两年后签订正式合同，进而对申报馆进行了较大的人事调整。据《本报六十年来之鳞爪》："光绪三十年后，《申报》便脱离了洋商的关系，大加改革，经理为席君子佩，主笔黄君因老病辞职，乃任金君剑华为总主笔，雷君曜等一班旧编辑照常服务，悉心规划，锐意整理，《申报》又渐入于兴盛的时代。"④ 正是在这些锐意改革中，王钝根于 1911 年由席子佩引荐就职申报馆，从此得以在报界一展才能。据王钝根之友许廑父说："时同乡席子佩，方任沪上申报馆经理，闻氏名，聘主论评，会当辛亥光复之交。而氏出其所学，鼓吹提倡，不遗余力，远近翕然从风。及革命功成，有劝入政界者，氏正醉心新闻事业，婉却之。"⑤ 虽然在到申报馆工作之前，王钝根已编辑过《青浦自治旬报》，但奠定其日后报界地位的则主要是《申报》的副刊《自由谈》。

---

① 《上海商务总会丙午年同人录》，转引自马学强《江南望族：洞庭席氏家族人物传》，上海社会科学院出版社 2004 年版，第 231 页。

② 张仁静、钱崇威、金咏榴等修纂：《青浦县续志·卷十七·人物三·懿行传下》，苏州陈海泉民国二十三年（1934）刻本，第 15 页。

③ 雷瑨：《申报馆之过去状况》，《最近之五十年——申报馆五十周年纪念》（第三编），上海书店 1987 年版，第 28 页。

④ 周瘦鹃、黄寄萍：《本报六十年来之鳞爪》，《申报》1932 年 4 月 30 日第 12 版。

⑤ 许廑父：《近代小说名家小史·王钝根》（续），《小说日报》1923 年 1 月 26 日第 2 版。

不过，与席子佩的乡谊以及席子佩对他的推荐之恩，后来也直接导致了他从《申报》的离职。因经营不善，席子佩在 1913 将《申报》产权卖于史量才，1915 年又与史量才发生了关于《申报》的诉讼纠纷。不久，席子佩另起炉灶，准备筹办新报纸与《申报》竞争。而也正是在 1915 年 3 月，王钝根不再负责《申报·自由谈》的编辑工作，紧接着在 1916 年的 11 月加入了席子佩创办的《新申报》，并为其主编副刊《自由新语》。而无论是供职《申报》还是《新申报》，王钝根对其副刊栏目及文章风格的设定均得益于《青浦自治旬报》的编辑工作。

二　结识《申报·自由谈》同仁

1911 年 8 月 24 日，王钝根开始主持《申报·自由谈》。在日常的编辑工作中，他逐渐结识了一批向《自由谈》投稿的作者，也慢慢在其中找到一群与自己文学取向相近的好友同志。

可以说，在民初的七八年间，王钝根在文坛的成绩和地位均以《自由谈》为基础。在主持《自由谈》期间，他不仅开创了由"游戏文章""时评"与诗词、小说相结合的报纸副刊形式，奠定了自己的文章及语言风格，还结识扶携了一批旧派文人、文坛好友，并与这些好友共同开启了"《礼拜六》式"的文艺杂志之路。这些好友中，有早有长篇小说问世的陈蝶仙，有擅写言情小说的周瘦鹃，有《自由谈》的漫画作者丁悚，也有早入报界的童爱楼，还有陈蝶仙的儿子陈小蝶及其他投稿者李常觉、吴觉迷等人。他与这批好友在 1911 年至 1918 年一起创办了不少流行刊物，同时也为各自主持的刊物站台宣传，并与同时期从《新闻报》《时报》等大报走红的报人包天笑、陈景韩、严独鹤等互通声气，进而造就了民国初年报刊文学的整体格局与面貌。这是王钝根一生事业最辉煌的时期，也是他一度引领沪上文坛风尚的时期。

首先，就王钝根的写作内容与风格而言，他在《自由谈》版面所发表的文艺作品，特别是短篇小说作品，几乎要占他全部小说创作的一半，他诙谐、讽刺式的游戏文章风格被《新申报》副刊及之后的《商报·商余》等报刊文章继承下来。

其次，以《自由谈》为平台，他所结识的陈蝶仙、周瘦鹃、丁悚、孙剑秋、陈小蝶、许瘦蝶、童爱楼等人都成为他之后办报的重要助力，也是其之后十余年主要的人际交往圈子。虽然他"初入《申报》，仅为分辑而非主撰。及去《申报》，继任者先有觉迷、鹓雏诸君，而后天虚我生。弟虽首得天虚我生之文，揭登《申报》，当时请《申报》主者邀之入馆，而主者未尝纳也"①。但陈蝶仙、周瘦鹃等人于报界脱颖而出，确有王钝根的一份功绩，当时报人对此曾有评价：

> （王钝根）二十一岁进本报当编辑，到宣统三年，就是辛亥革命那年，创刊了《自由谈》。他对于投稿人，特别关爱，无论何人，总得替他登出一些来，尽管他文字欠佳，情愿牺牲时间精神，把它润色完美。同时，对于优良作家，他更竭诚联络，像天虚我生、独鹤、瘦鹃、丁悚、沈泊尘、程瞻庐、朱枫隐、闻野鹤、朱鸳雏等许多名作家，可说都是他选拔出来的。民国五年，他脱离本报，帮助同乡席子佩先生创办《新申报》（席就是民国二年以前的本报总经理）。②

他们不仅在《自由谈》中组织"自由谈话会"，发起"俭德会"，还为王钝根的报刊事业提供了诸多帮助，并以此成为一个固定的文艺圈子，进而成就了所谓的"礼拜六派"。

最后，由王钝根与《自由谈》同仁所办之各种期刊皆以《自由谈》为源泉。1913年，他创办的《自由杂志》是《自由谈》精选文章之结集；1913年11月接续《自由杂志》的《游戏杂志》是以《自由谈》版面为模板的文艺刊物；1914年，由陈蝶仙主持的《女子世界》是中华图书馆推出的又一通俗刊物；1914年6月，由王钝根提议创办的《礼拜六》杂志，合众人之力成为民初广受大众欢迎的文艺期刊；1917年，他又与周瘦鹃、丁悚等合作创办《明星画报》。而与此同时，1916年4月，《兴华报》请其编辑新添之"小说"一门，然未就职；1916年7月，他又受陈静庵邀约编辑《民德报》，亦未到任；1916年11月，与席子佩再次合作，所办之《新申报》副刊《自由新语》《小申报》亦一仍《自由谈》之规格与特点，且因在《申报》积累的成功经验，王钝根在《新申报·自由新语》的工作依然能够延续在《申报》供职时的热闹场景。

总体来讲，这一时期王钝根主要的文艺工作是与申报馆、中华图书馆的合作。中华图书馆由民元以前的集成图书公司改组而成③，成立于1911

---

① 王钝根：《王钝根先生来函》，《小说日报》1923年1月29日第2版。
② 盛俊才：《再谈自由谈人物——王钝根、周瘦鹃两先生近状》，《申报馆内通讯》1948年第2卷第3期。
③ 《上海市书业同业会文献档案八件·清末民初上海的出版业》，《出版史料》1987年第4期。

年，经理为叶九如，地址在上海市棋盘街五百十六号，河南路与交通路口（即今河南中路与昭通路口）。王钝根是《申报》的编辑，而他当时的通讯处有时也署作中华图书馆，故知他也是中华图书馆的职员。在就职于申报馆、中华图书馆期间，他不仅为各撰稿同仁的作品写评论后记，进行编校润饰，还对好友的单行本著作进行校阅编辑，作推介序言，如《戏考》《泪珠缘》《清朝奇案大观》等书的出版皆有其心血。也正因如此，他的社会交往与公共活动亦以这一时期为多。

三　加入南社与希社

在报界名声最盛的时期，王钝根也积极参与一些社会公共事务，并不断扩大自己的交际圈层。1916年，他加入了南社，而此举对其之后的文学道路和社会活动都影响至深。

据柳亚子所编《南社社友姓氏录》记载，王钝根在南社的社号是634。[①] 另据王钝根自己所填的"南社入社书"[②] 知，他加入南社是在1916年6月29日，介绍人是朱少屏先生，居住地址是青浦大西门内、上海宝山路升顺里二十五号。因南社成员众多，社员队伍又在民国期间不断壮大，从王钝根的社号634来看，他加入南社较晚，只是南社中的边缘人物。对南社文艺活动的参与无法与柳亚子、陈去病等人相提并论，亦远不及胡寄尘、姚鹓雏等文坛同仁，甚至不如好友周瘦鹃、陈蝶仙（周瘦鹃的社号为508，陈蝶仙的社号为595）。但即便如此，南社的诗文雅集及各类大项活动他也时有参加，他在南社同仁之中也有自己的一个相识相熟的圈子。除去跟他一起编创杂志的小说家陈蝶仙、周瘦鹃等人外，与其有诸多交集的是朱少屏、吕碧城诸人。

朱少屏是王钝根加入南社的介绍人，也是当时南社的负责人之一。据柳亚子介绍，他"以字行，原名葆康，字屏子，一字天一，上海市人。中国同盟会会员，现任上海市通志馆副馆长"[③]。他在南社中的社号为6，曾在《神州日报》《民呼日报》《民立报》等报社工作，并协助叶楚伧等编辑《太平洋报》，是民初革命先进人士的代表。"1937年抗日战争爆发后，朱少屏与沪江大学校长刘湛恩、文学家林语堂组织国际友谊社（COSMOPOLITAN CLUB），与在沪各国官方和民间人士接触……1939年

---

① 柳亚子著，柳无忌编：《南社纪略》，上海人民出版社1983年版，第183页。

② 郭建鹏、陈颖编著：《南社社友录》，上海大学出版社2017年版，第1259页。

③ 柳亚子著，柳无忌编《南社纪略》，上海人民出版社1983年版，第13页。

12 月后，朱少屏受命出任驻菲律宾马尼拉代理副领事、署副领事、署理领事，积极参加组织菲律宾华侨抗日救亡工作……1942 年 1 月 2 日马尼拉沦陷，朱少屏被日军所拘，4 月 17 日，惨遭杀害。"① 另据郑逸梅先生说：

> 有人说，当时为南社奔走的尚有朱少屏。朱少屏设立寰球学生会于上海，南社的通讯处即设立在寰球中国学生会中，那么朱少屏也当列入发起人之一……所以亚子认识的社友只有三分之一，少屏却认识三分之二以上。②

事实上，朱少屏不仅是南社的骨干，亦是当时上海青年会、寰球中国学生会的主要干事。当时，发行于上海的杂志《上海青年》《环球》等实际事务均由朱少屏处理，而王钝根当时就曾参与《上海青年》《环球》的编辑工作，并能够在这些刊物上发表文章。特别是王钝根接触基督教人士，并约于 1914 年信奉基督教教义，随后又加入上海青年会及寰球中国学生会，还常在会中发表演讲，为会友及同学讲授德育知识及人生经验，这些最初都是靠着朱少屏的引介和影响而实现的。正是这样一位社会活动家，不仅使王钝根与当时文坛的最大社团有了交往机会，同时还引领他参与到社会公共事务中去。

而在文学思想、文学观念方面，南社同仁与王钝根意见一致者也有很多。他们常常互相援引，共同建构起清末民初旧派文学、通俗文学的发展形态。因为与其在文学上互相关照、协作者基本都是当时所谓的"礼拜六派"人物，他们中也有不少加入了南社，而不考虑所谓的"礼拜六派"中人，南社对王钝根的社会交游及文学编创仍产生过实际的影响。

如王钝根参加南社雅集的情况，其有见于记录的活动，一是他 1936 年 2 月 7 日参加"南社纪念会"的第二次聚餐会，到会人员名单中有王永甲③；二是郑逸梅在《南社社友事略》所写"王钝根"一文中记有一次南社聚餐，同名的傅钝根"把己名改为屯艮，钝根之名让他专称"之

---

① 曾景忠：《朱少屏与南社》，《档案与史学》2003 年第 2 期。

② 郑逸梅：《柳亚子与南社》，《郑逸梅选集》第六卷，黑龙江人民出版社 2001 年版，第 669—670 页。

③ 柳亚子著，柳无忌编：《南社纪略》，上海人民出版社 1983 年版，第 136 页。

事①。除此之外，1917 年文明书局出版的《南社小说集》中收录有他的短篇小说《予之鬼友》，而这篇《予之鬼友》亦见于《希社丛编》。希社是南社的一个分支社团，成立时间稍晚于南社。相较于南社之庞大，希社社员虽然也不少，但稍稍集中精炼，而王钝根亦曾厕身其间。

希社成立于上海，社员多为报界文化界人物，由高太痴发起。据郑逸梅《从高太痴说到希社》一文②及周庆云在《希社丛编》的序中所说："希社创于让清宣统壬子中元，由吴中高太痴征君、上海程棣华布衣发起，余与蔡紫黻、潘兰史、姚东木、邹酒丐、戈朋云赞其成。社基既立，酒丐又介绍郁屏翰、陆云苏、王均卿、王钝根、舒问梅、邹纬辰、邹闻磬诸贤入社。郁屏翰即以豫园之寿晖堂为社集，月凡一举，文酒高会，风靡一时。由是各省文英纷纷入社，不数年社友多至四百余人，岁刊社作一册，至己未秋，凡刊成者，已得七篇。"③

王钝根加入希社的介绍人是邹弢，"字翰飞，号潇湘馆侍者，别号瘦鹤词人，亦号司香旧尉，晚号守死楼主，无锡人……二十六年于上海入天主教，……生平嗜酒，因自号邹酒丐，尝为天南遁叟王韬门下士"④。当时，邹弢常在王钝根主编的《申报》副刊上发表作品，由此也可串起王钝根在民初文坛除报刊编辑外的系列活动。《希社丛编》由高翀所编，其中的"社件·本社社友录"⑤ 中录有 "王晦钝根，江苏青浦"，列第 51位。因 "岁刊社作一册"，所收录之王钝根的《予之鬼友》，收在第六册，编入杂俎一类。由第七册为 "己未秋" 所刊，则第六册刊于戊午年，即 1918 年，晚于收入《南社小说集》（1917 年）的时间，故而从时间上看此篇只是旧作被重新收录，王钝根并未给希社贡献新的文字作品。但从其参与希社的活动，可以看出他与南社、希社通过文学作品所维系的密切关系。

事实上，王钝根与南社主要成员的交往，除去社团雅集、撰文结集之外，最主要的是在编辑文艺刊物的过程中对社中友人文稿的编辑、刊登、推广与绍介，同时他还有对南社成员个人文集进行的编校刊行工作。如，

---

① 　郑逸梅编著：《南社丛谈》，上海人民出版社 1981 年版，第 101 页。

② 　郑逸梅：《梅庵谈荟》，黑龙江人民出版社 1985 年版，第 142—143 页。

③ 　周庆云：《希社丛编·序》《希社丛编》1916 年第 8 期。另见南江涛选编《清末民国旧体诗词结社文献汇编》第三册所收《希社丛编》，国家图书馆出版社 2013 年版，第 5 页。

④ 　萧相恺：《中国文言小说家评传》，中州古籍出版社 2004 年版，第 830 页。

⑤ 　《本社重修简章》：《希社丛编》1914 年第 3 期。

他编校的《信芳集》①就是南社文学中较重要的一种诗词集,作者是吕碧城。吕碧城,"名碧城,字遁天,一字圣因,安徽旌德人。吕氏三才女之一,工诗词,擅书法,在南社与张默君齐名"②。她晚年奉佛,莲池会会友作《吕碧城女士事略》③述其生平甚详。另外,她的南社社号是418④,比王钝根加入南社要早,在南社中的活动亦较王钝根为多,在南社中的声名比王钝根大,而南社的专门刊物《南社》及《南社诗集》《南社丛刻》中均有她的作品。

此外,魏塘余十眉所撰之《寄心琐语》亦有王钝根的署检。因此,即便王钝根在南社的地位不算高,但他仍然发挥了自己所长,借用自己的编辑能力与职务之便,为南社同仁拓展文坛疆土。抛去所谓的"礼拜六派"同仁周瘦鹃、陈蝶仙等人不算,在南社成员中较具革命先锋性的几位,如朱少屏、吕碧城、吴稚晖、叶楚伧等人,不仅带动了王钝根对社会变革事务的参与,也影响了他对文学革新的理解、对文学创作的追求,而这些才是真正能够说明王钝根与南社关系之所在。

除去以上所述的事业成绩及人际交往,王钝根在民国初建的数年间还曾参与过不少其他社会事务。如"辛亥之冬,中山先生归国就任临时大总统,上海报界公宴欢迎于虹口同记花园,余司布置会场、设备、筵席之役"⑤。又如,1917年与吴稚晖及《中华新报》《民国日报》等同仁发起"报界俱乐部",讨论报刊界、新闻界事宜。在这之外,他在文艺界最多的活动是与新剧家的交往,即与民鸣社、新民社、民兴社等新剧社的合作。王钝根不仅常去观剧,而且每观剧必有剧评,有对剧本、表演、戏剧历史的叙述和讨论,还曾亲自参演新剧《马介甫》,并创作剧本《流民图》为灾民筹款赈灾。

第三节 家庭变故及晚年境遇

如果说祖父母是他积累学识、走进报界的助力,那么后来的家庭变故

---

① 吕碧城撰,王钝根编校:《信芳集》三卷,铅印本,1918年,上海图书馆藏。

② 柳亚子著,柳无忌编:《南社纪略》,上海人民出版社1983年版,第66页。

③ 《吕碧城女士事略》,《莲池会闻》1943年第10期。

④ 柳亚子著,柳无忌编:《南社纪略》,上海人民出版社1983年版,第190页。

⑤ 王钝根:《京尘刹那记》(一),《新上海》1933年第3期。

及人生遭遇则是促使他偏离文学创作轨道、淡出报界文坛的主要原因。王钝根在三十岁之前，生活一直比较顺遂。虽然他说祖父早年家贫，但有其祖父王鸿钧之声名遗德，王钝根自小的生活环境仍属传统书香门庭，其家在乡里间因王鸿钧"孝廉方正"之官阶及"族长"之任，也无疑有一定之地位。年少时，他有诸姊妹弟兄陪伴，虽然聚时不常有，但生活颇多趣味：

> 惟姑母家诸表姊弟来，始得相与为捉迷藏、迎新娘、假开店、讨小狗、滚铜钱、踢毽子诸戏，然亦不恒有。盖诸表姊弟兼旬始一来，而予弟又早殇，无人为伴也。①

即使幼弟早逝，但他还有一妹为伴。② 总体来说，其年少生活与普通孩童无异，多是天真烂漫的时刻。

他二十一岁时成婚，妻名李昌凤，是商家女子，"其父为富商，爱女甚，故少习侈逸，不知操作。及其嫁时，家业已衰落，不能办厚奁"③。因李昌凤习尚奢侈，爱慕虚荣，二人婚后不甚相得，至1918年家庭变故频生，他们夫妻间勃谿渐多，而王钝根也由自由乐天派而渐入悲观之境。

先是1918年年初，王钝根患上咯血症、喉疾，一度要解去《新申报》副刊编辑之职。他在《新申报》副刊《自由新语》上曾发表启事云：

> 钝根曾患咯血，不胜繁剧，拟即解去《自由新语》编辑一职。继思本报创办经年，云蒸日上，方冀三五旧好相与匡襄，未便恝然独引。爰仍力疾从公，照常办事。④

虽解职未成，但此后却厄运连连。因王钝根结婚后，多年未育子女，至三十岁（1917年）夏方得一子，但此子却又于1918年4月因病夭折，年龄尚不足一岁。他在《钝根随笔》中对此曾有记述：

---

①　王钝根：《儿时顽皮史》，《半月》1922年第1卷第16期。

②　钝根：《喙谈偶忆》（一）中载"予妹来寓半载，亦得一男"，知其有妹。《礼拜六》1921年第113期。

③　王钝根：《家庭地狱》，《半月》1923年第3卷第3期。

④　《钝根启事》，《新申报·自由新语》1918年1月13日。

予婚后久无子女，先祖常以不得一抱曾孙为憾。岁乙卯，先祖年已八十有二，春季予归省，先祖与予曝日闲话。先祖忽正色谓余曰：汝三十当得子，惜余不及见矣。予闻言愕然，急乱以他语而罢。四月二十一日，先祖竟弃养。丁巳夏，予果获一雄，貌甚魁梧，双目炯炯，见予辄索抱。予每抱儿，必忆先祖之言，凄然长叹，家人诧为不祥。明年四月，儿忽病热，为庸医所误，遂殇。不及周岁者仅九日。①

长子夭亡一事，使其家庭内部阴云密布，夫妻关系也不断恶化。王钝根曾言："余葬儿毕返，余妻索阅控医状，余始告以法律上不能成立诉讼之理由。余妻爽然，乃强余宣布医罪于报纸。余不可，余妻乃大号咷，谓余乐观儿死，且故拂彼意，期彼亦继儿而死。"② 妻子对其怨怼，不一而足。虽然这年夏天，他的次子出生，生活情状略有好转，但不久之后，王钝根便作远游，其间还不得不找来好友周瘦鹃助其编辑《新申报》副刊。

远游之原因，乃是其父经商失败。当时王家霖"在晋为某铁行股东"，他命王钝根北上售卖生铁，而此经商一事，恰促成王钝根前后段人生之转折。

七年冬，钝根承父命以生铁二千吨售与上海某洋行。订约分期交货于天津，不料欧战甫停，市价骤跌，某国人故意挑剔，违约不收货，钝根蒙大损失。十五旬中，往来津沪者六次，补牢无术，笔砚久荒，思之心痗③。

时欧战方亟，铁价奇昂，余父在晋为某铁行股东。晋省铁极富，价较沪市低百分之五十有奇。余父命余就沪抛售，余乃与日本铁商订约，售与二千吨，以天津为交货地。此役实可获利五万余，不料于交货期前数日，欧战遽罢，铁市大跌，日商轻信用，竟不收货而去。交涉无效，明年始得以贱值脱售存货，计亏折三万余。又以订约后，某铁行总理私憾余父，不承此约，不肯垫款运铁至天津。余父不得已，就津购现货应售，故其亏折，亦余父一人任之。余父宦囊本不丰，且现资四散，遽难收拾。余乃借友二万金足之。此友慷慨任侠，拯余于

---

① 王钝根：《钝根随笔》（十八），《新申报·小申报》1919 年 4 月 24 日。
② 王钝根：《家庭地狱》，《半月》1923 年第 3 卷第 3 期。
③ 王钝根：《钝根随笔》（一），《新申报·小申报》1919 年 4 月 7 日。

危。友亦非富豪，乃以片言，立假巨款，无抵押品，亦无证人。信托之深，乃逾骨肉，求之今日势利社会，无第二人矣。余妻见余铩羽而归，益大失望，愁容相对，生趣几尽。幸是年夏又得一子，明年夏更得一子，叹息之声渐为儿啼所掩，第家用大增……①

如其所言，在 1918—1920 年的 3 年里，其家连遭厄运，除长子夭折外，因经营生铁生意又赔钱数万。随后，他的次子、三子又相继出生，但都体弱多病，需要不断寻医问药。至 1921 年，他的第三子也不幸夭亡。

据他说，1921 年他还生有一个女儿。其《噱谈偶忆》一文中曾记："友人吴君善诙谐，一日致函与余，略谓'街谈巷议，道君于某某日获中河南副券三彩，特此函贺。'余生平不信奖券，从未买过一条，捧函甚讶，知是玄虚。爰涉足街头，翻阅该券开奖日及三彩银数，为之恍然。盖余于某某日得一女孩，适与河南券开彩同日，而三彩奖银又适为一千金也。"② 查当年《申报》中关于"河南副券三奖"之新闻，有 6 月 12 日之消息曰：

上海善利全又中河南副券三彩志喜：五月初六日开的三彩，第二万零八百四十号由本号批与美最利门庄售出，此布。③

则其女生于 1921 年 6 月 11 日（农历五月初六）。据其友人称："他也的确有一颗掌上明珠，名佩珠，别署茜雅女史。青箱家学，渊源有自；诗极雅秀，书亦娟娟，一如其人之清超拔俗。"④

然即便如此，其家再也没能回到之前的富足与平静状态。时人曾言：

王有公子一，年十五岁，家人呼曰二官，聪明好学，沉默寡言，由王亲为课读，故虽不入学校，而其国文造诣乃甚深……惟二官患一隐疾甚奇。疾作则发为暴怒，怒时必尽遣其室中人出外，而自扃其户，或将椟间所有物，尽弃之地上，独自闷坐，良久方已。在渠发怒

---

① 王钝根：《家庭地狱》，《半月》1923 年第 3 卷第 3 期。
② 钝根：《噱谈偶忆》，《礼拜六》1921 年第 125 期。
③ 《申报》1921 年 6 月 12 日第 3 版。
④ 陈祖范：《近代书苑采英》，浙江美术学院出版社 1992 年版，第 26 页。

时间，无论何人，不敢撄其锋也。据王自言，二官得疾，系由倾跌而起。数年前二官犹年少，一日独立于阳台间，凝眸下视，忽从高处跌下，晕绝于地，良久乃苏，自此乃得是疾。①

文中所说的"二官"正是王钝根的次子，他作为王钝根唯一活下来的儿子又身患隐疾。经商失败、家庭负累所造成的人生困境，使王钝根在这三四年间阅尽世情冷热，饱尝贫病滋味，故由乐天派一变而为悲观失意之人。而连续的打击与奔波，也让他无暇专注于报业，更不能像初入文坛时那样意气风发，退却避世的心境由此而生。至 1919 年 7 月，他从《新申报》辞职，之后便与报界文坛若即若离，虽在二十年代、三十年代有过回归，但再也没能回到民国之初的精神状态。

其中，二十年代王钝根经过一段时间的休整，曾试图恢复他早前报刊生涯的节奏与荣光。如在 1920 年，他一度受邀编辑《中国商业月报》，研究国货及商业问题。同时又在南洋兄弟烟草公司兼职，为其编写广告。而这一时期，他最大的动作是在 1921 年夏复刊了小说周刊《礼拜六》。但很可惜，《礼拜六》也只坚持了一百期，在 1923 年又再次停刊。

此外，1922 年 6 月他受汤节之之邀，接手《商报》副刊《商余》的编辑工作，同时助刘豁公编辑《心声》半月刊。一年零三个月后从《商报》去职，再受田季恒之托，编辑《工商新闻》，至 1925 年出版《工商新闻百期特刊》。在 1924 年他又创办《社会之花》文艺杂志，1925 年与刘豁公等人编辑《说部精英》，出"甲子花""乙丑花""丙寅花"三集。基本上，这一阶段的编辑事业，他既重视于文艺杂志的复兴，又关注到"商业类报刊"的创办，所以许厪父曾不吝赞誉：

　　氏于其时，复有南北之游，均不能得志，而各界人士之渴仰其著作者，至于叠函询问其行踪，其文章之动人观感，有如此者。然自此，氏亦感于情意，浩然有归志。未几，复返沪，乃始应《商报》之聘，主《商报》编辑也。氏为人，精明干练，文事之外，尤长于才略，而质性浑厚和平，与人交，诚恳而有意致，殆弗类其为人，则世之所谓外圆而内方者，岂非其俦邪？顾以言商术，则每不逮人，或多财善贾，属市侩之特长，而非士林中人所能一较短长者欤！②

---

①　波罗：《王钝根公子之奇疾》，《时代日报》1933 年 10 月 20 日第 2 版。

②　许厪父：《近代小说名家小史·王钝根》（续），《小说日报》1923 年 1 月 26 日第 2 版。

　　二十年代正是旧派文艺期刊再起高潮的时期,这一时段里《半月》《快活》《红玫瑰》等杂志跟随《礼拜六》后一百期一涌而起,故王钝根在重新编辑文艺杂志的同时,他的文坛好友亦自起炉灶编辑刊物,诸如《心声》《半月》《快活》等杂志,王钝根亦有参与,在这些刊物上也多有作品发表。

　　不过,这一时期王钝根因其所谓的"礼拜六派"身份而遭受抨击,同时他与文坛同仁也开始结社合作,以期巩固自己的文学立场,并对所受批评予以回击。如果说加入《礼拜六》杂志同仁组织的"狼虎会"还带有戏谑色彩,参加"全国伶选大会"并任大会评议长还是出于好友的交情,那么1922年7月他与文坛同仁成立"青社"、创办《长青》周刊,便是主动团结旧派通俗文艺作家,并通过《长青》周刊发表文学评论来对抗新派作家的批评。

　　整个二十年代,王钝根与"礼拜六派"同仁的创作内容及风格已经确定。在新派的批评之外,王钝根、包天笑、周瘦鹃等旧派同仁对自身作品的认识、对自身文艺派别及创作主张也基本达成共识。虽然王钝根由于各种变故的打击而改变了最初文章的锐气和活泼,如友人所说的,"民国十年,又曾入《商报》担任编辑,但是诙谐恣肆的文章,逐渐减少了"[1]。但是十余年编辑事业的成长还是铸就了王钝根的文坛地位及影响。

　　可以说,王钝根由民初所积攒下的声名,在此一阶段得到了巩固和确认。虽然他的部分工作重心偏向于商业报刊。整体而言,在二十年代王钝根的文艺编辑事业仍在继续,成绩亦不容小觑。

　　在文学及商业报刊的编辑之外,王钝根还曾尝试创作电影剧本并参与电影制作,这在当时是很具先进眼光和"时尚"色彩的。1924年,英美烟公司影片部设"中国董事部",王钝根为影戏部编剧主任,并负责字幕编排工作。后因提倡国货,国人抵制英美烟公司,王钝根辞职,随后出任张慧冲联合影片公司编剧总监,在1925年至1926年完成《劫后缘》《工人之妻》等剧本,并被摄为影片放映。1926年之后,《说部精英》印完第三集,但没有接续出版第四集,王钝根在张慧冲影片公司也因剧作被改,多不遂意而离开。

　　总的来看,在二十年代通俗文学新一波浪潮的推动下,王钝根的文艺之路虽不及《礼拜六》前一百期时之兴盛,但其文艺事业的内容却更加

---

① 盛俊才:《再谈自由谈人物——王钝根、周瘦鹃两先生近状》,《申报馆内通讯》1948年第2卷第3期。

宽阔丰富，举凡文学刊物、商业报纸、广告文学、影视戏剧等文艺行业王钝根均有涉猎，而且随着"礼拜六派"这一称呼逐渐被文坛熟知和接受，王钝根的文坛地位也基本明确。然而在二十年代的后半阶段，时局和旧派文学的环境却日渐恶劣，王钝根也慢慢淡出上海文坛。1927 年 7 月，他的父亲去世①，他在报丧消息中所留的地址是"上海东鸭绿路元和坊六六五号"，则当时他仍居于上海。后来战事频仍，文坛渐失其消息，报纸上只偶然会见到他的"鬻书例"。

在 1926 年至 1933 年期间，王钝根少有文字发表，他将更多的精力放到了对时事战局的关注上。这几年间，爱国运动高涨，中日之间摩擦不断。时局动荡期间，王钝根于 1928 年前后担任国货评论社社长，支持国货运动；1929 年携印度友人向国民党中央党部请愿；1932 年间上书当道，"草拟奖励义勇军及优恤阵亡将士办法"；1933 年 7 月游历南京，并试图向汪精卫述说自己的抗战救国见解。可以说，这一时期，王钝根因为国难而近乎将文艺弃绝，游戏滑稽文章他亦不愿再写。虽然他偶尔为《卫生杂志》等刊物作序，为老友周瘦鹃等人的新栏目捧场，但总的来说，他参加文艺活动的次数急剧减少。而且在这期间，他的信仰也从基督教转向佛学，如 1931 年间，他曾与蒋百器等人在上海发起佛光社。

1933 年 9 月，受黄春荪之邀，王钝根再次出山，出任《新上海》的编辑之职。在这期间王钝根将自己游历南京的见闻撰述成文，作《京尘刹那记》七篇刊之于众，略论自己对家国形势的忧虑。这次虽是受友人所托而重拾笔墨，但亦是常年忧思郁结，有不得不吐之势，至此正可借《新上海》而一抒怀抱。因此，此次重回文坛，王钝根并未重拾之前的游戏、娱乐精神，亦未寻找读者重视之文艺趣味，而是在时局之下作"时评论政"文字，所以他在 1933 年间担任上海全球华侨总公会秘书长一职，旌表国魂，支持华人的爱国运动。但受时局和心境的影响，两年之后他又再次退出文坛，且从此之后再未回归。

为了生计，王钝根在 1935 年之后曾卖字鬻书，也曾为《健宁》《快乐家庭》《康乐特刊》等广告栏目撰制医药文章、治病秘方，而真正的文学作品却寥寥无几。因为他离文坛渐远，关于他的信息越来越少，偶有的传闻也越来越不真实。在四十年代，已有人传言王钝根投靠敌军，甚而潦倒至死。据传闻说：

---

① 《钝根报丧》中有言："先父前晋北榷运局长访严府君，痛于七月二十六日以急病殁于天津寓所。"《新闻报》1927 年 8 月 28 日第 14 版。

王是一个落伍的小说家，现在是苏州《江南日报》的总理，兼理苏州文化事宜，盖成一"弹冠相庆"之人物矣。上月为王五旬诞辰，其门弟子为之发起祝嘏，徐三挡①在是日即席弹唱以娱师。②

王钝根竟做了附逆的摇旗呐喊的小卒，在上海大做其报馆编辑。今年暑假中，看到赵苕狂坠落的消息，曾为之数日不豫。谁知文人无行者，比比也，良可深慨。自五四运动后，钝根的名字，也许久被人们忘却了。但国初的上海文场，他是颇负声誉的，他曾在郑振铎前主办《小说月报》，那些写情写鬼的作品，就我个人论，有一个过去的时期，曾牢牢的被他抓住，使我对它生了爱恋。恰好那时我对旧诗感觉了兴趣，于是钝根在月报中的咏《花月痕》诗，便为我所爱好了。③

提起王钝根，凡是熟识报界情形之上海人，一定耳熟能详。王钝根在战前尝一度以编辑《礼拜六》周刊（并非今日之《礼拜六》）走红，所著诗词小品颇得人所好。……王名气虽响，即不善于理财。七七事变后，立投身附逆，入《新申报》作编辑，结果终究潦倒死去。王钝根生前且更染有极深之阿芙蓉癖，每天据说非七八钱决难过门，生平笑话颇多，此处有一件关于彼吸烟之趣事。原来在其全盛时代，有某枪上戒烟膏主慕其名，特聘之为广告宣传主任。膏行老板知王为著名老枪，故特为其设小房子一所，供吞云吐雾之需。此小房子适在戒烟药店楼上，王钝根处此环境，适大得其所，于是终日卖命为老板写宣传文字。黑海同人受广告之噱，而前来问津者大有人在。④

他的书法充溢了秀逸，实在比那时流行上海，以书法出名而十足匠气的魏碑书家高明得多。听说其人晚年潦倒洋场，不知所终，这是半封建社会洋场文人的典型悲剧！⑤

王钝根善书法是真，曾替《康乐特刊》编辑戒烟广告也是真，但他是否有烟瘾，却无从查考，而且他也并未做过"附逆的摇旗呐喊的小

---

① 刊印原文中为"挡"，依照题目则应为"档"。
② 耳神：《徐三档师事王钝根》，《上海生活》1938年第2卷第7期。
③ 柳莹：《王钝根及其他》，《大路》1940年第4卷第1期。
④ 阿拉：《报界名老枪王钝根戒烟》，《海涛》1946年第9期。
⑤ 孙鹤：《四十年来自由谈人物志·反恒钉的王钝根》，《申报馆内通讯》1948年第2卷第2期。

卒"。盖此一观点因为王钝根曾编辑《新申报》，而抗日战争期间日本政府控制下亦有一《新申报》，时人以讹传讹，便以为王钝根投降了敌报。再者，他从未编辑过《小说月报》，写情写鬼的作品寥寥，而且他的小说作品主旨也不在"情""鬼"，而在于说理与警世。至于他"潦倒洋场，不知所终"则是时人臆想之词。甚至，连他《自由谈》时期的老友许瘦蝶也对他的晚年生活知之甚少[1]。

1943 年年初，报纸上登有他为亡妻报丧的启事，文中言："元配李昌凤女士，痛于民国三十一年七月二十二日病殁苏寓，存年五十七岁"[2]。1945 年，《新闻报》上又有他发表的"钝根母丧"启事一条[3]。因此，他的晚年除了国家的危难，自己的家庭变故也从未间断，这些都使他很难再回归报界文坛，很难再回到早年的文学创作中去。与王钝根交往较密的盛俊才 1948 年曾在报刊上发表文章，文中描述过王钝根的晚年生活：

> 四十岁后，研究佛学，皈心净土，谢绝交游，更不复作小说。社会上不见他活动，慢慢地淡忘了。实在他并不是"潦倒洋场"，他是退居松江，专心侍奉老母。"八一三"之后，避兵太湖中之洞庭山，对着天然风景，读书、写字、念佛，悠然自得。三十年他回到上海，曾一度鬻书，所写的楹联屏轴，都是借着阐扬净土，劝人心向西方，厌弃东方，实在是很有寓意的。笔者曾经请他写一副对子，写的是："国家多难思豪俊，岩壑无穷隐异才"，上下句末一字，嵌着我的名字，也可以见他的怀抱了。到明年三十一年[4]，他的太夫人，右眼上生有一个癌性的瘤，三次割治无效，他急急回乡侍母不出。直到三十四年，他痛遭母丧，万念俱灰，想要披剃出家，被上海几位老友飞函劝阻，请他以余力襄助慈善事业，他才出来，又在上海住了来。……他在上海，因生活费用日高，去年兼任了一个同业公会的秘书长，办公之外，闭目静坐，懒于交际应酬。我是他的忘年交，很荣

---

① 许瘦蝶在《记王钝根》一文中写道："袁世凯欲盗国，钳制舆论，君不直其所为，愤而投笔归，其后与予音问遂隔。予虽苦忆，无从投笺为憾。微闻君寓居僧寺，鬻书为生活计，确否未敢必也。日寇肆虐，海上沦为孤岛，予百计探君行踪，不可得。"《永安月刊》1948 年第 108 期。

② 《钝根为亡室李夫人讣告》，《新闻报》1943 年 1 月 5 日第 3 版。

③ 《钝根母丧》中称其母"痛于三月廿八日戌时寿终……享寿八十有三"。《新闻报》1945 年 4 月 30 日第 1 版。

④ 原文"明年三十一年"，即第二年，为民国三十一年。

幸地能不时和他晤叙与请益。他今年六十一岁了，体貌丰腴，须发还没有斑白，谈话兴致也很好，尤其对于当时文坛和艺术界情形，说起来娓娓不倦，如数家珍。前天我把本刊记述，约略讲给他听（当然我没有说明本刊和作者姓名），他非常感谢作者对于他的好评。他并且说："我虽然没有'潦倒洋场'，但若三年前当真披剃入山，便是'不知所终'了。不过说是'洋场文人的典型悲剧'，我固然不敢当洋场文人，也没有陷于悲剧。"①

由此可知，王钝根晚年仍在上海略有任职，至 1948 年身体尚健。他虽然坚持自己没有"潦倒洋场"，但实际的境况确实不佳，"皈心净土"很难说不是对现实生活的逃避，在 1949 年他还专门写文章谈论净土宗的教义与修持方法②，则他失意心境便可想而知了。

关于王钝根的逝世，所见记载多有不详，一般都以中华人民共和国"建国初"或"五十年代初"为结论。这其中有两个确定的时间记载：一为陆定中所写之"1951 年 3 月病卒，终年 64 岁"③；一为陈祖范所记之1953 年。④ 因陈祖范晚年师事王钝根，与其多有交往，故其说准确的可能性更大。

由上文所述，可以看到王钝根在民国文坛的起伏变化，他从进入上海文坛到最后的退隐实是一代报人的人生缩影，同时也展现了民国旧派文艺家在时代浪潮中的最终归宿。由于时代的原因，他从旧的科举制度中脱离出来，又受惠于社会革命而接触新兴的报刊媒介平台；在中国由旧入新的过程中，他抓住文学变革的机遇，进而在上海文坛迁簸辗转。他一方面拥护新的文学变革和时代变革，用游戏文章和讽刺小品来担负起文学的救弊醒世等"社会责任"；另一方面又在文学创作和欣赏趣味上不可避免地倾向于传统的文化内容和语言风格，尤其在说部、笔记等文学体裁上与清末的文学表现形式一致而连续。

陈蝶仙在《钝根先生传》中曾戏谑地写道："先生不知何许人，亦不

---

① 盛俊才：《再谈自由谈人物——王钝根、周瘦鹃两先生近状》，《申报馆内通讯》1948年第 2 卷第 3 期。

② 钝根：《旧话重提》，《弘化月刊》1949 年第 95 期。

③ 陆定中：《〈申报·自由谈〉首创者王钝根》，上海市青浦县文化局、青浦县博物馆编《青浦革命文化史料》，1991 年，第 188 页。

④ 陈祖范：《近代书苑采英》，浙江美术学院出版社 1992 年版，第 24 页。

详其里居。若或询之，则讷讷不能出诸口，盖其舌根钝也。先生与人脱帽为礼，露其圆光之顶，则如牛山之濯濯焉。时尚燕尾须，翘然可喜，而先生则欤（颏）下唇边尽为不毛之地。盖其发根髭根无一不钝，故不能贯革而出。"① 王钝根一生虽未必为"钝"，但就其声名湮没于笔砚纸堆来看，亦非所谓达者。整体而言，王钝根在民初的七八年间是走在时代前端的报界新人，二十年代之后由于文坛情形的突变而成为被批判、指责的守旧代表，最后在时局的乱离中走向逃避与归隐。特殊的时代和文学背景铸就了王钝根"始于进步"而"终于老旧"的文学观念和文艺道路，当然也因其自身的家庭背景和特殊经历，致使他在文坛卓有声名之时做出退避的选择，而非像周瘦鹃、陈景韩等人那样一直在报界坚守。

---

① 天虚我生：《栩园游戏文集·钝根先生传》，周拜花校，栩园编译社 1921 年版，第 10 页。

第二章 报坛新秀：王钝根文学思想的初成

中国近代报刊之创办始于晚清，兴于上海，最初得益于西方教会人士之支持。而在晚清至民国的半个多世纪里，报刊产业的营运、编辑、市场等也经历了一个起伏跌宕的兴衰过程，其中的报人、编辑、创作者也在时代大潮中或被读者所熟知，或被市场所湮没，或初时不名一钱渐渐崭露头角，或曾经家喻户晓最后黯然离去。王钝根生逢其时，又处在急速变革的上海，且一度在近现代最有名气的报纸之一《申报》供职，这些都促成了他成为"报界老前辈"的资本和声誉。

王钝根办报始自1911年的《青浦自治旬报》，终于1925年的《工商新闻》，而他办报成绩的顶峰则是在1911年至1915年主编《申报·自由谈》。正是因为《申报·自由谈》的影响力，使其可以与报界同仁创办《游戏杂志》《礼拜六》等文学期刊，使其在编辑刊物之余可以参与各类社会活动、结交新旧各派人物，使其可以借助报人编辑的号召力去记录、评论民初中国社会的现实图景。

第一节 王钝根主编时期的《申报·自由谈》

《申报》虽不是中国最早出现的报纸，但绝对是中国近现代最具影响力的报纸之一，也是持续时间最长的报纸之一。它自清同治十一年（1872）创刊，至1949年5月底结束，中间饱受战事、政治之影响，亦经历无数次的改版更新，而独具特色的副刊《自由谈》亦自创办之日起延续至1949年4月24日，可以说一直是作为《申报》的重要标志而为读者所熟知。

报纸中刊载文艺作品早已有之，因为要吸引读者市场，要扩大报纸的趣味性和内容，仅报道国内外的新闻消息显然无法满足读者的需求，尤其是在民初报纸量剧增，各报竞争激烈的时期。因此，早期的报纸虽未创设

"副刊"版面，但诗词文章却多有登载，《申报》亦是如此。据周瘦鹃说，其"第一任主笔为蒋君芷湘，华经理为赵君逸如，每两日出报一张，用国货毛太纸印刷，篇幅很小，所载都诗文之类"①。而到了光绪三十年（1904）之后，在金剑华任总主笔时期，该报的主要内容"一是谕旨……二是各埠琐录……三是诗词，此唱彼和，或描写艳情，互矜风雅，名士才子，以姓名得缀报端为荣，好像诗社的变相"②。后来，随着文艺内容篇幅的增多，版面的扩大，专门刊载文学作品的版面最终出现，于是就有了报纸副刊（"报余"）之诞生。

关于《申报·自由谈》是不是第一份真正意义上的报纸副刊，历来有不同的说法。有的学者认为最早的副刊是《自由谈》，有的认为是《字林沪报》的"消闲录"，还有的认为是《时报》的"余兴"或《新闻录》的"庄谐丛录"等③，但最早让大报副刊获得读者青睐的无疑是《申报·自由谈》。而且，《申报》副刊之引人注目或可凌驾于《申报》之上，因为"报纸副刊虽属附庸性质，而其文字动人之力量，决不在所谓大国④之正张下。世有不读正张而鲜有不读副刊者，此固非阅报之正道，而此趋势实日益明显"⑤。

一 《自由谈》初期概况

1911 年 8 月 24 日，《申报》第三张第二版报头首次出现"申报自由谈"五字，自此开启了近代报纸副刊的繁盛时代，也开启了社会评论与文学创作交互渗透的《自由谈》时代，而《自由谈》的主编王钝根也从此走进普通读者的视野之中。

---

① 周瘦鹃、黄寄萍：《本报六十年来之鳞爪》，《申报》1932 年 4 月 30 日第 12 版。亦可参考雷瑨《申报馆之过去状况》，申报馆编《最近之五十年——申报馆五十周年纪念》（第三编）上海书店 1987 年版，第 26—28 页。周、黄之文与雷瑨多有雷同，可能只是对雷瑨一文做了增删。

② 周瘦鹃、黄寄萍：《本报六十年来之鳞爪》，《申报》1932 年 4 月 30 日第 12 版。

③ 征凡在《卅六年来的〈自由谈〉》一文中认为副刊以《自由谈》最早（《申报·自由谈》1947 年 9 月 20 日），包天笑在《时报的编制》一文中认为是《时报》的"余兴"可算是最早的副刊（《钏影楼回忆录》，上海三联书店 2014 年版，第 329—330 页），而袁昶超的《中国报业小史》、冯并的《中国文艺副刊史》等著作中均以《同文沪报》（原名《字林沪报》）的副刊"消闲录"为最早。

④ 原文为"国"字，或应为"报"字。

⑤ 黄梁梦：《报纸副刊之今昔观》，《报学月刊》1929 年第 1 卷第 3 期。

《自由谈》诞生之初并无征兆或启事，只在 1911 年 8 月 24 日的第一张第三版刊登《本报改革要言》：

> ……新闻之中，举事直笔，不染时下浮滑之习，而游戏解颐之文章记事，亦不可尽无。别以门类，各分界限，使人不至视办报如儿戏，而亦无干缩无味之嫌。如第一张正面之有小说，后幅之有清谈。第二张正面之有商业游记、商业谈论、商业问答，后幅之有投稿。第三张正面之为游戏笔墨，胥此意也。总之，本报此次之改革，补以前本报之短，留以前本报之长，合于今世事之宜，戒于今时流之习。

在第三张第二版则直接刊出《申报·自由谈》版头，而其第一篇作品便是王钝根的《滑稽小说：助娠会》。但王钝根在《申报》上发表的第一篇文章并不是此篇，而是刊登于 1911 年 8 月 17 日第二张后幅第三版的《短篇痴情小说：新状元》，另外他于编辑《自由谈》之前曾对《申报》刊出的一些文章附加评语，如"评《纪事：女寇》""评《纪事：李孝子鬻儿养亲》"等，这就说明王钝根进入《申报》其实稍早于《自由谈》之创设。同时，《自由谈》版面的创立应该有一段计划准备时期，而王钝根又是由当时的《申报》经理席子佩直接邀请入馆的，所以《申报·自由谈》的创办计划应该也有他的参与。而无论创办副刊是否曾由他提议，《自由谈》三十余年的报纸副刊历史都是从王钝根的这篇"滑稽小说"开始的。

在《申报·自由谈》创始之初，即王钝根主编《自由谈》时期，《自由谈》既要"举事直笔"，又要"游戏解颐"，正如王钝根在《自由杂志·序》中所说："自由谈者，救世文字而非游戏文字也，虽或游戏其文字，而救世其精神也"[1]；亦如当时的报人所言："报纸之流行，将使人人周知世事，增进智识也。然其纪载必有趣味，方能入目而不倦。近日报纸所载，非刀兵之惨祸，即水旱之荒灾，只益悲辛，何有兴味。此则时势之所趋，即记者亦深恶其不祥，而莫可如何者矣。今本报附载《自由谈》及赠送彩色画等等，亦无非愿读报者于百无聊赖之余，为强作欢笑之计耳。"[2] 故《自由谈》虽为副刊，所载以文学作品为主，但既然隶属于报纸，则"知世事""增智识"的特质便为其先天的能力，而

---

① 王钝根：《自由杂志·序》，《自由杂志》1913 年第 1 期。

② 东吴：《清谈》，《申报》1911 年 10 月 9 日第一张后幅第 4 版。

"能入目不倦""愿读报者强作欢笑"之语亦是其办刊之宗旨和自命之义务。而既标"自由"之名，则文章的不受羁束、任笔随意亦是其题中之义。

栏目设置　依照办刊宗旨，《自由谈》最初的栏目有"游戏文章""忽发奇想""海外奇谈""付之一笑""慷慨悲歌""缠绵悱恻""尊闻阁杂录""小说"等。之后，又稍有增删，如删去了"慷慨悲歌""缠绵悱恻"而代之以"尊闻阁诗选"，"付之一笑"变为"千金一笑"，杂录文章又陆续添设了"纸上空谈""心直口快""编辑余谈""瞎费心思""见见闻闻""榴花轩琐录"等几个栏目。而随着投稿同仁间交谊日深，之后又出现了用于同仁间交流观点、互通信息的"自由谈话会"版块，另外还有戏考、剧谈等戏剧栏目。然不管名目如何增改，其内容无外乎游戏文章、笔记小品、诗词选录、剧评小说，基本囊括了当时所有可能的文学体裁和形式。就像王钝根《滑稽小说：自由谈》中所说：

> 却说立宪国舆论省新闻县有一个大演说家，姓谈，名叫自由。他学着西洋的法子署起名来，先名后姓，所以人都称他自由谈先生。他是老生常谈的后嗣，十年前老生常谈害了痰火病死了，他便脱了家庭专制的羁束，整顿精神，要做一个新国民，特命儿子海外奇谈出洋游学。他自己本来能言善辩，出口多滑稽谈，时常合着几个知己朋友在家里尊闻阁、榴花轩①内抵掌而谈国事，真有高谈四座惊的气概。他又到处演说，立谈之倾，奇变百出，有时慷慨悲歌，有时缠绵悱恻，有时忽发奇想，使人破涕为笑，却从不肯咬文嚼字，瞎费心思，只一味的心直口快，没有一些期期艾艾的怯招儿。②

这篇文章可以说是《自由谈》的报幕词，基本上将其主要的栏目都

---

①　"尊闻阁"与"榴花轩"皆指代申报馆。尊闻阁是申报馆编辑室的室名，题此三字的匾额挂于室中。申报馆刊印的书籍之类亦有署名"尊闻阁主人"者，其实即申报馆编辑之代称。参见《本报今日：七十周年纪念》（不题作者，《申报》1942 年 4 月 30 日第 4 版），《尊闻阁》（不题作者，《申报》1947 年 9 月 20 日第 15 版）及彬之《申报掌故谭》（《申报馆内通讯》1947 年第 1 卷第 4 期）等文。

②　钝根：《滑稽小说：自由谈》，《申报·自由谈》1911 年 9 月 10 日。

"形容"了出来，使读者大致了解到其栏目设置和主要内容，即它是之前散见于新闻、通讯之间的小说、时评、笔记等内容的集结，是一个专门收录文学作品的全新版面。另外，创刊之初的《征文告白》中也说，"海内文家如有以诗词歌曲、遗闻轶事以及游戏诙谐之作惠寄本馆，最为欢迎。即请开明住址，以便随时通信，惟原稿恕不奉还"①，亦可见《自由谈》所需文本之所在。

主要作者　《自由谈》初期最重要的撰稿者是主编王钝根。在王钝根之外，因其活泼自由的栏目及文风，还吸引了一批文人前来投稿。其中既有在报界小有成就的作者，也有在报刊上初试牛刀的普通文士，而其总量在150人左右。在1913年年初，《自由谈》投稿同仁发起印制诸投稿人简介小传及铜版小像的活动，自1913年3月23日起至1914年1月11日止，《自由谈》副刊登出小传及照片的就有130余位作者，他们正是王钝根主持《自由谈》时期的中坚力量，也是《自由谈》甫一推出就极具吸引力的结果。此外，还有个别投稿者未能向《申报》邮寄照片和个人信息，他们的小传也未能刊登出来。

而在这130余人之中，较能代表《自由谈》文学价值及影响力的有天虚我生、童爱楼、陈小蝶、李常觉、许瘦蝶诸人。正是他们辅助王钝根创办了《游戏杂志》《礼拜六》等刊物，而也正是王钝根在《自由谈》中对他们的推介与提携，使之被更多的读者所关注。天虚我生，名陈栩，号蝶仙，别号天虚我生，浙江钱塘人，他因《自由谈》与王钝根订交，后来又被王钝根荐为《自由谈》编辑，并主持《女子世界》等刊物，在《自由谈》发表过《自由花弹词》和《玉田恨史》等作品。王钝根说他"少负才名，当道诸贵介，多折节与之缔交，曾主著湄吟社，海内文士闻风景从，后以商业失利，橐笔作幕游，所至著贤声。辛亥夏，余为《申报》创编《自由谈》，广征文艺，君方在绍兴幕，以诗八律见投，余读之大为倾倒。旋后得其短篇小说，益叹赏不已，飞书报谢。君答函尤殷拳可感。自是邮筒往来无虚日。是年冬，君始来沪，相见欢甚"②。童爱楼，本名童乐隐，别号爱楼，浙江鄞县人，早年曾为《笑林报》主编，在《自由谈》撰稿同仁中是地位较高的一个，曾代理诸同仁所创刊物《自由杂志》主编之职，在《自由谈》主要发表"游

---

① 《征文告白》，《申报·自由谈》1911年9月1日（该日之后数月内，《申报·自由谈》皆刊有此告白）。

② 钝根：《本旬刊作者诸大名家小史·天虚我生》，《社会之花》1924年第1期。

戏文"，并撰有新剧《血泪碑》。陈小蝶是陈蝶仙之子，1914 年从杭州到上海，因其父关系而结识王钝根、周瘦鹃等人，在《自由谈》上发表有独撰及翻译小说数种。李常觉，本名李家骝，字新甫，江苏上元人，长期供职于天虚我生创立的家庭工业社，他在《自由谈》发表的作品多为与陈小蝶一起合译外国小说。许瘦蝶，原名许泰，号仲瑚，江苏太仓人，在《申报·自由谈》之前曾向《同文沪报》的副刊"消闲录"投稿，1912 年间结识王钝根并向《自由谈》投稿，发表的作品以"游戏文章"和"滑稽小说"为主。

稿件及特色　从《自由谈》栏目的设置可以看出，《自由谈》的内容主要是"新国民"来讨论家国天下的"自由之事"，而其特点则是言论观点的随意挥洒，就如王钝根在其《滑稽小说：自由谈》中所指出的那样，"谈"为其躯体内容，"自由"乃其天资性情。

因此，《申报·自由谈》最具特色的栏目就是"游戏文章"。在这一栏目之下，可为时事批评，可为滑稽短篇小说，亦可为虚构的讽刺小品。事实上它打破了小说、笔记、时评等各文类之间的界限，而纯以滑稽诙谐的风格统领所有的文本。这一栏目的首创者是王钝根，而于《自由谈》中发表游戏文章最多的也是王钝根。他尽可能地将"游戏文章"追求生动活泼的旨趣发挥到极致，不仅有《中国急宜组织飞行军》[1] 这样的忧国之策，还有《阎罗窝赃感言》[2] 这种对时事新闻的报道评论，亦有《鼠牛交代记》[3] 这样的滑稽隐喻短文。同时，王钝根的好友陈蝶仙、童爱楼等也是"游戏文章"的主要撰稿人，此外的许多《自由谈》投稿者也常有"游戏文章"之作。他们大都遵循王钝根设置的"滑稽之路"而进行创作，如内容上对时事政治的点评与刻画，体裁上含混，风格上诙谐与随意。这其中当然有王钝根的"选稿"之功，因为"游戏文章"位列《自由谈》版面之首，其所展现的自然是王钝根的编排匠心和关注重点。以《聋王致瞎王书》[4] 一文为例：

> 瞎王殿下，久仰威名，未亲道范，鱼雁能通，幸赐教益。寡人前游贵邦，见贵邦人士虽有相怒以目之色，却无相争以口之声；虽

---

① 钝根：《中国急宜组织飞行军》，《申报·自由谈》1912 年 11 月 26 日。
② 钝根：《阎罗窝赃感言》，《申报·自由谈》1913 年 3 月 25 日。
③ 钝根：《鼠牛交代记》，《申报·自由谈》1913 年 2 月 9 日。
④ 慕祖：《聋王致瞎王书》，《申报·自由谈》1912 年 3 月 24 日。

有鸠形鹄面之色，却无怨天尤地之声。足见大王威足以服众，德足以感人。故民虽居水深火热之中，仍有缄金守瓶之盛德。如是安分循序之民，未知大王亦顾而乐之否也？敝邑幸叨福庇，久不闻鼙鼓之声，民间亦未有叫嚣不靖之习，深异寡人德薄能鲜，何以能四海宴安若是？谅以敝邑人民能择善而从，效法贵邦，朋友既无口角之争言，君臣亦无谏诤之声口。寡人中心之乐，实未有逾于此者也。夫治民最难得者，言路不加钳制，而民竟无一言之抵抗。此虽求于尧舜之世，犹觉难之，而况今日乎？寡人近无他求，惟求终寡人之世，不闻人民有呼吁之声足矣！夫世上最凄惨者，莫如号哭之声；最惊恐者，莫如战斗之声；最气愤者，莫如咒骂之声。今寡人虽不德，一生不闻有是声，亦可傲近世之为帝王者矣。敝邑人民，或有惧寡人之作色而不敢尽言者，为特求之大王，如偏听则明，请有以惠教我也。

署名"慕祖"的这篇文章处处是暗喻与反讽，其拟国王之口吻，道治世之危言，表面上颂扬聋、瞎二王之威德，实际上以"聋""瞎"为喻，暗指二王之耳聋、目盲以及王权之钳制言路，民众之软懦缄默，字字是严正的批评，而以滑稽寓言出之；句句指向国内现实局势，却虚构二王书信予以形容。而在此文发表的第二天，又有童爱楼的《瞎王答聋王书》，将此"游戏"与"反讽"进一步扩大。这其实是《自由谈》常见的系列文章形式，它用数日的连续性文章，将对某一问题的讨论呈现在报刊这一公共舆论空间①，以此实现读者与作者之间的互动。

同时，对于国内及上海时事的"短评"——"见见闻闻""纸上空谈""千金一笑""编辑余谈"等栏目则补充着"游戏文章"批评之不足。"游戏文章"每篇都只集中一点，而这些"闲谈"栏目则随意挥洒，兼及各面，其内容所记多为奇闻轶事、知识学问、日常琐屑或足资发噱的笑谈，论其事则过"小"而不足以充新闻，论其趣却活泼生动、多有余味。任意择取 1912 年 2 月 1—2 日的相关栏目文章为例（见表 2-1），其内容及风格特点便可见一斑：

---

① 杜新艳的《近代报刊谐文研究：以〈申报·自由谈〉（1911—1918）为中心》一文曾详细论述《自由谈》中"谐文"也即"游戏文章"的发生发展过程，以及它所传达出的游戏文章与报纸媒介的关系、近现代言论自由与思想启蒙的关系等。见其博士学位论文，北京大学，2009 年。

表 2-1　　　　　　　　　　　　　《自由谈》版面篇目举隅

发表时间	作品名称	作者	内容提要
1912.02.01	《心直口快·勿以浮言而害大局》	忧时子	日本讹传上海汇丰银行的金融滞钝，导致出现挤兑之事
	《心直口快·筹饷微辞》	步云	批评"女子北伐先锋队"挨户硬售戏券
	《心直口快·今昔女子观》	匹志	赞今日女子之天足、英气等
	《心直口快·忠告》	冷眼	忠告社会各界，提倡国货之责任
	《心直口快·我不服》	越痴	批评袁世凯为满奴及会党之挥霍
	《闲心思·叉麻雀助饷》	陈缃生	提议国人和牌一副，抽捐一成以助饷
	《千金一笑·嫖客》	爱	甲乙丙丁四人评论上海之嫖客
	《千金一笑·玩物》		"小人国"以烟酒嫖赌为事
1912.02.02	《遗闻轶事·吴下丛谈》	血侠	光绪年间，一老人演杂技事及幼时所见事
	《心直口快·海涅之戏园》	润	批评宝善街某戏园女伶
	《闲心思·戏名对》	郭荫葵	戏曲名称的"对子"
	《闲心思·俗语对》	虞哲夫	俗语对子
	《千金一笑·三粥财主》	爱	穷汉吹牛的笑话
	《千金一笑·四极先生》		记一位先生，写其相貌丑陋、才行低劣、脸皮厚、性格好等特点

　　从这两日的文章内容可以看出，"千金一笑"多怪闻笑话，"心直口快"多直接的世情批评，"闲心思"（后为"瞎费心思"）则是同样关涉时事的评论或者一些知识性内容，而《自由谈》中的其他版块——"编辑余谈""纸上空谈"等也大抵与此类似。其主要内容用传统的"笔记"概念基本可以囊括，其中兼具史料价值的文本亦不在少，只是过于丛杂芜蔓，"闲谈"的痕迹太重，而这也是《自由谈》追求活泼趣味的必然结果。此外，《自由谈》中亦有记录新知奇闻的"海外奇谈"栏目，是"评论"之外的"介绍说明"文字，通过它既能学习国外的新知，又能了解西方的新思想、新观念，对于清末民初的国人来说亦可谓是一种启蒙。

　　不过，游戏文章与笔记闲谈的内容集中于对新闻时事的记录和评论，虽然在文风上避免了严肃，但报纸副刊最主要的内容还是诗词小说，特别是名家的连载小说才是长期吸引读者、增加报纸销量的关键。在《自由谈》开创伊始，王钝根便在这些方面下足了功夫，在栏目设置上有"尊闻阁词选""诗选""文字因缘"以刊载诗词,同时又有"剧谈""戏考""戏评"等以戏会友,选录了许多专业性的传统戏曲考订及戏剧评论文章。而对于地位日隆的小说、戏剧来说,《自由谈》不仅有游戏短篇,还有连载长篇,亦有不少译作及弹词内容。举例而言,"戏考"之类有吴下健儿(玄郎)的旧戏考订;"戏评""剧谈"有王钝根的新剧评论;短篇小说有周瘦鹃的《临去秋波》、小蝶的《秋风扇》和《情网蛛丝》、琐尾的《奇女子》以及王钝根的《浦江潮》《痴人梦》等;中长篇小说有徐卓呆的《滑稽小说:魔玉》,瘦蝶的《苦情小说:霜天鹤唳》,天虚我生的《黄金祟》《哀情小说:满园花》《奇情小说:鸳鸯血》等;译作有小山、梅郎合译的《痴情小说:美女花》①,周瘦鹃翻译的《短篇小说:雾》等;弹词有东埜的《侠女花弹词》,天虚我生的《爱情小说:自由花弹词》等;而剧作则有王钝根的《时事新剧:佛动心》,天虚我生的新剧《错姻缘》、传奇剧本《花木兰传奇》等作品。大体而言,小说以短篇居多,诗词以朋友间的唱和赠答为主,剧评则新旧剧的考评各占其半。

重要作品举隅　这一时期《自由谈》的作品除了上文所举的"游戏文章",较有文学价值的一是陈蝶仙的小说,一是李常觉、陈小蝶等人的翻译,一是王钝根、吴下健儿等人编撰的旧戏考述之作《戏考》。

陈蝶仙的《自由花弹词》是王钝根主持《自由谈》时期较重要的一篇弹词作品,连载于 1913 年的 3 月 10 日至 5 月 26 日,共二十回,分七十次登完。题前标注"爱情小说",主要讲述秦俪箫、万书、徐恋春、窦爱兰等新式青年在自由思想影响下的爱恨情感故事。故事的背景是当下现实,书中的主角是旧家庭走出来的具有新思想的青年。该作虽是传统的弹词形式,有说白唱念,情节之发展也遵循传统叙事文学的"报告家世—男女相识—中途受挫—结尾团圆"的套路,但并非所有主角都安排妥当,而文中涉及的"女子自由"之思想在当时亦是一种"先进"的表现。篇末王钝根曾加戏言说:"只苦了个恋春小姐,忙煞为他人作嫁,自家未得配鸳俦。可恨那做书的铁石心肠嫌太硬,不替他寻个如意郎君咏好逑,从今遗憾到千秋。"② 投稿同仁瘦蝶也称:"天虚我生著《自由花弹词》,以女儿为徐恋春,表其能成人之美,而己则超以象外也。"③

---

① 　题下介绍云,"《痴情小说:美女花》原名《塞里爱侯爵之美女》(MUE de la Seigliere),法国桑滔著(Foles Sandean)",《申报·自由谈》1914 年 11 月 26 日。

② 　陈蝶仙:《自由花弹词》(七十),《申报·自由谈》1913 年 5 月 26 日。

③ 　瘦蝶:《自由女儿传》,《申报·自由谈》1914 年 3 月 19 日。

陈蝶仙的另一重要作品《玉田恨史》，连载于《自由谈》1913 年 6 月 7 日至 26 日的"小说"版块。其篇幅不长，但却能细摹人物、曲尽哀情，非一般的"急就章"式滑稽短篇可比。内容讲述女子守贞殉情之事，所宣讲的仍为旧道德，但故事并非虚构自造，却有其"本事"。小说前有"玉田恨史传概"（王钝根写信转告陈蝶仙的"内弟李君"事），陈蝶仙因而扩充成文，创作出一部哀情小说。陈蝶仙的小说向以长篇言情见长，多用章回旧体，而《玉田恨史》却最多算是中篇，且不分章节，在形式上也异于他一贯的风格。小说连载后，《自由谈》又刊登了多位同仁对这篇作品的题词和评论，该小说的热度与影响也因此得以延长，甚至到 1915 年尚有人作诗品题，不久又有单行本出版。《玉田恨史》的成书与刊印，代表了大多数报刊小说的创作发行特点——创作构想常因"命题"而下笔，连载过程中多经文坛友人的品题与推销，最后顺理成章编印单行本。

以《自由花弹词》和《玉田恨史》为例来说明《自由谈》版面叙事文学之创作，一则因其对新名词、新思想的使用，一则因其对报章小说连载特点的呈现，同时这两部作品也能体现王钝根在《自由谈》文本编稿、品评中的成绩，以及他与撰稿人、读者之间的互动往来关系。而关于王钝根主编时期《自由谈》上的翻译作品，则不得不提常觉、小蝶合译，天虚我生润文的《家庭小说：嫣红劫》。

此作始载于 1914 年 9 月 20 日，至 1915 年 12 月 15 日方才结束，已超出了王钝根主编《自由谈》的时期。据陈蝶仙的介绍："是篇为英国著名小说家 MRS HENRY WOOD 亨利·荷德夫人①所著，原名 MRS HALLIBURTON'S TROUBLES。全书都八十章，达二十万言以上，可谓英文小说中篇幅最长之作。钝根、常觉二君久欲译为单本行世，然弗得此长暇。就商于予，而予亦以笔墨倥偬，窃恐无此耐久之能力。爰命吾子小蝶日就常觉译录二三千言，期其毋懈，乃复排日为之润饰。近已积叠盈寸，遂徇钝根之请，先为披露。惟书中叙事之处，原文有失之过冗者，或且过朴无华，为助读者之兴趣计，不得不以己意增损原篇。因与直译者有所不同，惟读者鉴而谅之。"② 由此可知，小蝶、常觉、蝶仙三人之合作与分

---

① 亨利·伍德夫人，即 Ellen Wood，1814 年 1 月 17 日出生于英格兰伍斯特，1836 年嫁给 Henry Wood，逝世于 1887 年。其作品除《嫣红劫》外，还有 *East Lynne* 等。

② 常觉、小蝶合译，天虚我生润文：《家庭小说：嫣红劫》，《申报·自由谈》1914 年 9 月 20 日。

工——常觉翻译，小蝶撰录，蝶仙润饰。而他们也将这一翻译组合命名为"太常仙蝶"①，并以此名翻译发表过不少作品，《礼拜六》杂志中就多见其作（具体见本书第三章）。《嫣红劫》的原作者是亨利·伍德夫人，为英国维多利亚时期的畅销小说家。此作撰写于1862年，并非她最著名的作品。但王钝根、李常觉"久欲译为单本行世"可能并非出于作品名气的考虑，而是发现其内容合于当时读者的兴味。因为《嫣红劫》既讲家庭伦理，亦关乎情欲阴谋，与民初所谓"鸳鸯蝴蝶派"之言情多有暗合之处，陈蝶仙他们所定的译名也颇具当时言情小说的特点，而这些都可说明民初旧派文学界小说翻译的内容取向与操作方式，也体现着王钝根的选材眼光。

"戏考"是《自由谈》下设的一个栏目，后来成为一个大部头的著作。其创立之初，是因作者吴下健儿欲细述旧戏曲目，故而特辟的一个栏目。他说："上海人多喜新剧而厌旧剧，以旧剧纯用京话，不若新剧之全系土音，易于领悟也，实则新剧远不如旧剧之有声有色。鄙人溷迹申江，于今三十载，素嗜旧剧，今敢略述梗概，贡诸同志，聊为他山之助云尔。"② 于是自1911年9月8日起，《戏考》便在《自由谈》刊载，每日一出。其内容所谈皆为旧戏，除介绍剧作的情节外，亦有考证、评论，也有对当时旧戏演员的品评、赏鉴。

以《二进宫》一戏为例，吴下健儿在《戏考》中说：

> 徐、杨叹皇灵后，复至宫中，竭诚开导。后亦悔悟，深嘉徐、杨等忠心谋国，虑其父凭权藉势，侮弄幼主，扰乱王室，命徐谋一万全之策。徐谓杨波智勇兼备，公忠体国，以幼主托之，必能慑服国丈，振起朝纲。后从之，杨尚犹豫不敢，徐愿粉身碎骨，保助杨波，而杨始允。卒之李良气夺，不敢谋篡，而明室大安。此剧曲本，黑头、须生、青衫，唱俱冗长，知音者百听不厌。至三人跪地时，声声促接，步步紧凑，非常动听。刘永春在大舞台演此剧，配角为韦久峰、沈飘香。韦为孙菊仙之高足，初开口尚有孙调气息，入后则模糊影响，步步松懈，沈更等诸自桧。配角配置不当，名角因之减色。大舞台屡蹈

---

① 常觉《太常仙蝶》一文中说，"这是《礼拜六》里老蝶、小蝶和在下合办三公司译书的一个符号。"《礼拜六》（原《工商新闻》副刊）1928年8月25日第271期，第3版。

② 吴下健儿：《戏考》，《申报·自由谈》1911年9月8日。

是弊，深望排戏者从速改良也。①

　　作者不仅介绍了《二进宫》戏本的内容、角色与唱腔，还谈到当日伶界演出此剧的消息、各位演员的扮相以及表演功力，尤为可贵的是还提出了"从速改良"的意见。于此可知，"戏考"文章并非僵化的评论，而是与当时的演出剧目直接"对接"；并非票友对剧目、演员的宣传吹嘘，而是对曲本有较多中肯的批评与指导。其他"戏考"篇目也与此类似，作者吴下健儿坚持撰写，王钝根亦坚持刊载，如此存稿日多，篇目日广，于是有单行本之出版计划。

　　据《申报》所刊广告言："本报《自由谈》登载《戏考》，颇蒙阅者欢迎。计自去年七月至今已积三百余出，所有时下演唱之戏搜罗殆尽。兹为便利阅者起见，重行编辑，汇印成书。内容甚富，每出戏后有极详明之记事，有最流行之唱本，有擅长本剧之名伶肖像。当世顾曲家，咸宜购备一帙，以为悦目赏心之助，洵可乐也。书已付印，不日出版，先行布告，版权所有，他家不得抄袭翻印。"② 申报馆在 1912 年 8 月 10 日出版了《戏考》第一册③，而后 1913 年 6 月时中书局又出版了《戏考新编》一册④，之后《申报》又有刊出《戏考新编》上中下三册的广告，且"欲格外便宜者，可托自由谈部钝根函商或面商"⑤。

　　在一年多的连载过程中，"戏考"时有停顿，至 1912 年 10 月 3 日讲"武昭关"之后，作者"健儿"之名不再出现，他的旧戏考证也似终止⑥。在吴下健儿之后，"戏考"的作者还有王大错、颂斌、志强等人；而在结集成书的刊本中，署名有"吴下健儿撰述，钝根编辑，燧初校订"，"大错述考，德福正曲，钝根编次，振之校订"及"大错述考，志强正曲，钝根编次，燧初校订"等情况。而关于《戏考》的出版单位，一开始是由申报馆发行，如 1913 年 12 月《戏考》一至四册的出版广告，

①　吴下健儿：《戏考·二进宫》，《申报·自由谈》1911 年 11 月 5 日。

②　《你爱看戏么》，《申报》1912 年 6 月 29 日第 1 版。

③　《申报》中广告言"阳历八月十号，阴历六月廿八日《戏考》出版了"。《申报》1912 年 8 月 2 日第 9 版。

④　《每册一百出之〈戏考新编〉》，《申报》1913 年 6 月 3 日第 12 版。

⑤　《看戏一百出只费两角》，《申报》1913 年 7 月 22 日第 10 版。

⑥　吴下健儿原名顾乾元，"字健行，别号吴下健儿，又号玄郎，江苏昆山人"（《自由杂志》1913 年第 1 期扉页）。《戏考》最初的作者是他，后来主要的作者是王大错（本名王鼎）。

1914 年 2 月一至五册的出版广告，直至 1915 年 3 月第十册出版，一直都是"申报馆经售"。但是 1916 年 1 月第十二册出版时，出版社改为"上海棋盘街五百十六号中华图书馆"。该馆于 1917 年 8 月将《戏考》出至二十册，分为五集，至 1918 年 12 月出版至三十集。到 1925 年中华图书馆出版到第四十册，《申报》上有《戏考》全四十册的汇订广告。① 据日本学者松浦恒熊考证，中华图书馆于三十年代又将其版权让给了大东书局。②

　　从"戏考"在《自由谈》上的连载，到《戏考》的结集出版，王钝根是撰稿人之外出力最多者。这一方面是他编辑《自由谈》的需要，另一方面也说明他对戏剧文学之重视，对新旧剧作一视同仁，以及对撰稿者的推荐与扶持。在《戏考》的出版序言中，他说："有吴下健儿者，出其手辑之曲本示余，俾余研究。而余复为之刊行，署其名曰：《戏考》，将以就正于当世名剧家，区区卷帙，不啻为我就正良师之介绍券也。余既得就正良师而增进戏剧之知识，则当世之不谙戏剧而酷好戏剧如余者，亦得同时增进其知识。"③ 由此，亦可知他欲以"戏考"增进读者知识的意图。

　　由以上所举之小说、译作、剧评各例，可知王钝根主编时期，《自由谈》内容之全面与丰富。此时的《自由谈》不仅涵盖了当时几乎所有可能的文学类型和体裁，且有时事记事与文学作品的相互补充，还有文学创作与文学批评的相辅相成。而投稿者更是积极踊跃，以至于有难以尽登之局面。王钝根说："本报自增刊《自由谈》以来，海内文士络绎赐稿，奇文佳著，美不胜收。乃为板口所限，不能一时尽行登出，以副阅者先睹为快之雅意，吾为抱歉。"④ 正因如此，才有了"送报的来了，争看《自由谈》，不看专电"⑤ 的成绩和效果。而对王钝根编辑生涯尤为重要的是，在《自由谈》中他挖掘并结识了一批撰稿人，这些人大多成为他日后创办报刊的合作者，特别是《礼拜六》杂志的撰稿者，进而成为所谓的"礼拜六派"的中坚力量。

---

①　《四十册汇订〈戏考〉预约》，《申报》1925 年 4 月 19 日第 18 版。

②　[日] 松浦恒熊：《〈戏考〉在民国初年的文化地位》，王杰译，杜长胜主编《京剧与现代中国社会——第三届京剧学国际学术研讨会论文集》，文化艺术出版社 2010 年版，第 755—774 页。

③　钝根：《戏考·序三》（第一集），中华图书馆 1918 年版。

④　钝根：《编辑余谈》，《申报·自由谈》1911 年 9 月 20 日。

⑤　吴江费锦裳女士：《心直口快：我不懂》，《申报·自由谈》1911 年 9 月 18 日。

二　《自由谈》的内部组织与成员

王钝根发掘了《自由谈》的第一批供稿人，结识了他编辑生涯的主要伙伴，进而建立了他在报界文坛的基本交际网络。《自由谈》是他最初的阵地，也是他编辑生涯最主要的一个平台，同时也是清末民初旧派文学的重要聚集场所。在这里，王钝根奠定了他的"报界前辈"地位，也形成了他文学文本最初的章法和风格。

首先，在《自由谈》内部有"自由谈话会"与"俭德会"作为同仁间的联络组织。如前文所述，《自由谈》的投稿者在1913年年初已达130余人，如此多的投稿者虽都与主编王钝根有过沟通交流，但他们之间并不能互通声气。于是，以主编王钝根为核心，数位《自由谈》撰稿人创立了"自由谈话会"组织，以此来增进同仁间的友谊。"自由谈话会"发起于1912年7月，正式成立于1912年10月，发起人有《自由谈》的投稿者黄炳南、冰盦、许瘦蝶等。在发起过程中，许瘦蝶起草了《自由谈话会简章》："本会设会长一人，公推钝根君主任，另设评议员多人"①，王钝根则于当年10月在《自由谈》正式设置"自由谈话会"栏目，使之成为投稿同仁发表闲谈、互通声气、商讨会务以及发起聚会、创办杂志的平台。

在"自由谈话会"之后，《自由谈》副刊上又有俭德会的创立。该会成立于1914年1月，由王钝根在《申报·自由谈》的"自由谈话会"栏目首倡其议。他说："近来俗尚奢靡，酒食酬酢，辄费万钱。然而国步艰难，民生日蹙，撑此空场面，外强中干，适足以贻识者之笑耳。读《自由谈》者，多热心之士，今拟发起一俭德会。"②诸撰稿同仁随即附和其言，纷纷参与。"俭德会"于1914年1月16日正式成立，立规则五条（一不狎邪；二不赌博；三不必以酒肉宴客；四不必华服；五不轻寒素之士），丁悚、童爱楼为最先入会者。随后不仅撰稿者均皆加入，读者亦纷纷致信参与，以致每日之《自由谈》皆会登录入会人员姓名。至王钝根从《自由谈》离职，此会的影响依然存在，其后之"女子俭德会"也是它的余波。

"自由谈话会"和"俭德会"是《自由谈》的内部组织，成员大多为《自由谈》栏目的撰稿人，而且因王钝根1915年年初转到《新申报》

---

① 瘦蝶：《自由谈话会简章》，《申报·自由谈》1912年8月24日。

② 钝根：《自由谈话会》，《申报·自由谈》1914年1月13日。

工作，这些成员也都将自己发表文章的阵地拓展到了《新申报》。在这些作者之外，这两个组织也接纳了不少社会普通人士成为会员，即使他们不曾在《自由谈》发表作品。而由这两个组织，王钝根结识了越来越多的投稿者，与撰稿同仁之间的交往越加紧密频繁，在当时报界及文坛的影响力也越来越大。

其次，在《自由谈》中，最见诸撰稿同仁之友谊，最见《自由谈》的活泼、游戏文风，也最见王钝根编稿领导能力的，是诸作者之间的往来唱和与相互调侃。在王钝根主持《自由谈》期间，撰稿同仁之间发生过几件大事，如"了青之死""徐陈公案""丁悚之妻"等就是其中的代表。

了青之死　　徐了青是《自由谈》供稿人中较活跃的人物，作品以诗文为主，亦有小说《梦游蚁窟》《江舟侠女》等，"自由谈话会"组织之成立亦有其倡议之功。据《自由谈》1913 年 4 月 18 日的铜版小像及其简介所示，"徐岱祥，字泰云，江苏嘉定人，年四十岁，现寓安徽正阳关榷连局"。1913 年 6 月，徐了青逝世，王钝根在《自由谈》发起悼念活动，一时投稿同仁皆有悼词、挽文见诸报章。他在发布的《为了青先生逝世告海内文字交》启事中说：

> 《自由谈》多了青先生之作，知阅报诸君必与了青先生有良好之感情。兹闻凶耗，悼惜何如？了青姓徐，名岱祥，字泰云，居嘉定城内南门大街七十六号。少负文名，橐笔游燕赵齐鲁间，备尝艰苦。晚年退职家居，与其夫人沈倚桐女士唱酬为乐。所为诗，古味隽永，望而知为醇儒。先生亦孤高自赏，不与世俗相周旋，故幕游数十年依然寒素，家徒四壁，箪瓢屡空。今年五月中，得湿温病，辗转床褥者二十余日，延至六月三号之晨，竟溘然长逝。弥留之际，犹以所著小说未竟全稿为言。呜呼悲哉！先生一生才丰遇拙，身后萧条，惟余著作。保守而传扬之，责在后死。尚望海内文士啗以文词，俾垂不朽。了青有知，益深知己之感也。①

此文概述了徐了青一生的行迹事业，而对阅报诸君亦寄予"啗以文词"的期望。于是自 1914 年 6 月 11 日起，《自由谈》栏目便开始登载哀

---

① 《为了青先生逝世告海内文字交》，《申报·自由谈》1914 年 6 月 8 日。

挽了青的诗文作品，至 1914 年 7 月底方休①，以致"挽了青君诗文联语极多，不及备载"②，像徐枕亚等文坛名家亦有挽词敬上。③ 这些诗文不仅充实了《自由谈》的内容，亦是《自由谈》编者、作者与读者之间的真诚互动，而王钝根对于各位撰者的熟悉程度与提拔襄助从中亦可见一斑。

徐陈公案　徐哲身与陈蝶仙之公案，起因于徐哲身的小妾顾影怜。1913 年 7 月 8 日，《自由谈》上刊出"投稿者顾影怜小像"并附简介"顾影怜词史，浙江徐哲身君之如夫人"。在其小像披露之后，陈蝶仙以《戏题顾影怜小影后致徐哲身》一文为戏，将顾影怜当作其所挚爱之影怜后身④："孰意七月八日《申报·自由谈》中忽开奇幕，现一顾影怜之小影。我乃狂喜欲绝，疑为梦幻。拭目谛视，虽非影怜，然而其人实为我夙所爱怜之小红也。注为哲身之如夫人，则不禁由爱而生妒。何物哲身？乃敢夺我之影怜而公然有之。幸而予与哲身交近十稔，度哲身必不外我。哲身之得与小红论交者，则我《浣溪沙》之词为之介绍耳。我于当时，实未知小红即为影怜后身，苟其知之，安肯不攘为己有，而转为哲身之媒介欤？今我追悔莫及，睹兹靓影，念此芳名，我心油然，几不自知是惊是喜。"⑤ 此文一出，很快引起文友的嘲谑，于是便有东垫的《戏为陈蝶仙徐哲身解纷》⑥ 及徐哲身的《戏致陈蝶仙书》⑦ 以"知足下善于游戏，聊以解嘲"之语回复。最后，陈蝶仙以"倘不以谑为虐，愿博双笑，投我五体"⑧ 之语作答了账。这几日的喧闹乃是《自由谈》同仁之间的一次玩笑，其数篇"游戏文章"之诙谐极能吸引读者眼球，且能增长撰稿者的身价和知名度。不仅如此，徐、陈往来答问之间还讲述了二人交情之深，则知《自由谈》撰稿诸人并非全因《自由谈》的介绍相识，许多是早已相知而后又同聚《自由谈》。

丁悚之妻　丁悚未婚妻之事的起源，乃是丁悚在《自由谈》上发表

---

①　至《申报·自由谈》1914 年 7 月 23 日刊登何维旭的《集东坡句悼了青徐先生》停止。

②　《申报·自由谈》1913 年 6—7 月间启事。

③　徐枕亚的《挽了青先生》联为"名谶竟成，可怜大好青年，从兹了却；君颜未识，欲起无情黄土，一慰生平。"《申报·自由谈》1914 年 7 月 5 日。

④　陈蝶仙的初恋情人亦名顾影怜，于 1895 年前后去世。陈蝶仙整理其遗稿刊行于世，名为《小桃花馆剩稿》。

⑤　蝶仙：《戏题顾影怜小影后致徐哲身》，《申报·自由谈》1913 年 7 月 13 日。

⑥　东垫：《戏为陈蝶仙徐哲身解纷》，《申报·自由谈》1913 年 7 月 22 日。

⑦　徐哲身：《戏致陈蝶仙书》，《申报·自由谈》1913 年 9 月 25 日。

⑧　蝶仙：《戏答徐哲身》，《申报·自由谈》1913 年 9 月 30 日。

的小说《新婚之夜》。① 因那时丁悚尚未婚配，于是招致《自由谈》同仁的调笑挪揄。如常觉之《戏上丁悚之未来夫人某某女士书》一文中说："连日《自由谈》载有丁君大著《新婚之夜》小说一篇，缠绵熨贴，旖旎风流……丁君者，多情人也。虽为事实的结婚之门外汉，当为理想的结婚之专门家。丁君殆本其理想上之经验而作是篇乎?"② 而这日之后，又有徐了青的《代丁悚之未来夫人答常觉书》③、丁悚的《致常觉书》④ 诸文相互嘲戏，最后是王钝根做按语以收场："丁悚'未婚妻'一语，惹起许多笔墨交涉。健笔诸君，何苦何苦? 丁悚实未有妻，丁悚即已有妻，亦与我辈无涉。乐得少管闲事，各人自抱闺中妇，休管他家床上妻。敢为诸君子劝。"⑤ 此事由一小说而起，却不料因丁悚所画《游戏杂志》第 7 期封面图，关于"丁悚之妻"又有了第二场论辩。

当日，在《游戏杂志》第 7 期封面之下，王钝根戏题"丁悚之未来夫人"，并公然刊之于《自由谈》版面的广告中。于是丁悚写文质问：

> 不谓足下竟以拙绘《游戏杂志》封面八旬老妪，加以丁悚未来夫人之徽号，君殆病狂耶? 抑发痴耶? ……曩者予作《新婚之夜》小说，君乃为予轻轻加入（示吾未婚之妻）一语，以致男女友人纷来诘问，复书辨诬，予几为之忙煞。君犹不足，今又作此恶剧。予疑君之好□白相，乃本诸夙根，或如吸烟人之有瘾者乎!⑥

此文刊出之日，王钝根亦有《答丁悚书》附于丁文之后，而梅郎于后一日又有《戏致丁悚书》来凑热闹，最后则由吴东园著文为之平议⑦。

此类插科打诨文字，是《自由谈》欲在严肃之外谋求"活泼"的姿态。这些文章足以引来读者之注目，但与时事记闻、社会进步等问题却无

---

① 标"写情短篇"，《申报·自由谈》1913 年 12 月 8—11 日。

② 常觉：《戏上丁悚之未来夫人某某女士书》，《申报·自由谈》1913 年 12 月 12 日。

③ 了青：《代丁悚之未来夫人答常觉书》，《申报·自由谈》1913 年 12 月 15 日。

④ 丁悚：《致常觉书》，《申报·自由谈》1913 年 12 月 15 日

⑤ 此为王钝根的按语，附于丁悚《致常觉书》一文后，《申报·自由谈》1913 年 12 月 15 日。

⑥ 丁悚：《戏责钝根书》，《申报·自由谈》1914 年 9 月 16 日。

⑦ 东园：《第七期〈游戏杂志〉封面丁悚未来之夫人，出之钝根戏言。慕琴责之以书，钝根答之以书，梅郎又从而调和之以书，具登报纸，余读之，戏而为之平议》，《申报·自由谈》1914 年 10 月 9 日。

多关联，这即是《自由谈》在追求"游戏"意趣时完全剥离时政新闻的例子。此外的诸多公案也大都由王钝根"挑起"，相关争辩之文也均被其编辑登载，其中对于稿件的选择，对事态的传播及收束，也多由王钝根把控，这些都足以证明他雅好滑稽的本性以及编辑副刊栏目的能力。例如，关于"赤裸辨"（1914 年 7 月 19 日前后）的数日讨论，又如撰稿人"息影庐"逝世后，向同仁征求其生前照片①等，这些公案引起的撰稿者互动，造就的数日文章，都是《自由谈》栏目在促成民初通俗文学圈子过程中的成绩。正如了青所说："钝根主持编辑，得与无数词人墨客，以文字契，结香火缘。异地同堂，闻风心许，吾安得不为钝根贺；投稿诸君以主文谲谏之术，作淳于滑稽之文，手草既定，心花怒开，吾安得不为诸君贺。"② 可以说，《自由谈》吸纳了一批从旧式科举制度中脱离出来的知识分子，其往来调笑的诗文有传统文人雅集唱和的固有痕迹，也呈现出使用报刊媒介交往的全新面貌。

三　《自由杂志》与《游戏杂志》

《申报·自由谈》因其新颖的形式、新鲜的内容，在创办之初就收获了大批读者观众，更聚拢了一群投稿同仁，正是他们造就了《自由谈》的影响力，而他们也不甘于《自由谈》这个单一的交流平台。以《自由谈》为依托，以《自由谈》所能提供的出版资源为支持，他们还共同创办了《自由杂志》和《游戏杂志》两种刊物。

《自由杂志》创办于 1913 年，由《自由谈》的投稿同仁讨论发起，仅出版两期，内容主要辑录已在《自由谈》上刊出的同仁作品。首先，该杂志的发起紧随《自由谈》印制投稿人小像的倡议而来。正如当时徐了青、吴觉迷等人所言：

> 鄙人与了青君拟发起在《自由谈》上逐日刊登投稿诸文家姓氏及小影，斯举仍请示于钝根先生，并候教于自由谈话会诸会员。昨读悲秋君之谈话，知亦赞成此举，又提议汇编《自由谈》文字，请钝根主任编辑，所得售资，为自由谈话会经费。此法甚善，况《自由谈》之文字素为社会所欢迎，一朝得以汇集成册，锦心绣口，珠玉满前，酒后茶余，谁不手执一册。我知是书一出，邦人君子必争先快

①　《钝根启事》，《申报·自由谈》1913 年 3 月 3 日。

②　了青：《读自由谈杂记》，《申报·自由谈》1912 年 11 月 30 日。

睹，洛阳纸贵，可预言也。①

　　蝶仙发行杂志之议，鄙人深然之，惟门类中如能加添实业谈或科学丛话及美术一门，则更完善，而于销场亦有影响也。名称鄙意宜用"自由杂志"为确当，总理一职须请钝根担任，编辑人则请蝶仙主笔，至同志认销，法亦至善。深望诸同志尽力襄助，觉迷当认销五份。②

　　其实，在 1913 年 2 月 1 日是悲秋首倡"将《自由谈》之各种文字分门别类，请钝根重行编辑，制成小册"，至 1913 年 9 月《自由杂志》第 1 期正式出版刊行。其间经历《自由谈》同仁不断的讨论磋商，亦经历兵乱诸事，最后"合最先三月之《自由谈》稿，并加以外稿而成。"③ 其出版发行处即为申报馆及棋盘街中华图书馆。

　　《自由杂志》的编辑为王钝根，但实际出力者是童爱楼。王钝根曾明言"《自由杂志》为爱楼一手编辑"，他自己"并未稍效微劳"④。不过该刊的文稿及扉页的撰稿人小像都是现成材料，编刊成册并不需另外征稿集文，只是王钝根因编辑《自由谈》而无暇兼及，所以由童爱楼主持编校事务。该刊的出版启事有言："《自由谈》久已脍炙人口，顾其篇幅过大，不易收藏，缘此因有《自由杂志》之刻。是篇除《自由谈》之外，复加入未经刊刻佳著若干种，装潢雅丽，刷印精良，足生邺架曹仓之色。海内文家之奇文杰构，谲谏谐谈，尽在此珊网中，诚著作界之大观。"⑤ 即《自由杂志》实为《自由谈》之选本，乃是辑《自由谈》篇章而成，内容虽增入数篇未刊稿，但大体上并无新的创造。

　　该刊原计划"每月编印一册，或每年出十册，每册少至二百页"⑥，但实际上仅两期而终。在内容栏目上，较《自由谈》无多变动，只有个别小的调整，如王钝根的《催眠术者传》一篇，在《自由杂志》编入"游戏文章"部分，而在《申报·自由谈》中原署《游戏小说：催眠术》⑦；又如所分之"游戏文章""尊闻阁词选""千金一笑""编辑余谈"

---

① 　嘉定二我：《自由谈话会》，《申报·自由谈》1913 年 2 月 13 日。

② 　觉迷：《自由谈话会》，《申报·自由谈》1913 年 4 月 26 日。

③ 　《自由谈话会》，《申报·自由谈》1913 年 9 月 16 日。

④ 　钝根：《自由谈话会》，《申报·自由谈》1913 年 9 月 17 日。

⑤ 　《自由杂志出版》，《申报》1913 年 9 月 21 日第 1 版。

⑥ 　瘦蝶：《自由谈话会》，《申报·自由谈》1913 年 5 月 9 日。

⑦ 　钝根：《游戏小说：催眠术》，《申报·自由谈》1911 年 11 月 13 日。

等仍为原有名称，只有小说作品归为"小说丛编"一类。

关于《自由杂志》的特点，童爱楼在其发刊辞中说："自由谈话会同人久有是心，因组织此杂志，委鄙人为编辑，而钝根总其大成，其事乃就。为文则庄谐并列，雅俗咸宜；记事则欧亚同搜，新奇是尚。既载事实，亦录趣谈。以之作文字杂货店观可，以之作后学之津梁观亦无不可，以之作前车之覆、后车之戒观，尤无不可也……不独可为世俗之针砭，亦可为人心之药石。谑而不虐，改过无形，婉而多讽，借镜有味，本杂志于是乎出版。"[1] 则《自由杂志》既为《自由谈》的选辑，其"谑而不虐""婉而多讽"的风格亦即《自由谈》之风格，其"多淳于滑稽之词，寓皮里阳秋之意"[2] 的要旨亦是《自由谈》之实情。《自由杂志》作为《自由谈》撰稿同仁的集体构想结晶，实际上宣告了一个潜在的文学团体的形成。其主要倡议者、参与者，乃是聚集在《自由谈》周围的撰稿人去粗取精之后的主体成员。

在《自由杂志》之后，《自由谈》同仁又发起创立了《游戏杂志》。所不同的是，《游戏杂志》是一份由王钝根及《自由谈》同仁重新进行征文、撰稿、编辑的杂志，内容不再辑录《自由谈》的作品，而是刊载诸同仁的新作。

《游戏杂志》1913 年 11 月曾在《申报》上发出"征文条例"，12月出版第一期。从时间上看，正好接续《自由杂志》；从刊物风格与内容上看，《游戏杂志》与《自由杂志》一脉相承，与《自由谈》的栏目设置也大体相同，因此《游戏杂志》与《自由杂志》一样都是《自由谈》的衍生物。正如张静庐在《礼拜六派时代的轮廓》一文中所说：

> "礼拜六派"第一本和读者见面的刊物是《自由杂志》，那是王钝根从过去在《自由谈》上发表过的文章编集拢来的……在当时，也许是王先生拿来尝试的，不料这两本新古董却会获得广大的读者群，于是乎引起了王先生再接再厉的勇气，第二种尝试品的《游戏杂志》就用同样的形式和内容出现了。[3]

---

①　爱楼：《自由杂志发刊辞》，《自由杂志》1913 年第 1 期。

②　王钝根：《自由杂志·序》，《自由杂志》1913 年第 1 期。

③　张静庐：《在出版界二十年》，江苏教育出版社 2005 年版，第 24 页。

《游戏杂志》从 1913 年年底至 1917 年共刊出 19 期①，中华图书馆发行，由王钝根等总理编辑事宜，"著作者为天虚我生、梦觉生、了青、率公、瘦蝶、爱楼、剑秋、丁悚诸君，其他海内文士，同声相应，投赠珠玉，尤为本杂志生色"②。原定月出一期，"以各处来稿迟延，致编稿付刊，每每欲速不能"③。在内容方面，相比《自由杂志》丰富了许多，特别是每期所附照片小影多而精美。这些情况，从其第一期的发售广告④即可窥一斑：

　　游戏杂志出版　定价四角
　　略述其优点如下：
　　精印水彩画封面（滑稽老人读《游戏杂志》图）（眉目神情可发大噱）
　　本杂志名誉编辑：天虚我生、钝根、了青、梦觉生、率公、瘦蝶、爱楼小影
　　女诗人包者香夫人小影、顾影怜女士小影
　　女诗人汪咏霞夫人御自由车小影
　　画家丁悚小影，诗人徐哲身、金钝锥、刘豁公、周剑青小影
　　佛学家朗生小影，小说家觉迷、莽汉小影，译著家常觉、颂斌小影
　　外国人投稿者拙头陀君小影
　　画家沈泊尘与新剧家王惜花"游戏结婚"小影
　　新剧家许瘦梅、王惜花、张雪琴与钝根、丁悚合串新剧《马介甫》小影
　　滑稽文约四十篇，诗五十篇，词三十六阕，曲四套
　　译著二十八篇，最近笔记四种
　　小说长篇四种，短篇不计其数
　　传奇一篇，弹词一篇

---

① 《游戏杂志》第 11 期出版于 1915 年 4 月 1 日，此时王钝根已脱离《申报·自由谈》，第 16—18 期出版于 1916 年，第 19 期出版于 1917 年，后几期的发行断断续续，或因事耽搁。
② 钝根：《游戏杂志小言》，《游戏杂志》1913 年第 1 期。
③ 《游戏杂志特别征文》，《礼拜六》1915 年第 15 期。
④ 《游戏杂志出版》，《申报·自由谈》1913 年 12 月 10 日。

昆剧曲谱《思凡》（工尺板眼，注解极详）

京剧曲本《五家坡①》（附名伶王凤卿、梅兰芳合演《五家坡》小影）

洋琴谱《悲秋歌》一阕（用古琴谱思春调谱成洋琴谱）

杂俎、诗钟、灯虎、笑话、回文诗三种（柳带同心结）（镜蒂）（五杂俎）

游戏画小幅数十方

总发行所：上海棋盘街中华图书馆；分售处：各省大书坊

　　《游戏杂志》每期的封面画和《自由杂志》一样，都由丁悚执笔。其中诗词以东园、蝶仙的作品为多；滑稽文仍占较大比例，还是游戏文章的模子，执笔者有王钝根、童爱楼等；小说以滑稽、写情类作品为主，同时也囊括社会、伦理、侦探等各个门类，如蝶仙、瘦鹃的写情小说，徐卓呆的滑稽小说，剑秋的社会小说，常觉、觉迷合译的外国小说等都是其中的重要作品。比较明显的变化是，该刊增加了许多戏剧方面的内容，不仅有新剧、京剧、昆曲、传奇，更有王钝根创作的《聂慧娘弹词》②、陈蝶仙的《桐花笺传奇》、吴东园的《绿绮琴传奇》，以及马二先生（冯叔鸾）的《啸虹轩剧话》等，均为杂志增色不少。

　　关于《游戏杂志》的宗旨，主撰之一童爱楼曾言：

　　　　本杂志搜集众长，独标一格，冀藉淳于微讽，呼醒当世。顾此虽名属游戏，岂得以游戏目之哉？且今日所谓游戏文字，他日进为规人之必要，亦未可知也。余鉴于火辁风轮之起点，宗功祖德之开端，而知今日之供话柄、驱睡魔之《游戏杂志》，安知他日不进而益上，等诸《诗》《书》《易》《礼》《春秋》宏文之列也哉？③

则《游戏杂志》与《自由谈》《自由杂志》一样，都旨在"寓救世于游戏"。如其中讥讽时政的"游戏文章"有率公的《请开县知事捐例条议》、一冰的《推广女子营业之方法》等，反映现实的"社会小说"有恨人的《社会小说：翻云覆雨记》、剑秋的《社会小说：新照妖镜》（又名《乡

---

①　即《武家坡》。

②　连载于《游戏杂志》第1—12、17—19期。

③　童爱楼：《游戏杂志序》，《游戏杂志》1913年第1期。

董现形记》）等。

不过，《游戏杂志》中更多的还是纯乎游戏的作品，不论是偏向滑稽诙谐的游戏文、短篇小说，还是题词唱和、新旧戏剧，都显示出该刊极为明确的"游戏"精神。其实，王钝根在该刊的开篇《小言》中曾明言其"游戏"主题：

> 　　中国无游戏杂志，有之自本杂志始。本杂志将来，能于中国杂志界上占一位置否？未敢自必。然要之为文人别开生面之作，受一般社会之欢迎，可断言也。故作者以游戏之手段，作此杂志，读者亦宜以游戏之眼光，读此杂志。①

既然期望读者"以游戏眼光读此杂志"，则其"救世"之意旨便只是杂志"开张"时的一种自我期许和标榜。《游戏杂志》或确有"救世"的理想目标，但在具体的编辑和经营中还是为了"受一般社会欢迎"而缋以"游戏""消闲"等趣味文字。这种"救世"意旨与"游戏"趣味的"双重标准"，在以新闻报纸为载体的《自由谈》中是"兼顾严肃与活泼"，但到了文学杂志这里就是顾此失彼的矛盾体。

事实上，这种矛盾贯穿于王钝根的整个文学创作与文学编辑生涯，《游戏杂志》只是个开始。不过因为《游戏杂志》继《自由谈》而来，在王钝根编辑事业的上升时期，其"游戏"文字散发的轻松活泼气息与锐意批评的精神并不给人以违和感，而且"随着《游戏杂志》而风起的同样刊物（不仅内容同，就连形式和定价也完全相同的，这是中国文坛和出版界挺会玩的拿手好戏），有天虚我生主编的《女子世界》，许啸天主编的《眉语》，李定夷主编的《小说新报》，徐枕亚主编的《小说丛报》"②。因而，王钝根及旧派文学阵营的撰稿同仁，对于"游戏""趣味"的创作实践在《游戏杂志》之后的一段时期内越来越强。诸主编起初标榜的"救世"之精神似乎被遗忘，以至于在民国旧派文学初具阵营规模之时而遭到新派文学界的谴责，这其中以《礼拜六》杂志所遭受的批评最多最强。

---

① 　钝根：《游戏杂志小言》，《游戏杂志》1913 年第 1 期。
② 　张静庐：《在出版界二十年》，江苏教育出版社 2005 年版，第 24 页。

第二节　《礼拜六》小说周刊前一百期

《礼拜六》周刊是民国时期风靡一时的通俗文学杂志，创办于 1914年 6 月 6 日，至 1916 年 6 月 29 日出齐一百期暂停，后又于 1921 年 3 月 19 日复刊，再出满一百期后停刊。该杂志为周刊，每逢周六出版一期。《礼拜六》的前一百期是王钝根作为报界新秀而创办的，无论是刊物的编辑水平、作品的水准，还是刊物的影响力都远超《自由杂志》和《游戏杂志》。

关于此刊之发起，据时人说："在十三年前，《礼拜六》出版的上一夜，钝根邀集著作界同人，在四马路万家春开着庆功宴。桌上放了一本长不满六寸，阔不满五寸的《礼拜六》样本。大家对着他，都现出一种美满的笑容，好似产生了一个头角峥嵘的宁馨儿一般。"[①] 另外，周瘦鹃也回忆说："去今约十余年以前，老友钝根要办《礼拜六》周刊，和我们一行人商量名称，一时议论纷纭，莫衷一是。我想起了美国的礼拜六晚邮报有很悠久、很光明的历史，因便提出'礼拜六'三字，恰好这周刊也定于礼拜六出版。钝根以为既切当，又通俗，便采用了。出版以后，居然轰动一时，第一期销数达二万以上。以后每逢礼拜六早上，中华图书馆的大门还没有开，早有人在那里等着买《礼拜六》咧。"[②]

在创刊之初，王钝根仍在主持《申报·自由谈》，同时还编辑《游戏杂志》。在此之际创办《礼拜六》，实是王钝于文艺事业特别是小说创作有极大之兴趣。《礼拜六》杂志是一本专门的小说期刊，与同时期的《小说时报》《小说大观》等一样，均是在清末民初小说创作及讨论热潮中创办的，其源可上溯至清末的《新小说》《绣像小说》《小说林》等杂志，而《礼拜六》的出现则预示了新一轮小说发展高潮的到来。

《礼拜六》的主编　《礼拜六》的主编其实并非王钝根一人，因需兼顾《自由谈》与《游戏杂志》，"自《礼拜六》第一期至第一百期都由钝

---

① 拜花：《礼拜六的回想》，《礼拜六》（原《工商新闻》副刊）1928 年 8 月 25 日第 271 期第 3 版。

② 瘦鹃：《礼拜六旧话》，《礼拜六》（原《工商新闻》副刊）1928 年 8 月 25 日第 271 期第 3 版。

根编辑，请孙剑秋助理，每期封面画都是丁慕琴的时装仕女"①。孙剑秋，苏州昆山人，别号楞伽庵主，斋名思正斋②，于 1914 年 1 月 19 日加入王钝根发起之"俭德会"，也是在《自由谈》与王钝根结识的文友，1917 年间还曾襄助王钝根编辑《新申报》的副刊《自由新语》。从读者来稿同时问询王钝根及孙剑秋的情况来看，孙剑秋对前一百期《礼拜六》的编辑工作颇有贡献，如瘦鹃《情天不老》一篇前言中有"余既以《午夜鹃声》授钝根、剑秋"③ 之语，又如天虚我生的《写情小说：一行书》文末有"不识钝根、剑秋与夫读者以为如何"④ 之语。他与王钝根一起编辑《游戏杂志》《礼拜六》等刊物，在旧派杂志上发表了诸多小说、笔记作品，而且通晓外文，曾译著有《爵士夫人》⑤ 等作品。

《礼拜六》的主撰　　《礼拜六》小说周刊的主撰都是创办该刊的核心人物，也大都为《自由谈》同仁，如陈蝶仙、周瘦鹃、徐了青、罗韦士、陈小蝶、汪率公、王大错等。其中，蝶仙、瘦鹃等几位因编辑创作活动较多，学界一般比较熟悉，徐了青是《自由谈》中较活跃的撰稿人，而罗韦士其实也是《礼拜六》杂志较重要的一位作家。张静庐曾称："这里也曾出现过一位天才的作家——罗韦士。他是一位年轻的海军学生，他做过《老农家乘》《两全难》等十余篇创作。这是'礼拜六派'的彗星，在那时，实在没有比他写得再好的作家了。但是这短命的小说家，仅仅发表了十余篇的创作之后就死去了。"⑥ 王钝根亦有文章回忆说："我又想起了当年《礼拜六》里的几位健将，像徐了青啊，罗韦士啊，以及陈剑粹、孙季康啊，早都是墓木已拱，长眠地下。"⑦ 可知当年《礼拜六》杂志的确是汇集了许多文坛健将，而由这些文坛健将也不难发现《礼拜六》杂志与《自由谈》之间的亲密关系。因为王钝根在办报之初所注重者为"文艺"，所着力处在"小说"。其进入新闻报刊界虽源于报纸，但最初之兴

---

① 瘦鹃：《礼拜六旧话》，《礼拜六》（原《工商新闻》副刊）1928 年 8 月 25 日第 271 期第 3 版。

② 潘寄梦：《著作家之斋名对》，《红杂志》1922 年第 19 期。

③ 瘦鹃、丁悚：《情天不老》，《礼拜六》1915 年第 38 期。

④ 天虚我生：《写情小说：一行书》，《礼拜六》1915 年第 38 期。

⑤ 巴雷（James M. Barrie）等著，孙剑秋译：《爵士夫人》，"世界名剧译丛"之一，上海：正谊出版社 1948 年版。

⑥ 张静庐：《在出版界二十年》，江苏教育出版社 2005 年版，第 24 页。

⑦ 钝根：《想起了当年事》，《礼拜六》（原《工商新闻》副刊）1928 年 8 月 25 日第 271 期第 2 版。

趣点不在新闻，而在文学，因而当时的《自由谈》才能一时推出诸多诗文名手，而诸作家同仁才会致力于创办《游戏杂志》《礼拜六》等文学期刊。其中，需要特别提及的是周瘦鹃。他是《礼拜六》最突出、最为今人熟知的作者，是通过自己的作品和《礼拜六》平台而俘获无数拥趸的小说名家。关于其人，当代学者的研究已经相当成熟①，而他与王钝根的关系，其作品在《礼拜六》中的影响还需格外阐述一下。

周瘦鹃的成名其实得益于《自由谈》的推介与王钝根的扶持。据王钝根说："君之小说，最初投于《时报》，为包天笑先生所赏识，然见于《时报》者极少，后乃改投《申报》。余爱其情致缠绵，字迹娟秀，决为多情人，亟与缔交，邀为《自由谈》常任撰述，兼作《游戏杂志》《礼拜六》之台柱。"② 由此可知，周瘦鹃后来成为《自由谈》兼职最长的编辑，成为各杂志的台柱，不能不说是王钝根的伯乐之功。另据王钝根1924 年的回顾，"十年前，余与丁慕琴君悚、周瘦鹃君国贤三人结为异姓兄弟，互相爱重"③，故知他与周瘦鹃、丁悚的关系异常亲厚，也无怪《游戏杂志》《礼拜六》等刊物的插图多由丁悚操办，而王钝根负责的多种刊物常常邀周瘦鹃辅助编辑工作。

周瘦鹃自《自由谈》与王钝根结识，而后便助其编辑《礼拜六》《新申报》副刊等。在王钝根一生的编辑事业中，如果说席子佩对其有知遇之恩，那么周瘦鹃就是帮他处理编辑事务最多的人。据周瘦鹃回忆，王钝根创办《礼拜六》之初 "约定我每礼拜给他做一篇短篇小说，我的文笔虽不高明，而东涂西抹却是很高兴的，所以最初的一百期《礼拜六》中，我的作品差不多有七八十篇之多"④。而抛去作品数量不谈，他于小说周刊《礼拜六》仍有两大贡献：一是言情小说，一是翻译小说。

就言情小说而言，周瘦鹃绝对是《礼拜六》此类作品的代表作家。王钝根曾说："周君好作言情小说，哀感顽艳，赚得无数少年男女之眼

① 关于周瘦鹃的史料及文学成就，可参考：王智毅编《周瘦鹃研究资料》（天津人民出版社 1993 年版），范伯群编《周瘦鹃文集》（文汇出版社 2010 年版），周渡《海派市民文人的典型：周瘦鹃民国时期文学活动研究》（博士学位论文，苏州大学，2011 年），王敏玲《周瘦鹃翻译研究新阐释》（博士学位论文，苏州大学，2015 年）等论著。
② 钝根：《本旬刊作者诸大名家小史·瘦鹃》，《社会之花》1924 年第 1 期。
③ 钝根：《我与文艳亲王之情史》，《社会之花》1924 年第 6 期。
④ 瘦鹃：《礼拜六的回忆》，《礼拜六》（原《工商新闻》副刊）1928 年 4 月 7 日第 251 期第 3 版。

泪，我便绰号之为文艳亲王。"① 而在述其小史时也曾提及 "君言情小说
专家之名大振，少年男女，几奉之为爱神，女学生怀中，尤多君之小
影"②。纵览《礼拜六》前一百期，周瘦鹃的作品虽标有 "伦理" "侦探"
"短篇" "哀情" "写情" "札记" "别裁" 等诸多名目，但十之八九与言
情有关。不仅《花开花落》（第 8 期）、《此恨绵绵无绝期》（第 16 期）、
《断肠日记》（第 52 期）等标注 "写情" "苦情" 之类的作品是言情之
作，即如《中华民国之魂》（第 26 期）、《祖国重也》（第 53 期）、《为国
牺牲》（第 56 期）等 "爱国小说" 也与言情大有关联。且周瘦鹃所作之
"言情小说" 多为凄苦悲愁之语，情境不是生离死别，即为旧梦遗恨，
"哀感顽艳" 的文风尤为明显，也因此赢得了恋爱时期少男少女的青睐和
推崇。

周瘦鹃自己回顾其作品时说：

那时我东涂西抹，出货最多，一百期中足有八九十篇。内中尽有
描写我少时影事的作品，确是一把眼泪，一把鼻涕的，十分悲哀。而
借用昔人诗句作小说题目的风气，也就在那时由我开始，如《恨不
相逢未嫁时》《遥指红楼是妾家》《无可奈何花落去》《似曾相识燕
归来》等，不一而足。而内中也译过好几篇西方名作，如托尔斯泰
的 The Long Exile，译名为《宁人负我》；大仲马的 Solange，译名为
《美人之头》，近年来新文学家□在那里竞相翻译咧。③

且不管一百期中其作品到底是 "七八十篇" 还是 "八九十篇"，就其
所说的 "一把眼泪，一把鼻涕" 而言，周瘦鹃于 "言情小说" 之着力便
可想而知，而这也说明《礼拜六》杂志本身对 "言情小说" 的特别关照。
同时，周瘦鹃所提及的多种外国译作，也即其第二个贡献——翻译小说，
其实也是《礼拜六》杂志同仁及周瘦鹃创作、研究言情小说的结果。

《礼拜六》中所刊译作题材丰富，政治、军事、爱国、爱情、侦探等
类均有；翻译家也不少，如蝶仙、觉迷、梅郎、半侬、剑啸、东野、小
青、小草等皆一时名手，而其中以周瘦鹃的译作最多。比如俄国托尔斯泰

---

① 钝根：《我与文艳亲王之情史》，《社会之花》1924 年第 6 期。

② 钝根：《本旬刊作者诸大名家小史·瘦鹃》，《社会之花》1924 年第 1 期。

③ 瘦鹃：《礼拜六旧话》，《礼拜六》（原《工商新闻》副刊）1928 年 8 月 25 日第 271 期
第 3 版。

的《黑狱天良》（第 4 期），法国大仲马的《惨情小说：美人之头》（第 31 期），莫泊桑的《伞》（第 74 期），英国哈葛德的《红楼翠幕》（第 39 期）、乾姆司霍格（James Hogg）的《鬼新娘》（第 18 期）、维廉勒格的《翻云覆雨》（"虚无党小说"，第 15 期）、韦达的《慈母之心》（第 62 期）等，其他未知原著者姓名的作品，还有《郎心何忍》（第 4 期）、《心碎矣》（第 10 期）、《玫瑰有刺》（第 41 期）、《红茶花》（"惠林顿轶事"，第 72 期）等。其中，许多作品被收入 1917 年中华书局出版的《欧美名家短篇小说丛刊》，正如王钝根在该书序言中所说："瘦鹃之小说，以译者为多。渠于欧美著名小说，无所不读，且能闭目背诵诸小说家之行述，历历如数家珍。寝馈既久，选择萃精，盖非率而操觚者所能梦见也。"①

周瘦鹃以言情、翻译两类小说作品成为《礼拜六》的台柱，王钝根则慧眼独具，将周瘦鹃推入民国小说名家之列。二人以异姓兄弟之交，创编联璧，译评相得，加之其他撰稿同仁的努力，使得《礼拜六》周刊成为轰动一时的小说杂志。

《礼拜六》的办刊宗旨　《礼拜六》周刊专意于小说，取 "消闲解忧" 之意，旨在供读者把玩消遣。王钝根在《礼拜六出版赘言》中明言：

> 买笑耗金钱，觅醉碍卫生，顾曲苦喧嚣，不若读小说之省俭而安乐也。且买笑、觅醉、顾曲，其为乐转瞬即逝，不能继续以至明日也。读小说则以小银元一枚，换得新奇小说数十篇，游倦归斋，挑灯展卷……一编在手，万虑都忘，劳瘁一周，安闲此日，不亦快哉！……《礼拜六》名作如林，皆承诸小说家之惠。诸小说家夙负盛名于社会，《礼拜六》之风行，可操券也。②

而同时的主撰们亦有许多自我推销，如王大错就写道：

> 《礼拜六》待吾人以平等，无贫富贵贱，一例使之愉快。《礼拜六》立宏愿曰博爱，专以陶镕人品性，增进人智识，活泼人心志，舒息慰解人之块磊不平为天职。故使人怡怡享家庭之乐者，《礼拜六》也；使人雝雝笃伉俪之爱者，《礼拜六》也；使人落落人③重朋

---

① 王钝根：《序》，周瘦鹃译《欧美名家短篇小说丛刊》，中华书局 1918 年版。

② 王钝根：《礼拜六出版赘言》，《礼拜六》1914 年第 1 期。

③ "落落人"之"人"字，或为衍文，当删去。

友之交、历历烛社会之奸者,《礼拜六》也;更使人得种种消遣法、行乐地者,亦《礼拜六》也;且使人获三倍利市,如接得五路财神者,亦《礼拜六》也。①

盖《礼拜六》所主张的"轻便有趣"之意,有别于此前小说杂志中鼓吹的道德、教化要旨,为当时的小说界吹来一股清风,因而在创办之初大受欢迎。同时,该杂志的封面画多为丁悚手绘的仕女时装图、男女相偎图,在当时亦算得上新潮大胆,在形式上也反映出《礼拜六》的消遣娱乐取向。也因此,随后涌现的一大批同类文学期刊,都对其争相模仿,共同推动了民初通俗文学高潮的到来。

不过,在追求消闲娱乐之外,"增进智识""烛社会之奸"亦是《礼拜六》的题中之义。在《游戏杂志》那里"呼醒当世"的目标虽未提及,但《礼拜六》"在满足读者的娱乐性、趣味性的前提下发挥'惩恶劝善'的惩戒劝俗效应"② 的诉求依然存在。因为在具体作品中,《礼拜六》所表现的丰富内容与以及"救世""惩戒"主题远比《游戏杂志》要多要好。

《礼拜六》周刊的小说内容与类型,举凡言情、风俗、社会与政治均囊括在内。每期作品虽仅有十篇左右,但其中既有讽时讥世的滑稽小说、新撰的纪实新闻小说,亦有外国小说的译述或重新编撰;既有古典章回体小说、短篇小说(如类似《聊斋志异》者),亦有较现代的欧化言情小说(此类以周瘦鹃的作品为代表);既有古代故事的新编,也有根据新闻实事、街谈巷语撰成的稿子;既有闲言碎语的小品(似小说又似文章者);又有记风俗实事的文章(如余生的《花桥调秋记》、半侬的《滑稽小说:吃河豚》等)。另外,还有野史轶闻、史传杂俎之类,不一而足。至于侦探、言情、武侠、神怪、教育等流行类型更是多方尝试,重点刊载,一如编辑孙剑秋所说:"在这一百个《礼拜六》内,每一次见面必定把所见所闻的和诸君谈谈,大之如国家政治,小之如男女爱情,近之如社会风俗,远之如海外的奇闻轶事。茶余酒后,津津而道,有拍手惊奇的,有点头赞叹的,人人都把在下当做一个无上的良友,只要迟到了一时半刻,便殷殷

---

① 大错:《滑稽颂辞短篇小说:礼拜六》,《礼拜六》1914 年第 1 期。

② 范伯群:《中国近现代通俗作家评传丛书·总序》,范伯群主编,栾梅健编校《现代通俗文学的无冕之王——包天笑》,南京出版社 1994 年版,第 3 页。

盼望。交情的亲密，可称无以复加了。"①

不过尽管题材、体裁参差纷繁，但《礼拜六》主要刊出的还是精巧细致的短篇作品，虽然也有长篇章回体小说的连载（如杏痴的《剑胆箫心》第20—88期，中间偶有停断）。就其基本内容，有几个需要注意的特点。

首先是"一战"背景。谈起《礼拜六》，学界一般都停留在"鸳鸯蝴蝶"、言情小说等标签印象之上。但实际情况是，《礼拜六》中反映战争、宣传爱国、叙写现实问题的作品也占相当的比重，特别是对于"一战"的关注，其中描述军人、影射政治的题材小说有不少，译作也多，而这些都极好地说明了该杂志在"追求闲情"之外的另一面。例如，介绍日本国情风俗的《矮国奇谈》（"扬汉居士"作，第51—59期），赞颂爱国主义的《爱国小说：为国牺牲》（周瘦鹃作，第56期），唤醒国人迷梦的《同胞速醒》（慧侬女士作，第47期），以及由静英女士翻译的《普法战争轶事：最后之授课》②（第42期）等。

因为《礼拜六》前一百期刊印的时间恰逢"一战"，在世界大势的影响下，这些意在娱人自娱的小说家对于国家命运不无关切，于是文学的"救世"目的又从被遗忘的状态中拉回来。如慧侬女士在《同胞速醒》中呼吁"呜呼同胞，汝愿为印度人耶，愿为朝鲜人耶，岂以堂堂大国之民而甘心为小丑之奴隶耶？呜呼同胞，今日何日，奈何犹征逐于酒食，流连于声色耶？呜呼同胞，汝之心苟未死者，汝之血苟未凉者，其速醒速醒，储金救国，抵货惩仇，竭汝能力，保我疆土，勉哉同胞，好自为之。"而黑子在《战争小说：裸英雄》中亦说得明白：

> 时局如此，吾人何暇作小说，三十八期中，马先生已先我言之矣。黑子则谓时局如此，吾人非特无暇作小说，且亦不忍作小说。虽然，马二先生曰："小说未始不可利用之，以促起国民之迷梦。"谅哉是言，爰草此篇，以励我士心。此篇事实，系去岁友人某亲为予言者，惜裸英雄之姓氏国籍，某君已不能记忆，故记者亦未敢臆定，非疏略也。呜呼！强邻狼突，或战衅之将开；我武鹰扬，庶敌氛之可遏。使我国男儿尽如裸英雄，天下事尚可为也。③

---

① 剑秋：《纪念小说：话别》，《礼拜六》1916年第100期。

② 即法国作家都德的《最后一课》。

③ 黑子：《战争小说：裸英雄》，《礼拜六》1915年第46期。

此篇中所引的马二先生之言，见于《寓言小说：赌》的篇末，同时马二先生还明确表示"吾以小说为职务，则姑尽吾小说之能力耳"①。其实，当时大多数作家都有对"时局如此，吾何暇作小说"的追问，也因此《礼拜六》杂志不可避免地出现了反映时事的"命题"小说。有时亦与"言情"合为一道而为"爱国言情"小说，像周瘦鹃的《情人欤 祖国欤》（第51—59期）即是此类的代表，而这一题材类型实是三十年代"革命加恋爱"小说的先导。

在小说之外，《礼拜六》前一百期还有《国耻录》之编。此文由王钝根纂辑，发表于《礼拜六》1915年第51—58期，内容不是小说，而是从《申报》《大陆报》《大东日报》《北京日报》《字林报》等各大报刊上摘录的有关"中日交涉"的文章、新闻。

"一战"中，在中国青岛及周边海域，日、英与德国之间发生了"青岛之役"。此战之后，日本欲控制山东半岛，成为中国的"保护国"，因而有"中日交涉"之事。此次交涉之结果是袁世凯签订"二十一条"，而五月九日也因此成为"国耻日"。王钝根痛于"彼冥顽无耻之官吏，吾不屑论。亦有僻处乡隅，目不见报纸，耳不闻国危，燕雀处堂，苦于无觉"的情况，为了"诏以世界之大势，中日之地位"，唤起民众的爱国之心，便辑集了此录：

> 就平日报纸所见，删其模糊影响之谈，节其触目惊心之事，略加编次。不务文章，惟求热心士夫，广为传播，使村农野老、妇人孺子，咸知东亚和平之真相，而亟谋所以自处。②

但此辑并非随意的摘录，而是按一定的顺序为民众讲述中日交涉的前因后果及过程中种种相关之事实。如《国耻录》开篇所讲"日本要求借端于中国之撤销战区，而战区问题发生于青岛之役。青岛之役，则又渊源于欧战，故欲历叙中日交涉之始末，不得不略及欧战与青岛之役。"③ 在交涉前后，中日政府的应对策略等情况，《国耻录》也逐一给予交代，从中亦可见王钝根对事实的编排、采录之功。到1915年第59期时，《国耻录》宣告停止。王钝根于该期发布《国耻录停刊谨告》：

---

① 马二：《寓言小说：赌》，《礼拜六》1915年第38期。

② 钝根纂述：《国耻录》，《礼拜六》1915年第51期。

③ 钝根纂述：《国耻录》，《礼拜六》1915年第51期。

外侮日逼，国人痛心，钝根本拟编《国耻录》警告乡僻，乃书未脱稿，忽遭祖丧。搁笔月余，今复来沪，欣见此项纪载已经多数名家先我而作，数毫一册，随在可购，《礼拜六》逐期分载之《国耻录》可告停止。惟当更改体裁，详人所略，书成出版之日，容再奉告爱阅诸君。①

王钝根的祖父 1915 年 6 月 3 日（农历四月二十一日）去世，王于此时回乡办理祖丧，确实无暇继续编辑此录。至于他说的"此项纪载已经多数名家先我而作"，当时的确有一些人写过有关笔记文章，但并未像王钝根一样将事实缘由一一排列，并辑录成册。

虽然《国耻录》未能最终完成，但可以看出《礼拜六》前一百期在事实上并非全为小说作品；另一方面，也能发现在"时局如此，吾人何暇作小说"的追问中，《礼拜六》撰稿同仁显然减弱了消闲娱乐的色彩，且自觉地负起应尽之责任。如"一战"爆发后，《礼拜六》刊出的战争小说、爱国小说明显增多；而中日交涉前后，亦出现不少关于"国耻"主题的作品，如天白的《爱国小说：为祖国死》（1915 年第 51 期）、剑秋的《国耻小说：五月九日六句钟》（1915 年第 52 期）等皆是此类。

其次是作品以短篇小说为主，其中许多都是对西式小说的译撰和模仿。在《礼拜六》上登载的小说十之八九为短篇小说，长篇连载的章回体极少，即使像《塔语斜阳》② 这样的中篇亦不多见。同时，如前文所说，《礼拜六》所刊作品题材丰富多样，但以言情小说为主，译作所占的比重较之前的小说期刊亦大为增加，而这一切变化则主要源于对西式小说的译介与模仿。

因晚清以来不论是小说地位的提高，还是小说形式及描写方法上的变化，都与西方小说的引入大有关系。清末梁启超、林纾等人的作品属于第一阶段的译介，而《礼拜六》周刊时期则属于第二波的学习、模仿。第一，《礼拜六》中短篇小说的片段式情境描写、开放式结局的展开、限知叙事的运用，以及书信体、日记体等新体裁的出现等，无一不是从西方小说那里习得的。像马二先生用对话形式完成的戏剧评论《寓言小说：斩黄袍》（第 71 期），瘦菊用第一人称叙事撰写的《柔乡苦海录》（第 9 期），小草介绍希腊神话的"哲理的言情小说"（第 46、第 53 期）等均

① 《国耻录停刊谨告》，《礼拜六》1915 年第 59 期。
② 陈小蝶译，又名《三宫主塔》。

是如此。第二，《礼拜六》所刊载的翻译小说数量较之以往的小说期刊有所增加。在《礼拜六》上，译作几乎每期都有一篇或数篇，其中除言情小说以外，还有关于亚森罗苹与福尔摩斯的侦探小说（第 27 期），另外还翻译介绍了许多外国之间的战争故事，以暗喻形式讨论国内的动乱形势。

　　以上这两点表现，足以说明《礼拜六》杂志的撰稿人及其作品在中国小说现代转型过程中的重要位置——他们是小说地位提高的积极推动者，也是中国小说"欧化"的具体实践者，事实上也为新派小说的创作提供了充足的参考与借鉴范本。关于传统小说的"现代转型"问题，郭延礼、陈平原等多位学者早有讨论，但学界显然更重视晚清的"小说界革命"，即使是提及《礼拜六》杂志等民国旧派文学作品，其关注点也在其思想性及新旧两派的论争，而常常忽视《礼拜六》及其同类杂志的作者对传统小说转型所做的贡献。事实上，从创刊伊始，《礼拜六》等旧派小说期刊，便不自觉地进行了"新小说"的创作及改编实践。从内容到形式，从思想到艺术风格，他们都有欧化的尝试和改进。当然，其作品不可避免地保留着传统短篇及章回小说的套路和意象（如学《聊斋志异》和《红楼梦》意境的地方较多），仍遵从着一般市民读者的阅读习惯，且部分作品仍用文言，特别是作品中的传统价值观念依然很重，但其中的变化也是显见的。

　　再次，各篇小说末尾多有品鉴之语。《礼拜六》所刊小说的篇末常常附有对作者、作品的评价与议论，这与传统小说的"批语"很为相似——或述作品来历，或品篇章人物，或评作者技法，不一而足。例如，主编王钝根就常常为自己或他人的作品添加"按语"。

　　　　钝根曰：此为予友昙影女士自述，篇中地名、人名均属假托，聊寄哀思而已。女士今年三十有一，缟袂临风，花容带雨，若不胜凄怨之致。予谓天下痴情人，当无复过于昙影女士者。①
　　　　钝根曰：后生小子，多读言情小说，几以为世界尽美人，美人尽节义。艳羡之极，遂弃学业，奔走喘汗，以求结婚。颠倒梦想，结婚后之幸福如何如何，使观瘦鹃此篇，能无爽然自失哉？予尝环顾上海，美女如云，劳夫如雨。欲求食贫茹苦，患难相守之夫妇，百不得一。而放浪挥霍，甚以妻人子汗血资，潜命阿金贻太平里梁家少爷

---

①　钝根：《哀情小说：心许》，《礼拜六》1915 年第 78 期。

者，不可胜数。呜呼！瘦鹃作此，其伤心世道者深矣。①

通过"按语"，作者的创作缘由得以明确，作品的中心之旨、言外之意得以彰显，作者与读者间的界限被打破，并在一定程度上促成了作者与读者的"对话"。此外，剑秋、蝶仙、小蝶也是《礼拜六》所刊作品的主要赏评人。剑秋因编辑之故，其评论常是对阅读感受的直接抒发；蝶仙多是受人所托，利用品题替人宣传；而小蝶的品题则主要针对个别好友的作品而发，如其曾为周瘦鹃的《午夜鹃声》所题诗句及按语：

> 弥天际地只情字，如此钟情世所稀。我怪周郎一枝笔，如何只会写相思。
> 细写柔情泪未干，滴来纸上太心酸。鲛绡揾后还重揾，啼杀红鹃夜欲阑。
> 瘦鹃多情人也，平生所为文，言情之作居什九，然多哀艳不可卒读。予亦伤心人，对此能毋凄咽？兹复以《午夜鹃声》一篇见示，辞旨顽艳，花月为愁，益觉令人於邑不欢，为赘小诗以归之。甲寅冬十二月，小蝶识于醉灵轩。②

这种品评，一则源于撰稿同仁互相推举称扬的习惯，一则也为读者提供了更多的篇章信息，并不自觉地引导了读者对作品的评价，较好地实现了与读者的互动。

此外，《礼拜六》中的作品还常有多人合著的情况，如小蝶与常觉的合作、瘦鹃与丁悚的合作等。周瘦鹃在《奇情小说：情天不老》篇头曾言：

> 《礼拜六》出世以来，风行半天下，家弦户诵，珍重一时。而海内作家，复竞出其著作，来相赞助。于是江南才人之笔，河北名士之文，含英咀华，尽萃一编。即不文如小子，亦得囊笔从诸君子后。……比见《申报》广告民鸣新剧社演名剧《空谷兰》，有以凌怜影、陈大悲双演纫珠者。予因谓慕琴曰：新剧中有双演，吾辈做小说，宁不可双做耶？盍试之。予为先声，以发其端。子为继，以综其

---

① 瘦鹃：《世界思潮》（四之前二），《礼拜六》1915 年第 65 期。
② 瘦鹃：《苦情小说：午夜鹃声》，《礼拜六》1915 年第 38 期。

成。慕琴曰诺。越数日，遂合成一篇，曰《情天不老》。取以示小蝶，小蝶以为善，即援笔题诗五绝于篇端，以贶吾二人云。①

也就是说，小说《情天不老》不仅是周、丁二人合撰的作品，亦有小蝶的评赏题诗，而这种"奇文共赏""疑义相析"的方式在旧派作家的创作中是较为常见的。如多人接龙式地创作一篇小说的"集锦小说"、众人品题式的出版宣传形式等，皆是此类。不过，《礼拜六》中较常见的还是合著与品评，其中合著也以译作的情况较为常见，但此类篇目的数量并不算多。

总体而言，《礼拜六》的前一百期在创作和发行上都是极为成功的，虽然至六十期后销路开始下滑，但在当时无论是作者的名气、作品的新鲜感，还是杂志的受欢迎度都高于同时期的其他文学期刊。② 但至 1916 年 4 月底，随着时局的变化，同类期刊的增多，《礼拜六》出满百期便停刊了。当期有众位同仁的送别题词，编辑剑秋及印刷经理殷义声亦分别作《话别》《送别》两文以示纪念。如孙剑秋说"他日世界太平，或者重与诸君相见"③，而《礼拜六》的确在五年之后重新与大家相见了。

虽然《礼拜六》出满一百期之后，因为经营问题暂时停刊，但这一百期小说作品不仅为文坛吹起了旧派小说的流行风，还推出了新一代的旧派小说家。这些新生代的小说家对于王钝根来说，既是他在报界文坛号召力的体现，也巩固并拓展了他在《自由谈》积累起来的主创团队影响。

第三节　《新申报》副刊

《新申报》是席子佩在 1916 年新创办的报纸，意在和《申报》竞争，故亦设副刊栏目，并请王钝根出任编辑。王钝根于 1915 年 3 月离开《申报·自由谈》，1916 年年底入职《新申报》，并随即创设、主编副刊《自

---

① 瘦鹃、丁悚：《奇情小说：情天不老》，《礼拜六》1915 年第 38 期。

② 当即时吴觉迷曾在《滑稽小说：钝根造孽》一文中描述道："钝根自编小说周刊《礼拜六》以来，社会欢迎，万人倾倒。每至礼拜六日，棋盘街之车马塞途。或询之，则曰往中华图书馆购《礼拜六》小说也。又有一般家童馆役奔波劳苦，盖奉其主人之命来购书者，辄在中华图书馆门前窃窃咒詈曰：钝根造孽，钝根造孽。然以予所知，骂钝根造孽者，犹不止此家童馆役也。"《礼拜六》1914 年第 10 期。

③ 剑秋：《纪念小说：话别》，《礼拜六》1916 年第 100 期。

由新语》。

王钝根在其发刊辞中说：

> 《自由新语》何为而作也？盖以国步艰难，竟成瘸子，人心忧戚，若丧老公。在朝者如做戏，顶了石臼，吃力不讨好。在野者如哑巴，吃了黄莲，说不出的苦。一般所谓言论家者，虽能如小丫头评议主人，半吞半吐，然使闻者有丈二和尚摸不着头脑之慨。潘老丈有言曰：你不说我还明白一些，你一说我就更糊涂了。哀哀同胞，岂将长此蹲在大皮鼓里打盹耶？抑一辈子哭丧着嘴脸完事耶？窃谓正论不行，可以反论，竖说不得可以横说。昔有淳于之髡，东方之朔，一滑其稽，一诙其谐，而闻者如雪狮子遇太阳，不期而化。吾辈今日虽怎比得前辈的先生，然以化子丢了猢狲，正在大家没弄。何妨三个臭皮匠，凑成诸葛亮。管他三头六臂，也要讥评；由我北调南腔，只图爽快。夫聚七人而放屁，犹可巧协官商；况集众秀以成班，怕不大杀胜会。阅者诸君，睁开怪眼，领略奇文，咋出门枪，仔细涎水。手拍金华腿，口喷黄米饭，等到心花开足，方知《自由新语》南无温。若把嘴唇笑歪，不关钝根先生甚么事。①

细观此文，可知《自由新语》要丢掉半吞半吐的姿态，重拾自由言论的大纛，效法淳于髡、东方朔，以笑谈、滑稽作正论反讽之奇文。这显然与《自由谈》之"游戏文字""救世精神"是贯通一致的。事实上，《自由新语》与《自由谈》在名称、主编及撰稿人等方面都没有太多改变，因为席子佩创办《新申报》，本意就是与《申报》争锋；既欲与《申报》争锋，自然需要一个有特色的副刊招揽读者；而《自由谈》创始之初又特别成功，自然成为新副刊"照搬"的对象。《自由新语》作为《自由谈》的竞争者，原计划的名称是"新自由谈"，只因《申报》抢前设置了"新自由谈"栏目，不得已而更名为"自由新语"。而王钝根作为《自由谈》的初代主编，席子佩与他又有同乡之谊、举荐之恩，自然他也是《自由新语》的主编首选。因而，《自由新语》与《自由谈》不可避免地存在"承传"关系与相似之处。王钝根主编《新申报·自由新语》，他邀请的撰稿人都是在《自由谈》结识的作者，以此这些撰稿人及其作品也自然地从《自由谈》流向《自由新语》，几乎使《自由谈》数年之积累

---

① 王钝根：《自由新语发刊辞》，《新申报·自由新语》1916 年 11 月 20 日。

尽为《自由新语》所得。

栏目设置与变革　《自由新语》的栏目设置与《自由谈》大体相同，也主要分"游戏文""剧评""诗选""笔记""小说"等几个版块，它们与《自由谈》都有承接关系。其中，"游戏文"仍为副刊版面的首篇文章，仍是王钝根输出滑稽文章的主要阵地，也是《新申报》副刊"寓救世于讽谕"的主要栏目。剧评包括对新剧、旧戏、演员、表演等各方面内容的评论，而丁悚之讽刺漫画也继续存在，瘦蝶、小蝶等人的作品也多有录用，而"俭德会"组织顺势搬到了《新申报》副刊中的"介绍部"，继续招录会员。

以"游戏文"为例①，它在讽刺批评时事、官绅等方面都一仍"游戏文章"的诙谐活泼风格，"嬉笑怒骂"的手段并无改变。如《拟极绷国论中德问题》一文：

> 小阪《落日新闻》论中德交涉云：大极绷帝国对于中国加入协约国之风说，感有多大的酸味。本大帝国虽亦协约国之一，然并不愿中国加入战团。以本大帝国夙抱中极亲善主义，中国既为极国所亲善，即不能更为他国所亲善。若加入协约国，则英美俄法等国皆得与中国亲善，而本大帝国亲善中国之量，必因之大减。故本大帝国于此事，宜大加审虑，取临机敏捷之手段，处置东亚问题。虽然，中国若无此次对德交涉，本大帝国已于中国积极进行，将次成功。如接济宗社党，组织二进会，中国必能步低丽之后尘而享亲善之幸福。……今敢以诚意忠告中国政府曰：极绷国者，今日世界最大之强国也，以极绷国大商家一小时制出之蛋饼，即足以尽掩普天下人之口，极绷大帝国处置东亚问题后，更须处置太平洋问题。将来东西两大陆，惟极绷国民为之主人翁。中国政府，不可不于此时竭力贡媚，结其欢心也。②

此文的背景是 1917 年中国加入协约国，宣布对德作战。王钝根此作模拟"极绷"（JAPAN）日本人自负傲慢之口吻，用反讽的"小阪""落日新闻""低丽"等名词代替"大阪""朝日新闻"和"高丽"，既达到丑化形容之目的，又足以产生引人发噱的效果。他还于文末添加按语说：

---

① 有时也题为"谐文"。

② 钝根：《拟极绷国论中德问题》，《新申报·自由新语》1917 年 2 月 18 日。

"中国加入协约国之结果，固于中国未必有所利，而于极绷国实有大不便。宜其国人之狂言谬论，极态尽露也。"其行文之滑稽干脆，与《自由谈》时期的尖锐并无差别。至于剧评、小说等其他几个栏目，在设置和文风上，与《自由谈》也较为相似。因而，当时撰稿者对它的称赞，并不亚于时人对《自由谈》的评价："斯是新语，自由之精……可以解烦闷，寻开心，非平常之小品，是社会之钟声。第二东方朔，双料淳于髡。三笑云：再好没有。"①

另外，《自由谈》与《自由新语》之间还有一个巧妙的"承接"，即缠夹二先生。"缠夹二先生"在《自由谈》中常于刊文之后作按语、短评，亦偶尔作"游戏文章"娱乐读者。觉迷在《缠夹二先生传》中说："缠夹二先生不知何许人，其与人接，往往前言不对后语，子午不对卯酉，驴唇不对马嘴；其所为文则又瞎搭李子花，冬瓜缠到茄姆里。若汉之三杰谓为张良、韩信、尉迟恭，古之五帝谓为禹、汤、文、武、袁世凯。诸如此类，不一而足，而先生之事，尤多足记者。入剧场看卖芝麻糖，跟和尚买篦箕，与车夫讲究诗书，在茶肆谈论十三经。予闻之哑然曰：是殆《自由谈》上缠夹二先生欤？"② 其实根据"缠夹二先生"的行文及常作"按语"的习惯，其很可能就是主编王钝根。因而至《自由新语》，缠夹二先生一仍其旧，不仅继续撰写滑稽文章，讽刺时事，还专门设置"缠夹二先生语录"栏目来发表相关评论，补充"游戏文"的未尽之语。当然，也有撰稿同仁借"缠夹二先生"之名发表"奇谈怪论"，即"缠夹二先生"更像是从《自由谈》至《自由新语》的一个代言人，它是一位虚构的、集体式的作者，它的存在直接证明了两个副刊之间的相似与关联。

当然，除去相似之处，《自由新语》较之《自由谈》也有不少变化。最明显的是《自由新语》的版面增至两版（每版仍是上为文稿，下为广告），而非《自由谈》时期的一版。在版面设计方面，也充分征求读者的意见。③ 同时，作品栏目也有不少调整，如新增了"片语解颐录""曲选"等栏目。另外，在刊印方面也下足了功夫，每期版头的字体不仅有

---

① 三笑：《自由新语铭（仿陋室铭）》，《新申报·自由新语》1916 年 12 月 11 日。

② 觉迷：《缠夹二先生传》，《申报·自由谈》1914 年 5 月 23 日。

③ 《钝根启事》中曾言："《自由新语》排列方法，叠蒙爱阅诸君反覆指教，敝处屡次变换，殊难尽惬各方面之意。若以六大横格排在一面，则登广告者甚为缺望。若分排两面之上端，则分类裁订者有顾前失后之苦。若以三格排前面上端，三格排后面下端，则前后面之中线不能准对无差，裁订仍须损及背面。左右思维，迄无善法，不得已自今日起仍印两面上端。"《新申报·自由新语》1917 年 6 月 1 日。

多种不同的设计，同时还配有仕女画一幅，以悦读者眼目。

不过，随着国内报刊业形势的变化，以及《自由新语》在经营中出现的各种问题，其版面内容也经历了数次改革：

> 《自由新语》将于十一月一号起略事改革，本刊三行则改为四行，并扩充门类，计游戏文、诗词、译著、谈丛、剧本、小说、新笔记、杂俎等八门。①

> 三年以还，《自由新语》小显身手，小阅沧桑，兹援老臣乞休之例，将作壶中小隐，因以《小申报》自代。篇幅甚小，顾亦小有述作，区为小评、小专电、小新闻、小说、小笔记、小杂俎六类。……大言炎炎，小子所敢作；小言詹詹，或大雅所乐许。读斯报者，如不以其小而小之，而曰：小小结构，小道尚可观，则小子且如得饼小儿，作沾沾自喜态矣。②

按，自 1918 年 11 月 1 日起，王钝根延请周瘦鹃协理编辑事务，而其中亟须注意的是《自由新语》在创刊三年之后（1919 年 4 月 1 日）更名为《小申报》。历来谈及《新申报》副刊的文章多将二者混淆，或者在时间上未能考究准确，甚至将改版后的副刊《小申报》误认为 1930 年创刊的报纸《小申报》③。实际上，《小申报》是《自由新语》力图改良的结果，是《新申报》副刊为了改善经营状况、吸引读者而对栏目的重新设置。《小申报》像《自由新语》一样也分为两张，但明显增加了新闻报道类的文章，记录本埠大小事务的通讯增多，只有第二张是笔记、小说等文学类内容。

从《小申报》的创刊宗旨——所谓"小言詹詹""小道尚可观"者来看，其主动放低身段的谦卑态度某种程度上也暗示了刊载作品与以往的不同。比如，唯一关涉"自由言论"的"小评"栏目，其中虽有讽刺某些显贵官绅的篇章④，但大多都已不及先前那样锋锐。就王钝根而言，其

---

① 《启事》，《新申报·自由新语》1918 年 10 月 28 日。

② 瘦鹃：《小申报发刊小言》，《新申报·小申报》1919 年 4 月 1 日。

③ 《上海图书馆馆藏中文报纸目录 1862—1949》收录有"《小申报》上海，1930.7.25（28）"，上海图书馆，1982 年，第 48 页。

④ 如周瘦鹃所作《变》一篇，讽刺顾维钧的薄情背义，《新申报·小申报》1919 年 4 月 30 日。

寓讽谏于游戏的文风尚存，但也不及《自由谈》时期的信笔随之，毫无顾忌：

> 自有五月九日之新纪念，而五月五日之旧纪念，国人淡焉若忘矣。自有郭钦光之死国难，而屈灵均之投汨罗，吾人无暇凭吊矣。枇杷黄，大少忙；青岛亡，学生忙；天胡夺我郭钦光，累得学生比了大少还要忙。章大金刚当在病榻自语曰：吾不图窑子里姑娘没有送枇杷来，却承学生们先送了我一顿老拳。①

这篇文章评论的是五四运动中郭钦光之死以及章宗祥挨揍，但此外的大部分作品则多已褪去《自由谈》时期的自由、活泼。即如"小评"栏目中较有锋芒的作品，无论是指摘时事，或是慨叹世风，又或是谈论日常琐事，游戏诙谐的语气大幅减少，对于政事官绅的调侃也不再随意挥洒。

《自由新语》到《小申报》的变化，透露出王钝根编辑事业转变的个中消息。同时也不难看出，因时殊事移，《新申报》在疾言抗辩方面有诸多顾虑。不管怎样，在《新申报》两种副刊的"游戏文""小评"中，均可找到其对《申报·自由谈》内容风格的继承及变革痕迹。不过，较之《自由谈》，《自由新语》与《小申报》最主要的变化乃在选文之严、取材之精以及文学性作品分量的增加上。

《新申报》副刊不再像《自由谈》那样"有文必录""有论即登"，它对稿件的筛选更严苛一些，以此避免出现"文字垃圾车"的现象。《自由新语》和《小申报》上不再有"自由谈话会"那样的大杂烩式栏目，这并非因为《自由新语》的撰稿同仁难以形成一个与文会友的团体，而主要是栏目的分类更明确，每一栏目的作品在主题内容上也更集中。所以，像"片语解颐录""笑话"之类以记录轶闻琐事为主的杂录栏目，出现一段时期后即被取消，小说作品也主要选择佳作刊登，以致有投稿人写文章质问编辑：

> 《自由新语》内游戏文章无有逾于片语解颐录、缠夹二先生语录者矣，似此可开心、可发笑、可消愁、可解闷之妙文，方将保存之不暇，奈何竟取消之乎？……眉画插画，非峻波、滔滔之专利也；社会小说，非海上说梦人之专利也。奈何对于峻波、滔滔所绘之图画，海

---

① 钝根：《今年之端阳》，《新申报·小申报》1919 年 6 月 2 日。

上说梦人所著之社会小说，视之若旷代奇珍，大登特登，他人纵投封面画、社会小说之稿，大都宝而藏之，秘不发表。①

由此可知，"片语解颐录"等栏目并非一无可取，它们的消失曾引来部分读者的不解。主编王钝根取消这些栏目是整合版面的需要，是副刊内容的改良，但在一定程度上也损害了众多投稿人的利益。

主要撰稿者　《新申报》副刊的撰稿、供稿者多为旧派文坛名家。在《自由谈》时期，撰稿者多为初出茅庐的新手，虽腹有文采但多无文名，而《新申报》副刊的撰稿人则不同。《新申报》创刊时已为民国五年，旧派通俗文学恰逢鼎盛时期，所谓的"礼拜六派"的作品正是出版市场的宠儿，而当初由王钝根推介的撰稿人也多已成为说部名家，这些人恰恰就是《新申报》副刊的创作者。薛菊子曾撰《自由新语之人名与药石对》，对《自由新语》的撰稿者进行一定的总结，其中知名于当时新闻界、文学界的，有"东园（南星）""丹翁（贝母）""豁公（知母）""小青（大黄）""瘦鹃（干姜）""剑秋（麦冬）""碧城（红花）""钝根（苦梗）②"等人，皆一时之俊彦。

"东园（南星）"，本名吴承煊，安徽歙县人，是在《新申报》副刊上发表诗作较多的作者，也是王钝根所办报刊的常驻作者。他在王钝根主编的《申报·自由谈》《游戏杂志》《礼拜六》等报刊上发表过大量的诗词剧作，且与王钝根多有赠答。作为清末民初的剧作家，吴东园有《星剑侠》《绿绮琴》等多部传奇问世，还曾为绛珠女史的多部弹词润文，如《五女缘》《瑶台第一妃》等，而他与王钝根也曾合撰过《理想小说：罗浮梦》③。另外，吴东园曾办过《邗江杂志》，王钝根在该刊发表过诗作《江淮名将录题词七首》，而且吴东园与王钝根还同为中华编译社名誉教员④。东园之词，飘逸清奇，是《自由新语》中诗词作品的一大亮点。以其《水调歌头·去邗寄王君钝根、李君定夷、陈君蝶仙沪上》⑤一首

---

① 诛心：《戏拟致王君钝根意见书》，《新申报·自由新语》1917年8月9日。

② 薛菊子：《自由新语之人名与药石对》，《新申报·自由新语》1917年5月23日。

③ 此作是将各种梅花典故串成的二十回小说，题下标"碧霞原稿，吴东园著，王钝根评"，王钝根于每回之末加有评语，如第一回末的评语"局度安详，胎息古文"；第二回末的评语"按部就班，思清笔健"等。《小说新报》1919年第4—7期。

④ 《中华编译社函授部招生》广告中，教员名单中有"（六）吴东园；（七）王钝根"。《申报》1916年12月5日第17版。

⑤ 《新申报·自由新语》1917年8月5日。

为例：

> 老悖性孤僻，生怕受人怜。解衣聊自磅礴，跃上海东船。卖赋千
> 金可得，买醉百钱已足，诗酒结奇缘。知己在何处，三泖九峰边。
> 　谪仙左（谓定夷），中仙右（谓钝根），总神仙。一时豪杰，推
> 倒才调话龙川（谓蝶仙）。谁与昆仑琢雪，谁与江亭捉月，尘梦淡于
> 烟。有约寻今雨，记取菊花天（谓九月余有南行之约）。

此词嵌入文坛诸友李定夷、王钝根、陈蝶仙之名，有诗酒人生的豪
兴、乘船壮游的潇洒，既抒己志，也记友情，为《自由新语》的诗词栏
目增色不少。1917 年 5 月，吴承煊还曾在《自由新语》开展有关"醉春
词"的诗词征选活动，随后"诗选"栏目将所选诗词刊登出来，而王钝
根在某些佳作后曾加评语，如评其中一首曰："语不离宗，辞无泛设，亦
工整，亦浏丽，自是君身有仙骨，世人那得知其故。"① 只是后来副刊改
版，削去了"诗选"一栏，东园老人的作品便很少再在《新申报》见
到了。

又如童爱楼，他是《自由谈》的老人，前文提到他和王钝根一起创
办《自由杂志》《游戏杂志》等刊物。又如吕碧城，《自由新语》上亦载
有许多她的诗作，1917 年 2 月 18 日还曾刊其小像一张。其他如程小青、
张丹翁以及《自由新语之人名与药石对》中未提及之陆士谔等人，都是
《新申报》副刊的重要作者。另需要特别提及的是刘豁公，因为他曾协助
王钝根编辑《自由新语》，而且也是《新申报》副刊的常驻撰稿人。

据王钝根言：

> 刘达，字豁公，安徽桐城人。曾毕业于保定军官学校，历充中上
> 级军官。入民国后，退伍家居，恒以诗文小说投余所辑《游戏杂
> 志》。丙辰秋，为无赖陈某所欺，甘言诱之上海，为其所办滑头报尽
> 力。陈则遍向军政两界招股敛钱，未几，席卷所得而遁。君之薪水，
> 无所取偿，客中为之大窘。余亟延之为《新申报》撰长篇小说，旋
> 又受聘于余友渡边天洋创办之上海公论社。②

---

① 附于俞琪《醉春词》之末，题为"钝根僭注"，《新申报·自由新语》1917 年 5 月 6 日。
② 钝根：《本旬刊作者诸大名家小史·刘豁公》，《社会之花》1924 年第 2 期。

　　《游戏杂志》扉页曾刊有他的小像，他在《新申报》副刊发表的小说有《我之罪》《懦夫出妻记》，以及与蛰叟合译的《鸳鸯离合记》等。刘豁公声名鹊起，实始于《自由新语》。他在《自由新语》上发表的作品以剧作、剧评居多①，其中较有名的历史歌剧《陈圆圆》是与蛰叟合编而成，共32场，后附"末场"，连载于《自由新语》1917年12月17日至1918年2月17日。而"剧话""剧评"栏目，他的文章曾一度占十之七八，一如1913年《自由谈》上的吴下健儿。

　　从以上列各例来看，《新申报》副刊多是名家之作，而《申报·自由谈》则以这些名家成名前的著作居多。某种程度上，这使得《新申报》副刊的作品较之早期《自由谈》的文学价值更大。

　　重要作品举隅　　《新申报》副刊上刊载过不少好的作品，其中尤以《歇浦潮》为代表，该作不仅展示了当时的小说风尚，也是主编王钝根文学取向的具体体现。

　　《歇浦潮》自1916年11月23日开始在《自由新语》版面连载，前后一共五年。② 作者海上说梦人，"原名朱俊伯，朱瘦菊、海上说梦人均是他的笔名，后将朱瘦菊'升格'为本名，祖籍江苏启东吕四港③。海上说梦人是民国时期享誉一时的小说名家，而《歇浦潮》则是奠定其大师地位的代表作品。在这部著作之后，朱瘦菊又于1918年在《小说画报》上连载过《市井柈杌史》，1922年至1924年在《红杂志》连载过《新歇浦潮》，1922年在《半月》杂志上发表《剩粉残脂录》。这些作品均为长篇章回小说，所涉内容与《歇浦潮》相似，均以揭露社会黑暗现实为要旨，以白描的手法叙写市井琐事为主要内容。

　　《歇浦潮》本是王钝根的"约稿"，在《自由新语》创办之初，王钝根就已有连载的决定。因而，《新申报》副刊的小说栏目每日内容均以《歇浦潮》为主，再辅以其他作品，这种做法自然招致其他撰稿人的不满，如时人质问主编"社会小说，非海上说梦人之专利也。奈何

---

① 《豁公启事》曾云："豁现回里度岁，拙编剧本除《恢复共和》《交换条件》两剧售与天蟾舞台，《香妃恨》借与新舞台外，其余《杨翠喜》《陈圆圆》《洪宪纪元》《新碰碑》等剧（已载《新申报》）托法界淡水路三十一号李时蕊大律师代为经理。"《新申报·自由新语》1918年1月9日。

② 前五十回连载至1918年5月26日暂停，后又于1919年2月7日始续载，至1920年1月22日停止，当日编辑有言："海上说梦人鉴，尊稿将罄，请即续赐为盼，亚庸谨启。"

③ 范伯群：《朱瘦菊与歇浦潮》，《书城》2013年第4期。

对……海上说梦人所著之社会小说视之若旷代奇珍，大登特登，他人纵投……社会小说之稿，大都宝而藏之，秘不发表?"① 这主要是因为《歇浦潮》是王钝根重点推出的一部作品，它本就撰写于 1916 年 11 月之前。

王钝根在其序言中曾说："余初读草稿三数回，即叹其章法之佳……时余方佐同乡席子佩先生创为《新申报》，即向说梦人坚索此稿。说梦人仅允一度披露于《新申报》，而仍留汇印专书之版权为自有。"② 即在《歇浦潮》刊载之前，王钝根早已阅读过全稿，并对其赞赏有加，所以才将其争取为《新申报》副刊的独家连载作品，使之长期占据《自由新语》与《小申报》的小说专栏。而此作自一问世，即受到读者的欢迎，在全部内容尚未在《新申报》连载结束时，其单行本的出版就已在筹划之中。王钝根就曾说："《新申报》排载五年，才毕九十余回，而海内读者欲见全稿之心奇渴，不复可耐，纷函怂恿发刊专本。说梦人雅不可却，乃托新民图书馆印行焉。余料此书一出，将与孙玉声先生之《海上繁华梦》同传不朽。"

此书的单行本最早由新民图书馆于辛酉年（1921）印行，前有王钝根、袁寒云等人序言，又有餐花室主、南华秋水、姚民哀等人的题词。而后，民国十二年（1923）又由世界书局出版，分为五集，正文前并绘以插图。全书共一百回，标"社会小说"，内容主要描写上海社会之诸般情状及官绅阶层之秘事轶闻。王钝根等人曾揭其主旨云：

> 海上说梦人为予旧友，善作小说，描写社会情状，无所不至。前年秋曾以短篇小说登予所编《礼拜六》，读者交口称誉。兹复以长篇《歇浦潮》见示，发奸摘覆，刻画尤工，亟为披露于《新申报》。③

> 近人争为小说，日进丛繁。而巨作之中，能无支无蔓者，鲜矣。前以李伯元、吴趼人称野史之雄，后则李涵秋、张春帆负谰谈之望……降至于今，作者日肆，新巧叠竞，佳构益希。有海上说梦人者，负不羁之才，遨游海上，日浸处笙歌粉黛之间，遂放为揭秘搜奇之著，心如秦镜，笔胜温犀，魑魅穷形，鬼神惊色，一编传世，曰

① 诛心：《戏拟致王君钝根意见书》，《新申报·自由新语》1917 年 8 月 9 日。
② 王钝根：《歇浦潮·序》，《歇浦潮》，上海古籍出版社 1991 年版，第 5 页。
③ 王钝根：《歇浦潮初集·篇前按语》，《新申报·自由新语》1916 年 11 月 23 日。

《歇浦潮》。盖澎湃淞涛，尽倾于楮墨间矣。①

　　吾友海上说梦人久居海上，穷数载之力，采幽索奇，尽得其奥。斯有《歇浦潮》说部之作，又穷数载之力而始底于成，抉所谓诡异奇谲之事，一一传示世人。黑幕虽密，昭然立揭；而魑魅罔两，乃尽暴于天日之下，无可遁形。是则《歇浦潮》者，固犹一温犀，一秦镜也，其用意不亦盛哉！②

　　作者自己也曾言"是书宗旨在揭破数年来上海社会上诸般秘密，本拟作一百二十回"③，则此作之本意又在振聋发聩、警醒世人的命题之下。时人常将《歇浦潮》与《孽海花》《海上繁华梦》《海天鸿雪记》《广陵潮》诸书作比，即将此书纳入清末民国最具价值的"社会小说""批判小说"一类。而全书内容主要以钱如海、倪俊人为主要线索，一仍《儒林外史》《二十年目睹之怪现状》的笔法，中间各色人等纷纷上场，但人物出场又并非有去无回。其中着重描写了一班妓女与嫖客、官场与声色场所的秘事轶闻，如乡绅倪伯和初到上海的无知迂腐，贾琢渠的左右逢源，惯使花枪骗人钱物；又如康尔锦的虚伪无情，贾少奶的阴狠毒辣，黄万卷的书呆固执，以及吴美士、无双等一班戏子折白党与官绅妻妾私通互骗之种种不堪之事，写来皆如亲临亲历，个中暗昧皆被其披露于天下。至于汪晢子、卫运同与宋使仁开办的"讨袁军特别司令部"、旧学维持会妄想支持帝制做官等事，又都穷形尽态，极尽讽刺之能事。因而王钝根"初读草稿三数回，即叹其章法之佳，若钱如海夜归叩门，误击邵氏，遂成欢好。此等处渡笔神妙，虽《水浒传》之拍桌溅面，不是过也"。作为《新申报》副刊之主编，他又寄希望于爱阅小说之读者，"当求其结构奇巧之处，若徒取情事之光怪陆离，而贪多务速，草草读毕，以为茶余酒后之谈资，则殊辜负作者惨淡经营之精意矣。"④

　　《歇浦潮》之外，重要的小说作品有周瘦鹃的《紫罗兰庵短篇说集》、林纾的《蠡叟丛谈》以及张冥飞的《青山忠骨记》等数种；重要的笔记作品则为程瞻庐的《佣余续笔》、王钝根的《旅行杂记》《钝根随笔》等

---

①　袁寒云：《歇浦潮·序》，《歇浦潮》，上海古籍出版社 1991 年版，第 4 页。

②　周瘦鹃：《歇浦潮·序》，《歇浦潮》，上海古籍出版社 1991 年版，第 7 页。

③　海上说梦人：《歇浦潮》（第五十回），《新申报·自由新语》1918 年 5 月 26 日。

④　王钝根：《歇浦潮·序》，《歇浦潮》，上海古籍出版社 1991 年版，第 5 页。

系列。

周瘦鹃的《紫罗兰庵短篇说集》，其中有译作，有自作，内容上涉及言情、社会、侦探等多种题材；林纾的《蠡叟丛谈》标"林琴南先生最近著作"，因林纾于文坛早享大名，他的作品就是最好的销卖广告。此系列作品为短篇文言小说，作者以虚构的人物故事拟写社会现实，借以表达自己的批评和意见，其中特别是对五四运动、白话运动的描写（如《某生》一篇），对新旧派别文化斗争的反映（如《荆生》《妖梦》）等，使其成为五四时期研究极有价值的文言小说之一。① 《青山忠骨记》连载于《新申报·自由新语》1918 年的 3 月 26 日至 4 月 18 日，作者张冥飞，本名"张焘，字季鸿，号冥飞，湖南长沙人"②，南社社员，与友人合撰有《新剧考证百出》《古今小说评林》等书，在《新申报》副刊上发表小说多篇。此作题"爱国小说"，主要讲述甲午战争时期，北洋海军数名将弁遭险，流落荒岛之事，意在抒发对国事的愤恨与忧虑。程瞻庐的《佣余续笔》是其《佣余随笔》的续作，内容涉及时事、趣闻、诗词、琐语等，对民初社会有多面的展示。至于王钝根的随笔系列，则是对其行旅见闻及与家庭遭迹的记录，是了解他的生平经历及文学主张的重要史料（详见第三章第一节）。

盖《新申报》副刊为了能够俘获更多的读者，在经营过程中其文学性内容呈逐渐增多的趋势。在文学性的表现上，既有笔记和小说内容的增加，还有译作、名作的提炼。特别是连载小说和系列笔记的增加，游戏小说、滑稽短篇等随意挥洒的作品的减少，都使《新申报》副刊的文学内容更为集中。在王钝根主编《自由谈》时期，笔记、小说等作品以急就章式的短篇居多，标注"游戏短篇"的小说类似于游戏文章，插科打诨之"游戏文"又近于寓言小品，而这种体裁界限不清的现象在《自由新语》里得到了一定程度的纠正。比如，王钝根创作的小说就由原来的"游戏短篇"变为"爱国小说""言情小说""家庭小说"③等更具体的题材；又比如中长篇连载小说、戏剧的增加，前文提及的小说《歇浦潮》《青山忠骨记》、历史剧《陈圆圆》等均为代表性作品。此外，

① 《蠡叟丛谈》连载于《新申报》1919 年 2 月 4 日至 1920 年 3 月 16 日，共五十八篇。

② 柳亚子著，柳无忌编：《南社纪略》，上海人民出版社 1983 年版，第 206 页。

③ 如爱国小说《感遇记》，言情小说《心婚》，家庭小说《老母》等。

在诗词方面，王钝根还推出过"蕙淞阁寿联"①的征集活动，并整理、连载了"一冰遗稿"②。

事实上，《新申报》副刊在文学性上的不断扩增，其革新启事中亦有说明。1919 年 3 月 30 日，该刊曾发布《自由新语大刷新预告》，文中称：

> 《自由新语》献岁以来，力图改良。猥蒙读者不弃，赐书奖借，同人等感篆之余，益加奋勉。爰于四月一日起，更事刷新，略举数项于左：
>
> （一）小说栏添刊周瘦鹃《紫罗兰庵短篇说集》，皆精心撰译，各体咸备。第一篇为哀情小说《旧声》，借端于留声机，抒写一痴情人，准三月一日起刊。
>
> （二）笔记栏添刊程瞻庐笔记，程君文章久为社会所钦仰，此篇尤为生平杰作。
>
> （三）添刊心灵之香，精选近世性灵之诗词，语语从心坎中打出者。
>
> （四）添刊译丛，采取欧美有趣味之记事，迻译刊载。
>
> （五）添刊小说隽语录，选取近世小说中隽永之语，附诸报末，足资观摩。
>
> （六）添列联语，精选古今妙联，足为茶余酒后之消遣。

这其实是《自由新语》改版为《小申报》前的一份声明，从"性灵""趣味""消遣"等词，即可窥知《小申报》刊载作品的文学倾向。

---

① "蕙淞阁寿联"是为庆祝南社潘飞声寿辰而征集的对联作品。王钝根在《蕙淞阁寿联预录》中说："番禺潘兰史先生，少负奇气，游历欧洲，所条陈时局改革利弊，俱见大著《说剑堂集》，世推维新老辈，固不仅目为诗中浣花、剑南也。然赋性高洁，避地淞滨，除卖文外，不受一文非分钱。然今年六十矣，先生悬弧之辰，本在十一月，兹其交游有预送联语为祝者，先录于此，俾艺林增一韵事焉。"《自由新语》于 1917 年的 8 月至 12 月陆续刊出许多寿联，撰者多为南社同仁，极大地增加了诗词栏目的活力。《新申报·自由新语》1917 年 8 月 2 日。

② 一冰，姓吴，名儒珍，后改名炎，青浦人。王钝根在其《渔家傲回文戏寄钝根》的按语中，称其"少负文誉，长习戎马，足迹半天下。所历名山大川，皆以诗文纪之，见予所编《游戏杂志》甚多"（《新申报·自由新语》1917 年 10 月 4 日）。而在其《酒后茶余录》的按语中，又提到他"最后一次来书云：小妾索指环，特撰小说一篇，待得润笔资购之。乃稿未刊布而先生遽殁于苏，余以润笔资托友致其家，忽忽数年矣"（《礼拜六》1921 年第 142 期）。

而改版后的《小申报》在内容上也更加集中，作者亦多有声名。这些均可说明《新申报》副刊愈加偏重作品的文学性，以及在作品征稿、选材方面的愈加严格，《新申报》副刊比早期的《申报·自由谈》在文稿选择、文学表达上都有更清晰、更稳定的倾向。不过，也由于对小说、笔记等文学性栏目的过度看重，《新申报》副刊版面的丰富性与活泼程度便有所降低。

综上所述，王钝根主编《新申报》副刊时期，在增加栏目内容的文学性、增刊名家作品等诸多方面都有所尝试，有所突破。但因其家庭变故的干扰，主编时长所限，也由于文学潮流的变化，《新申报》副刊的影响力始终无法与《自由谈》相比。在《新申报》副刊初创阶段，虽然有许多撰稿人从《自由谈》追随王钝根而来，王钝根也接纳了不少新的撰稿者，但随着撰稿同仁的成名，他们有了更多的投稿平台与资源，诸如陈蝶仙等好友在他离开《自由谈》之后还接任过《自由谈》的编辑，这些都使《新申报》副刊在市场竞争中处于不利地位。1919年4月，《自由新语》改版为《小申报》后又新辟"小评""小专电"等栏目，这在一定程度上是报纸副刊向"兼具新闻性"的回转。至于王钝根在1919年7月正式从《新申报》离职①，他初入报界文坛的诸般活动也就此告一段落。

第四节　王钝根与基督教杂志的接触

王钝根在民初主持《自由谈》《礼拜六》等报刊的同时，与当时的基督教杂志亦有接触，不仅常与这些杂志的组织者发起各类活动，而且还受邀参与过他们的编辑工作。在他推动、高扬旧派文艺的同时，这些关乎基督教传教布道的杂志内容是另一种完全不同的事业，王钝根因此有了更多的身份，他的编辑工作也有了更宽阔的视野。

王钝根早年即信奉基督教，大胆书生在《小说点将录》中将其评为公孙胜的原因之一就是"公孙信道，王孙信教（钝根为基督教徒）"②。然其开始信教的具体时间，目前未见明确的记载，但从他有关基督教的文字来看，当不晚于1914年。因为谢洪赉所编《证道集》收录有王钝根

① 《钝根早已辞去〈新申报〉职务》，《新申报·小申报》1919年7月4日。

② 大胆书生：《小说点将录》，《红杂志》1922年第1期。

1914 年在上海青年会上的一篇演讲，内容是谈"读经之乐趣"：

> 谢武衡先生命予述读经之心得。予自维愚钝，实未窥得《圣经》之奥，惟上帝慈爱，使求道者逐步得有乐趣。予虽求道尚浅，然已觉有异常之安慰。在昔未信教时，断无如是之愉快也。予自幼读孔孟之书，欣然自满，以为天下之道，莫大于此矣。后与基督教徒游，藉闻博爱之训，乃知耶稣基督之愿力，实较孔孟之说，宏大万倍。盖孔孟之说严乎义，而耶稣之教纯乎仁。①

依其所说的"求道尚浅"，则当时他信奉基督教的时间还不甚长。1916 年圣诞节，他在《新申报》副刊上刊发《耶稣传略》一文，此作既是节日编刊之用，也是王钝根有意识地对基督教进行的介绍和宣传。文中主要记述耶稣的大略行迹，内容虽然简括，但对耶稣的出身、神迹及最后的赴死都有说明，则此时他对基督教或已信奉至深。

王钝根入奉基督教，大抵源自与上海青年会、寰球中国学生会等上海基督教团体的接触。他所提及的谢武衡先生是当时在上海推广基督教的名士之一，是"英文教师，留学美国，早年曾任孔祥熙的秘书"②，在民初亦曾任上海青年会中学的教务长，还是《上海青年》杂志的主事人之一。王钝根因为谢武衡等基督教人士的影响，由奉教到入会，由接触《上海青年》，到编辑《兴华报》，再到资助《环球》杂志，他在民初与基督教杂志的接触构成了其报人生涯的"社会事业"部分。

一　《上海青年》与《环球》《寰球中国学生会周刊》

王钝根在民初曾参与两大基督教会社组织，一为上海青年会，一为寰球中国学生会。他的名字曾多次出现在两会所办的《上海青年》《环球》等杂志上。虽然他并未负责这两种杂志的实际编辑事务，但是与《上海青年》《环球》的交集，直接影响到他在文学编辑以外的社会事务，同时也为他接编《兴华报》的工作提供了契机。

---

① 《王钝根读经之乐趣》，谢洪赉编《证道集》卷上，中华基督教青年会 1914 年版，第 49—50 页。

② 邓汝昌：《回忆解放前夕在育才中学的一段斗争》，中共上海市委党史资料征集委员会主编《火红的青春：上海解放前中学学生运动史实选编》，上海外语教育出版社 1994 年版，第 334 页。

《上海青年》是上海青年会于 1902 年创办的机关杂志，至 1949 年 2
月停刊，内容旨在宣传报道上海青年会的组织事务和新闻活动。上海青年
会是北美基督教在上海的组织机关，据陈定山《上海青年会》一文所说：

> 上海青年会，最早成立，远在公元 1880 年以前，但那时的会员，
> 限于少数外国青年。1898 年，北美协会派露义思到上海服务，与曹
> 雪赓、颜惠庆、唐介臣诸君为密友，常出席中西书院演讲，乃就百老
> 汇路露思义寓所集会地点，并主张中国会务，完全由中国青年办理，
> 乃定名为"上海基督教青年会"，即在博物院路亚洲文汇馆开会，黄
> 佐庭、颜惠庆为正副会长。①

然而，《申报》1905 年 5 月 30 日刊有《纪青年会举行第五年庆典》
一文，则青年会之成立当在 1900 年，与陈定山所说的 1898 年有所出入。
不过，陈定山此文又说："1900 年（光绪廿六年）后江南得刘坤一、张之
洞的军政调护有力……青年会亦日见发达，从南京路迁到北京路十五号，
里面有了小规模的礼拜堂……但是，会务既有长足的进展，会所仍不敷分
配，乃由甬商朱葆三出面筹募得银五万两，买到香港路和北京路之间的地
皮一块，建造会所，那便是现北四川路的青年会了。"② 故而，1905 年青
年会的五周年庆典可能是庆祝北四川路青年会的落成。但不管上海青年会
成立于 1898 年还是 1900 年，作为由华侨及国内早期基督教人士创办的教
会组织，上海青年会始终是一个基督教公益团体，受基督教公会管辖，
《申报》1914 年所刊《世界平和祈祷会》中就有"上海青年会昨接北京
基督教各公会公电云：上海基督教各公会以及青年会鉴"③ 的字样。

上海青年会的社会活动主要在于传道布教，吸纳更多的信教人士，故
一方面创办教会学校，如 1900 年成立之始时就办有上海青年会中学④；
另一方面，召集更多的人士尤其是青年学生入会，王钝根就是民初被吸纳
的会员之一。与此同时，创办机关报刊，进行文化宣传也是其传道的重

---

① 陈定山：《春申旧闻续》，海豚出版社 2015 年版，第 8 页。

② 陈定山：《春申旧闻续》，海豚出版社 2015 年版，第 8—9 页。

③ 《世界平和祈祷会》，《申报》1914 年 10 月 14 日第 10 版，或应为"世界和平祈祷会"，
原刊印错。

④ 《教育季刊》1938 年第 14 卷第 2 期上刊有《基督教中学校闻：上海青年会中学概况》
《教育季刊》，文中有关于"上海青年会中学，成立迄今已三十七载"的报道。

点，当时各地基督教青年会都办有刊物：

　　　　文物宣传，当然是青年会重要的工作。1896 年有《学塾月报》
　　每期仅有十六开一页，1902 年扩充到十三四页，改名《青年会报》。
　　向由美人主笔，后又改名《青年》，由谢洪赉编纂。以中国人编中国
　　刊物，当然有成绩，文字亦不仅限于宗教论说，而有了铜图和余兴，
　　报数骤增至八千份。1911 年（宣统三年），北美协会决拨巨款，编印
　　杂志，定名《进步》，由王正廷、朱友淦、梅诠华主编，至民国六年
　　与《青年》合并，共名为《青年进步》，共出一百五十期，历时十五
　　年。凡由一人主编之定期刊物，享寿久长，当以此刊为巨擘，而自
　　《学塾月报》以来，中间主持，均由范丽诲一人，孜孜不倦，前后亘
　　三十六年之久。①

　　该文中所提及的《青年会报》创办于香港，是"中韩香港青年合会
总委办处所出"②，谢洪赉是中方的主要负责人。《青年会报》与《上海
青年》都是青年会指导下的刊物，《上海青年》的内容主要是报道上海青
年会的各项事务和情况，同时刊载一些教育演说、青年会会员的投稿等。
　　王钝根曾为《上海青年》题写过刊名，他的几次演说内容稿，也均
由青年会整理后在《上海青年》上刊出。其中，有前文提到的"读经之
乐趣"，又有 1917 年演说的"上海之新闻事业"③，1918 年在青年会德育
演讲会上演说的"国庆节之感想"④，以及 1919 年演说的"人生之生
趣"⑤ 等。而最能说明王钝根之于青年会的地位和作用的，是他 1917 年
曾与青年会的主要干事朱少屏等人共同发起会员征求广告。⑥ 也正是他加
入上海青年会，受到基督教教义的影响，使他在《新申报》工作的几年
间，《自由新语》版面出现过许多与基督教相关的内容。如他本人就创作
过反映"基督教精神"的《百年一梦》《复活节》《驼穿针孔记》《俞衡
甫》等作品，而且 1917 年、1918 年这两年间《自由新语》均设有圣诞节

---

①　陈定山：《春申旧闻续·上海青年会》，海豚出版社 2015 年版，第 9—10 页。
②　《青年会报》1903 年第 6 期，第 1 页。
③　《五月九日王钝根先生演辞纪略》，《上海青年》1917 年第 16 卷第 20 期。
④　《青年会今晚之演说》，《申报》1918 年 10 月 13 日第 11 版。
⑤　《会务纪闻：王钝根先生演说辞》，《上海青年》1919 年第 18 卷第 16 期。
⑥　王钝根、朱少屏、郎静山：《夏季会友征求会　五月卅日是闭幕诸君盍兴乎来》，《上海
　　青年》1917 年第 16 卷第 20 期。

版面，还有"恭祝圣诞"的字样及文稿刊登。另外，在《礼拜六》的后一百期，"拈花微笑录"等栏目中也有关于基督教精神的表达。

王钝根与基督教的接触并不限于上海青年会，此外还有寰球中国学生会及其相关的刊物，这些对王钝根的思想意识均产生过相应的影响。

寰球中国学生会发起并成立于1905年，《申报》1905年有《组织环球①中国学生会之发起大意》一文，其中有云：

> 李君登辉，美国耶鲁大学卒业生也。顷因再赴美国留学，研究更高深之学问，道经上海，欲组织一寰球中国学生会。二十九日假北京路十五号青年会，向同人演说，并酌议办法。②

该学生会关注教育事业，积极兴办学校，并创办有《环球》《寰球中国学生会周刊》等刊物，还出版过《寰球中国学生会特刊》与《寰球中国学生会年鉴》。这些刊物与寰球中国学生会的关系，略同于《上海青年》和上海青年会的关系，主要用以报道寰球中国学生会的新闻及各项事务，同时也为学生会学员提供参与时事、发表言论的平台。③

其中《寰球中国学生报》创办最早，出版于1906年年初，为月刊，其刊行广告曾言："寰球中国学生会新出月报两号，该报由会员李君登辉筹办，举定侯官严几道先生为总撰述。新闻栏并刊汉文、英文，其为社会所欢迎可豫决也。"④ 而后1915年又有《学生会会报》，双月刊，仅出一年。1916年又创办《环球》杂志，1919年再办《寰球中国学生会周刊》⑤。

因寰球中国学生会与上海青年会多有联系，两会成员也部分一致，寰球中国学生会所办的刊物也多具基督教色彩。特别是，上海青年会的主要

---

① 该组织名称，报刊上有时写作"寰球"，有时又写作"环球"。

② 《组织环球中国学生会之发起大意》，《申报》1905年7月1日第4版。

③ 需要注意的是，四十年代又有《寰球》杂志出版，虽与《环球》名称相似，但却并无关联。

④ 《赠报志谢》，《申报》1906年1月31日第5版。

⑤ 《寰球中国学生会周刊出版预志》中曾言：本埠静安寺路五十一号，寰球中国学生会内有种种出版物之刊行。兹闻该会因会员日增月盛，特添组一种周刊，以为全体会员联络感情、交换知识之机关，并藉以传布该会宗旨于会外。闻已准期于本星期日（十月五号）出版云。《申报》1919年10月1日第11版。

骨干朱少屏也是该会出版部干事长①及《环球》杂志的总干事。《环球》
杂志创自 1916 年，至 1920 年停刊，与《上海青年》发刊时间多有重叠。
王钝根既是上海青年会会员，亦是寰球中国学生会会员，其参与寰球中国
学生会的信息虽不见于《寰球中国学生会周刊》，但《环球》杂志所登之
《第六次征求会友团各队分数报告》中"徐纫苏君征得二百四十七分"下
列"王钝根"之名②，另外《民国五年十月十一月十二月经济报告》中
也有"收王钝根君会费 8.00"③的记录，因此王钝根加入该会当在 1916
年前后。

关于寰球中国学生会的"基督教色彩"，除了前文所举之"上海青年
会"朱少屏的例子外，《寰球中国学生会周刊》《环球》等杂志上所发表
的基督教人士文章亦是证明。如《环球》杂志上就有谢武衡关于"社会
主义"的一篇演说④，又如《学生会会报》上刊载的王钝根 1914 年 3 月
在寰球中国学生会关于"教育方针"的演说，其中就有对基督教精神中
"爱"之解说与现实运用：

> 国民之原素莫重乎爱心，无论何人何事皆不离乎一爱字，文明国
> 视之尤重。余今以爱字分别言之。第一为爱国。观夫世界灭亡之国，
> 推其原，国人先无自爱之心，党同伐异，操戈一室，外人乘隙而夺其
> 柄……第六为爱仇敌……凡有仇于吾者，当示之以爱，逊之、让之，
> 仇人知感而化，则怨气渐销于无形，或由此相结为知己，未可
> 知也。⑤

这篇演说还同时见录于《申报》，演说后《申报》上还刊有"今晚八
时静安寺路五十二号寰球中国学生会请王钝根先生演说教育方针"⑥的广
告。另外，此次演说"由主席徐纫苏君介绍"⑦，"辞毕由杨君仲馨、史君
文钦等引至客室小憩"。徐纫苏不仅是寰球中国学生会的"体育部干事

---

① 《纪事：本会第十年新职员》，《学生会会报》1915 年第 4 期。
② 《第六次征求会友团各队分数报告》，《环球》1917 年第 2 卷第 1 期。
③ 《民国五年十月十一月十二月经济报告》，《环球》1917 年第 2 卷第 1 期。
④ 谢武衡：《社会主义（三月四日演说本会速记稿）》，《环球》1916 年第 1 卷第 1 期。
⑤ 《记王钝根君演说教育方针》，《学生会会报》1915 年第 1 期。
⑥ 《寰球学生会演说预志》，《申报》1914 年 3 月 26 日第 10 版。
⑦ 《纪寰球学生会之演说》，《申报》1914 年 3 月 28 日第 10 版。

长"①，第十一任书记董②，还是该会所办夜校的校长，由此次演说及前文
《第六次征求会友团各队分数报告》可知他与王钝根之相熟程度，进而知
王钝根对于此会之贡献或有记录所未能详说者；而杨仲馨也是基督教教内
人士，在1916年的《中华基督教会年鉴》中，王治心曾介绍说："近来
我道推行，渐及于上等社会。本会中如聂云台……杨仲馨诸公，皆为政学
界有数人物，业已次第皈依我主。"③王钝根与他的交往，亦可知他与政
学界、基督界人士的交际之深。

所有这些证据都可说明王钝根与寰球中国学生会、与基督教人士有广
泛接触。置身其中的王钝根通过积极参与学生会、青年会及相关教育事
业，对基督教教义有了较多的理解和认识，这些新的认识又进而影响到他
具体的文学观念及文学创作。

二　《兴华报》

《上海青年》与《环球》等杂志只是登载过王钝根的文字和言论，却
非他编辑主持的期刊。王钝根初涉基督教的活动及思想表达在这些杂志中
有所反映，但真正说明他在报界的地位及与基督教群体联系密切的则是
《兴华报》。

《兴华报》周刊创办于1904年，停刊约在1937年④，中间曾更名为
"兴华""兴华周刊"⑤，每周一期，每卷五十期，由陈维屏主编，上海兴
华报社出版，是专门宣传基督教教义的机关报。关于该报的负责人，罗运
炎在《二十周年纪念专册刊词》中曾讲道：

> 若说起历年热心投稿诸公的姓名，罄南山之竹，也书写不尽。我
> 在这里只能拢总说一声感谢。就是说到本报任职的人，西人有武林

---

① 《纪事：本会第十年新职员》，《学生会会报》1915年第4期。

② 《本会历届董事姓字表》，《寰球中国学生会年鉴》1923年第2期。

③ 王治心：《监理会》，中华续行委办会编订《中华基督教会年鉴》第三期"书贰·戊·
传道宗派"，上海商务印书馆1916年版，第"续八十九"页（原书标页如此）。

④ 《1833—1949全国中文期刊联合目录》（增订本）著录为"1904.1—1937.?"，《兴华
报》停刊大致在1937年。书目文献出版社1981年版，第449页。

⑤ 如1915、1916年间，该刊封面题签是"兴华报"三字，1916年（10月4日）第13卷
第38期之后的封面题签变为"兴华"二字，1922年间又更为"兴华报"三字，到了三
十年代封面题签又变为"兴华周刊"四字。本书主要论其1916年间的"小说"栏目，
故用"兴华报"三字称之。

吉、林乐知、潘慎文、胡金声……等，华人有袁恕菴、陈维屏、屠坤华、王治心……等，都曾把他们的学问、道德、爱心、热力挥洒到字里行间，这是阅者共见共闻的。①

　　其中西人林乐知、潘慎文等均为传教士，陈维屏、王治心等也是教中人士。陈维屏是《兴华报》前期的主笔，潘慎文是总编辑②。潘慎文，原名 Alvin Pierson Parker，美国人，"生于一八五〇年八月七日米苏利省之德格撒斯，享年七十五岁"③；陈维屏早年留学美国，不仅是《兴华报》之骨干，亦是青年会成员，他曾在上海青年会进行演讲，《上海青年》1918 年第 1 期载有《陈维屏博士演讲》一文，朱翔跃的《青年会总干事哲学博士陈维屏先生演说记》④ 一文曾对此进行过记录。至于专册刊词之作者罗运炎则是《兴华报》后期的主要编辑，也是二十年代之后对《兴华报》的编辑事务出力较多者。

　　该刊属专门的基督教刊物，其所刊内容多与基督教事务相关。关于《兴华报》的宗旨及内容，撰述同仁曾多有言及：

　　　　《兴华报》为吾宗传道之机关，请设法能多登本两会之要闻，监理会在苏沪各处所做工夫，大收效果。⑤

　　　　基督教出版之报章，在中国今日已占极大之势力。换言之，中国今日基督教之发达，报纸居其首功。夫社会之存在，端赖道德，而重视道德，莫若基督教之报章。准斯以谈，教会之报章，实具转移社会之本能，因此吾对可爱之《兴华报》，不得不略贡鄙意。⑥

　　　　在本报初创的时候，教会的定期出版物尚属寥寥。本报以新闻纸的性质而兼收杂志的材料，虽应当时要求，究不过是暂时承乏。近几

---

① 　罗运炎：《二十周年纪念专册刊词》，《兴华》1924 年第 21 卷第 1 期。

② 　《预志官话合会之演说》一文曰："五马路棋盘街五百四十五号官话合会将于二十二号礼拜日午前十钟半，请兴华报馆主笔陈维屏君演说《牺牲一己以救人人》之义。"（《申报》1917 年 4 月 21 日第 10 版）又，《青年会全国协会举行新屋奠基礼》中有语云"《兴华报》总编辑潘慎文"（《申报》1919 年 6 月 4 日第 11 版）。由此可知二人身份。

③ 　周承恩：《潘慎文夫子行状》，《中国基督教卫理公会百周纪念册》1948 年。"德格撒斯"即美国得克萨斯州。

④ 　《复旦》1918 年第 1 卷第 5 期。

⑤ 　吴季穆：《对于兴华报敬贡刍言》，《兴华》1917 年第 14 卷第 15 期。

⑥ 　李涤尘：《对于兴华报敬贡刍言》，《兴华》1917 年第 14 卷第 17 期。

年来，教会的年刊、日刊、季刊、旬刊发生了不下数十种，阐道解经各有专责，本报也只好专顾自己的任务。①

此刊内容分"时评""杂俎""教乘""经筵""世界通讯"几门，除阐发教义之外，亦有关涉时局政事及教育科学的内容。

1916 年，该刊忽添"小说"一门，而所邀编辑正是王钝根。《申报》上曾刊有《兴华报布告》一则：

> 本报创办至今已十三年，专以发明科学、提倡道德为宗旨。七日一期，逢星期三出版，内容精彩。近又添列小说一门，由名著作家王钝根先生主撰，按期登报，全年五十册，售银一元，先惠后寄。发行所上海吴淞路十号。②

其实《兴华报》在 1916 年之前也曾刊载过小说，如署名"遥"的《宗教小说：天国军人》。1915 年更开辟"同乐会"一栏，略刊笔记、诗词之类的作品，而此次添列"小说一门"，实为引起读者兴趣。此则布告在《申报》上一直刊登了三个月，直到 1916 年 7 月 4 日方才停刊。不过，因未见该刊上有王钝根的直接署名，故其编辑"小说"栏目的具体时间和细节难以确定。而且 1916 年正是《礼拜六》周刊最兴盛的时期，大概他无太多时间顾及《兴华报》。但此事足可证明王钝根在当时文苑确有一定的声名，他因主持《申报·自由谈》和《礼拜六》所取得的文坛地位，因入奉基督教而获得的教徒身份，都是他被《兴华报》负责人看中的理由。

后来《兴华报》的内容的确有所扩充，在 1916 年 9 月 20 日的刊号中，该报有通告称：

> 本报为整理内容，引起阅者兴味起见，特于本期为始，将同乐会篇幅大加扩充，由陈君恨人担任义务编辑。全容③计分文苑、笔记、小说、谐著、游艺、杂俎六门，每期登载务在三门以上，材料丰富，

---

① 罗运炎：《二十周年纪念专册刊词》，《兴华》1924 年第 21 卷第 1 期。

② 《兴华报布告》，《申报》1916 年 4 月 7 日第 4 版。

③ 疑应为"内容"。

词旨雅洁，以副爱读诸君之雅意。①

由此通告知，此时编辑"小说"一门的是陈恨人。陈恨人自己也曾刊登启事云：

> 下走承王树声先生委托，担任本报同乐会编辑。自维谫陋，有忝厥职。第以树声先生殷勤之意，感深知己，雅不欲固辞，勉为其难，惶愧无任。尚望海内诸文学家不弃，时锡篇章，以匡不逮。②

陈恨人在《游戏杂志》和《礼拜六》杂志上发表过很多作品，《游戏杂志》第十五期扉页还有他的投稿人小影③。由此判断，陈恨人与王钝根当是相熟的文坛同仁，陈恨人接编《兴华报》"同乐会"栏目或许是王钝根的介绍。从陈维屏邀其担任编辑并发布消息来看，王钝根当时可能曾答应邀约，只是出于某种原因而未能长期任职。

总体来看，王钝根在民初几年间加入上海青年会、寰球中国学生会等社会组织的行为，他对基督教教义的学习和阐述，都是其在文学事业之外的活动表现。这些社会活动虽在其早期的文艺生涯中微不足道，但对他自1917年、1918年以至二十年代的编辑创作事业却产生过一定的影响——不论是《新申报》副刊、《礼拜六》（后一百期）等刊物中带有基督教色彩的文章，还是他二十年代所表现出来的隐忍、深沉的创作态度、作品风格，可以说都是这几年间所积攒的"基督教精神"的一种投射。

第五节　王钝根《自由谈》时期的文学取向及其特点

统观王钝根在民国初年主编《申报·自由谈》《礼拜六》等刊物的经历，可知其在这一时期的两点成就：其一是编辑以"游戏文章""滑稽小说"为主要内容的刊物大获成功，其二是通过《申报·自由谈》《礼拜

---

① 《同乐会·紧要广告》，《兴华》1916年第13卷第37期。

② 《同乐会·恨人启事》，《兴华》1916年第13卷第38期。

③ 小影中的文字曰："生于前清光绪癸未十月十七日辰时，殁于民国末年缺月世界末日时，中华例赠投稿郎胡诌生陈恨人之神主"。《本杂志投稿者恨人游戏小影》，《游戏杂志》1915年第15期。

六》等刊物对旧派撰稿人的汇聚与集结，其他如与南社人士的往来、与青年会人士的接触等均是在这两点成绩之上的影响与扩充。而支撑这两点成就的则是王钝根这一时期的文学取向，是他在报界文坛逐渐磨合、塑造出来的文学观点。

这些观点中有语言风格"明白晓畅"的要求，有作品内容上"游戏与救世并存"的意愿，也有对传统古诗文词的欣赏、对通俗流行小说的青睐。王钝根在自己的文学创作及编辑工作中真诚地实践着这些观点，但同时也因为这些观点，使其在新文化运动到来之际陷入强烈的观念对抗与自我辩护之中。

一　"自由谈"式的文学理念

从《自由谈》诸位撰稿人的自发组织与联谊活动，到他们为《自由杂志》《游戏杂志》《礼拜六》等杂志所做的积极贡献，再到他们追随王钝根继续为《新申报》副刊撰稿，呈现了一个比较清晰的"早期《自由谈》创作者群体"的建构过程。这个群体中的成员在文化背景、文学意识与创作习惯等方面存在许多相似之处，他们的作品仍保留着旧文学的某些形式，同时又有"自由谈"式贴近政治现实、言论活泼随意的特点，更体现着王钝根这一时期"以滑稽游戏之文，佐社会文明进步"的文学思想与编辑宗旨。在《申报》兼顾严肃与活泼的宗旨之下，陈蝶仙、周瘦鹃、童爱楼等旧派代表作家都在"自由"与"游戏"的框架下做文章，同时又各具风格、各有优长，如蝶仙擅写长篇，瘦鹃多有译作等，而他们对通俗的社会小说、言情小说的偏爱也已显露无遗。

王钝根主持时期的《自由谈》恰在辛亥革命之后，此时《自由谈》文字所倡导的是一股革新与自由之风，内容以对政事的反讽、对革命的鼓吹、对时代伦理心态的抒写和对国家未来的虚构与想象为主。无论是文章还是小说，其语言风格都是活泼生动的；其作品内核可以是游戏式的，也可以是严肃认真的，但首先都是自由、自主、自愿的表达。如主要刊载闲评时论的"自由谈话会"栏目，其内容就以评论热点时事为主，如历法之革新、议员之选举、国内之战争等。以张禹门的《铁血！金钱》为例，其文中就有如下之感慨：

> 呜呼悲夫！自由谈话会诸君，自由二字今将随《俄蒙协约》奔腾澎湃之恶潮流而俱去矣！何则？所以能保持自由二字者，自由二字之所以能放光芒于自由谈话会之栏者，徒以灿烂庄严中华民国四字尚

存在于世界各国人士之心目中耳。今也何如？甘为戎首之俄儿，竟与外蒙协约，承认外蒙独立。破坏均势之大局，惹起东亚之战云，使我灿烂庄严新缔之民国陷入漩涡危亡之中矣，而谓自由二字独能生活而存在乎？波兰、埃及，殷鉴不远。呜呼悲夫！①

文中对《俄蒙协约》的非议，对国事的痛心疾首，都是自由式的，而除了"以扶掖国家，诱导社会，廉顽立懦，劝善惩恶为宗旨"② 之"自由谈话会"，其他栏目的文字也同样具备"自由谈话"的功能。

《自由谈》自我期许的宗旨乃在救世，而其文字则不妨滑稽、游戏、诙谐。其实，无论是游戏文章、海外奇谈，还是自由谈话会，抑或小说、剧谈，其中的笑骂态度、新奇观点都是任意而随性的，指涉时事、挑剔当道者不在少数，亦庄亦谐、纵横恣肆的特点亦随时可以得到证明。其内容及文风恰如诸位撰稿者所言：

> 至《自由谈》之受人欢迎者何哉？其变幻则层出而无穷，其理想则新奇而尽妙。有笑骂文章也，读之令人畅快；有海外奇谈也，读之令人解颐；有爱情、侠情、怪奇小说也，读之令人愁烦顿消；有诗词歌曲，足资骚人雅士之研究传诵；有遗闻轶事，足征正史之阙漏，野史之可信不可信。更辟自由谈话会栏，各表所见，为时局痛下针砭；戏评一门，为有周郎癖者，讨论沪上各伶声容台步。一言以蔽之曰：有庄有谐，无美不备。《自由谈》之内容既如此，则其受人欢迎也，非幸也，宜也。③

> 《申报》之设《自由谈》，所以提倡文风，保存国粹也。其间如游戏文章，则嬉笑怒骂，而笔墨之纵横寓焉。海外奇谈则蛇神牛鬼，而文字之古峭亦寓焉。尊闻阁则广采佳句，为诗词之正宗；谈话会则针砭时局，补舆论所不足。至于短篇小说，示社会以指南之针；文字因缘，勉同志以唱酬之作。其搜罗群才也，则泰山不让土，河海不择流，故上自蝶仙、了青、爱楼、瘦蝶诸大家，下至樀木子之一知半解，都可各言尔志，其裨益于世，可不谓至哉！④

---

① 张禹门：《铁血！金钱》，《申报·自由谈》1912 年 12 月 14 日。
② 瘦蝶：《自由谈话会简章》，《申报·自由谈》1912 年 8 月 24 日。
③ 觉迷：《谈自由谈》，《申报·自由谈》1913 年 2 月 25 日。
④ 樀木子：《自由谈话会》，《申报·自由谈》1913 年 8 月 6 日。

但也正因为作品均自由之谈，文章可亦庄亦谐，描写旖旎风流之言情小说、言志抒情之诗词曲作充满《自由谈》，文友间的相互嘲戏、随意扯闲也充斥于《自由谈》。于是，其追求的"救世"意旨与实际效果便产生割裂，最后不免有"劝百讽一"的遗憾。

常驻撰稿人嘉定二我曾说："人谓自由谈话会如一辆垃圾车，我云：每天到了晚上，那东鳞西爪，不三不四的破字纸，均被他扫了去。"① 丁悚也曾直接询问王钝根："君每日编辑《自由谈》，对于投稿一概收入，无论好歹，来者不拒，俨然一辆垃圾马车。"② 则"自由谈话会"与《自由谈》内容之繁杂早已为人所诟病，而童爱楼称《自由杂志》为"文字杂货店"同样可以说明《自由谈》内容的多而杂。不过，王钝根对于"垃圾车"之喻似亦不甚辩解，只说"垃圾马车之喻，未免轻视投稿者，君若以古董掮客名我，则甚相称"③。如此自嘲，几近于无奈，这也证明《自由谈》所刊载的作品确实偏离了"救世精神"，其实际效果已不大可能实践所谓的劝惩目标。

事实上，王钝根比别人更清楚《自由谈》内容渐进于杂乱的情况。在1913年年终，王钝根处理"废稿四箱"时曾感慨说：

> 嗟夫，自由！人所醉心。拘谨之人因汝得福，卤莽之人因汝肇祸，闲雅之人因汝为文，而本报之《自由谈》亦遂得吸收无数之文字。汝于本报不为无功，而余当责汝，汝胡不助国家以革新，汝胡不助外交以胜利，汝胡不助科学以昌明，汝胡不助穷士以发达？不此之助，而独助一纸《自由谈》，波谲云诡，以供一般文人消愁解颐之具，汝之为用小矣。④

从其嗟叹中可知王钝根所期于《自由谈》者乃其功用，即所谓"提倡文风，保存国粹""为时弊痛下针砭"之宗旨，而其成绩却不过"供一般文人消愁解颐"。因此当读者冰尘先生对《自由谈》在国难之时仍刊载游戏文章表达不满时⑤，王钝根便坦然接受。他回信说："来书以为值此

---

① 嘉定二我：《自由谈话会》，《申报·自由谈》1913年3月14日。
② 丁悚：《自由谈话会》，《申报·自由谈》1913年6月12日。
③ 丁悚：《自由谈话会》，《申报·自由谈》1913年6月12日。
④ 王钝根：《祭自由神文》，《申报·自由谈》1913年12月31日。
⑤ 其致王钝根的信件未见，从王的回信中大致可推知他的观点。

生计凋残、人心离乱之际，提倡粟帛常识尤恐不及，游戏读物太多，徒长浇俗。卓哉名言！我为叹服。顾自维顽劣，不足以副期望，容访专家，请以撰著实业读物。国步有进，先生之功也。"①

　　王钝根主持时期的《自由谈》一直都未能扭转"游戏"多于"讽谕"的状况。"寓救世于游戏"虽是编辑与撰稿同仁共同标举的宗旨，但"救世"与"游戏"显然难以兼顾，而"自由谈话会"成员的具体创作实践也在"游戏"之路上越走越远。然而，从另一个角度来看，正是"自由谈"式的游戏风格难以收束，才使得其中的作品能时常摆脱文字功用的束缚，从而在文学艺术性上有所提高和进步。《自由杂志》的创刊正是《自由谈》同仁追求作品文艺价值的第一步，其后的《游戏杂志》《礼拜六》等刊物则是他们在"游戏"之路上的突破和成就。

　　总体来看，《自由谈》《自由杂志》虽有杂乱、琐碎的瑕疵，但其中的妙笔文章也不少。不管是关乎时弊之文，还是纯粹游戏之作，都能随笔赋形，言来有据。"游戏"与"救世"之间虽有矛盾，但就具体的作品而言，蝶仙、瘦鹃、常觉、小蝶等人的文笔均颇有可观之处。其中骈俪者有之，奇散者有之，大多能言之凿凿，浅俗易懂，而这也是《自由谈》创作自由之体现。当时，有投稿人小柳曾模仿金圣叹"读才子书法"作《读自由法》，文中赞道：

　　　　（二）自由谈聚天下无量数锦绣才子之砚之墨之笔之脑力，现于我人眼前，实是妙文中之妙文。（三）或说自由谈是老生常谈，此人必未读自由谈，必未能读自由谈，而自由谈亦决不与读。（四）自由谈始于专制之末叶，永续于五色共和旗下，当作中华民之自由神看。……（二十三）自由谈是苏张之口，雄辩家不可读。（二十四）自由谈是楚泽之吟，文楼之选，片楮尺幅，皆为至宝，文学家不可不读。（二十五）自由谈是世界之探险队，万国之博物院，博物家不可不读。（二十六）自由谈是司迁之文，董狐之笔，历史家不可不读。②

　　其说虽不无夸张，但《自由谈》作为是民初报纸副刊中的佼佼者，自有其"不可不读"的理由和价值。"苏张之口"为其中之辩言，"文楼之选"乃编后之佳作，因此欲知民初文坛之境况，《自由谈》中诸作者及

---

① 钝根：《冰尘先生鉴》，《申报·自由谈》1914 年 8 月 29 日。
② 小柳：《读自由谈法》，《申报·自由谈》1912 年 11 月 23 日。

其作品绝对不能忽略。

二　体裁多样的文学创作

"自由谈"式的文学理念在王钝根主编的刊物中随处可见，而同样可以论证王钝根民初文学倾向的还有他的文学创作实践。这一时期是王钝根编辑事业与创作活动的黄金时期，也是旧派文学在上海文坛势头正盛的时期，此时王钝根最有特色的文学作品是游戏文章与小说，而在旧体诗词、剧作、文学评论等方面，他也均有不错的成绩。

首先，在王钝根的作品中，游戏文章所占的比例最重，超过笔记、小说及其他各类作品之和。而这些游戏文章，又以每日刊于《自由谈》"游戏文章"及《自由新语》"游戏文"栏目的文字最为重要。这些文章的题材关乎政治军事、时事新闻、社会风气等各个方面，亦有调侃轶闻琐事、讥笑政客名流、感慨物力艰难的相关内容，虽然在章法上略有变化，但大抵都是含讥带讽之作。

其中关于政治军事者，如《民国捐办法》《论中国今日宜以妇女为总统》《论维持国货之责在妓女》《处置闲兵策》《为武装护法团讨国会檄　仿讨武曌檄》诸篇，均是直接评论政治时事，正好与具体的新闻事件报道相呼应。比如，《为武装护法团讨国会檄　仿讨武曌檄》就是对 1917 年护法运动前夕时局的写照：

> 慨从辛亥，捣乱成功。推翻皇帝之私，阴夺咱们之璧。伶牙利齿，权利不肯让人；罔上欺君，偏说甚么民主。定惩戒之恶法，贻吾侪以隐忧。加以弹劾为心，推翻成性，近狎总统，卖弄天良，出入黎山，颠倒老母。官僚之所同嫉，顽固之所不容。犹复包藏祸心，窥窃大器。段老头子，贬之于冷宫；昔之同盟，将委以重任。呜呼！洪宪帝之不作，筹安会之已亡。云贵起兵，知共和之复活；老黎继任，识吾党之遽衰。①

在此文中，王钝根通过模仿《讨武曌檄》的语句来声讨国会，讽刺袁世凯、段祺瑞、黎元洪等人，同时也表达了对民主、共和的忧虑。此外，还有讨论第一次世界大战、黄克强征兵②等国内外重大事件的文章，

---

① 钝根：《为武装护法团讨国会檄　仿讨武曌檄》，《新申报·自由新语》1917 年 6 月 2 日。

② 钝根：《代拟黄克强君以兵力征募国民捐办法》，《申报·自由谈》1912 年 9 月 19 日。

特别是对于民国初立各政党间争斗、民主选举之混乱等情况，王钝根均曾
表达过自己的意见。

而对于时事新闻的剖析，相比于政治事件，王钝根的笔墨更肆无忌惮
一些。比如，《戏拟西医剖验武士英报告书》《讨常德禁烟委员》《某省官
厅代拟禁止人民开会示》几篇，从题目即可知其所评之事，而其笔墨也
更大胆、锋利。以《孔老夫子致林步青先生书》一篇为例，其文称：

> 其实处今日之世，不可不权宜从事，迎合时趋。马君浪荡，极赞
> 鄙见，且有过誉仆为圣之时者。仆虽不敢当，然其言自可服膺。至于
> 女子卖花，尤为必不可少。否则枯寂无味，人将不乐儒教而入他教
> 矣。虽然，论功计绩，要以足下为元勋，敝会谨当认足下为名誉赞成
> 员。俟此次筹得之款挥霍告罄时，再当奉烦一试簧鼓。从此君子无固
> 穷之日，门下无箪食之徒。①

按，林步青是民国轰动一时的名伶，多次为赈灾进行义演筹款，此篇
所述正是林步青演唱滩簧为儒教会筹集经费之事，而王钝根则是借其话头
来嘲弄"儒教会"。诸如此类的还有《清室遗老呈请拨帑修葺首阳山文》
《代夏粹方等辨诬》等许多文章，因文中所论非军国政事，所以更能侃侃
而谈，无所顾忌。

此外，《申报·自由谈》上"吹毛日记"和"瓶甏罐头斋笔记"② 等
游戏文章系列，以及前文提及的"缠夹二先生"系列，亦清楚地表明了
王钝根的文学立场，即站在民众的角度、用报人记者的眼光去观察、记录
社会。所谓"吹毛"与"瓶甏罐头"者，无非是说自己在寻找社会之弊
病，品评时局之琐屑细故，如相关文章所论之"大律师张维怕吃官司"③
"上海绅士寿莱西君出殡"④"董曲乡先生将应试县知事"⑤ 等均可予以证
明，正如他自己所说："钝根为吹毛日记，或嫌其苛……瓶甏罐头者，横

---

① 钝根：《孔老夫子致林步青先生书》，《申报·自由谈》1913 年 6 月 3 日。

② 在"吹毛日记"与"瓶甏罐头斋笔记"中，作者明确署名"王钝根"的仅有六篇，见
《申报·自由谈》"游戏文章"栏目 1914 年 5 月 15、17—19、21、25 日。其他虽未署
名，但作者是王钝根的可能性最大。

③ 钝根：《游戏文章：吹毛日记》，《申报·自由谈》1914 年 5 月 19 日。

④ 钝根：《游戏文章：吹毛日记》，《申报·自由谈》1914 年 5 月 18 日。

⑤ 钝根：《游戏文章：瓶甏罐头斋笔记》，《申报·自由谈》1914 年 5 月 25 日。

七竖八、吉立谷碌、拖泥带水、杂葛乱拌、碌乱无章之谓也。"① 文章内容的琐碎，一定程度上也是他创作题材丰富的表现。

总体来看，王钝根所撰"游戏文章"主要集中在 1912 年至 1915 年、1917 年至 1918 年这两个时段。因 1911 年间《自由谈》刚刚开辟，王钝根执笔"游戏文章"的次数较少，而 1918 年年底至 1919 年王钝根因经商之事在京津两地奔波，作品主要是笔记、游记。综观这些"游戏文章"，王钝根所论之时局政事有极严肃者，也有极平常无聊者，而他撰写文章的角度又常常出人意表，文章风格又极轻松诙谐，从而一方面达到吸引读者之目的，另一方面也容易使读者对其文学主张产生偏差与错觉——以为他"肆意为文"，仅仅以趣味为要旨。实际上，王钝根所有的"游戏文章"都是刻意的反讽，只要看他后来在《商报·商余》《工商新闻》上发表的"时评"，便可知他对于重大历史事件的关注和重视。此时的"游戏文章"在对待时事的态度上与他中后期的评论文章并无差别，只是在文风和气质上更偏于随意、形象和乐观。

其次，王钝根在小说的创作上也进行了不少尝试，大体上与其游戏文章一样穿梭于"游戏"与"讽喻"之间。当然，他也撰写过数篇言情、武侠、侦探等特色题材作品，还尝试过弹词小说的创作，但基本都以讽刺为主，小说中也多插科打诨之语。在编辑《礼拜六》及《新申报》副刊时，这种风格稍有变化，文笔也不似主持《自由谈》时滑稽、轻松，还多了一些苦闷与感慨。但整体而言，这一时期还是以"游戏笔墨"进行创作的。

其游戏笔墨讽刺的重点是近代上海的各种社会怪现状，如批评崇洋的《摹西》（意为模仿西方），讥嘲以救灾济困名义而乱搞各类活动的《助娠会》《鳔鱼梦》等。《助娠会》中的人物"卜耀明"（不要命）、"巾趋绿"（给人戴绿头巾）都带有寓意，而《鳔鱼梦》中所谓"救灾美人券"也是直接调侃当时的各色彩票奖券名目，甚至文中还提及伍廷芳、关炯之、叶惠钧三位官员。从中可以看出，王钝根执笔创作小说，大致是依着他撰写游戏文章的模子"编造"的，这些短篇虽都有故事情节，但其笔记体小说的痕迹很重。许多篇目都似实有其事，即便人物姓名不尽真实，但却立篇有因，立论有据，只是以"滑稽"出之而已。而编辑《自由谈》伊始，王钝根的这种游戏文风便贯穿于他的各类作品之中。

在 1911 年至 1916 年，各种社会现实、生活情状在王钝根的小说中都

---

① 　钝根：《游戏文章：瓶髻罐头斋笔记》，《申报·自由谈》1914 年 5 月 21 日。

有所反映。王钝根此时所撰的"社会短篇""社会小说"之类，内容是描摹社会怪现状，形式上则以游戏笔墨出之，像《窨新郎》《土人》《垃圾桥相会》诸篇皆是如此。此类短篇小说，在文体上极似文章，内容也多寓劝戒调侃之意，然而因其虚构和"编造"的功力，与游戏文章仍是两样文体。另外一些篇幅稍长的作品，也多在固定的小说结构里描摹社会情状，如《钟馗》一篇即写钟馗游历上海之见闻——穿西装、吃大菜、发表神鬼共和论之类，基本还是戏谑上海的怪状，夸饰上海的繁华。又如《辱国痛》《文明结婚》《支那人之颊》《臭虫的势力范围》《锣鼓会议》等作品，在文体上不似小说，但却冠以"零碎小说""滑稽小说""游戏小说"之名，一方面是因时人对"小说"的定义还不够严谨，另一方面也印证了王钝根在小说创作上的无规则和随意性。

除了刻画形容上海，这一时期王钝根"笔记评论"式的小说中展现最多的是辛亥革命前后的社会政治形态。其中有讽刺选举的《尉迟恭第二》《拍卖初选当选人》，有评论政治的《醋世界》《孝子盗》《催眠术》《痴人梦》，有反映辛亥革命影响的《大倒账》《剧盗》《外国便桶》《火油箱》《野蛮军》《光复大纪念》等，甚至还有纪实性的作品《浦江潮》，直接报道上海光复起义，描写闸北警官陈汉钦率众占领巡警总局之事。在这些作品中，作者直接的评论更多，比如《醋世界》和《光复大纪念》两文中就有这样的感慨：

> 如今的世界实在是一个醋世界了，什么国际交涉咧，攻守同盟咧，促（仲）裁条约咧，都从醋心上发生出来的。小些的事，即如政党咧，新内阁咧，也是闹的吃醋。[①]
>
> 革命潮流中，破产失业者，不知凡几。虽曰有大破坏然后有大建设，为生民造福于将来者至远且大。而目前睹此灾黎，竟无术以拯救之，亦仁人志士所引为深疚者也。[②]

此外值得一提的还有《痴人梦》。此篇可以算作幻想小说，与梁启超的《新中国未来记》、陆士谔的《新中国》等异曲同工，写法及思想也较为一致。如一样是开篇入梦，梦中别见一国，与其国王讨论国家政治及社会状况，文末又以梦醒、革命军起作结。不同的是，这篇小说是直接反映

---

① 钝根：《滑稽小说：醋世界》，《申报·自由谈》1911 年 9 月 19 日。
② 钝根：《滑稽短篇：光复大纪念》，《申报·自由谈》1912 年 9 月 29 日。

辛亥革命的，武昌起义后不几日即见刊于报纸。小说中写到主人公在游历之国的陈列馆参观"革命之起源"，写主人公与该国国王讨论革命之必要，革命之后国家制度之美好、地位之平等、国民生活之安乐等，以此为革命张目。虽然在认识上或许不如梁启超沉痛深刻，在内容上也不如陆士谔想象奇特，但王钝根文中有"官场专横，民怨沸腾，国何能久？非摧陷廓清，不足以恢复人道"①之类的大段议论，都是对辛亥革命进行的直接报道和宣传。而另一收入《南社小说集》的短篇小说《予之鬼友》，则颇具志怪小说的特点，写夜遇革命友人，似梦似真，是王钝根短篇中少有的佳作。

　　除了表现社会政治主题外，这一时期王钝根的另一类重要作品无疑是言情小说。言情小说作为所谓的"礼拜六派"的重要标签，在民国旧派小说界及《礼拜六》杂志上都占有较大比重，也是民国旧派最为新派所诟病的作品类型之一。

　　王钝根的言情小说作品始刊于 1915 年，即在他创办《礼拜六》杂志一段时间之后。他的言情短篇并非标准的"鸳鸯蝴蝶"之作，与当时绝大多数的"礼拜六派"作品也不相同。他很少从男女相思、传情递意、遇合不得等典型情节入手，而是对"才子佳人"秉持一种怀疑的态度，常对情爱报以讥笑和冷嘲，并试图在言情之中加入更深沉的社会历史反思。比如，《红楼劫》一篇就是直接嘲讽痴迷"红楼"的传统才子佳人；《心许》《感遇记》两篇则是"革命"加"言情"的类型，在男女相慕的故事框架中加入爱国和革命的主题；而《心婚》一篇则写相恋的男女在乱离之后双双入道，虽是袭用传统小说的相关主题模式，但却反映了民初社会事件对民众心理的影响。其他如《蛾眉谣诼》写主妇受小妾谗言而死，《元旦》一篇以第一人称讲述"忏红女士"与梅郎的情事，可惜该篇后半缺失②，无由得见全篇，但由前半篇的内容来看，应该不是俗套的团圆式结局。这些都说明王钝根于"言情"一类小说，不仅放弃了惯常的大团圆结局套路，而且已试图冲破言情小说在情节、布局上的狭隘与单调，在其框架内放入更深远的思想内容。

　　在滑稽小说、言情小说之外，这一时期王钝根也曾用严肃的口吻探讨过一些社会问题。其中关于车夫问题的探讨最突出，如其 1914 年写《予

---

①　钝根：《痴人梦》（二），《申报·自由谈》1911 年 10 月 20 日。

②　钝根：《言情小说：元旦》，《新申报·自由新语》1918 年 1 月 1 日。

为车夫》①，通过拟写车夫之种种经历，幻想一个车夫努力扫除了国民耻辱；在《危机一发》② 里又写了一个车夫劳苦拉客被撞死的故事；到1916 年发表的《车夫问题》③ 则述外国水手坐车之情节，讨论车夫的可恨或可怜；而 1917 年的小说《良心》④ 却是表扬一个拾金不昧的东洋车车夫。就"车夫"这一题材可以发现，王钝根的小说创作有时是先有主观意图后才落笔的，他经常为了反映一定的社会现状或讨论某个社会问题而预先"构造"出一些情节和场景。这些故事情节有的源于事实，有的则纯属虚构，但王钝根的写法却是记录式的、笔记式的，即以一种近乎完全"纪实"的叙述方式来描写人物、记录事件、反映问题。所以，他的小说特别是短篇小说，有很多是近于新闻报道式的、笔记小品式的，同时也是命题式的。

　　另外，王钝根还撰有弹词小说《聂慧娘弹词》。该作发表于《游戏杂志》第 1 期至第 19 期，是王钝根专门为该杂志撰写的一篇弹词，也是他所有作品中仅有的一篇弹词。全篇共二十八回，末尾有"无数离奇光怪事，请诸君且听下回详"之句，大抵王钝根还要接着叙述下去，只是《游戏杂志》至第十九期停刊，《聂慧娘弹词》也至此中断。全篇主要讲述聂慧娘的传奇经历，并以她为线索引出种种人物，各种奇事。该作的故事情节十分离奇，人物形象过于夸张，聂慧娘先是一闺中佳人，再变为义妇侠女，又变而为孙二娘、扈三娘一类的人物，性格极不稳定。大约是因为连载周期过长，作者对主角的设计不断发生变化，以致人物性格前后割裂，情节跳跃而缺乏连贯性。小说中有效仿袁枚收女弟子的情节，如引用《随园诗话》中的如厕诗之类；有将聂慧娘写成上官婉儿的地方，如写品评天下才子的文章。从全文的立意来看，作者似乎意欲顺应民初的女性独立思潮，故此以女中豪杰聂慧娘为叙述中心，进而达到为女性"张本"的目的。但可惜作品未能完成，主题也过于交错凌乱，使其被读者所弃而长期湮没于报刊之中。

　　除了上述几种类型，王钝根也撰写过类似武侠的《铁丐》，比拟侦探的《浴室窃毛案》等。大抵而言，从 1911 年 8 月至 1918 年年底是王钝根并非"有意"作小说的时期，是其以小说为工具来报道、宣传、评论社

① 　钝根：《予为车夫》，《申报·自由谈》1914 年 4 月 8 日、9 日。
② 　钝根：《危机一发》，《申报·自由谈》，1914 年 8 月 10 日。
③ 　钝根：《滑稽小说：车夫问题》，《礼拜六》1916 年第 95 期。
④ 　钝根：《良心》，《新申报·自由心语》1917 年 3 月 18 日。

会时政，因编辑刊物而撰写"命题作文"的时期。这些作品，可以说是他的游戏笔墨在文章之外的一种延伸和运用。

再次，王钝根这一时期还创作有剧本《佛动心》和《国士》，并撰有不少的"戏评"和"剧评"。《佛动心》的内容为讽刺所谓的"公妻主义"，发表于《自由谈》1914 年 10 月 26 日至 12 月 10 日。《国士》是赠予寰球中国学生会的作品，全剧分"妾寿、军操、别情、战衅、克敌、养伤、议和、感化"八幕，以清末时事为背景，通过国业、国桢两兄弟，传达爱国及革命之主题，刊载于《游戏杂志》1915 年第 14—16 期。关于戏评和剧评，王钝根在主持《申报·自由谈》时期，就已开辟相关专栏，并撰写过不少文章。到《新申报》任职之后，他依然沿用"剧谈"等专栏名称，同时又设置过新的剧评栏目"剧话"，并通过这些戏剧评论文章，继续表达他的戏剧理论及文学主张。

关于旧戏的评论，他评介过大舞台所演的《马鞍山》《大劈棺》《秦琼卖马》，亦舞台的《穆柯寨》等剧，点评过优伶小王桂官、小王桂花等人的表演技能，对当时各大舞台之间的竞争也有诸多记载，这些内容都极具史料和研究价值。而关于演戏、排戏以及旧戏的鉴赏问题，王钝根也谈过自己的见解。不过相较于旧戏，王钝根对新剧的兴趣应该更大，因为他的戏曲评论一大部分都是针对新剧的，特别是他自己就曾参与文明戏的排演，《游戏杂志》第 1 期上还刊有他与朋友合演《马介甫》的照片。在新剧的问题上，他是评论者、参与者，也是推介者、宣传者，比如对新剧《茶花女》演出情况的介绍[1]，对新剧各剧社经营发展的关心[2]等，都较旧戏要热心得多。

王钝根是主张"新旧剧并行不悖"的，但在此前提下，他还是给予了新剧更多的关注。这一点不仅因其与新剧社、新剧家之间的密切联系，还因其对新剧"移风易俗"的功用寄予了厚望。他在《剧谈》中曾说：

> 吾于是叹新剧之感人胜于旧剧万倍……盖新剧以开通社会为己任……余尝谓观旧剧有碍卫生，而新剧则否；观旧剧不可坐后，而新剧则否。盖观旧剧者自六时许入坐，至一时许始散，其间呆坐五六小时，腰酸背疼，呼吸不良，目倦于视，耳疲于听，其精神之耗损为何如？新剧则八时开演，十一时许即止。其间又得于闭幕时小休息者十

---

① 钝根：《剧话：史海啸之茶花女》，《新申报·自由新语》1917 年 1 月 14 日。

② 钝根：《剧话：笑舞台之临去秋波》，《新申报·自由新语》1917 年 3 月 24 日。

余次，大休息而出外散步者一二次。窗户洞开，空气常新。灯少而
蔽，光不刺目，且旧剧锣鼓喧阗，人语嘈杂，坐次稍后者唱白不能辨
只字。新剧不用锣鼓，观者亦多能顾公德。观演时不相交语，故台上
一句一字无不完全送入人耳。虽在末坐，亦能了然。新剧之可观如
此，人又何必不观新剧哉！①

　　他的这种观点受当时戏剧改良等舆论导向的影响，但更主要的是，在
民国初期王钝根本人既是社会革新的积极拥护者，也是戏剧改良的参与
者。他对新民社、民鸣社、民兴社、笑舞台、亦舞台、共和中舞台、药风
剧社等新剧剧社都特别熟悉，与郑正秋、汪优游、朱旭东等著名的话剧演
员也时常切磋，讨论剧作和表演。如他曾记与朱旭东关于新剧的讨论：
"旭东者，新剧之老前辈也。昨午过予，纵谈甚欢。旭东谓一般新剧之所
以失败，在自由演唱。凡为名剧，必有脚本，排演三数月而后登台，始得
胜任愉快。此说与予及马二先生之主张，适相吻合。"② 又如他曾与丁悚
等人合串过的新剧《马介甫》，此剧新民社先已演出过。

　　同时，王钝根对新剧剧社的剧作、演出、经营等情况也有过详细记
述，补充了许多民初新剧剧社的兴衰细节。如在《久别重逢之新民社》
一文中记述新民社1914年秋从汉口归沪，并提及该社演员的流转："沪
人士于新剧，实与新民社为犄角交……喜见郑药风、王无恐、汪优游诸人丰
姿如旧，精神转增。凌怜影先众而归，曾入民兴社，郁郁不得志，徐半梅
未偕赴汉，向在中华书局从事著作，兹乃归入原班，复尽能事。"③ 又如
在《药风新剧社之勃兴》中谈及郑正秋创办的"药风新剧社在亦舞台开
演以来，营业蒸蒸日上。坐客之多，为海上新剧社三年来所仅见"④。这
些都是记录新剧社在民初经营状况的真实史料，可为中国话剧史之发展演
进做一注脚。

　　最后，在小说、剧作方面有所尝试的同时，王钝根并没有放弃古诗文
词的写作。如前文所述，他儿时就开始随祖父学习写诗：

余埋头试帖诗中五六年，窗稿亦千余篇，皆为五言六韵或八韵。

①　钝根：《剧谈》，《申报·自由谈》1913年9月17日。

②　钝根：《剧话：记史海啸、朱筱隐来沪》，《新申报·自由新语》1917年1月9日。

③　钝根：《剧谈：久别重逢之新民社》，《申报·自由谈》1914年11月10日。

④　钝根：《剧谈：药风新剧社之勃兴》，《新申报·自由新语》1918年7月3日。

及今观之，不值一笑。先祖固以诗名，长短古体、五七言律极佳。而余不能学篡裘之绍，质钝且懒，至今不敢言诗，亦可愧也。①

既然王钝根的诗学渊源有自，而且"窗稿"曾有千余篇，那么在科举废除之后，他的写诗习惯不可能完全丢弃。他民国初期的诗作多源于朋友间的酬赠唱和，而打油诗、歌谣、俚词一类的韵语作品在其诗作中也占有较大比例。

在朋友酬唱方面，他既有与所编刊物投稿者、读者之间的唱和，也有与南社社友之间的往来投赠。例如，《申报·自由谈》"文字因缘"版块曾录其《诸友迭以诗赠，愧不能报，书此见意》②一诗，《礼拜六》1916年第100期也曾刊其《自题四绝，志谢投稿题咏诸君》：

> 每逢休沐尽嬉游，事到危亡转不忧。我辑群言礼拜六，要人孽海猛回头。
>
> 东穷日本西欧美，学子莘莘尽识名。不是鲰生声气广，诸君佳作自风行。
>
> 香山诗句重鸡林，一首题词万口吟。更有兰闺诸姊妹，新声谱入四弦琴。
>
> 两载光阴悲逝水，几番国体误争棋。眼前无限沧桑感，都付周刊一百期。

又如，郑逸梅的《南社诗选简注》中收有他的《赠逸梅》一诗，诗云："十年浪迹违君久，每对梅花便忆君。不喜热人喜寒士，高情逸致自超群。"③ 王钝根赠给郑逸梅的这首诗是一首嵌名诗，他在诗中表达了对郑逸梅的敬慕之情，由诗可知二人的同社之谊。

另外，他与诗友相和的《赠布雷》《敬步原韵》《虞美人》（次梦蘧韵）等诗词也是其旧体诗作的代表。其中"步韵"一首，乃因前有朱继程的《仿刘禹锡乌衣巷句》中云"打狗桥边野草花，夜依巷口眼波斜。旧时阁老堂前妾，坠入寻常娼妓家。"王钝根便作"滑头码子掉枪花，口

---

① 王钝根：《新年之回顾》，《半月》1922年第1卷第10期。

② 钝根：《诸友迭以诗赠，愧不能报，书此见意》，《申报·自由谈》1913年5月8日。

③ 郑逸梅编著：《南社丛谈》，上海人民出版社1981年版，第323页。

说孤忠心已斜。一自承恩为顾问，荣华不让帝王家"① 四句与之配合。两首诗一讽娼妓，一嘲码子，是当时《自由谈》上常见的"世态风情诗"，与他常作的打油诗相似，只是这首更工整一些。蒋箸超在《蔽庐非诗话》中曾言王钝根"是诗隐有讥刺，虽未能确指为谁，然目前宦途中人物，如是者十可三四，钝根之诗，惩一亦可儆百也"②。似乎诗中所讽刺的"码子"实有所指。此外，他还有《吊黄花岗词·调寄浪淘沙》一词③祭吊革命烈士，而《江淮名将录题词七首》则是歌颂徐宝山等七位名将。

在俚词歌谣方面，王钝根多用"竹枝词""五更调""滩簧"的形式来描述沪渎风情及社会风俗，并表达对时事的感想与态度。以"上海竹枝词"为例，他曾有这样的句子：

上海上海昔何乐，上海上海今何悲。南市商民千万户，炮声过处无孑遗。

有妇抱儿街中驰，欲驰不速泪交颐。擘空一弹猝飞至，两腹洞穿母与儿。

贫乏小民苦无知，一闻招兵便相随。今朝领得数银币，明朝河畔为横尸。

两军同悬五色旗，兄弟阋墙亦太奇。三数伟人斗意气，万众血肉都成糜。

……④

春申江上滑头多，债主虽凶没奈何。昨夜眉毛齐打结，今朝又见笑呵呵。

当铺携来两块钱，先购攒炮与香烟。青莲阁上泡茶去，看尽姣娘流尽涎。

……

流氓攒炮满头抛，烧破獭皮领一条。元旦出言须吉利，碍谁痛骂

---

① 钝根：《敬步原韵》，《申报·自由谈》1915 年 1 月 26 日。
② 蒋箸超：《蔽庐非诗话》卷三，上海兰新公司 1915 年版，第 16 页。
③ 嘉定二我《二我居杂缀·黄花岗英雄遗著》一文中所录，原词为："七十二鸳鸯，对舞成行，金笼长锁困翱翔。双死双飞原有愿，不怨风狂。　旧梦总难忘，地老天荒，悲秋更比送春忙。惆怅黄花开烂漫，何处山冈。"《申报·自由谈》1913 年 9 月 6 日。
④ 钝根：《上海新竹枝词》，《申报·自由谈》1913 年 7 月 25 日。

杀千刀。

红男绿女乱烘烘，清早齐来红庙中。有客西装多漂亮，拈香也作
叩头虫。

……①

词句之中有对"现政府"之嘲讽，有对战事之批评，有对红男绿女
之鄙夷，亦有对饥困贫民之同情，由此可见王钝根对沪上世情的不满与急
欲纠正时弊的态度。

除了"竹枝词"，他还有《上海战事五更调》《打油诗》等，或谈二
次革命战事中的上海，或述1919年的南北议和之事，均实践着文艺的功
用价值。另外，他主持《自由谈》之初即有《新滩簧》一篇，是用传统
民间曲艺歌谣的形式报道上海近期新闻事件并发表评论，而上文所说
《上海战事五更调》一篇用的也是传统曲艺形式。

事实上，王钝根对这种歌谣体、曲词体运用之多并不亚于"竹枝词"
"打油诗"等通俗诗歌，所歌内容也常以"时节"为契机，多为"时节感
怀歌谣"，其中包括送年谣、新年歌、国庆歌、祝词、俚歌等，基本都是
在某些节庆之时而作，其内容除了应时节庆之语外，大抵仍是描摹世情的
俗话。像1917年国庆日所作之《国庆歌》，即是"国国国，一样中华分
南北；庆庆庆，六年四次大革命。国国国，解散议院重组织；庆庆庆，总
统下令拿前任……"② 这样口语化的俚词。在这些反映时事的歌谣、俚词
之外，王钝根的打油诗还有对琐屑日常生活的描述，如《雪油诗》是随
手胡诌的咏雪诗以充版面等。

整体而言，王钝根的旧体诗词有一股孤峭挺拔之气，但数量实在不
多，而且在诗词艺术上的追求也并不明显。他似乎"无意为诗"，很少讲
求诗意及琢磨炼字。他的谐诗歌谣虽然承接着"游戏文章"的笔调反映
社会时事，但也同样因为产量太低而难以达到一定的高度。因此，他没能
像同仁好友王大觉、陈蝶仙③一样有诗文集问世出版，但这些少量的诗词
作品足以说明王钝根也是旧派作家中的能诗者。

---

① 钝根：《上海新年竹枝词》，《新申报·自由新语》1917年1月26日。

② 钝根：《国庆歌》，《新申报·双十节增刊》1917年10月10日第四张第3版。

③ 王大觉有《风雨闭门斋遗稿》等，另有后学所辑之《南社王大觉诗文集》（王之泰、丁
俭编著，中国美术出版社2009年版）；陈蝶仙有《栩园诗集》《栩园词集》《栩园曲
稿》等。

三　社交网络中的编书实践

王钝根依靠申报馆、中华图书馆等平台，在报刊之外还完成了很多图书的编校工作。其中既有前文谈到的《戏考》《歇浦潮》，有《自由谈》同仁陈蝶仙、孙剑秋、王大错等人的小说、笔记，也有南社社友的诗文撰著，还有因朋友之邀而参与编纂的《百弊丛书》《家庭万宝全书》等书。这些著作的校订、刊印，王钝根均曾出力，而透过这些编校图书的实践，他偏于"旧派"的文学倾向亦可见一斑。

首先，《歇浦潮》《百弊丛书》等书的刊行，很能说明王钝根对所谓"黑幕小说""黑幕文学"的态度。《歇浦潮》虽然受到当时文坛的诸般赞誉，但亦是新派文学批判"黑幕小说"的重要例证。《歇浦潮》连载的时期正是"黑幕大观"一类作品争相面世的时期，当时有中华图书集成公司 1918 年出版的笔记小说《中国黑幕大观》，有王钝根等人主编的论说合集《百弊丛书》，还有《上海黑幕》《女界黑幕》等一批实录社会黑暗、窥探个人私密、专讲"人家的闺阃"① 之类的低劣小说流行。而《歇浦潮》的内容也有许多"实录"与影射之处，如书中以方凯城喻袁世凯、方振武喻袁克文、徐仁沛喻徐世昌等就是极明显的例子，而其他戏子、优伶诸事亦多是时人见闻，甚至袁克文对书中关涉自己之事亦不讳言，如他称"说梦人状怪之余，不佞亦经牵帅，间有乖实，差非过诞。其所记予素知者，音容则若晤焉，言动之微，靡或遣谬。不佞知者既若是，其不知者，亦必非妄言虚构者比也"②，则《歇浦潮》偏重"实录"的笔法亦可得到证明。正如魏绍昌先生所说："清末海上漱石生的《海上繁华梦》和漱六山房的《九尾龟》等所谓警世小说、醒世小说，就是这些黑幕书的母胚。而后来海上说梦人的《歇浦潮》（民国九年出版）、网珠生的《人海潮》（民国十五年出版）等所谓社会暴露小说，又是继承这些黑幕书的衣钵的。"③

然而，王钝根对《歇浦潮》一书却极为看重，他一方面标其为"社会小说"进行连载，另一方面又同时在《新申报》上"征求黑幕"。1918年 1 月，《新申报·自由新语》版面都有"钝根征求黑幕"广告：

---

① 　仲密：《论"黑幕"》，《每周评论》1919 年第 4 期。

② 　袁寒云：《歇浦潮·序》，《歇浦潮》，上海古籍出版社 1991 年版，第 4 页。

③ 　魏绍昌于钱玄同《"黑幕"书》后的"编者注"按语，魏绍昌编《鸳鸯蝴蝶派研究资料》（上卷），上海文艺出版社 1984 年版，第 104 页。

　　凡以中国各处社会之黑幕，录为笔记，惠寄敝处者，不论篇幅长短，敬以酬金相报。酬分三等：甲等每则酬银二元，乙等每则五角，丙等每则三角，收稿期以阳历正月底为限，限满编书印行，不录者无酬。上海宝山路升顺里二十五号　王钝根启

同时，这则广告亦刊登于《申报·自由谈》等其他刊物中。至 1918年3月，王钝根又在《新申报·自由新语》上发出启事：

　　《自由新语》编辑部积稿如山，均为小说、诗词、图画、旧笔记等类，兹请投稿诸君勿再以此类文字见惠。但求撰赐短篇游戏文（敝处酬例如前：一等每千字十元，二等七元，三等四元，四等二元，五等一元）及社会秘闻，如时下风行之所谓黑幕者（酬例一等每千字三元，二等二元，三等一元，篇幅宜短），敝处当尽量登载，以副雅意。末须注通信处，千万勿忘。钝根谨启①

则当时《新申报》副刊所缺者并非小说、笔记之类作品，而是"时下风行之所谓黑幕者"，王钝根为了吸引读者，亦紧跟潮流。事实上，自《时事新报》在 1916 年9月1日率先发出"黑幕大悬赏"的征文启事以来，有关黑幕的文章、小说便迅速挤满报章。虽然清末民初的报章自来不乏此类作品，诸如谴责小说之类也早有"揭露黑幕"的习惯和传统，但在 1916 年间"黑幕"类作品却呈现"潮流"之势，以致作品泛滥成灾，愈趋低下，进而招致新文学派的批评和挞伐。至 1918 年9月15日，《东方杂志》上发布了《教育部通俗教育研究会劝告小说家勿再编黑幕一类小说函稿》②，既而《时事新报》于 1918 年 11 月裁撤黑幕栏③，"黑幕小

---

① 《征文》，《新申报·自由新语》1918 年3月4日。

② 该函称："近时黑幕一类之小说，此行彼效，日盛月增。核其内容，无非造作暧昧之事实，揭橥欺诈之行为，名为托讽，实违本旨。况复辞多附会，有乖实写之义；语涉猥亵，不免诲淫之讥。此类之书，流布社会，将使儇薄者视诈骗为常事，谨愿者畏人类如恶魔。且使觇国之人，谓吾国人民之程度，其卑劣至于如此，益将鄙夷轻蔑，以为与文明种族不足比伦。作者诸君，孰非国民，孰无子弟，自返良心，何忍出此。本会为此滋惧，用敢敬告今之小说家，尊重作者一己之名誉，保存吾国文学之价值，勿逞一时之兴会，勿贪微薄之赢利。将此日力，多著有益之小说，庶于风俗人心，不无裨益。"《东方杂志》1918 年第 15 卷第9期。

③ 《本报裁撤黑幕栏通告》，《时事新报》1918 年 11 月7日第1版。

说"由此成为粗滥小说的代名词。

《新申报·自由新语》所征得的黑幕作品均刊载于 1918 年 4 月至 12 月，而且连日登载过《中国黑幕大观》的出版预约展期广告，由此知《东方杂志》的"劝告小说家"一文并未立时奏效。至于《自由新语》上所刊之"黑幕"，则是门类齐全，一仍"黑幕大观"的体式，基本都刊在《自由新语》的"新笔记"一栏。其中如《卖充公米》写"拐骗之黑幕"，《广东阿哥》写"磨镜党之黑幕"，《蚁媒》写"拉皮条之黑幕"；又如《二孀争宠记》报道"上海女界之黑幕"，《滑头相家》揭露"江湖术士之黑幕"，其他又有"教员之黑幕""女拆白党之黑幕""女伶之黑幕""新剧家之黑幕""土娼之黑幕"等，囊括社会各界的私密与丑闻。而撰写的"黑幕"的缘由，则是因"上海社会为万恶之薮，信然。自经有心人揭其黑幕，不啻禹鼎铸奸，无所遁形。若辈似宜稍知敛迹，不意近更翻陈出新"①。

撰写黑幕类作品，本意在揭露和警示，但这些作者都不可避免地存在"揭人阴私""毁人名誉"的弊病，如西河渔父所作之《杨度姨太太之艳史》，其中有句曰："寄语杨皙子，帝制不成，果属憾事。然即使袁家帝业告成，君亦不过封公封侯而已。今君之姨太太为君捐得元绪公，头衔匪小，君亦足以自豪矣。"② 全文以真实名姓指摘名士，且讥讽杨度太过，显然有失厚道，正可贻人口实，为新派作家的批评提供例证。当时，许多新派作家都曾质疑过此类小说的夸大失实，比如妙然与吴宓所言：

> 像现在各处小书坊——上海地方更多——出的黑幕小说，专门描写各种极坏的社会状况，并且说得"淋漓尽致"，有门有径，使得一般青年男女看了，学得许多为非作恶的门路。这种小说简直是驱逐一般人到邪僻路上的魔鬼！③

> 如上海风行之各种黑幕大观及《广陵潮》《留东外史》之类，描写吾国社会人生，穷形尽相，绘影传声，刻薄尖毒，严酷冷峭。读之但觉一片魍魉鬼蜮世界，机械变诈，虚伪油滑，无一好人，无一善

---

① 老清：《九姊妹》，《新申报·自由新语》1918 年 5 月 18 日。
② 西河渔父：《杨度姨太太之艳史》，《新申报·自由新语》1918 年 9 月 7 日。
③ 妙然：《随感录：新杂志与黑幕小说》，《新妇女》1920 年第 3 卷第 6 期。

行。吾惟将逃世以求死耳。①

　　然而，即使所刊黑幕作品的确多有夸张与纰漏，但在很多旧派作家那里，至少在王钝根的编印工作中，黑幕类作品是以"征实""惩劝""警世"为创作目标的，并不是绝对的换钱发财工具。特别是，王钝根不但"征集黑幕"，自己也创作"黑幕"类的笔记小说，因为他始终将所谓的"黑幕小说"当作"社会小说"——他的此类创作实际上是在"裨补社会"命题下的自觉选择。王钝根在《中国黑幕大观》的序言中曾说："世教衰微，道德堕落，益以内乱外患，商业凌夷，国人生计困难，遂相率为卑污残忍、诈伪欺罔之事，以求幸获。受其祸者，无所得伸，或泄其愤于口舌，文人笔而存之，是为时下流行之黑幕。黑幕者，摘奸发覆之笔记也。"② 即他将此书当作"摘奸发覆之笔记"，也因此他在批评声中仍继续征求黑幕、并连载《歇浦潮》的做法便不难理解了。

　　不仅如此，就在征集"黑幕"之际，王钝根还参与编纂了《百弊丛书》。据他在该书的序言中说，"乡人鲁君嘱予主编《百弊丛书》，情不可却。而予苦事冗，弗能多所尽力，幸有沃丘仲子、指严、冥飞、豁公、野鹤、是龙、士谔诸先生秉笔相助，既感且歉。然予于全书终未能亲加校勘，忝居总纂之名，无以对读者也"③，则王钝根主要负责编辑、校阅与出版工作，具体撰写的篇章较少。该书 1919 年由中华图书集成公司出版，内容共分 51 类，主要有官场百弊、县署百弊、议会百弊、政党百弊、外交百弊、江湖百弊、赌博百弊、彩票百弊、嫖界百弊等，书前附有插图 16 幅。全书由多人合撰而成，作者有沃丘仲子、陆士谔、许指严、张冥飞等人。此书在具体篇章的论述中，既分门别类，层层分析，又有实例以证其观点。每指一弊，作者均先述其义，再述其历史、实例与由来，以达到"匪唯防奸，实以化俗"④ 的目的。另外，该书末尾还附有《新官场家庭现形记》，具体内容为沃丘仲子所撰，但广告中则题为"王钝根、沃丘

① 吴宓：《论写实小说之流弊》，严家炎编《二十世纪中国小说理论资料》第二卷，北京大学出版社 1997 年版，第 285 页。
② 王钝根：《中国黑幕大观·序》，路滨生编《中国黑幕大观》，中华图书集成公司 1918 年版，第 1 页。
③ 王钝根：《百弊丛书·序》，王钝根编纂《百弊丛书》，中华图书馆集成公司 1919 年版，第 3—4 页。
④ 沃丘仲子：《百弊丛书·序》，王钝根编纂《百弊丛书》，中华图书集成公司 1919 年版，第 1 页。

仲子编"。《新官场家庭现形记》的内容虽与《百弊丛书》相近,但不像《百弊丛书》有诸多议论,而是以史料为主,近似笔记小说,与《中国黑幕大观》更为贴近。

其次,《泪珠缘》《清朝奇案大观》《尺牍函海》等书的编辑出版,代表了王钝根在民初编辑出版图书的大致范围。《泪珠缘》《清朝奇案大观》《尺牍函海》三种书籍均为中华图书馆的出版物,《礼拜六》杂志1921年第106、第107等各期上还有《清朝奇案大观》《尺牍函海》的出版广告。

《泪珠缘》为陈蝶仙所撰,全书共六集,九十六回,刊本主要有光绪二十六年(1900)杭州大观报刊巾箱本(二集三十二回,十六册),光绪三十三年(1907)杭州萃利公司铅印本(四集六十四回,标"写情小说"),以及1916年8月中华图书馆刊本(六册,九十六回)。①《申报》上刊有该书的出版广告②,而王钝根所校订者是1916年全书完璧之后的版本。王钝根与陈蝶仙在其主持《自由谈》时便结下友谊,民国初期他们诸好友编辑的《礼拜六》《女子世界》《香艳杂志》等刊物都是由中华图书馆支持出版的,所以《泪珠缘》此时由中华图书馆接手出版亦在情理之中。

《泪珠缘》一书属于清末写情小说之流,后三十二回稍变为"家庭小说",金振铎、汪大可、周之盛等友人在书跋中称其"无一事一语落《红楼》窠臼"③,实是过誉。据作者自己交代,"二十岁时候,在病中做着消遣的,从头至尾,不上一个半月工夫"④,那此书的质量和创意自然是不可能超越《红楼梦》的。但作为《红楼梦》的仿书,它具备一切传统章回体小说的特点,而又因其一直创作到民国初年,所以它也是民初"旧派小说"的代表。陈蝶仙从清末跨至民初,一如其他旧派作家从创作旧

---

① 石昌渝:《中国古代小说总目》(白话卷),山西教育出版社2004年版,第198页。

② 如《奇书第二》广告云:"《泪珠缘》说部写豪华举止,在在可羡;写邪淫态度,尤栩栩似活。初集八本,实洋三角,二集价同,托杭州太平坊萃利批售。"《申报》1901年8月24日第7版。又,《泪珠缘一至六集》广告:"天虚我生编著,全本结构布置纯脱胎《红楼》,而笔致细腻,点缀新颖,尤较《红楼》为优。每编四角,惟第五编三角。"《申报》1917年2月6日第17版。

③ 周之盛:《泪珠缘·题跋》,天虚我生《泪珠缘》,百花洲文艺出版社2011年版,第340页。

④ 天虚我生:《泪珠缘·自跋》,天虚我生《泪珠缘》,百花洲文艺出版社2011年版,第337页。

体文学到引领民国通俗文学的新变，他们都是传统说部的承袭者，而这某种程度上也说明王钝根对旧文学的认同。

同样的情况还有孙剑秋的《清朝奇案大观》。该书最早由中华图书馆于 1919 年出版，"王钝根校订，四卷，二百三十三篇"[①]，是该馆每年的"消夏品"之一[②]。孙剑秋、王钝根都是创作过侦探小说的，《清朝奇案大观》的编著与校阅，可以说是他们在编辑文学杂志之余，对传统侦探笔记小说的一次搜罗和结集。

王钝根校阅的另一种书《尺牍函海》，为王大错所著。大错即《戏考》的撰稿人之一，本名王鼎，"字桂秋，一字桂佛，号筱村，别号且安，江苏淮安人"[③]，是南社中人，社号 554。《礼拜六》1915 年第 38 期卷首所刊"本社编辑部同人合影"中有"大错王鼎"之名。他与王钝根是文坛故交，在《自由谈》《自由杂志》《礼拜六》等刊物中发表过不少作品，此外 1914 年《十日新》杂志刊有他的小说《文明花》，1926 年《北京画报》也载有他的《睫园胜录》，而《尺牍函海》的出版则是他与王钝根的又一次合作。尺牍类书籍在清末民国时期曾盛行一时，销路很好，当时市面上的《尺牍大观》《尺牍函海》《尺牍观海》《女子尺牍》《花月尺牍》之类应有尽有，中华图书馆 1916 年曾以"交际上欲通情达意者，不可不购下列各种书札尺牍"之由出版过书牍系列 20 种[④]。加之《玉梨魂》以来书信体小说的流行、晚清《秋水轩尺牍》《雪鸿轩尺牍》的大名，用于日常交际之类的实用书牍及近似文学作品的"风雅"尺牍均成为书市的宠儿。王大错此著正是"尺牍大全"一类，适用于日常交际。

上述三种书籍实际上代表了民初出版业最盛行的三种类型，即写情小说、侦探小说（及笔记）以及日用尺牍作品。中华图书馆出版这几种书既是当时市场的选择，也是民国旧派作家在读者受众中的"胜利"。王钝根对三书的校阅代表了他民初图书编辑的主要题材类型，是其供职于中华图书馆时期编辑撰著的主要成绩，同时也说明中华图书馆是推广旧派文学

① 钱仲联等：《中国文学大辞典》（修订本），上海辞书出版社 2000 年版，第 1551—1552 页。

② 因中华图书馆"向例每逢夏令，特将小说等可以消遣之书发售消夏品，以为诸君纳凉遣兴之助"，而此书就出现在中华图书馆 1919 年的"消夏品"书单之中。《注意亦高尚、亦风雅之消夏品》，《申报》1919 年 7 月 22 日第 14 版。

③ 柳亚子著，柳无忌编：《南社纪略》，上海人民出版社 1983 年版，第 183 页。

④ 《名人书札 新著尺牍》，《申报》1916 年 10 月 10 日第 14 版。

作品的主要阵地之一。

　　再次，王钝根编校刊行南社同仁文集的工作，既表明他对古诗文词的支持，也是他与南社成员深度交往的证据。这方面的成绩，以编校吕碧城的《信芳集》和题署余十眉的《寄心琐语》最具代表性。

　　《信芳集》为吕碧城的诗词集，吕碧城作为南社的女社员，也是近代难得一见的女词人。其《信芳集》分诗词两部分，收词作五十首，最早的刊本是 1918 年铅印本（上海图书馆馆藏），校印者即为王钝根。吕碧城与王钝根不知相识于何时，但二人的交情应不算浅。作为南社同仁，吕碧城在王钝根主持的《新申报》副刊、《社会之花》《说部精英》等刊物上都发表过作品，她的照片小像也曾刊印于《新申报·自由新语》《心声》等刊物上。1922 年，王钝根与刘豁公所办之《心声》半月刊增设"妇女文苑"栏目，曾邀吕碧城担任主编。

　　《信芳集》的封面题签乃王钝根所书，内有"癸亥天贶节珍重阁识"字样，书内扉页印有吕碧城的小像，小像前页有"近知词人"的识语，其言曰："信芳词，清傲端丽，取法北宋，纵刻画有过分处，而灵机敏谛，足以自拔，渐渐进于超脱之途。可以颉颃《断肠》，而固尚不足接躅于《漱玉》矣。癸亥天贶节近知词人识。"全书书末亦有识语曰"校信芳集竟，即题其后。王晦钝根"，另有"信芳集勘误表"及王钝根编校后所题之诗：

　　　　满怀感逝伤离意，无限忧时吊古心。风雨一编消永夜，恍闻泽畔有行吟。

　　所有这些识语、题诗及勘误表都是王钝根校刊此集所付出的劳动印证。1918 年的这个刊本是吕碧城自行刊印的集子，她请王钝根进行编校，即可见二人深厚之情谊。集中作品，此后又曾在《妇女旬刊汇编》《丁丁画报》等刊物上选录发表，而《信芳集》在此本之后也有几种新的刊本①，它们

---

①　李保民《〈吕碧城词笺注〉前言》中记载"一九二五年，聚珍仿宋版《信芳集》刊于上海，分诗、词、文三类，收词篇目与王氏校印本大致相等。一九二九年，吕碧城门人黄盛颐女士于北京刊印《信芳集》，不分卷，有诗、词（同聚珍仿宋本《信芳集》）、增刊词（一九二八至一九二九在欧洲之作）、文、游记《鸿雪因缘》若干类。同年，碧城词友费树蔚编辑五卷本《吕碧城集》，由上海中华书局印行，卷一文，卷二诗，卷三词，卷四《海外新词》，卷五《欧美漫游录》。一九三〇年岁初，《信芳词》（附增刊）问世，所收作品截止上一年岁暮。"《吕碧城词笺注》，上海古籍出版社 2001 年版，第 18 页。

基本上都是在王钝根校印本的基础上增补修订而成的，如民国十四年（1925）中华书局的聚珍仿宋本就增加了许多题辞，相关作品的评语亦以眉批的形式刊出。

《寄心琐语》的作者是魏塘余十眉，此书是其为悼念亡妻胡淑娟而撰，早期刊本的书名为王钝根所题。余十眉，"原名其锵，更名一，字秋楂，今以十眉行，浙江嘉善人"①。南社社号480②，在柳亚子所署的"南社点将录"中被排为"天佑星金枪手"③。因柳亚子为该书所撰序言的落款署"中华民国五年秋八月松陵柳弃疾叙"，而王德钟所撰之《胡淑娟女士别传》发表于1916年的《妇女杂志》第9期，为胡女士所撰之《墓碣》末署"中华民国六年十月青浦王德钟谨撰"，可知此书的刊行应不早于1917年。虽然它的校订者并不明确，但此时王钝根已加入南社，余十眉又请他为其题署书名，则王钝根与此书之刊出或不无关系。另外，为该书作跋的王德钟也是王钝根的文坛好友，而且还是同乡。据《南社社友姓氏录》所录，"王德钟字玄穆，一字大觉，号幻花。江苏青浦人，已故，402。"④ 又据柳亚子记载，王德钟"年少能文章，诗近梅村、渔洋，丰神隽朗……著有《风雨闭门斋遗集》"⑤。其实，王德钟早年也是文坛中较活跃的旧派人物，《游戏杂志》上有其题签，《紫罗兰》《东方朔》等文艺杂志中也载有不少他的作品。因而，虽然《寄心琐语》的校订者难以查考，但从王钝根、柳亚子、王德钟等人为该书题署、序跋的情况来看，王钝根与柳亚子、余十眉等人都是有过一定的交往。当然，王钝根编校的社员文集单行本仅有寥寥数种，但与南社同仁的交际明显对他的文艺事业有所拓展。

在这些图书的校阅工作之外，王钝根还参与编辑、出版过一些通识类及日常应用类书籍，如《家庭万宝全书》⑥《上海游览指南》⑦ 等。从中

---

①　柳亚子著，柳无忌编：《南社纪略》，上海人民出版社1983年版，第70页。

②　柳亚子著，柳无忌编：《南社纪略》，上海人民出版社1983年版，第188页。

③　柳亚子著，柳无忌编：《南社纪略》，上海人民出版社1983年版，第123页。

④　柳亚子著，柳无忌编：《南社纪略》，上海人民出版社1983年版，第184页。

⑤　柳亚子著，柳无忌编：《南社纪略》，上海人民出版社1983年版，第78页。

⑥　纂辑者为王钝根、林传甲、周瘦鹃等人。全书共十三编，分为"富贵家庭保持法""贫苦家庭救济法""实验创业法""实验守业法""结婚法"等，后附刊《古今名人家庭小史》，书前有吴东园、程瞻庐、许指严、杨尘因等人序言及文坛书友的题词，1918年由中华图书集成公司出版。

⑦　由鲁云奇招集名流汇辑而成，中华图书集成公司1919年版。

可以发现，他的编校书刊大多由中华图书馆、中华图书集成公司出版发行。与中华图书馆的合作是因为他本是此馆的编辑，他编校陈蝶仙、孙剑秋等好友的作品既是出于朋友之谊，也是他的分内之事。而与中华图书集成公司的合作则多属挂名总纂，列名撰述，是他受邀参与、被动接受的分外应酬。这两种情形恰好是 1914 年至 1918 年王钝根在报刊编辑主业之外的编辑活动总和。

从他这一时期总体的文学创作及编校图书情况来看，王钝根一方面接受了清末以来的语言革新意见，较好地实践了简洁明快的文风要求，同时也遵循了依靠小说来救世的倡议，在编撰的作品中积极回应时代主题。只是他的影响力所及仍囿于《申报·自由谈》《礼拜六》等刊物的撰稿群体，在更大范围的文学阵营中，"自由谈"式"寓救世于游戏"的文学理念并不能完全通行。

然而，从"自由谈"式的文学理念，从其文学创作及编书实践，可以看到他对简化文言、革新小说与改良戏剧等文学潮流的支持与认同，也能发现他对旧体诗文固有的热爱与执着。因此，在趋新的方面，他有"救世"与"游戏"相结合的主张、有对现实问题的关注、有对时事政治的批评；而在守旧的方面，他也有对古诗文词栏目的设置、有雅集诗社的参与。他本是报界文坛的新面孔，带着清末以来"文学革命"的责任与信心，而经历民初八年的训练，他已是报界老前辈，是新派人士眼中思想落伍的旧人。

第三章　说部旧人：王钝根与二十年代的文学生态

进入二十世纪二十年代，学界一般认为中国的文学来到了"现代"时期，也即"新文学"时期。但事实上，二十年代恰恰是中国新旧文学论争最激烈的阶段，旧派文学并未因为"新文学"的到来而消失，反而在批判声中依然坚守着旧文学的阵地，同时也对"新文学"的文学观念有过适度的吸收。王钝根就是在二十年代被判定为"旧派"人物的，此时他编辑的刊物已很难再引领时代潮流。虽然他在 1916 年加入过"进步"组织南社，虽然他很早就与青年会、基督教会有过接触，虽然他在五四前后曾对自己的文学创作做出过调整，但这些都不妨碍他在二十年代成为被讨伐的"守旧"对象。

第一节　王钝根文学活动的短暂停滞与调整

从王钝根在民初报界文坛的文学活动来看，自 1911 年年末至 1917 年他的报刊编辑工作都是异常忙碌的，这种情况在 1918 年年初开始发生改变。由于个人的病痛、幼子的夭折以及经商失败等不幸遭遇，他在 1918 年年初至 1920 年年初曾间歇性地停止过工作。而也正是这几年间，新文化运动给学界文坛带来了巨大的思想冲击，只是王钝根因家累而奔走南北，尚未能对此做出回应。

一　报界生涯之转折

1918 年与 1919 年是王钝根人生遭受重大打击的两年，这些打击从家庭内部开始，继而延伸到事业上。经由这些变故，王钝根的报刊事业再也没能恢复到《自由谈》时期的风光，再也没能出现读者争阅《礼拜六》周刊那样的盛况。

　　首先是家庭内部的诸多变故。王钝根的长子在 1917 年出生后一直多病，至 1918 年 4 月夭折，此事对他打击极大。之后他虽又育有两子，但次子多病，第三子也于 1921 年夏病逝。再加上 1918 年年底，其父王家霖经营生铁生意失败，家中经济遭受重创：

　　　　丁巳夏，予果获一雄……明年四月，儿忽病热，为庸医所误，遂殇。①
　　　　七年冬，钝根承父命以生铁二千吨售与上海某洋行。订约分期交货于天津，不料欧战甫停，市价骤跌，某国人故意挑剔，违约不收货，钝根蒙大损失。②
　　　　幸是年夏又得一子，明年夏更得一子，叹息之声渐为儿啼所掩，第家用大增……犹记前年夏五月……不料偶一疏忽，三儿于热退后复感夜寒，病转剧……迨余归，睹状已不可为矣，延至翌晨竟殁。③

　　王钝根将这些不幸披露报端，故当时报界同仁对他的情况是有所了解的，枫隐就曾撰《钝根有嬴博之哀，诗以唁之》④ 四首，对其长子夭亡之事表示同情。其诗云：

　　　　乌衣子弟总宁馨，圭璧风神识绮龄。惆怅罡风吹夜半，琪花一树折前庭。
　　　　童乌早慧由天赋，进马英姿亦绝伦。底事一般都不禄，欲排阊阖问原因。
　　　　剩药遗膏检夜阑，问思往事涕泛澜。明知无益偏多感，太上忘情自古难。
　　　　芝枯兰刈尽伤神，况属高阳乔梓亲。但愿人天缘不断，他年再诞石麒麟。

---

①　钝根：《钝根随笔》（十八），《新申报·小申报》1919 年 4 月 24 日。
②　钝根：《钝根随笔》（一），《新申报·小申报》1919 年 4 月 7 日。
③　王钝根：《家庭地狱》，《半月》1923 年第 3 卷第 3 期。
④　枫隐：《钝根有嬴博之哀，诗以唁之》，《新申报·自由新语》1918 年 7 月 6 日。"嬴博之哀"这里指王钝根的长子夭亡，《礼记·檀弓下》："延陵季子适齐，于其反也，其长子死，葬于嬴博之间。"

而王钝根自己也因家庭细故频频生病，编辑工作更是受到直接影响。这段时期他在《新申报》上曾多次刊登告假启事，甚至一度要辞去编辑之职：

> 前者因故返乡，请假七日。方复视事，足病忽剧，僵坐寓中，步艰于国，不得已又托孙剑秋君代理多日。诸友赐书，歉多未洽。今日起，《自由新语》编辑事务仍由钝根亲理。敬希投稿诸君鉴之。①

> 敬启者，鄙人已定于阴历年底（阴历十二月二十六日，即阳历二月七日）辞去自由新语编辑之职。一年来感承投稿诸君错爱，临别不胜恋恋，期有未得酬券及赠书者，乞速示明住址，俾即补奉，以清手续。②

> 钝根曾患咯血，不胜繁剧，拟即解去《自由新语》编辑一职。继思本报创办经年，云蒸日上，方冀三五旧好，相与匡襄，未便恝然独引。③

> 仆自本月十号起患喉症，至今始愈，半月来编辑事务悉托刘豁公先生代理，各处友人通问之件都未答复，专此道歉，敬乞鉴原。④

> 远客异乡，久抛笔墨。归才旬日，又作长征。诸戚友赐书，暂托瘦鹃兄保存，恕缓裁答为幸。⑤

如其所言，他曾患"足病""咯血""喉疾"等症，1918 年间又多次客居，远涉他乡。这段时期他根本没有时间管理《新申报》副刊事务，是其好友孙剑秋、刘豁公、周瘦鹃等人帮其代理编辑工作。

其次，在 1918 年至 1920 年年初，王钝根的编辑工作有过停滞与变化。如前文所述，因家中多故，王钝根主要托友人代理编辑职务，而在处理完这些事情之后，王钝根并没有立刻回到原来的工作岗位，而是选择了离开。

王钝根约于 1919 年 6 月底从《新申报》辞职，因 1919 年 7 月 4 日该

① 《钝根启事》，《新申报·自由新语》1917 年 7 月 4 日。
② 《钝根启事》，《新申报·自由新语》1918 年 1 月 7 日。
③ 《钝根启事》，《新申报·自由新语》1918 年 1 月 13 日。
④ 《钝根启事》，《新申报·自由新语》1918 年 1 月 25 日。
⑤ 《钝根启事》，《新申报·自由新语》1918 年 12 月 3 日。

报上已有《钝根早已辞去〈新申报〉职务》的布告。在 1919 年 5 月 31 日，周瘦鹃曾发布启事说："瘦鹃兼理《自由新语》《小申报》辑务倏已半载，兹为他务所牵不克兼顾，自六月一日起仍归钝根兄编辑。"则在 6 月初，王钝根还仍是《新申报》副刊的编辑。至当年的 6 月 18 日，《小申报》上仍有王钝根的按语，6 月 25 日仍有《钝根随笔》登载。但 6 月 25 日，王钝根在"小问题"栏目的按语中说："阅报诸君能答以上问题者，请书寄《小申报》编辑金木先生披露，以助雅兴"；且自 6 月 24 日起，"小专电""小新闻"各栏目的作者署名均为"目睹"；6 月 26 日的"本栏改订酬例"中有"来函封面，请书明目睹先生收"的字样，则当时的编辑应该已更为金木先生或"目睹先生"。

王钝根的离职不仅仅因为家庭的变故，可能还源于《新申报》本身的一些变化。据时人说：

> 《新申报》出版之初，为中英合办，席子佩本其十余年经营报纸之经验，全力以赴，延聘孙东吴为总编辑，彼自己亦日夜坐镇，指挥一切，声势颇盛。旋因诉讼关系，改隶葡商，席氏亦临时入葡籍，但不久仍恢复华人经营名义。《新申报》创刊时之锋芒，仅是昙花一现。惟席子佩仍竭力挣扎，企图能得机缘，脱颖而出，与《申报》一争短长。无奈经营乏人，内容平淡，终不能在上海新闻界占一重要位置。①
>
> 《新申报》不善经营，处处铺张扬厉，未及一年，把十万两银本的股本都折蚀光了。于是双方再垫款数万两，维持局面。后来英国人提议，偿还席子佩所耗的资金，以收去独办，席则不愿，宁可退还英人的投资，归为己有，因此一辗转间，席丧失了十余万两。过了两年，又复费用告乏，不得已，接受了军阀孙传芳的津贴，才得继续出版，主笔由黄秋岳担任。②

根据这些说法，可知《新申报》的经营存在不少问题，其连续亏折的状况已注定该报不能长久。同时，因为在五四运动前后，报刊业的情景与《自由谈》初创时期已不相同——商业竞争愈加激烈，各大报刊在副

---

① 彬之：《申报掌故谭》（三十），《申报馆内通讯》1948 年第 2 卷第 6 期。
② 郑逸梅：《两种〈新申报〉的副刊》，《艺海一勺续编》，天津古籍出版社 1996 年版，第 119 页。

刊栏目的组稿、编辑、运营等方面各出奇招，副刊的栏目、作品也日新月异，《新申报》的经营状况已注定了它的败局。席子佩虽然对王钝根有知遇之恩，但这并不妨碍后者重新规划自己的职业道路，加之家庭多故，又不能全力主持编辑工作，则其辞职便不可避免。

同时，新文学流派日渐兴起，新文学刊物的创办开始"夺走"一部分旧派文学的读者与市场，这一切都使从《申报》脱胎而来的《新申报》很难维持，其衰颓之相在《自由新语》改版《小申报》时已露端倪。即便《新申报》副刊在栏目设置或内容推新方面做了不少努力，《小申报》连载的也多是林纾、程瞻庐、周瘦鹃等名家的作品，但《新申报》的读者数量始终不能与《申报》比肩。而王钝根的经商远游，刘豁公、周瘦鹃等人的一时襄理也难让《新申报》副刊在行业竞争中突出重围。在 1922 年，王钝根曾有重回《新申报》之意——"我那时正要应同乡席子佩先生之聘，重入《新申报》"①，但后来却改受《商报》邀约，接任《商报·商余》的编辑工作，想来也是认真思考后的选择。

事实上，《新申报》自成立以来，地位便颇为孤立。王新命在《全国报界联合会成立》一文中曾谈到民初上海的报界情形：

> 此时上海的新闻界无形中已分为四派：《申报》《新闻报》《时报》为一派，《中华新报》《民国日报》为一派，《新申报》和《时事新报》又各自成一派。《申报》《新闻报》《时报》以报界绅士自居，以能超越党派卓然自立为荣耀。《中华新报》《民国日报》都是党人经营的报纸，在民国六年，其倾向虽已有急进、缓进之分，但在表面上还是合作无间，又因吴稚老自称"暴徒"，上海的英法籍流氓也把国民党人看做暴徒，故《中华》《民国》两报遂在无形中被目为"暴徒"派。《新申报》是出卖《申报》股权的席子佩所经营，意在取《申报》的地位而代之，因而《申报》《新申报》之间隐然成为敌国，《新闻报》《时报》亦皆采取绝对不与《新申报》合作的态度，故彼时的《新申报》实为孤立派。《时事新报》为研究系机关，当年总主笔林寒碧死于车难，新任总编辑张嘉森和吴稚老打过几十次官司后，吴稚老锡研究系以"流氓绅士"的嘉名，《时事新报》遂亦

---

① 王钝根：《归政》，《商报·商余》1923 年 9 月 1 日。

呼为流氓绅士报。①

《新申报》在当时面对各方竞争，又孤立无援，其经营之惨淡可想而知。陈小蝶后来曾回忆说："久之，席子佩不能敌，以《新申报》出盘于汤节之，汤自为经理，钝根主笔如故。不久，汤节之以桃色案件，锒铛入狱。"②此桃色事件或指 1922 年席上珍因汤节之欠款自缢事件，不过那时王钝根早已从《新申报》离职。③

王钝根的编辑事业虽一度停滞，但他仍间歇性地接受过新的办报工作，如在 1916 年王钝根曾受陈静庵之请任《民德报》编辑部部长之职。④但因未找到《民德报》存刊，其具体内容不详。此外，在《新申报》1919 年 7 月 4 日出现的"钝根启事"中，王钝根称："现惟编辑《商业月报》及与天虚我生经营家庭工业社制造无敌牌牙粉，发售海内外。文友赐书请改寄上海宝山路升顺里念（廿）五号敝寓，或上海西门内静修路家庭工业社为荷。"则在 1919 年夏，王钝根曾承担商业报刊的编辑工作。

他启事中所说的《商业月报》乃《中国商业月报》，原名《中国商业

① 王新命：《新闻圈里四十年》，海天出版社 1957 年版，第 163 页。

② 陈定山：《春申旧闻》，海豚出版社 2015 年版，第 179 页。

③ 在王钝根辞职之后，《新申报》副刊在江红蕉、天台山农、朱大可等人继任之后并无起色，而《新申报》整体的失败形势更无力回转，终于在 1926 年前后正式停刊了。关于《新申报》的停刊时间，有称其在 1925 年者，如彬之在《申报掌故谭》（三十）一文中说："民国十三年，孙传芳继齐、卢统治江浙，拟办一张报纸作为宣传。时《新申报》正不能继续维持，经双方磋商后，由孙传芳派宋雪琴接办《新申报》。军人办报，究属外行。未一年，《新申报》即告寿终正寝矣。"（《申报馆内通讯》1948 年第 2 卷第 6 期）但曾任《新申报》主笔的孙东吴，1926 年曾在《申报》上发布《孙东吴启事》，称："鄙人本月十五日起已交卸《新申报》编辑事务，此后戚友惠赐函件，请寄爱文义路人和里八一三号敝寓为荷。"（《申报》1926 年 1 月 16 日第 1 版）则《新申报》1926 年似仍存在。孙东吴是苏州人，别署"东吴旧孙"，曾为《申报》主笔，后跟随席子佩任《新申报》主笔。

④ 据《陈静庵启事》说："海外侨商热心祖国，集资组织民德报社。欲造健全之舆论，发扬民主之精神，委托鄙人主持其事。鄙人学识谫陋，深恐不胜。除已聘王钝根君为编辑部长外，凡我同胞与昔年群进会、竞进会诸同志，务望不我遐弃，惠锡南针，匡所不逮，曷深感激盼祷之至！"（《申报》1916 年 7 月 16 日第 1 版）又，据《申报》所登信息，《民德报》第 1 期因手续不全、机器故障等原因，迁延数月才出版，后来又于 1924 年 9 月因言语不当被责令停刊。

研究会月报》①，现仅存 10 期，前两期主撰人为汪廷襄、唐在章、颜泽祺等中国早期的新闻人士（其中多人在北洋政府时期涉足政界），而所存第 5 期之后的各期撰稿者则主要是为王钝根、陈蝶仙、郑础庭等人。就其内容而言，所存前两期基本都是商业调查及论说，而后几期则有 "论说""纪事""译林""文苑""小说""诗词" 等栏目。

《中国商业月报》创始之初的总编辑并非王钝根，但他接手此报应不晚于 1918 年。② 在王钝根担任总编辑时，该报的总发行处为上海北苏州路七十一号兴华制面有限公司，商业调查兼广告部部长为郑础庭，名誉编辑有天虚我生、朱庆润、沧海，其封面刊名亦由钝根所题。③

《中国商业月报》是一份论说中国商业状况之报刊，王钝根接手之后也极注重该报的 "商业" 定位。他在《征求商业言论》中说："本报宗旨不谈政治，只愿讨论商业，略附诗文小说"④，在所刊启事中也说："本报为提倡实业起见，凡关于实业消息，请径寄上海北苏州路七十一号商业月报社，敬当照登，引起国人注意。" 所谓 "不谈政治""只论商业"，是减少对国内外时局之评论，而集中刊发商业纪事与商业论说，以期望达到 "引起国人注意" 的效果。

王钝根在该刊发表过不少商业论说，如《抵制日货之结果如何》（第 9 期）、《商人救国须作二十五年之计》（第 11 期）、《吾同胞何以自处》（第 12 期）等，均列于该刊之首，一如其在《申报·自由谈》《新申报》副刊中的 "游戏文章" 之地位。该刊的 "论说""评论" 栏目虽只谈经济，但实际上仍不可避免地要涉及政事，而这也是《中国商业月报》政治立场之体现。其中像孙文的《中国实业当如何发展》（第 9 期）、中丹的《华工归国之生计问题》（第 11 期）、美国驻华商务参赞安纳德的《论

---

① 该刊 1920 年 5 月停刊，共出 12 期，然业已不全，现存 10 期，北京大学图书馆藏其第 2、5、7、8 期，上海图书馆藏其第 1、6、9、10、11、12 期。据上海图书馆编《中国近代期刊篇目汇录》卷二（下）的注录，"《中国商业研究会月报》，后改名《中国商业月报》，1910 年 3 月创刊。月刊。由中国商业研究会编辑部（日本东京）编辑，中国商业研究会上海本部发行，总编辑王钝根。" 上海人民出版社 1982 年版，第 2869 页。

② 该报第五期有吴东园（承煊）的《与王君钝根、赵君敦荣论俭德书》一文，第五期刊印于 1918 年。虽然现存篇幅未写明刊印时间，但因为该期《黎黄陂奖励华侨》一文亦见于《申报》1918 年 9 月 12 日第 10 版，则《中国商业月报》第五期亦应刊在 1918 年 9 月前后。

③ 《中国商业月报》1918 年第 6 期。

④ 《征求商业言论》，《中国商业月报》1918 年第 6 期。

中国商业》（第 7 期）等文均谈论中国商业之发展，也都是对中国国计民生等现实问题的讨论。该报除了刊发原创文章外，还有一些摘录《字林西报》《京津太晤士报》等其他报刊的文字。至于"记事"栏目，则是国内外各行业的经济情况报道，以具体的数字材料与调查报告为主，算得上是真正"只谈商业"的内容。只是其中也有部分篇章与其他报刊内容相同，至于是否"抄录"或"引用"则没有说明，如《中日茶业之消长》①一文又见于《申报》1918 年 12 月 2 日第 10 版，《爱国实业团工厂告成》②又见于《申报》1919 年 10 月 29 日第 10 版等。

　　《中国商业月报》较之《中国商业研究会月报》有部分改变，主要是文艺内容的增加。在这份"只愿讨论商业"的报纸上，"文苑""诗词""小说"等栏目都似附赠的内容，作品所占比重不大，但多有名家的作品。以小说而言，有刘雅农的《讽世短篇：华老》（第 6 期）、许指严的《讽世小说：战》（第 8 期）、张碧梧的《言情小说：今夜》（第 9 期）、孙剑秋的《侦探小说：双尸案》（第 11 期）以及毛秀英女士的《岁俗短篇：钻石戒》（第 7 期）等。这些作者基本都是王钝根的好友，他们的作品也是旧派作家擅长的"言情""侦探""讽世"之类的短篇。至于诗词、笔记作品，则以吴东园、蘧园、萧存甘及沧海的作品为多，另外也有像丁介石（丁治磐）、朱养素、萧楚南等政界、商界人物的撰述。其中诗作主要以相互相和、赠答、留别为主，从中可见诸撰稿人之间的亲疏关系。③大体而言，该刊的文学作品只能算是"刊余"，是该刊经济评论、商业纪事之后附加的点缀，用以增加刊物的趣味。

　　然而《中国商业月报》自改版后，与"月报"之名称多不相符——每期间隔时间不定，已知的第 5 期到第 12 期的刊印时间跨越 1918 年（月份未知）至 1920 年 5 月。同时该刊本身的影响力也不如预期，其"商业救国"的旗帜虽然高举却骤然间难以实现，而民初各类商业报刊又层出不穷，故《中国商业月报》支撑不久，遂即停刊。

　　王钝根在编辑此报期间多有细故，并不能全力编刊。而且他在主持此刊时，还同时供职于家庭工业社。家庭工业社是陈蝶仙创立的商业公司，

---

①　《中日茶业之消长》，《中国商业月报》1918 年第 6 期。

②　《爱国实业团工厂告成》，《中国商业月报》1920 年第 10 期。

③　如丁介石的《次韵寄周憨僧金陵》（第 5 期）乃是寄给周佛海，而蘧园的《余十眉悼亡索诗即题所撰〈寄心琐语〉并弁〈神伤集〉》（第 5 期）是其为余其锵《寄心琐语》所题之句。

该社发明的无敌牌牙粉，在举国提倡国货之时大获成功，这实际上也影响了王钝根这一时期的工作重心和办刊想法，是他进行商业活动实践及主持商业类报刊的部分原因。

综上所述，1918 年年初至 1920 年年初的两年正好是王钝根的编辑工作从前期到后期转变的过渡阶段，是其尝试商业活动及编辑实业性报纸的开端。在这两年间他不仅有经营铁业的失败，有参与家庭工业社的经历，还有编辑《中国商业月报》的成绩。这些工作的摸索与尝试都沉淀为他二十年代编辑事业的材料和源泉，在一定程度上也影响了他后期的文本风格。《中国商业月报》只是个开始，随后他还参与过《商报》《工商新闻》两种报纸的编辑事宜。这些报纸对时局及经济问题的探讨，特别是其中文学性内容的减少，都印证了王钝根这几年间的思想变化。

二　文学创作之调整

虽然王钝根的编辑工作在 1918 年至 1919 年出现过停滞，但也正因如此，他才得以抽身于日常的编辑生活，有机会近距离地观察社会时局，进而减少概念化与命题式的文本创作，削弱游戏与滑稽笔调，而改用平直的文字表达切实的人生，也才有了《旅行杂记》《钝根随笔》等更具文学价值的作品。正是在这两年间，王钝根作品中"讽刺与揭露"的主题比重有所降低。此后，他虽然一如既往地坚持对时事的谴责与批判，但在气质和语言上却不再像"游戏文章"那样一味地追求滑稽与诙谐。

首先在小说创作方面，这两年间他发表的小说由滑稽而渐入讽喻，有更多的说教意味，是其二十年代作品中"失意悲音"之先兆。这种转变，在《百年一梦》《驼穿针孔记》《复活节》《俞衡甫》等作品中都有体现。

这几篇小说都是短篇，均写世人急于奔走入世，贪求富贵权势，一旦贪念太深、欲望过重，最后只能自掘坟墓，抽身无路。小说均用主人公的经历来现身说法，如《百年一梦》中的趋时子正要"代人作谀书"，却听到邻人一番言语，便"惶骇汗下，多欷歔叹息"。值得注意的是，这四篇小说都是用基督教精神来劝诫警世，《复活节》中直接出现众人接受上帝审判的场景，《驼穿针孔记》里则借《圣经》中的话"富翁入天国难于骆驼之过针孔"[①]。而《俞衡甫》的结尾王钝根更是直言："一念贪求，上帝先筹其去路，岂不信哉！"[②] 王钝根对基督教教义的引用主要集中在

---

① 钝根：《劝世小说：驼穿针孔记》，《新申报·自由新语》1918 年 12 月 26 日。

② 钝根：《社会小说：俞衡甫》，《新申报·自由新语》1917 年 10 月 7 日。

1916 年年底至 1918 年①，在 1916 年之前则很少提及。或许正是因为 1917
年之后他渐入人生低谷，创作也由前期的乐观滑稽转向后期的悲观苦闷，
才于此时不断提及基督教教义，以求在多重痛苦中找到些许精神寄托和
安慰。

　　除了《新申报》副刊上的作品，在 1919 年至 1920 年之间，王钝根还
在南洋兄弟烟草公司广告栏发表过小说作品三十余篇②。南洋兄弟烟草公
司由简照南兄弟创办③，1917 年正式成立上海分公司④，"民国七年，改
以有限公司名义，再行呈准农商部注册"⑤。该公司进驻上海之后为扩大
销路，并与英美烟草公司等抗衡，曾运用附送赠品、跌价推销，甚而在烟
盒上印制《三国演义》《西游记》等古典小说人物像等销售方式扩大销
路，其中最主要的宣传途径还有广告。该公司在《申报》《民国日报》
《新闻报》《时事新报》《三六九小报》等报均购买过广告版面，同时为
了增大广告的效果，他们还在广告栏刊发小说，并聘请小说家为其专门撰
写"广告小说"。王钝根就是受雇的小说家之一，而其在广告栏刊发的小
说也大致分为两类：一类是专门为烟草公司创作的香烟宣传小说，另一类
是除"广告"之外的滑稽、言情短篇。其中后一类的文学价值较高——
既有类似于其创作前期的游戏讽谕作品，又有个别篇章已显示出其后期作
品严肃冷静的特点。

　　或许因为在 1919 年前后王钝根的文学心态正在发生变化，因而这三
十余部作品的风格兼有他创作各期的特征。其中标注"讽世小说""滑稽
小说"诸作，一仍其讽刺社会怪现状的观察者角度，如《热水袋语》《新
旧女子》《闺房新语》《烟酒婆卖局》《丈母制度》等篇讨论男女平权和
新式女子的骄奢虚荣问题，偶尔在篇末也会夹入自己的按语议论。在题材
上，这些小说涵盖言情、社会、侦探、讽世、寓言、警世、教育等各个方
面，体裁上则全是短篇作品。其中小说《上海十年记》的篇幅略长，从
内容来看似乎是一部长篇社会小说的开篇，但可惜并未完成。此外，在这

①　这之后也时有提及，如 1928 年在《返魂记》一篇中曾讨论基督教义理。
②　依目前所查到的资料，共三十二篇，发表于 1919 年 9 月至 1920 年 8 月。具体篇目可参
　　考附录二《王钝根作品编年》。
③　其全名为中国南洋兄弟烟草股份有限公司，1905 年由简照南兄弟创办于香港，原名广
　　东南洋烟草公司，1909 年改组为广东南洋兄弟烟草公司。
④　详见上海社会科学院经济研究所编《南洋兄弟烟草公司史料》，上海人民出版社
　　1958 年版。
⑤　吴之人：《南洋兄弟烟草公司之历史》，《卷烟月刊》1928 年第 3 期。

三十余部作品中还有一篇《永念》，标"言情小说"，也是未完成之作。王钝根是不擅长撰写长篇小说的，虽然其中也有"无暇顾及"的因素，但纵观其整个创作生涯，他几次计划撰写长篇，但都只写了个开头，在南洋兄弟烟草公司广告栏的作品也再次证明了这一事实。

其次，在笔记小品方面，王钝根在编辑工作暂停之际，创作了《旅行杂记》和《钝根随笔》这两种最能代表他当时心境的作品。《旅行杂记》披露于《新申报·自由新语》1918 年 12 月 22 日至 29 日（26、27两日无）版面，王钝根提到自己当时"远客异乡，久抛笔墨，归才旬日，又作长征"①。这次"长征"是为了前往天津售卖生铁，《旅行杂记》正是他往返天津途中的见闻记录，内容由描写在津浦铁路上的经历始，至记述乞儿抢钱事止，共六则。最后是因看到国人的贫病与外国人的嚣张，内心诸多感愧，故而没有继续写下去。②

这六则杂记记录了天津的建筑、交通、风俗、戏园、公园、旅店、狎妓琐闻及数位名流的轶事。如第一则叙述津浦铁路上的兵与匪，"车行过滕县，见站旁小树数十株，各系一人头，血肉狼藉，野犬攫之而啮，耳鼻残缺，颈肉破碎，累累下垂"③。同时还兼及兵将随意搜检旅人行李，随意撞入旅店客房等事，这些都足见时局的混乱无序。不过全作中，最为精彩的是几则对人物轶事的记录：

> 名动全国之女伶刘喜奎，前数月盛传嫁于直隶督军候选副总统曹锟矣。其实不然。闻某厅长欲为仲珊先生弭谤，特往武艳亲王邸第，恳再出山演剧数日，以息群疑。余尝于大舞台得见刘喜奎之《探亲家》，玉容消瘦，意兴阑珊，非复曩时丰采矣。④
>
> 天津戏园固多……平安电影园卖座最昂……余于此中，偶值清庆王次子载勇，装束入时，犹是翩翩公子，而额纹稠叠，老将至矣。⑤

---

① 《钝根启事》，《新申报·自由新语》1918 年 12 月 3 日。

② 钝根在《旅行杂记》中说："一日在某站，车已开矣。一法国人犹掷钱，钱落近车处，群孩争拾，一孩竟被众挤入车下，幸一小工见之，急前拽其两足而出，否则丧轮下矣。余同室某少年测量师，怅然谓法人曰：设此孩竟死，君心安否？法人大笑曰：君责吾勿掷钱，曷若使费国小孩勿乞钱之为愈也。余闻其言，不胜感喟。嗟乎！余作笔记至此，掷笔而起，不能复续。"《新申报·自由新语》1918 年 12 月 29 日。

③ 钝根：《旅行杂记》，《新申报·自由新语》1918 年 12 月 22 日。

④ 钝根：《旅行杂记》（二），《新申报·自由新语》1918 年 12 月 23 日。

⑤ 钝根：《旅行杂记》（三），《新申报·自由新语》1918 年 12 月 24 日。

　　津属杨柳青镇，有富翁石元士，字次卿，慷慨好施。与甲午之役，惊传日兵内犯，石捐资练团，保卫乡里，不遗余力。庚子之乱，又办保甲练水会，丁壮数千人，日给以资，且为贫民筹生计，一乡赖以又安。前后耗费百余万，清廷奖以头品顶戴……本月十二日为石七旬寿诞，大宴三日，遍召北京名伶，演堂会戏。先期严范孙、曹仲珊等八十余人为之征文，应者千余人。予以友人介绍，亦作长古一篇贺之。予不重其多财，重其多财而能用也。①

　　其中既有备受军阀摧残的优伶，也有养尊处优的清朝亲王，还有保卫乡里的富家翁，均是民初社会的真实图景。其他还有梅兰芳住旅馆、阔公子卖糖饼之类，都能见出王钝根在记录事实之外，另有一幅刻画人物、摹写形象的笔墨。这几则记录都不算长，但忙于生意的王钝根能于余暇记录自己的行迹，足见他对时局世态的用心。特别是，他还曾留意天津的新闻事业，发现"《益世报》为北方报纸中之较有势力者，其传布方法亦颇见精神。墙头路角每见木板张贴此报，上方大书'看《益世报》'，驻足而观者颇不乏人。"②

　　紧接《旅行笔记》的是《钝根随笔》，该作自 1919 年 4 月 7 日至 6 月 25 日连载于《新申报·小申报》，共四十则③，而写作缘由也是 1918 年冬为贩售生铁而往来津沪两地。据其说：

　　十五旬中往来津沪者六次，补牢无术，笔砚久荒，思之心痗。然于世道人心，赢得绝大经验，风尘奔走，怅触滋多。乃以都门余暇，录寄瘦鹃，傥揭报端，即名《钝根随笔》。他日牖下余生，永当续此，信笔所之，不拘体类也。④

　　不同于《旅行杂记》主要记录旅途见闻，《钝根随笔》在旅次见闻之外，还记述了许多自己及师友的生活琐事。

　　随笔前几则主要写京津的风物胜迹，并依其游览路线顺序而一一呈

---

① 钝根：《旅行杂记》（五），《新申报·自由新语》1918 年 12 月 28 日。
② 钝根：《旅行杂记》（五），《新申报·自由新语》1918 年 12 月 28 日。
③ 实为四十二则，中间序号排错。
④ 钝根：《钝根随笔》（一），《新申报·小申报》1919 年 4 月 7 日。

现，诸如京师街道、外交部、颐和园、圆明园、中央公园、雍和宫，以及都门物价、环境、风气等都有描述。第七则之后，内容主要是人事记录及轶闻琐录，其中记时人趣事的部分最为精彩，且颇具史料价值。如记袁世凯赐给诸臣的《居仁日览》"装潢绝精，袁自题'居仁日览'四字，绕以龙文，印以黄绫。开卷罗列遵旨纂辑者姓名，臣顾鳌等数十人，当今达官多在其列。书中征引汉祖唐宗故事，每则数百言，工楷誊录。袁览毕，即于篇末批一阅字，摹仿帝制，惟妙惟肖"①，即点出袁世凯以皇帝自居的真相。又如第九则记熊希龄、汪伯唐之"铁路统一政策"，第二十六则写聂其炜、瞿宣颖、刘麟生昆仲诸子的学识涵养，第二十七则写余伯陶的慷慨任侠等，不一而足。其中第二十九则②记胡召南与袁寒云为汉白玉印订约事：

> 君喜示诸友，袁公子寒云爱不忍释，愿以古玉双龙佩、宋拓《张猛龙碑》相易。君不允，重拂友谊，乃要寒云为其先人撰墓志，而让与霍印所有权之半。终寒云之生，得有此印，惟寒云去世后，仍当以完璧归胡氏。双方立约，并邀予为证人焉。③

妙趣横生，同时也是一笔重要的民国掌故。另外，还有几篇回忆亲友之作，如第十三则记自己与傅钝根的交往，第十八则回忆祖父、兼述家庭琐事。另有记赵晋卿在上海霞飞路西构筑小园一则，文中说"予尝与赵君棹画舫，荡溪一周，清风徐来，飘然有出世之想"④，写旧上海园林风貌与士人情怀，如在目前。由这些记录，可知王钝根与袁寒云、赵晋卿、傅钝根等当世名流的交往情形，既而可知他在学界文化圈也当有一席之地。

当然，《钝根随笔》中同样少不了议论。如第十一、二十七、二十八则均写慷慨济人者之不幸，由此感叹世风凉薄。又如写其族兄娶守旧妇女事、记刘式训先生家事及昆山顾某留洋归国娶妇事等几篇，都是批评新式女子，赞扬旧式传统妇女，并对如何"家庭幸福"发表议论，如："俗尚奢侈，人皆以妻妾冶容丽妆为乐，竭汗血钱供其修饰。若田家女胼手胝

---

① 钝根：《钝根随笔》（八），《新申报·小申报》1919 年 4 月 14 日。
② 正确顺序应为第三十则，但刊印时标"二十九"。
③ 钝根：《钝根随笔》（二十九），《新申报·小申报》1919 年 5 月 8 日。
④ 钝根：《钝根随笔》（三十），《新申报·小申报》1919 年 5 月 9 日。

足，则时髦少年鄙而贱之。庸知逸居无事，转贼女子生机。家政既废，育儿不强，挥霍无度，实迫男子弃其廉耻，国家社会潜滋隐患。识者忧之，若顾某者可以风矣。"① 新式女子之虚荣在当时固属实际情况，但王钝根的描述也不无他的旧式道德偏见。因自己"家庭不幸"的思考，他对于新式女子之"讽谏"，正是从此时开始增多的，而讽刺新式女子也恰是他二十年代最重要的作品主题。

同时，《钝根随笔》中还记述了他对北京人迷信梅兰芳的骇怪②，并由梅的受捧而论及"社会程度"，可见他对社会时风的忧心。也因此，在记友人林传甲的女儿林师善跳海之事时，便有"国人虚矫，外患压迫，愤无可泄"之叹③。此外，随笔中还有对日本人爱国的感叹④，对"五九"国耻纪念的记录等⑤，从中可以了解五四运动前后京津地区的日常生活，以及五四风潮的影响。

因《旅行杂记》和《钝根随笔》都以旅行为契机，王钝根在文中观各地风俗、看社会得失，对家国发深沉议论，于人于己均有真切忧思，也因此这些作品的笔触最为真实、自然。正因不限体裁，信笔去写，所以他的笔记小品较之"游戏文章"，视野更为广阔，内容也更为生动，而这些

---

① 钝根：《钝根随笔》（四十），《新申报·小申报》1919 年 6 月 25 日。

② 《钝根随笔》（六）中写道："北京人之迷信梅兰芳，其热度不下于美国人之佩服卓别灵。梅亦身价自高，每应召演堂会戏，一长出须洋六百元，二短出八百元，三出一千元，以数小时可得资千元，虽当日谭鑫培无此名贵也。一旦角倾动社会至此，可见社会之程度。"《新申报·小申报》1919 年 4 月 12 日。

③ 钝根：《钝根随笔》（三十九），《新申报·小申报》1919 年 6 月 24 日。

④ 王钝根一直是主张抵制日本的，在其滑稽小说及游戏文章中就常以"矮国"之类的词语丑诋日本，但在日本意欲侵略中国这件事之外，王钝根对日人的某些精神和素质还是比较肯定的。如其在《钝根随笔》中称："日本人之爱国思想最为发达，观其男女衣着，悉用国货。即侨居中国者，明知中国绸缎较日本来者价廉而物美，然日本人宁用昂贵之日本货而不用廉价之中国货。其吸烟、饮酒亦然。"（《新申报·小申报》1919 年 5 月 14 日）又称："日本人之用日本货，纯出于爱国之诚。货之优劣，价之低昂，有所不计。奈何我华人之好购洋货者，辄以国产不佳为藉口耶？"（《新申报·小申报》1919 年 5 月 15 日）

⑤ "自日本以廿一条苛约迫我国政府承认后，每年五月九号国耻纪念日左右，必有新变故发生，而以八年五月九日之民气为最激昂。时距北京学生殴击章宗祥风潮仅五日，全国学校罢课，商家休业，专事集会演说国耻，发电抗议日本侵占青岛，抵制日货之声浪，抑而复扬。向之报纸纪载，多隐约其辞者，兹乃振笔直书，无复畏意。"（《新申报·小申报》1919 年 5 月 10 日）

特点在其二十年代的《拈花微笑录》《噱谈偶忆》及三十年代的《京尘刹那记》中均有继承和体现。

可以说，正是在家庭事业的变故中，王钝根才有时间增进见闻，并适时调整自己的文学创作。这些调整看似微弱，但随着新旧文学论争的推进，他的作品进入二十年代后已呈现为另一种面貌。王钝根的文笔本是灵动自由、不拘一格的，郑逸梅曾评其文为"流动"①，但两年的调整里，王钝根在游戏文章、滑稽短篇小说等急就章之外进行了新的尝试，他抛弃了一贯的功用型"命题作文"而直抒真实的情感，他游戏滑稽的文风终于转向了平直与严肃，而讽刺的笔锋也变得冷峻。

第二节　二十年代报刊事业的继续与突破

进入二十世纪二十年代之后，经过两年慌乱的调整，王钝根重新回到编创生活的轨道上来。在二十年代的前半期，他不仅接受了编辑商业报纸的任务，还重新复刊了《礼拜六》周刊。他在新的文学环境中继续经营通俗流行刊物，虽然没能重现昔日的辉煌，但仍取得了一定的成绩。

一　《礼拜六》周刊后一百期

《礼拜六》的前一百期曾在文坛引起过不小的轰动，其受捧程度及销量让主编王钝根也颇为自豪，他在文章中曾多次提到当时的盛况：

> 《礼拜六》每期要销去七千多册，不晓得来买的都是些什么样人，倒要见识见识。②
> 民国三四年间，予尝编行小说周刊，名曰《礼拜六》。销行极盛，每次辄售一万五千余册，为我国从来小说书业所未有。③

后来《礼拜六》"以欧战影响，纸价腾贵，遂于百期中辍"④，但是王钝根无法忘记那时"销行极盛"的场面。在经历数年调整之后，他意

---

① 郑逸梅：《稗品》，《红杂志》1923 年第 2 卷第 20 期。
② 钝根：《游戏短篇：列位光顾》，《礼拜六》1915 年第 76 期。
③ 钝根：《言情小说：苍头恨》，《申报》1920 年 1 月 28 日第 16 版。
④ 钝根：《言情小说：苍头恨》，《申报》1920 年 1 月 28 日第 16 版。

欲在文坛重整旗鼓，首先想到的就是重启《礼拜六》周刊。

1921 年 3 月 19 日《礼拜六》正式复刊。当时《申报》《新申报》《民国日报》《商报》等各大报纸纷纷致辞祝贺，而《礼拜六》也打出自己的广告标语——"《礼拜六》是你的良伴，《礼拜六》是你的情人"，场面极为热闹。据周瘦鹃说：

> 隔了几年，钝根忽然高兴起来，又使《礼拜六》复活，定要和我合作。于是将体例略为变动，每期卷首选刊名人诗词一首，由慕琴就诗意、词意作画，很觉新颖。每期小说、杂作十余篇，相间刊登。除自己按期精心撰择外，征得文友名作不少，钝根自己也曾做这几篇很精警的短篇小说。《礼拜六》前后二百期，我以为以这一个初度复活时期为最有精彩。①

复刊后的《礼拜六》接续前一百期，以"一百零一期"开始。主编仍是王钝根，周瘦鹃为辅助编辑，主要撰稿者也未有大的变化。但在内容上，后一百期与前一百期却多有不同。比如诗词、小说、杂作等是"相间刊登"；又比如增加了闲评、掌故、琐闻等内容，不再单一刊载小说，而新辟的"拈花微笑录""噱谈偶忆""怪问答"等笔记专栏也是之前所没有的。同时《礼拜六》还偶尔增加特刊专号吸引读者，如第 116 期的"爱情号"、第 130 期的"三十节增刊"等，另外后一百期的封面插图也不全是仕女图。

不过，虽然加入了笔记、小品、诗词等内容，《礼拜六》仍以刊载小说作品为主，只是小说作品的题材相较以前有了明显的变化。正如编辑在征稿时说："本刊小说颇注重社会问题、家庭问题，以极诚恳之笔出之。有以此类小说见惠者，甚为欢迎。"② 即，到了二十世纪二十年代，《礼拜六》的小说一改前期以"言情"为主的特点，即使有"爱神"周瘦鹃辅助编辑事务，即使诸撰稿同仁仍有不少言情之作，但此时之"言情"开始讨论婚恋本身的道德伦理，而非专注于描写青年男女的相恋过程。

投稿人徐恬审曾在《丝厂怪现状》一文中说："小说周刊《礼拜六》发行至今，凡社会上种种人情鬼蜮，莫不尽形烛照，有益世道。深惭无辞

---

① 瘦鹃：《礼拜六旧话》，《礼拜六》（原《工商新闻》副刊）1928 年 8 月 25 日第 271 期第 3 版。

② 《编辑室》，《礼拜六》1921 年第 103 期。

可赞，故我谓小说周刊《礼拜六》，诚男女界问世之宝筏也。"① 实际上，此时的《礼拜六》更重视描摹现实的"社会小说"，倾向于小说"消闲"之外的意义。该刊第 157 期上曾刊登瞿寒影的《小说丛谈》，此文内容即是就小说之"消闲"与"意义"进行的探讨，并对言情小说的价值进行过分析：

> 我国人谓读小说为看闲书，此实大谬。夫小说为吾人应有之文学，何闲之云乎？夫人生莫不有文学之观念，小说者，文学之一种，而最饶兴趣者也。盖比事属辞，虽则寓言十九，而挽回颓俗，指斥利弊，亦各有微旨存乎其间也。……
>
> 人生于世，舍衣食住而外，其最重要之问题即为婚姻。某君谓人类一堕地，即不翅游情海而浴爱河，诚哉斯言。此言情小说，所以占小说中最重要之位置也。虽然，言情小说易近于亵，一亵则毫无价值之足言矣。曩曾见某说部，虽为言情而其意实劝人爱国，此种小说，诚别开生面，其有益于读者不可以道里计矣。②

此文指出小说有"挽回颓俗，指斥利弊"的作用，言情小说不能秽亵，"劝人爱国"的言情小说更有益于读者。这篇文章的刊载并非偶然，它在一定程度上也代表了主编王钝根的观点与见解。很显然，此时的《礼拜六》相比于前一百期更顾及"言情小说"的道德与价值，更倾向寻找"文学趣味"之外的"微旨"。

所以，在后一百期中既有程小青的"福尔摩斯探案"小说（第 101—125 期），又有钝根、蝶仙的警世小说《我为谁》（第 101—102 期，第 126—135 期）；既有朱鸳雏的《爱国之妻》（第 103 期）讽刺贪顽，又有瘦鹃的《父子》、小蝶的《赤城瑰节》（第 110 期）等作品来颂扬传统道德。此外，亦需注意的是"新体小说"以及各作品对白话的使用。《礼拜六》后一百期中有"新体小说"之名目，如一圭翻译的《儿时恩物》（第 101 期）、张枕绿的《沉醉》（第 104 期）、张舍我的《我负他》（第 107 期）等。这些作品不仅语言上全用白话，在技法上也接近纯熟的欧式小说——或用对话推进情节发展，或为第一人称限知叙事，或利用插叙、倒叙及心理描写，与当时"新派"作家的作品技法上并无二致。同时，

① 徐恬审：《丝厂怪现状》，《礼拜六》1922 年第 153 期。
② 瞿寒影：《小说丛谈》，《礼拜六》1922 年第 157 期。

前一百期多为文言短篇，而后一百期中白话的运用则占绝对优势。这显然是在新文化运动的影响下，在与新派的争论博弈中，《礼拜六》同仁对写作方法的自觉改良。

　　在文学创作之外，《礼拜六》同仁于在休闲、集会的过程中还结成了一个《礼拜六》小团体——"狼虎会"。狼虎会是《礼拜六》杂志诸编辑发起的一个聚餐会，每逢周六举行一次，并非一个文学社团或文艺团体，而是由《礼拜六》衍生出来的一个"吃坛"名号，丁悚的《狼虎会始创起首老店》、小蝶的《礼拜六和狼虎会》对其发起过程均有记述①。狼虎会的正式成立约在1921年②，会长为陈蝶仙，核心成员是《礼拜六》杂志的几位编辑、常驻撰稿人。后来，队伍不断地壮大，而且持续的时间也较长，据陈定山③回忆说，该会"从民国六年到廿六年止，一直持久不散，人数虽仅一桌，却成了文艺界综合的权威"④。只是后来大家的兴致渐弱，再加上国内外战事，聚餐会组织不起来，狼虎会也就不散自散了。该会活动主要见于狼虎书记的《狼虎会食单》⑤，汪珠的《狼虎会艳话》⑥

---

① 丁悚在《狼虎会始创起首老店》文中说："在我们编辑《礼拜六》的时候，常觉、瘦鹃、小蝶和我四个人每星期至少要看一次电影。看电影连带的必须要装饱了肚子去的。在这个时候，武昌路的倚虹楼（后来迁在福州路的）就是我们每次果腹之所了。或者也许别家去吃，那么临时再变。……后来老蝶、钝根知道了我们有这么一种趣事，说不准你们四人独乐其乐，我们来作一个大规模的叙餐会，来众乐一乐吧。于是经过一度的讨论，就此三读的通过，规定每礼拜六的晚间举行，如在日间或非礼拜六之夕叙餐，就作违法论。……不过当时还没有一定的会名。一夕在陶乐春举行，独鹤和瘦鹃抢食菜肴，我就说这样的狼吞虎咽，岂不恶形也哉？大家就说我们何不把这狼虎两字来名我会，当时一致赞成了。"［《礼拜六》（原《工商新闻》副刊）1928年8月25日第271期第2版］另，陈小蝶在《礼拜六和狼虎会》中说："提起狼虎会这三个字来，在上海吃坛上（诗坛、文坛捱不着，只好是吃坛）也算薄有微名。但在筚路蓝楼，艰难草创之际，却只有四个人。这四个人是谁呢？喏，除了在下便是瘦鹃、常觉、丁悚……我们每逢礼拜六，风雨无阻，必定去看影戏，看到影戏，又决非连续着两三家看去，不会过瘾。……我们四人都有胃病，吃起来却当仁不让，非至风卷残云，碗碗见底不可。丁悚叹道：'咳，这真是狼吞虎咽，形状堪堪'，于是便成了一个名目，叫做狼虎会。"［《礼拜六》（原《工商新闻》副刊）1928年8月25日第271期第2—3版］
② 《半月》杂志中关于狼虎会的文章，如狼虎书记的《狼虎会食单》，汪珠的《狼虎会艳话》及丁悚所摄《狼虎会游苏之影》等，均刊于1921年。
③ 即陈小蝶，他于1946年之后更名为陈定山。
④ 陈定山：《春申旧闻》，海豚出版社2015年版，第247页。
⑤ 《半月》1921年第1卷第1期。
⑥ 《半月》1921年第1卷第8期。

及丁悚所摄《狼虎会游苏之影》① 等文章。此会无法说明《礼拜六》后一百期在文学上的成绩，但却反映了《礼拜六》周刊诸同仁的凝聚力，表明旧派文学群体在二十年代的稳固与延续。

整体来看，复刊后的《礼拜六》呈现出一种全新的改良姿态，内容和技法上都似乎在向"新派"靠近，但毕竟与"新派"的革命性存在差异，特别是意识形态及思想观点上的差别尤为明显，因而其"妥协"的态度并未赢得与新派的和平共处，其受批评的命运也未改变。在二十年代"新派"日渐壮大之时，《礼拜六》与同类的旧派文学杂志仍能割据相当的读者市场，只是颓势也越发明显。正如周瘦鹃在回忆中所说："到了一百二十多期以后……一面我却依旧助钝根编《礼拜六》，并仍按期撰译小说，直到一百卅余期，因自己精神不够，才归钝根独编，而我仍将自己的作品供给他。可是到二百期时，钝根的兴致已尽，馆主的供应也大不如前，于是《礼拜六》寿终正寝了。"② 在该刊的最后一期，《礼拜六》特地增加内容，"选择各体精美小说、图画、照相大批露布"，以此"为本刊留一纪念"。于是在维持近两年之后，《礼拜六》于1923年2月10日又再次停刊。

二　最后主编的报纸副刊：《商报·商余》

《商报》"创刊于1921年1月1日，1928年元旦起曾停刊，旋复刊，1929年间又停刊，1946年5月22日复刊，出新1号，上海解放后，继续出版"③。创办人汤节之，馆址在上海四马路（今福州路）望平街口，正式出版日期为1921年1月24日。④ 此报致力于报道国内外商业发展情况，虽与各大报纸一样将时政新闻放在头版，但其商业内容所占比重最大，有专门的"商业金融"版面，主要刊载有关商业、经济的新闻和评论。

为吸引大众读者，该报自创办之日起，即设有专门的文艺副刊版面。副刊最初名为"百货陈列所"，由张丹斧主持，内容主要分闲评、诗坛、

---

① 《半月》1921年第1卷第8期。
② 瘦鹃：《礼拜六旧话》，《礼拜六》（原《工商新闻》副刊）1928年8月25日第271期第3版。
③ 上海图书馆编：《上海图书馆馆藏中文报纸目录（1862—1949）》，上海图书馆，1982年，第325页。
④ 《〈商报〉展期出版》曰："本报为工商界惟一之言论机关，筹备手续不厌周详，原定十年一月五日出版，刻因机器装置不及，同人力求完备，决定展期至一月二十四日出版。"《申报》1921年1月1日第3版。

剧谈、南技清话、笔记、散花天、小说等部分，均是文艺作品，并无商业方面的文字。后副刊经多次改版①，至 1922 年 6 月 1 日改名为《商余》，由王钝根担任主编。

关于王钝根接办《商报》副刊的经过，他在文章中曾有详细的陈述：

> 《商余》本来是张丹斧先生编的，那时候叫做"百货陈列所"。前年丹斧走了，本报前总理汤节之老友邀我继任，我没有答应。于是委托小菊又号菊庄，又号贤哉，又号红蔷馆主，又号努力，又号阿蛮，又号建雷，又号阿奋，又号晚绿诗人，又经钝根加封为晚绿奎诗人的陈仲回君主任编辑。把"百货陈列所"改名"商余谭助"。去年五月，陈君要回宁波去养病，那汤节翁又托陈伯南先生拉我入伙。我那时正要应同乡席子佩先生之聘，重入《新申报》，经不得陈君情意殷拳，却之不恭，只得来此承乏。②
>
> 钝根不为日报编辑者，数年矣。兹以汤节之先生谆嘱，来此承之《商报》文艺纂述之事。又将以拙笔浪墨、闲文废话与读报诸君相见，是不可无一言以为相见之礼……本报文艺栏初名"百货陈列所"，为张丹翁编辑，一时有俏皮大王之誉。继而改名"商余谭助"，为陈仲回君编辑，提倡新文学，颇为有功。今兹鄙见为不如去其谭助二字，而仅称商余，似较简截，而读者互相传述，亦便于称谓。③

将王钝根邀入《商报》的陈伯南，或即当时的国民革命军官员陈济棠（字伯南）。另外，陈布雷亦曾为《商报》的编辑主任，他与王钝根早就相熟，王钝根还有《赠布雷》④ 一诗。当初汤节之创办《商报》乏资，正由陈布雷之兄陈屺怀等人资助，所以汤邀王钝根主办《商报》副刊或亦有陈布雷的关系。而《商报》副刊最早的编辑张丹斧亦是王钝根的好友，曾任《新闻报》副刊编辑，钝根所办《社会之花》中还有他的题词。

栏目设置及特点　　《商报·商余》的性质与他报不同，内容设置上

---

① 1922 年 1 月 9 日 "百货陈列所" 改为 "商声煞尾"，1922 年 1 月 31 日又更为 "商余谭助"，栏目有 "语林" "说苑" "谐译" "学渊" "杂俎" 等几个版块，相比于 "百货陈列所" 篇幅并无增加。

② 《归政》，《商报·商余》1923 年 9 月 1 日。

③ 钝根：《开场白》，《商报·商余》1922 年 6 月 1 日。

④ 钝根《赠布雷》有 "海上多风寒气早，为君得句一相温" 之句，《民权素》1915 年第 6 期。

颇有新意。王钝根在《开场白》中曾点明该报的性质与栏目设置：

> 《商余》之性质，与其他日报之附刊小品不同。必常有讨论关于
> 商界之文字，以供各行号职员公余浏览，藉收改良商场风气之效，庶
> 不负本报以商命名之本旨。故凡投稿诸君，如能以此类文字见惠，敝
> 处最为欢迎。
>
> 小品文字，不宜漫谈政治，余于国内各政党各派系，尤无所偏
> 袒。故凡党人政客挟其偏见攻击异己之文字，敝处不敢领教。然于名
> 阀巨公之私人趣史，足当一时佳话，而不致予人以难堪者，余亦甚欢
> 迎之。
>
> 谐谈笑话，为小品中必不可少之物，使人读之开怀解郁、却病延
> 年，诚卫生要药也。钝根所得海外文字交中，最多笑匠。此后如蒙以
> 此类趣物见贶，则区区一纸《商余》，可称为特别改良卫生小品。①

所谓的"商界之文字""小品文字""谐谈笑话"，正是王钝根征集
文稿之纲领。但因版面所限（不足一版），《商余》实际刊载的内容主要
有三大部分：题头之下的首篇，一般是王钝根的游戏评论文字；中间部分
的小品笔记，包括商务记事与评论、名人轶事、笑话等；最后是篇幅比重
最大的小说、弹词等叙事文学作品。

其中有关"商界之文字"是《商余》的一大特点，最能体现其"工
商界惟一之言论机关"的自我期许，而此种商界文字以久道的《商语拾
零》、冯梦云的《商余偶笔》等最为出色。《商语拾零》是《商余》上系
统讨论中国商业现状的笔记，内容包括对各地商业中心的介绍，对中国各
行业弊病的讨论，以及中国公司在商业竞争中的得失情况等，如其中讨论
中国的夏布产业内容：

> 中国夏布，向来行销朝鲜全国，为国外贸易之一大事业。按昔纱
> 缎夏布，均为华货销韩大宗。自日韩合并十年后，关税期满，纱缎一
> 项，既有日货之竞争，复有重税之压迫，营业久不顺利。惟夏布一
> 项，因韩人习用已久，而日货又无代替之品，故销路尚旺，得能占一
> 席地也。此项销售韩境夏布，有潮州帮、四川帮、江西帮、江苏帮之
> 分。年来出货，精益求精，尤为韩人所欢迎。全境所销之价值，年约

---

① 钝根：《开场白》，《商报·商余》1922 年 6 月 1 日。

银七八百万元，均在仁川进口，然后转销各道也。①

文中讲述了中国夏布行销出口的情况，从销路兴旺的原因到具体的销售数字都有分析，而于中日韩三国贸易之消长亦可窥得一二。也因此《商余》对其进行了重点推介，其所刊位置通常都在王钝根的评论文章之后。不过，商界文字虽然在《商余》创立之初较为丰富，但随后却日渐减少，逐渐被文学性的笔记占去刊载空间。《商余偶笔》的篇目比《商语拾零》少，但也是作者对国内外商业信息观察与研究的心得体会。此外的商界文字还有洪瘦锋、白俊英等人对商业事宜的记述，也是《商报·商余》"言商"特色的重要体现。

《商余》中的笔记小品，主要有潘卿须的《怡庐笔记》《忆芝楼诗话》、陈小菊的《红蕱馆杂记》、张静庐（寰镜）的《时人轶事》等。潘卿须、陈小菊都曾是《商报》编辑②，而张静庐也是当时的报界名笔，他们于政商文艺界消息都极为灵通，故所记多为名人轶事、近代掌故，足以引起读者的兴趣。而在小说、弹词等叙事文学方面，《商余》中的作品主要有映清女士的《玉镜台弹词》、仲启的社会小说《湘楚三年录》、刘豁公的社会小说《沧桑记》等，基本上都是关于社会现实的白描式作品，超不出当时旧派长篇小说的结构套路。

映清女士早在王钝根编辑《自由谈》时期即与其相熟，不仅是"自由谈话会"中人，其小像简介也曾刊于《申报·自由谈》版面（1913年6月30日），另外在王钝根主编的《新申报》副刊、《礼拜六》《社会之花》以及《商报·商余》上都有作品发表，王钝根还曾为其撰写小传③。她的《玉镜台弹词》自1923年1月3日开始在《商余》连载，前有王钝根识语及姚文枬的序言。而仲启的《湘楚三年录》刊于1922年5月21日至1923年4月20日，共载二十三回，主要描写湘楚一带的市井人物生活，可惜未能完篇。至于刘豁公的《沧桑记》，则自王钝根接管《商报·商余》之日起开始连载，至1922年12月15日止，共刊载十三回，主要讲述穷苦出身之黄士齐的发迹变态史，借以揭露社会的各种真相。之后刘

---

① 久道：《商语拾零》（续），《商报·商余》1922年9月22日。

② 潘卿须后来转到《民国日报》工作，参见《陈布雷集》，东方出版社2011年版，第297页。

③ 钝根：《本旬刊作者诸大名家小史·映清女士》，《社会之花》1924年第4期。

豁公又续有半部，1924 年由其创立的雕龙出版部刊出单行本①。在这三种之外，其他的小说作品多数为短篇，内容以"讽世""言情"为主。同时，《商报·商余》上也刊有翻译作品，但数量极少。由英人麦根斯著、殷鉴翻译的《高丽亡国痛史》算是其中较具代表性的一部，内容记述朝鲜被日本吞并的过程，意在警醒国人，以免步朝鲜之后尘。

另外，《商余》刊头还常常刊载仕女时装画，版内亦时有醉憨等人的漫画及梅兰芳等艺人的戏装小影，以此来增加内容的丰富性，提高刊物的吸引力。大体上说，《商报·商余》在王钝根接管之后，基本的内容格局没有太大变化，但因王钝根的广阔人脉，使得《商余》的稿件多出自名家手笔，在质量上获得一定的保障，同时《商余》所推出的"商界文字"在当时的文艺副刊中也是一抹亮点。

《商余》中的笔战　《商报·商余》上发生过数次笔战，涉及不少时事及文艺话题，由此可见当时的社会实况、舆论动向及王钝根的办报特色。在王钝根主持《申报》和《新申报》副刊期间，撰稿同仁间群体性的事件一般为组织社团、刊印杂志、诗词唱和及纪念旧友几类，其内容也无外乎征集稿件、出版纪念特刊等活动。而在编辑《商报·商余》期间，该刊的群体性事件则是几场论辩，有关于经济者，有关于意识观念者，也有关于文艺娱乐者。在这些笔战中，社会时局的一些问题得以暴露，而报纸作为公共舆论场的能力和影响力也得到充分证明。王钝根曾总结过这几场笔战，他说：

> 在下当了《商余》编辑一年又三个月，愧无成绩可告（因为闯的祸不多）。勉强可以算一回事的，只有"印花绸问题""江南北之战""妇女西装问题""捧晚香玉""黄老班风潮""册封奎艳亲王"这几件玩意儿，还能够的上爱读《商余》诸君，五十年后，撚胡话旧的资料。②

"这几件玩意儿"正是占据《商余》多日篇幅、多位撰述者笔墨的大事件，是《商余》中文章与话题的结合体，更是报刊反映时局、政事、经济等社会各方面内容的实例。

以"印花绸问题"为例，这是投稿者"乘槎"与"江夏若农"就

---

① 《出版界消息》，《申报》1924 年 4 月 23 日第 19 版。
② 钝根：《归政》，《商报·商余》1923 年 9 月 1 日。

"华丝葛"是不是国货而展开的论辩,笔战起自乘槎的《新流行之华丝葛》一文①。乘槎认为华丝葛的花纹来自日本,并非完全之国货,而国人以此冒充国货,只顾私利而忘了抵制日货之公益。此文一出,引来江夏若农的不同意见。江夏若农认为华丝葛是国货而非日货,市面上或有"以日充华"的丝织品,但华丝葛本身却是国货。由此双方争论不休,均无法说服对方,使得王钝根不得不发布《本报宣告戒严》命令:

> 乘槎和江夏若农两先生,为了印花华丝葛问题,不由分说,硬借本报做他们的战场……《商余》一百七十五方寸地位,已经陷入军事范围,不得不颁布戒严令。自颁布日起,凡著作人等,到了晚间六点钟以后,不得投稿。②

但双方的争执并未就此停止。这之后,乘槎又有《我对于市上所谓彩花绸之疑问》(1922 年 7 月 1 日)、《质问答疑问者》(1922 年 7 月 3 日)等文,而江夏若农亦有《答疑问者》(1922 年 7 月 2 日)、《再答疑问者》(1922 年 7 月 3 日)、《三次敬告疑问者》(1922 年 7 月 4 日)、《我所谓彩花绸及印花华丝葛认为国产之原因》(1922 年 7 月 7 日)等文对答,另有青萍、骗黄等为二人排解或辩护③,直至 1922 年 7 月中旬方才停笔。④

"彩花绸之战"是由经济问题而引发的政治讨论。自五四运动以后,国人抵制日货的呼声一直高涨,各行业都有所谓的"国货运动",其行销商品不论是否国产,都一律打着"华货"的旗号,此次乘槎质疑"彩花绸为日货"一事正是"抵制日货"之民族情绪的体现。此场论战,双方的分歧主要在于"彩花绸"国产/日产的身份,但在"提倡国货"这一基本精神上却是一致的,而这也是当时国内经济政治形势的切实反映。《商余》因提倡"商界文字"而刊登此次论辩文章,在某种程度上也是王钝根"文学功用"思想的再次呈现。不过,此次论辩王钝根并未参与,他

---

① 乘槎:《新流行之华丝葛》,《商报·商余》1922 年 6 月 25 日。

② 钝根:《本报宣告戒严》,《商报·商余》1922 年 6 月 30 日。

③ 青萍:《我为乘槎与江夏若农二君排解》,《商报·商余》1922 年 7 月 2 日。骗黄:《斥江夏若农之狂妄》,1922 年 7 月 7 日。

④ 1922 年 7 月 15 日王钝根发布《实行和平主义》一文,文中交代"关于彩华绸问题者三篇",并宣布"此事已经本报下令停战,故万不能再为刊布。"

对政事的敏感度主要体现在"江南北之战"中。

"江南江北之笔战"源于王钝根的《广苏人治苏主义》一文，因引起江北人的误会，故而导致江北人与江南人的争吵。王钝根曾解释说：

> 　　前天我做了一篇游戏文字《广苏人治苏主义》，主张江苏省设两省长。我因为新任省长韩国钧是江北人，有许多江南人反对他，所以想给江南人、江北人各得一个本乡省长，这也是一番调停好意。不料触怒了一位江北老友张丹斧先生，他就在《晶报》上大发俏皮，说我瞧不起江北人。阿呀我的天老爷，我怎敢瞧不起江北人，我正为了人家说到江北人三个字含有轻薄的意思，我很替江北人抱不平。①

"调任韩国钧为江苏省省长"②的命令下达于 1922 年 6 月 15 日，王钝根之《广苏人治苏主义》是对当时的政令发表意见，不料引起老友张丹斧的注意。张于 7 月 6 日在《晶报》发表《广广苏人治苏主义》一文，反驳王钝根对江北人的"蔑视"。但王钝根说他本无此意，故有《我给江北人赔罪》之解释。

然而，此文不但没有平息江北人的怒气，反而更平添了他们的怒火。随后《商报·商余》与《晶报》逐渐分成江南、江北两大阵营，互为攻诘，互相解释，其中亦有调停息战者，但事与愿违，反而引出更多的笔墨官司。王钝根虽于 7 月 15 日发布《实行和平主义》一文，称："日来所得含有战争性质之稿，一概不登。"但他却并未能遵此"和平主义"。在这场笔战中，《晶报》上有丹翁（张丹斧）的《又广钝根先生》（1922 年 7 月 12 日）、好春簃主（孙瘭蝂）的《戏为江北人答江南人》诗两首（1922 年 7 月 15 日、18 日）及《大家要平心下气》（1922 年 7 月 24 日）、乡愚晚的《告不平人》（1922 年 7 月 27 日）；而《商报·商余》这边则有王钝根的《愿好春簃主平心下气听我一言》（1922 年 7 月 23 日）、不平人的《上下流问题》（1922 年 7 月 24 日）、海鳌的《我愿为江南人江北人的南北议和代表》（1922 年 7 月 25 日）、王钝根的《蒋竹庄先生之调停江南北》（1922 年 7 月 27 日）及《晶报之乡愚晚》（1922 年 7 月 28 日）等文，其中将骂战推向"高潮"的是好春簃主孙瘭蝂。

---

① 　钝根：《我给江北人赔罪》，《商报·商余》1922 年 7 月 10 日。

② 　《命令》，《申报》1922 年 6 月 17 日第 4 版。

孙为江苏高邮人①，又称好春簃主，与袁寒云、张丹斧、李涵秋、包天笑等人并称"五毒"②，曾任《神州日报》《新申报》主笔，有《啸颐笔乘》《好春簃笔记》等著。据《商余》撰稿人"不平人"所言：

> 钝根已尽他骂了十几天了，像他这样的不知进退，非得群起而攻，给他一个好看不可。他爱说人家下流，他自己不想想，前年《晶报》为了他的那篇大作《宝盖图宫秘史》，用极下流的笔墨，描写淫秽事情，被巡捕房把全部《晶报》抄去没收了，还累那位《晶报》主人余大雄先生，被公堂上判罚洋四十元。……孙癯蝯的笔墨，又笨又龌龊，实在不配做报馆主笔。读报诸君总还记得他在《新申报》当了几时主笔，临了还吃了个逐客令，他的上流也就有限了。③

不平人也是骂战中言辞较为激切的一个，而王钝根将其文不加删削地刊入《商余》，更招致了好春簃主的不满。不平人文中提到的《宝盖图宫秘史》为孙癯蝯所作，内容乃"揭库伦活佛与其宠姬所谓菩萨者之种种淫乱"，孙"工于辞章，秘史蕴藉出之"④，最终招来笔祸。不平人重提此事，并加以挞伐，更言孙被《新申报》辞退之事，因而好春簃主怒气更盛。他给《商余》写信说：

> 商余主任者鉴：二十四号，贵报载不平人投稿，谓鄙人吃《新申报》逐客令云云，显系挟嫌诬谤。鄙人向《新申报》辞职，该报经理再四挽留。函札具在，可以覆案。应请更正，以昭实在。此颂撰祉。好春簃主顿首。⑤

最后王钝根想和平解决此事，邀请孙癯蝯赴宴。他在海鳌《我愿为江南人、江北人的南北议和代表》的文末按语中说：

① 郑逸梅：《回忆名宿张丹斧》，《仪征文史资料》第2辑，江苏省仪征县委员会文史资料研究委员会，1985年，第73页。然陈玉堂于《中国近现代人物名号大辞典》中称其为"安徽人"，浙江古籍出版社1993年版，第252页。
② 郑逸梅：《回忆名宿张丹斧》，第70页。
③ 不平人：《上下流问题》，《商报·商余》1922年7月24日。
④ 郑逸梅：《纪孙癯蝯〈宝盖图宫秘史〉一案》，《郑逸梅选集》第四卷，黑龙江人民出版社2001年版，第94页。
⑤ 好春簃主：《来函一》，《商报·商余》1922年7月26日。

我本不愿开罪江北人，所以七月十日之后，绝口不谈此事。叵奈孙癯蝯先生太高兴了，直吵到二十一日还没有歇。……好在孙先生愿意赴我老半斋之宴，我想约定礼拜六请他，亮（谅）没有说不明白的事情。①

并在《商余》中刊出此约谈启事，以明示诸位读者：

礼拜六下午七时，敬屈癯蝯先生驾临三马路老半斋一叙，幸勿却。钝根拜订。②

但是孙癯蝯没有赴宴，笔战直至八月也未结束，1922 年 8 月 3 日《商余》又刊登遂初的《我为钝根先生鸣不平》一文，随后王钝根又发文称"自孙癯蝯先生却我老半斋之宴，《晶报》战氛又恶，遂复激起大多数人之反响"③，于是又延宕数日，此笔战方才停息。

整体来看，此次笔战的起因是王钝根就"韩国钧任江苏省省长"一事而偶发的调侃——江北、江南分置两省长。文章反映了当时江南人对省长任命的不满，进而也折射出中国不同地域之间的隔阂。笔战的焦点从"省长任命"这一政治问题变为"江南与江北"之间的地域歧视问题，因为"江北"与"江南"之区隔是时人日常生活中切实存在的争论痛点。

在这一时期，《商报·商余》的整体风格偏于平实，而非《自由谈》时期的滑稽活泼。虽然王钝根一如既往地创作、选刊诙谐幽默的闲评、韵语，但经过数十年的发展变化，报纸副刊已较民初更为成熟，也缺少了清新俏拔之气，故而《商余》呈现出来的是偏于品评性、实用性、知识性、消闲性的文学特质。这些在上述文章都有体现，即便是纯粹的文字游戏，在《商余》里亦不是《自由谈》时期的味道了。

至于王钝根说的"妇女西装问题""捧晚香玉""黄老班风潮""册封奎艳亲王"诸事，论辩的激烈程度不如"印花绸事件"和"江南江北之笔战"，但也是报坛一时的新闻热点。如"捧晚香玉"是该报各撰稿同仁吹捧当时的梨花大鼓伶人晚香玉的一段轶事。起初是《商余》版面印

---

① 海鳌：《我愿为江南人、江北人的南北议和代表》，《商报·商余》1922 年 7 月 25 日。

② 《商报·商余》1922 年 7 月 26 日。

③ 钝根：《敬谢参加笔战诸君》，《商报·商余》1922 年 8 月 4 日。

有晚香玉小影①，而后晚绿诗人（陈小菊）撰《晚香玉小传》②，自此之后《商余》上的"捧晚"各类诗词文章便不断出现③，而王钝根亦是"捧晚"的推手。清末民初的戏剧评论随着报刊媒体的影响不断发生变化，在五四前后"捧角家"开始出现，到二十年代捧角更盛，不仅有所谓的伶选大会，还有"捧角家"为所捧之角发起的社团组织。埶明在《海上捧角团体汇志》中曾记："香社（捧鼓娘金小香）主持者为梅花馆主，兰社（捧金小香之姊金小兰）主持者为舜水邹改庐……晚社（捧鼓娘晚香玉）主持者为蒋寄声。"④ 而当时的"晚社"还有一个"晚党机关部"——"上海四马路望平街口商报馆，原来是晚党机关部，因为这里头的人没有一个不是捧晚香玉的。"⑤ 此"捧晚"事件纯粹是一场娱乐化的文字游戏，固然可以引来无数读者的注意，但这样的内容笔调显然有悖于《商报》的严肃性与实用性。

　　事实上，到五四之后虽然国内局势仍不稳定，但军阀混战恰好给新闻界制造了相对自由的言说环境。因为缺乏强有力的政治控制，上海新闻界一方面可以严厉地批评各路军阀，讨论国内的经济形势；另一方面也使刊物中商业化、娱乐化的内容比重不断增加。特别是在二十年代，虽然新文学派已经兴起，但旧派报刊及文学创作也迎来了新高潮。《商余》中的这几起笔战既是《商余》关心政事时局之反映，也是该刊在"言商"时兼及娱乐的体现。这种"兼及娱乐"不是《自由谈》初期有意识地"兼顾严肃与活泼"，而是不自觉地呈现出的文字娱乐化倾向。而这类娱乐化的文字狂欢在"商店伙计赤膊问题"（1922 年 6 月）、"伶选大会票钱问题"（1923 年 1 月）、"妇女西装问题"（1923 年 5 月）等事件中同样表现明显。

---

① 《商报·商余》1923 年 1 月 10 日。

② 晚绿诗人：《晚香玉小传》，《商报·商余》1923 年 1 月 11 日。

③ "捧晚"文章有：悟吾的《艺术家的晚香玉》（1923 年 1 月 16 日）、《我捧晚香玉的经过》（1923 年 1 月 13 日）、陈小菊的《赞晚闲话》（1923 年 1 月 19 日）、《晚香玉感人的力量》（1923 年 1 月 21 日）、《晚香玉拒捧说更正》（1923 年 1 月 26 日）；诗词有辛的《钝根嘱捧晚香玉戏答四句》（1923 年 1 月 12 日）、严柏梁的《赠鼓娘晚香玉》十首（1923 年 1 月 15 日）、蒋寄声的《晚香玉鼓词界中之翘楚也。品格端庄，出泥不染。前在商余读严柏梁君所咏十绝，叙事处异乎予所闻，爰依原韵赋之》（1923 年 1 月 19 日）、回风亭长的《晚香玉赞》（1923 年 1 月 24 日）等。

④ 埶明：《海上捧角团体汇志》，《商报·商余》1923 年 1 月 25 日。

⑤ 王钝根：《晚党机关部》，《商报·商余》1923 年 1 月 13 日。

张静庐谈《商报》时曾说，该报"除评论外，新闻方面限于经济，是不能表示特色的。尤其是副刊的《商余》，从张丹斧、王钝根以至于我的朋友陈小菊，都没有将它弄好过"①。此评断虽或准确，但王钝根在主持《商余》期间还是有过不少努力的。实际上，通过上述内容，可以看到王钝根在两年过渡沉淀后，对副刊编辑工作的"习惯"保留和相应改变。其中之"习惯"有调侃时事的游戏文风，有以文会友的团体组织，有副刊版头的仕女图。其中之"改变"则为重视时政及商界情报等有益文字，重视疾言论战的影响力等。但很可惜，《商余》并无法重现《自由谈》初期的辉煌。王钝根从接手《商报·商余》，至1923年8月21日辞职②，其间不过一年又三个月。离开《商余》之后，王钝根的报纸副刊时代亦走向终结。

三　最后编辑的商业类报刊：《工商新闻》

王钝根从《商报》辞职后又接编了一份报纸——《工商新闻》。《工商新闻》由田季恒（寄痕）出资创办，社址在望平街D字第二百零三号，电话为中央2175号，"产生于民国十二年国耻纪念日（五月七日）"③，即其第1号出版于1923年5月7日。根据《上海图书馆馆藏中文报纸目录1862—1949》的著录，上海图书馆馆藏该报"1923.6.18—1927.6.22"的内容④有部分残缺。

《工商新闻》每周一刊，最初由包天白编辑。包天白，别署曼郎，《工商新闻》1923年10月10日有其小像，王钝根接手该报是在1923年9月。《工商新闻》1923年9月15日第一张第2版有"本报启事"：

> 本报敦请报界先进王钝根先生任总编辑。先生之道德文章，久为全国人士所推崇，并请诸名家分任撰述，兹后当有佳作以饷阅者，想为诸君之所欢迎焉。本报于双十节日加印国庆增刊十张，征求工商言论、学说、译述及小说、笔记、杂录诸稿。如蒙惠稿，至迟请于九月

---

① 张静庐：《在出版界二十年》，江苏教育出版社2005年版，第75页。

② 钝根：《归政》，《商报·商余》1923年9月1日。

③ 寄痕：《从工商新闻说到礼拜六》，《礼拜六》（原《工商新闻》副刊）1932年5月7日第451期第9版。围绕"二十一条"的国耻日有两种说法，一种是5月7日（最后通牒日），一种是5月9日（签署日）。

④ 上海图书馆编：《上海图书馆馆藏中文报纸目录1862—1949》，上海图书馆，1982年，第13页。

廿五前寄到，以便付排，迟恐不及。

同时该版此日还刊出王钝根的"附启"，称"钝根不才，谬辱田、包两君错爱。重以至友范亦纯君介绍，遽命兼任本报总编辑。"①

此报内容主要是关乎工商界情况的报道评论，与《商报》内容不无相似之处。据时人称："吾友王子钝根、田子季恒居沪久，稔沪上工商业最悉。于前年春间创一《工商新闻》报。举在沪工商业事实，撮其要，纪其事，提其纲，挈其领，每周一刊，篇副不冗，门类毕备，阅者称便。"② 该报虽然"每周一刊"，但内容格式却与报纸相同，在其"门类毕备"的栏目设置下，"工商新闻社设立之宗旨为服务社会，辅助工商业谋发展"③。1924年《社会之花》创刊号上有《订阅工商新闻》的广告，其中曾言及该报的宗旨与内容：

> 《工商新闻》系由报界名宿王钝根先生主编，以提倡国货、发展国内工商业为宗旨。除专载关于工商界之学说言论及工厂调查等记载外，附张刊载当今名家之小说、笔记、诗词、滑稽文章甚多，定期每星期六出版三张……

则该报以提倡工商业为主，同时亦有新闻通讯、文艺副刊等内容。

《工商新闻》最初是一大张，后来"由一小张递增至三小张"④。第一张基本为商界消息、商业评论与广告，副刊在第二张，后来商业文字增加，副刊移为第三张。其中正张的主要内容有"时评""言论""调查""农工实业""金融商况""交通纪要"等几个版块，作者除王钝根、歼仇、杨笃因等人外还有广泛的读者来稿，所讨论者均为切中实际的各类商业问题。同时，为了吸引读者，此报亦不时添加增刊，如"国庆增刊""小说增刊""元旦增刊""纸币增刊"等。据田寄痕说，《工商新闻》的"增刊曾出过十张，实开上海报界未有之新纪元"⑤。其中

---

① 钝根：《金融界之势利》，《工商新闻》1923年9月15日第2版。
② 项世澄：《工商新闻报汇刊序》，《工商新闻百期汇刊》，工商新闻报馆1925年版。
③ 《工商新闻》1923年10月10日"国庆增刊"第五张中缝广告。
④ 寄痕：《从工商新闻说到礼拜六》，《礼拜六》（原《工商新闻》副刊）1932年5月7日第451期第9版。
⑤ 寄痕：《从工商新闻说到礼拜六》，《礼拜六》（原《工商新闻》副刊）1932年5月7日第451期第9版。

"纸币增刊"自 1924 年 5 月 10 日（第 53 期）起出版第一期，"以后月出一期"①。

对于王钝根来说，《工商新闻》与其之前主持的报纸有不同的意义。这一次他的文章不再出现于副刊版面，而只有每日刊载在第一张第 2 版的"时评"。虽然《工商新闻》也有精彩的副刊②，而且还刊登了不少高质量的文艺作品，如藏拙斋主人的《小说闲谈》、冷蓉盦的《谁之过欤》、曼郎（包天白）的《春申怪影录》（初稿）以及歼仇的《工余杂话》等，但却不再有王钝根的作品，甚至连类似时评的"游戏文"也不曾见到。

从《商余》开始，王钝根对时局政事的关注逐步摆脱了"游戏文章"式的调侃而转向更平实的评论报道。在《商余》时期，这种转变只是个开始，而到了《工商新闻》，他在"时评"中对时事的报道则更具体详尽。如在编辑《工商新闻》期间正好发生第二次直奉战争，王钝根就此发表了《江浙之战》《内乱与租界》《外人目中之江浙军》《东南战后感言》《冯玉祥之改造果能彻底否》《吾之吴佩孚观》《张作霖之机会》等多篇"时评"文章，既对江浙战局进行分析，对吴佩孚、张作霖、冯玉祥等人在直奉战争前后行动、表现进行点评，又对孙传芳与吴克新、张宗昌等签订上海和议内幕进行披露，还对战后的国内经济变化及民众生活进行了预判。至此王钝根严肃的"时评"文章终于取代了"游戏文章"，这一取代过程正是他创作内容及风格前后转变的过程。即，自 1911 年 8 月之《自由谈》至 1919 年 4 月之《小申报》，王钝根处在时评文章与文学创作较混沌的时代，而从《商余》到《工商新闻》王钝根的评论文章终于与笔记小说等文学性作品相分离。

《工商新闻》在出满一百期时，有"百期汇刊"之辑，总编辑为王钝根。《工商新闻》的经理田季恒曾言："行行迄今，忽焉刊满百期。公退之余，相与披览故纸，检其议论警策而切于实用之文，更征经济专家、实业巨子之鸿篇巨制，汇集成书，灾诸梨枣，题曰《工商新闻百期汇刊》。"③ 另外，1925 年 4 月 18 日第一百期内有"百期汇刊征文"启事。

此次汇刊一为百期之纪念，一为汇辑有关商界、实业文字以助经济之

---

① 《工商新闻》1924 年 5 月 10 日"纸币增刊"第 1 期第 1 版。

② 最初名曰"小品"，其内容分为"闲话""谐薮""文苑""笔记""说林"等几个栏目。

③ 田季恒：《工商新闻百期汇刊·自序》，《工商新闻百期汇刊》，工商新闻报馆 1925 年。

发展。王钝根、董柏厓在《编辑缀言》中称：

> 吾人既知欲救今日之中国，非振兴实业不可矣。实业须如何而得
> 振兴，必也使吾实业界人人储有新学识、新艺术、新思想而后可以干
> 新事业。顾学术繁博而足资研究之书籍，又奚止汗牛充栋，势不能一
> 一披览。设有一书，赅备万有，举凡实业界切用之学术，包括无余，
> 小叩则小鸣，大叩则大鸣，则正合于时代之需要，而为制胜商场之利
> 器。此即本刊编辑之大意也。①

因而在广泛征文及汇辑《工商新闻》往期有关"实业界切用之学术"
的文章后，"百期汇刊"于 1925 年 9 月印行出版。版前不仅有黎元洪、
岑春煊、章士钊、叶恭绰、卢永祥、韩国钧、冯玉祥、张学良等政界名人
题辞，亦有广州、南昌、上海等地总商会的赞语，而且马寅初、颜惠庆、
黄炎培等名流学者亦为此刊撰写专文，一如王钝根所言——"本刊作者
都系当代工商巨子及经济学者，各本其平日之学识经验发为文章，以供吾
实业界之借鉴"②。

"百期汇刊"是《工商新闻》商业文字的集大成，全刊摒去了一切杂
俎笔记、诗词小说等文艺作品，专一报道研究商业问题，是发挥其"商
界喉舌"职责的一次集中呈现。同时，《工商新闻百期汇刊》也说明此报
主创对商界文字之重视，因此其文艺副刊之独立便在所难免。

《工商新闻》的副刊原名为"小品"，在 1925 年 1 月 1 日更名为"礼
拜六"。据当时的副刊编辑董柏厓称：

> 论过去时代中风趣最好之杂志，吾知社会心目中，决不能忘钝根
> 编辑之《礼拜六》。《礼拜六》前后共出至二百期，观其寿命之较长，
> 足征文字之价值。但《礼拜六》并非钝根个人之作品，而说者每谓
> 非钝根不能编辑《礼拜六》，则以钝根眼光利，选稿严也。兹张原名
> 《小品》，《小品》二字微嫌笼统，以其为每礼拜六出版，且为钝根所
> 主政，遂复更名为《礼拜六》。自是厥后，钝根将以编"老礼拜六"
> 之手段编"新礼拜六"，而阅者逢礼拜六日，可于"新礼拜六"中想

---

① 钝根、柏厓：《编辑缀言》，《工商新闻百期汇刊》，工商新闻报馆 1925 年。
② 钝根、柏厓：《编辑缀言》，《工商新闻百期汇刊》，工商新闻报馆 1925 年。

象夫"老礼拜六"也。①

据此文所言，"礼拜六"副刊之设一是因王钝根的缘故，同时也是为了借重《礼拜六》周刊的盛名招徕读者。创设之初，它仍是作为《工商新闻》的副刊存在，但不久之后便"独立"了。据《上海图书馆馆藏中文报纸目录 1862—1949》著录，"《礼拜六》，七日刊，上海工商新闻报馆。本报原为'工商新闻'副刊，自 1928 年 4 月 7 日起，改出革新 1 号，随《工商新闻》附送"②。盖自第 251 期（1928 年 4 月 7 日）起，该副刊"扩大一些，独立为一大张，仍与《工商新闻》同时并出"③，"由陈觉是、陈廷桢两君分别主持笔政"④。

"礼拜六"独立之后，并非继承《工商新闻》的衣钵："作风和从前《工商新闻》注重于工商管理、成本会计、工商动态、事业检讨，绝不相同。它有社评、国际动态、时局解剖、各地通信、文艺小品，它负着为民喉舌、针砭社会、采取民情、贡献国家的使命，始终没有卷入政治漩涡。所以至今还是无党无派，站在民众的立场上，批评现实，策励将来。"⑤后来几经变化，终能屹立不倒。抗日战争胜利后，它重新复刊，并"接受友好敦劝，公诸社会，改为有限公司组织"⑥。其具体的变迁历史，在编辑同仁的"二十五周年纪念"文章中可以找到：

　　"礼拜六"周刊的前身是《工商新闻》，和《礼拜六》杂志毫无

①　《小言》，《工商新闻·礼拜六》1925 年 1 月 1 日第 1 期第 1 张第 2 版。此时《礼拜六》作为《工商新闻》副刊尚未独立成张，故标注为《工商新闻·礼拜六》。当其独立刊行之后，注释中标注为《礼拜六》（原《工商新闻》副刊），以与小说周刊《礼拜六》相区别。

②　上海图书馆编：《上海图书馆馆藏中文报纸目录 1862—1949》，上海图书馆，1982 年，第 128 页。

③　觉是：《礼拜六扩大的意思》，《礼拜六》（原《工商新闻》副刊）1928 年 4 月 7 日第 251 期第 2 版。

④　寄痕：《从工商新闻说到礼拜六》，《礼拜六》（原《工商新闻》副刊）1932 年 5 月 7 日第 451 期第 9 版。

⑤　本报编辑室：《二十五年来的礼拜六》，《礼拜六》（原《工商新闻》副刊）1947 年 9 月 6 日复刊后第 91 期（总第 794 期）。

⑥　寄痕：《欢然重相见：复刊献辞》，《礼拜六》（原《工商新闻》副刊）1945 年 10 月 10 日第 704 期。

渊源，最初在民国十二年九月七日《工商新闻》第□期问世①。那时出版物极少，专门报道工商界消息的，只有《工商新闻》。……那时为了增加读者兴趣起见，另附副刊一小张，夹在《工商新闻》里，免费赠送，大受欢迎。结果喧宾夺主，《工商新闻》停刊，而蜕变成为独立的《礼拜六》周刊了。

担任《礼拜六》编辑中间，有不少知名之士。后来从政的董柏崖，报界前辈刘豁公，被汪逆狙击而成仁的朱惺公，都曾主过笔政。现任参谋长的冷（蓉盦）欣，也曾担任过《礼拜六》周刊的主笔半年，那时候的待遇只有十只大洋……民国十六年北伐成功，《礼拜六》周刊便正式改成十六开的本子，每期八页，旋增至十二页，售洋二分，全年连邮只收一元，社址在山东路麦加圈。那时候担任编辑的，以陈廷桢先生和陈觉是先生时间最长……

民国二十一年六月，《礼拜六》周刊又增加了画报，每月一次，共计四页。不但材料新颖，而且印刷精美。担任编辑的有倪古莲、徐绿芙、高奎章诸先生，金闺国士周炼霞女士当时也是我们《礼拜六》的台柱子，也曾担任编过画报。

民国二十五年《礼拜六》周刊已成为我国出版界的异军，和当时邹韬奋的《生活周刊》并驾齐驱。执笔者有马寅初博士、唐庆增博士、章乃器、毕云程、方之中、陆诒诸君。同时通讯网也遍及全国和海外，单是担任日本通讯的便有四位，署名苦学生的王沿津先生、旅行记者鲍振清先生、徐友文先生、范系千先生——都是通讯健将。此外南洋方面有刘士木先生，他是暨南大学教授，是有名的南洋通。阵营之盛，可称首屈一指。

八一三沪战爆发，本刊于八月十四日第七零三期开始停刊，……胜利之后，本刊复员是在三十四年十月十日。②

　　或是因为时间久远，此文所记信息存在个别错误，不过仍能从中获知

---

① "民国十二年（1923）九月"，《工商新闻》的刊发时间是 9 月 1 日、8 日、15 日、22 日、29 日，9 月 7 日并非其发行日，此处当是作者误记。另外，《礼拜六》的第 1 期出现于 1925 年 1 月 1 日《工商新闻》第 86 期，并非 1923 年，此处作者所言或为副刊"小品"，但"小品"版面的出现也早于 1923 年 9 月。

② 本报编辑室：《二十五年来的礼拜六》，《礼拜六》（原《工商新闻》副刊）1947 年 9 月 6 日复刊后第 91 期（总第 794 期）。

"礼拜六"在二十余年间的经历变化。越到后来，它与最初的性质差别越大，其主笔编辑与最初之钝根、豂公等人也属于不同的文学阵营，而且"它有社评、国际动态、时局解剖、各地通信、文艺小品"，这种综合报刊的性质决定了它最后"独立"成刊的必然。

主编陈觉是曾称，"《礼拜六》的宗旨系选择生动的文字和有趣味的、有价值的材料，以期促进工商业的发展为前提，同时又以改造社会，凡关于社会上之琐闻轶事，尽地搜集来贡献阅者诸君"①。不过独立后的"礼拜六"，在内容选择上削弱了对商业的特殊关注，将"时局解剖、各地通信、文艺小品"熔于一炉，增设画报等，较之其"副刊时代"确实有了不少亮点。王钝根在独立的《礼拜六》中发表过《五九声中之日本》《提倡国货与女界》等文。此外，该刊还出版特别专号以增进趣味，如第253期的"舞蹈号"、第256期的"恋爱号"、第271期的"老同志号"等。在"老同志号"中，主编请来原《礼拜六》小说周刊的好友同仁撰写文章，像周瘦鹃、陈蝶仙、丁悚、李常觉、陈小蝶、周拜花等人都发表专文来回顾小说周刊的《礼拜六》，王钝根也作了《想起了当年事》一文，不过仅略叙数语，聊作慰藉。虽然两个《礼拜六》同名不同体，但从"田君寄痕追念老成"② 出版"老同志号"来看，二者之间也不能说完全无涉。

1925年8月15日，《工商新闻》刊出王钝根的《关税会议》一文，此后该报未再见到他的作品，该报言论、时评栏目的作者变为听雪、白也、沂清、陈觉是等人。《二十五来的礼拜六》一文称王钝根主持此报"前后两年"，则其离开《工商新闻》大约就在此日前后。总的来说，《工商新闻》是王钝根最后一次主持报纸的编辑事务，在此期间他真正实践了专注于有益文字的目标，只作"时评"文章——讨论时局政事，力图实业救国。

四　《社会之花》及其他期刊

《社会之花》是继《礼拜六》之后王钝根在二十年代主编的又一文学杂志，共两卷36期（每卷18期），由大陆图书公司发行，出版主任为张

---

① 觉是：《礼拜六扩大的意思》，《礼拜六》（原《工商新闻》副刊）1928年4月7日第251期第2版。

② 钝根：《想起了当年事》，《礼拜六》（原《工商新闻》副刊）1928年8月25日第271期第2版。

恒夫，编辑主任为王钝根。该刊本为旬刊，后更为月刊，第一期出版于
1924 年 1 月 5 日，至 1925 年 11 月 30 日停刊。

《社会之花》的创设得助于藜青社，藜青社的经理为张巨清①，《社会
之花》创刊号中刊有其摄像小影。王钝根主持《社会之花》的工作，大
约是藜青社鉴于他之前的办刊成绩，所以邀其来编辑此刊。据严独鹤说：

> 老弟钝根可谓编辑杂志的老前辈，二百期的《礼拜六》便是他
> 的成绩。至于《礼拜六》停刊，自有别种原因，讲到他这个编辑，
> 确乎是博得群众的欢迎。大家只有欢喜赞叹，没有一人喝倒彩的。如
> 今他休息了不多几时，又受了人命（钝根按，原稿确是命字，不是
> 家字，特为保存，管教读者吓一大跳）的挽聘，要择吉登台了。这
> 回登台，排演的新剧叫做《社会之花》。花样新翻，一定有许多缤纷
> 夺目的色彩，可以供人欣赏。……我想这"社会之花"四字，可以
> 说是杂志的名称，也可以说是钝根老弟的外号。因为钝根在社会上交
> 际很广，名誉很佳，差不多说起钝根，大家都是眉花眼笑的欢迎他，
> 所以他的自身，也可以算是一朵社会之花哩。②

正是因为王钝根主编的刊物能"博得群众的欢迎"，所以他才又有
"择吉登台"的机会。如前所述，在《礼拜六》后一百期停刊之后，王钝
根并未休息，而是先后供职于《商报》与《工商新闻》，只是内容均偏于
商业。此番重拾文学杂志，王钝根仍找来文坛好友帮忙，不但创刊号中有
陈蝶仙、陈小蝶、丁悚、周瘦鹃等人的题字，三十六期《社会之花》的
大部分作品也都来自这些文坛好友。

关于本刊的缘起及宗旨，王钝根在发刊词中说：

> 本旬刊以《社会之花》名，盖定于藜青社张巨清君。出版预告
> 既布报纸，见者咸以为是游扬妓人之作也，否亦为女界之被欧化擅交
> 际者延誉而设也。讵知不然。张君曰："吾国之社会，沉闷极矣，宜
> 有以愉快之；黯淡极矣，宜有以鲜美之。本旬刊自比于花，将使社会

---

①　据虎闱《社会之花王钝根》一文介绍，"大陆图书公司老板乃镇海人贺润生，时任世界
　　书局营业部主管，亦喜舞文弄墨，和张巨清组织文社，取名藜青社，设在上海凤阳路九
　　如里。"《旧书鬼闲事》，上海远东出版社 2009 年版，第 3 页。
②　严独鹤：《钝根与社会之花》，《社会之花》1924 年第 1 卷第 1 期。

得此而愉快，而鲜美也……今本旬刊搜纪社会新闻，彰善瘅恶，亦所以吸社会之炭气而输以养气也。将见识字者人置一编，珍为养生却患之要品，又岂得以寻常小品文艺，仅足供赏心悦目者目之哉?"……今吾侪以优美之文艺为社会之花，此花长好而不萎，爱花者皆可得之，无一人快意、众人羡妒之弊。①

则《社会之花》之旨乃在"搜纪社会新闻，彰善瘅恶"，同时"供人赏心悦目"，此要旨与供人消闲、惩恶烛奸的《礼拜六》并无太大差别。所谓使社会"愉快""鲜美"，众人借以"快意""养生"的优美文艺，自然更多地顾及文本的艺术性、观赏性。正如此刊第 1 卷第 2 期中张丹斧的题诗所云："钝老双眸水镜同，彩毫披拂比春风。人人各洗看花眼，社会都归雨露中。""看花""雨露"即是《社会之花》兼重艺术性与社会价值的注解。

《社会之花》的内容以小说、笔记杂俎为主，诗词作品虽有，但主要作为补白或插页。就小说作品而言，长篇的代表是自创刊号开始连载的"时事弹词"《风流罪人》。该作在《社会之花》共连载三十二回，作者是映清女士，内容"叙述风流场中之艳事艳迹，记载浪子荡生之大恶大罪"②。因将近完稿时《社会之花》停刊，故未能刊完，但不久之后，大陆图书公司刊行了该作的单行本③。《风流罪人》几乎是《社会之花》中唯一的长篇，此外虽有王钝根"意欲"创作的长篇社会小说《温柔乡》，但仅叙七回便戛然而止，故事情节尚未完全展开，因而算不得长篇。在这两篇之外，《社会之花》所刊的叙事文本基本上都是短篇，偶或篇幅稍长者亦只能算是中篇，如平江不肖生的侦探小说《变色谈》等。至于短篇小说，则言情、侦探、社会等题材一应俱全，其中言情之作占多数，如毕倚虹的《割爱记》（第 1 卷第 2 期）、张秋虫的《江上芙蓉记》（第 1 卷第 8 期）、西巫瘦驼的《恋爱之梦》（第 2 卷第 4 期）、泣姝《情场失意人的春天》（第 2 卷第 14 期）等。

---

① 王钝根：《社会之花发刊辞》，《社会之花》1924 年第 1 卷第 1 期。

② 《风流罪人》出版广告，《申报》1926 年 8 月 24 日第 18 版。

③ 《风流罪人》（卅二回）篇后按语称："《风流罪人》为陈姜映清女士名作，自刊本杂志以来，多蒙各界推许，本期以稿未齐，不克登完，但不久稿峻，敝社拟另出单行本，仍托大陆图书公司代售，想爱读是书者，必当乐窥全豹也。"《社会之花》1925 年第 2 卷第 18 期。

　　较之民国初期,《社会之花》所刊小说以白话短篇居多。虽然此刊中不乏文言之作,但半文言或纯白话的作品较之以往明显呈增长趋势。如撰稿人沈禹钟,他的作品遍及笔记、文言短篇、白话短篇等体裁,虽然《移家记》(第 1 卷第 11 期)、《铅华记》(第 2 卷第 2 期)等文言作品亦纯熟精到,但整体上还是白话短篇作品的题材更广,在内容表现上也更丰富。

　　而笔记杂俎作为《社会之花》的一大特色,其代表性作品有潘卿须辑录的《社会趣闻》、心佛的《避暑轩随录》、素蓉馆主的《素蓉馆漫谈》等几种。它们都是逐日连载的,尤其是《社会趣闻》自创刊至停刊每期一篇,从未间断。这些文章或为杂俎趣闻,或为旧事记录,或谈论时事,或评赏人物,足供读者把玩欣赏,消闲遣怀。而像刘豁公的《哀梨室随笔》、林屋山人的《剧谈录》、吕碧城的《横滨梦影录》、禹钟的《萱照庐随笔》等名家作品也很受读者欢迎。此外,还有一仍传统的诗话题材——记录诗文杂碎趣闻的《挹翠室滑稽诗话》[1],以及介绍说部名家生平及交往趣事的《本旬刊作者诸大名家小史》《拈花微笑录》。其中《拈花微笑录》原是《礼拜六》后一百期中的栏目,王钝根曾言其"重启"之缘由:

　　　　曩作《拈花微笑录》,小说周刊《礼拜六》分期载之,颇得读者同情。来书推奖,许为知言,惜未几以事冗中辍,迄今友人晤谈及之,犹谆谆勉余赓续。余维知己之情不可负,两年来胸中郁积,不平之气亦以一泄为快。遂复拾秃笔,就破纸,作《拈花微笑录》续稿,以实《社会之花》。虽然,人生环境,随时变迁,文字亦因之而异。我今日之《拈花微笑录》,必有稍别于两年前者。幸读者诸君谅察焉。[2]

　　则该笔记栏目此番在《社会之花》"赓续",一是读者喜欢,二是两年胸中郁积的不平之气不可不借以发泄。虽然"今日之《拈花微笑录》,必有稍别于两年前",但它的存在也正是《社会之花》继承《礼拜六》周刊内容及特点的证明。

　　在原创作品之外,《社会之花》亦刊有不少译作。其中比较重要的有

---

①　王兆麟撰,自第 2 卷起开始刊载。

②　钝根:《拈花微笑录》,《社会之花》1924 年第 1 卷第 12 期。

张碧梧翻译的侦探小说《窗中怪影录》（第 1 卷第 8—16 期）、马二先生（冯叔鸾）翻译的《真假新娘》（第 1 卷第 11—16 期）、宜闲的《茑萝妈妈》（第 2 卷第 18 期，法国莫泊桑著）等。关于宜闲，王钝根称他的大名"凡读《商报》的都知道，他译文小说最为精细，这一篇《新闻记者的艳遇》把外国的人情风俗写得淋漓尽致"①。则知此人是王钝根在编辑《商报》时所结识的，《商报》上有其不少作品。至于马二先生则"近来很用心在译著上"②，一改他原来惯写的剧评、游戏杂文等体裁。除了《真假新娘》之外，马二还翻译有小说《裴士康坎坷记》（第 1 卷第 1 期）、《女明星日记之一页》（第 2 卷第 1 期）及笔记《维也纳旅行记》（第 1 卷第 4 期）等。另外，该刊上还有一篇《纽约娼妓的生活》，本为 George J. Kneeland 所作，是类似社会调查报告的笔记文章，毕倚虹等人翻译，意在为上海嫖界作一警示。

《社会之花》的编辑主任虽为王钝根，但王自 1923 年 9 月受邀主持《工商新闻》，兼顾两头难免精力不够，更加上日常多病③，故此刊又聘请沈禹钟为协理编辑，《社会之花》上曾发布相关启事：

> 本杂志销行日广，投稿日多，编辑部职务繁剧，特聘文学大家沈禹钟先生为协理编辑。先生所作诗文小说散见各书报者极多，海内文人莫不推重。今得为本杂志编辑，并允每期亲自撰述一二篇。将见《社会之花》益增色彩，亟为通告读者诸君，亮（谅）所乐闻也。④

沈禹钟亦是当时的旧派人物，所作小说、诗词作品甚多，斋名有"花影簃"⑤、"萱照庐"⑥等，在《礼拜六》《半月》《快活》等杂志发表的作品也有不少。如《旧地》一篇刊于《礼拜六》第 115 期，王钝根于篇末所加识语云："沈君魁伟少年，顾视雄阔，不图其文字细腻缠绵至

---

① 《编辑者言》，《社会之花》1924 年第 1 卷第 1 期。
② 《编辑者言》，《社会之花》1924 年第 1 卷第 1 期。
③ 王钝根在《编辑者言》中说："钝根今年真会害病，烂脚之后，紧接着红眼，平白地把《社会之花》的辑务，耽误了许多。"《社会之花》1924 年第 11 期。
④ 《紧要通告》，《社会之花》1924 年第 2 卷第 2 期。
⑤ 曾以此名作《文坛思旧录》一文。
⑥ 他以"萱照"为名，在《社会之花》上发表过《游东园记》（第 1 卷第 9 期）、《春场顾曲记》（第 1 卷第 18 期）等几篇文稿。

此。余亦尝为写情小说，今读此作，为之回肠荡气，搁笔叹弗如矣。"①
关于其生平行迹，赵苕狂曾有专文记之：

> 沈君禹钟，名德镛，浙江嘉善人也，世居邑之西塘镇。其先世皆
> 守产，谨厚不以文采著。君秉姿颖发，蚤岁劬学……初从其姨丈李君
> 馨吾学，卓然为侪辈冠。稍长，从周国香、沈君怀二君习古文辞，益
> 自励……年十七，丁家难，家业日落，君慨然负四方之志，期有所建
> 树，遂走海上，佣书于商务印书馆。……时国中方盛倡小说，君窃好
> 之，因有志于斯。见闽县林琴南氏所译欧美小说，叹为一时绝调，遂
> 宗之，能得其神髓，所作皆苍古朴茂，处处追踵林氏，时人重之。余
> 主《游戏世界》月刊时，君以《家难记》授余，余谓其直可与林氏
> 相抗手焉。君所撰小说，以文言为多，然语体亦不屑屑为庸响，读君
> 文者，固已知之审矣。君不特长于小说家言，且亦以诗文名，文宗桐
> 城，诗学北宋，于时人陈散原为近。②

沈禹钟为南社社员，社号1019，余十眉为其入社介绍人③。同时他还
是青社社员，除了《社会之花》之外，还编辑过《东方朔》等杂志，时
人则称其"跌宕风流，尝倾心乐园某女伶……好为伶人赋诗"④ 云云。既
然王钝根、沈禹钟两位编辑均植根旧学、雅好说部，则《社会之花》的
意趣与选材偏好于艺术性、观赏性便不难理解。

总的来说，《社会之花》是笔记与小说作品并重，重点推介的是小
说。至于用以"补白"的诗词、游戏文，其趣处亦能令人爱不释手。如
第1卷第4期所刊的《栩园字纸篓》便是天虚我生、小蝶、小翠、叔宝、
拜花几人的游戏之作，是他们将平日拈纸为题的唱和诗作摘录并投赠到
《社会之花》。此外，该杂志每期还刊有书法、画作及名人小像以增趣味。

1924年，受江浙战争及第二次直奉战争的影响，《社会之花》曾暂停
刊印。该刊第2卷第9期有"紧要通告"称："本旬刊受时局影响，大感
痛苦。一则交通梗阻，邮递迟滞；再则市面萧条，经济不纾，人苦乱离，
征稿维艰。重以种种不得已之困难，辗转筹思，只得将本旬刊于阴历岁暮

---

① 沈禹钟：《旧地》，《礼拜六》1921 年第 115 期。
② 赵苕狂：《沈禹钟传》，《禹钟小说集》，世界书局 1926 年版，第 1—2 页。
③ 郭建鹏、陈颖编：《南社社友录》，上海大学出版社 2017 年版，第 2020—2021 页。
④ 程宛扬：《顾曲零谈》，《礼拜六》1921 年第 123 期。

暂停两期。待至元宵左右，再行继续出版。"后虽重新复刊，但动荡的时局下，旧派通俗文艺期刊逐渐走向颓势，《社会之花》最终坚持到 1925 年年底便不得不停刊了。

在编辑《社会之花》的同时，王钝根还曾参与《说部精英》小说专集的编印工作。《说部精英》自 1924 年至 1926 年共出三集，分别为《甲子花》《乙丑花》《丙寅花》，内容皆一时说部名家之作品。《说部精英》原为刘豁公准备出版的刊物，而《甲子花》则是大陆图书公司的出版计划，两者各不相扰。《申报》上曾刊《出版界消息》：

> 刘豁公君现创办一雕龙出版部，开幕伊始，即刻大部书籍两种。一为《说部精英》，系集国内小说名家数十人精心结撰之小说四十余篇，合刻而成；一为豁公自撰之《沧桑记》说部，描写各种社会之真相。①

而与此同时，出版《社会之花》的大陆图书公司出于经销策略的考虑，准备在甲子年（1924）辑录名家小说集《甲子花》。据《社会之花》所刊"出版预告"称：

> 本社为酬答爱读诸君雅意起见，特于月出三期之《社会之花》外，另请当代最著名之小说大家独鹤、瘦鹃、倚虹、卓呆、浩然、介子、海鸣、西神、海上漱石生、天台山农、林屋山人、小蝶、小青、禹钟、癯蝯、济群、舍我、镠子、豁公、钝根等三十四人，精心结撰最新杰作各一篇，汇成巨册，廉价发行，定名甲子花，取"甲子年文艺界之花"之意。②

显然，此"甲子花"是沿用"社会之花"之意，结撰而成的出版物亦是小说专集。因王钝根与刘豁公为故交好友，双方在得知各自的出版计划后决定合作：

> 著作家刘豁公君，鉴于晚近文学之日就屡弱，特发宏愿，搜集名家说稿，刊行《说部精英》，冀以挽救于万一。同时王钝根君亦拟刊

---

① 《申报》1924 年 4 月 23 日第 19 版。
② 《说部精英甲子花出版预告》，《社会之花》1924 年第 2 卷第 2 期。

行《甲子花》说集，二书性质完全相同，彼此均不知也。继而知之，恐涉争胜之嫌，遂争欲停止进行。二君友谊之挚，于此可见。顷由第三者提议，将二书合为一集，改名《说部精英：甲子花》，现已在印刷中，不日即可出版云。①

　　至 1924 年 7 月 20 日，《说部精英：甲子花》正式出版，编辑者署刘豁公、王钝根，印刷者是大陆图书公司。

　　《说部精英》三集的内容主要是小说，而且均为短篇，其中文言与白话共存，社会与言情并举。此外，武侠、侦探等类型也均有选录，作者皆一时名家。其中《甲子花》收录三十篇作品，《乙丑花》与《丙寅花》均为二十七篇，刊物的格式、内容与《社会之花》相近，可以说是《社会之花》的精华版。小说之外，《说部精英》也录有少量的笔记及诗词作品，如《甲子花》中有陈小蝶的《天平枫色记》、张静庐的《铁窗旧梦录》；《乙丑花》中有刘豁公的《哀梨室随笔》、周瘦鹃的《晨钟》；《丙寅花》中有恽铁樵的《药庵剩墨》、向恺然的《拳术内外家的分别在哪里》、黄凤希的《乙丑秋词》等，所载之游记见闻、轶事杂俎及文艺评论等，皆可称得上是"文艺界之花"。

　　在《说部精英》之后，刘豁公于 1926 年再创《小说季刊》，出《春之花》《夏之花》两集。此刊从名称形式、撰稿同仁到作品特点均与《说部精英》一致。王钝根虽未参与《小说季刊》的编辑工作，但有《字幕闲谈》两篇稿件刊登其中。

　　总的来说，《社会之花》是对《礼拜六》的延续，两刊在撰稿同仁、文本类型等方面均有连续性。但《社会之花》与《礼拜六》后一百期已不同于民初的文艺杂志，二十年代政治环境及文坛形势的急剧变化都让其表现出新的气质特点——白话体运用得纯熟、"新式小说"的更多尝试、关乎社会人生题材作品的增加等，都有别于民初三四年间的旧派文学创作。

第三节　二十年代的文学创作

　　进入二十年代之后，王钝根经过近两年的调整，在编辑事业重新步入

① 《出版界消息》，《申报》1924 年 7 月 6 日第 21 版。

正轨的同时，他的文学创作也同样得到恢复。不过，经由五四新文化运动的洗礼以及新派文人的各种质疑，此时的王钝根一方面保有前一时期的创作节奏和特点，另一方面也在内容指向与情感笔调上趋于理性和冷峻。这一阶段最能代表他文学成绩的是旨在批评新女性的短篇小说，以及记述师友、名流生平的传记随笔。

一　短篇小说

重拾笔墨的王钝根，其创作心境与笔底文字都变得悲观，其小说主题也主要是男女恋爱与婚姻伦理，这跟前一时期专好聚焦社会政治的情况已大不相同。在《礼拜六》后一百期及《社会之花》《半月》《快活》等刊物上，王钝根所发表的小说几乎都在讽刺新女性，都在描述婚姻生活的痛苦，甚至在小说中幻想逃避现实生活的可能。整体而言，这一时期的小说作品质量要高于前一时期，题材内容也比较集中一致，而且全部是短篇作品。

关于批评新女性的主题，最具代表性的是他的"忏情小说"系列。该系列作品共五篇，分别为《踏青记》《娶夫如之何》《黄钟怨》《空影》和《看护妇》，全部发表在《礼拜六》周刊上。除《空影》一篇外，其余四篇都描绘了男子的不幸婚姻及对家庭生活的心灰意冷，都意在批评新式女性的奢侈和娇纵。其中《踏青记》《娶夫如之何》《看护妇》三篇主要是讥讽新女性，而《黄钟怨》一篇则除了写新女性的贪财好利外，更通过男主角"于质人"的经历，揭露种种不堪入目的社会怪现状。剩余的一篇《空影》则写男子薄幸，女主人公看破情爱而顿悟人世虚无的故事。

王钝根的这些作品无法归入鲁迅所说的"新的才子佳人小说"[①] 一类里面，而他对言情小说的看法，对所谓"鸳鸯蝴蝶"的写法本就与其他旧派作家不同。他很少依循流行的套路去描摹男女婚恋的经过与缠绵的情愫，反而是常常调侃或指出婚恋中的各种问题。特别是在 1920 年之后，由于家庭变故，他个人的婚姻生活也陷于痛苦，故他对情感和婚姻的认识就更异于其他的所谓"礼拜六派"同仁。如他在小说《重婚佳话》中说：

> 钝根不愿作美满之言情小说久矣。兹以重违瘦鹃意，勉强为之，殊自觉其牵强。盖钝根深信世间无美满之婚姻，无论为自由的、不自

---

① 鲁迅：《上海文艺之一瞥》，《鲁迅全集》第 4 卷，人民文学出版社 2005 年版，第 301 页。

由的，孰则能终身无间言、无腹诽者。凡人性情无一相同，即所谓自由婚姻之夫妇，当其未婚之际，多能屈己以徇所爱，及乎既婚，则各率其性而乖戾生矣。况有厌故喜新之恶根性与生俱来，圣贤豪杰亦仅能强制而已。或谓信如子言，则公妻主义与恋爱自由之说，当可适应厌故喜新之欲望，而无复缺憾。钝根曰否否。充厌故喜新之极，虽一小时间不能始终，然则所谓公妻主义与恋爱自由者，吾徒见其终自纷扰而已。①

又如在素纯女士《侬之恨史》的按语中讲：

无论男女，当立下慧剑，斩断情丝，以免有所黏着。爱情为物，于人有损无益，即或如愿以偿，相偕白首，亦终为学问事业之累。余料将来英雄豪杰必多抱独身主义者，其所成就必倍于已婚之人也。②

所谓"世间无美满之婚姻""当下慧剑，斩断情丝"等表述都可见他对家庭婚姻的悲观失望。

在"忏情"五篇之后，王钝根又有《懦夫自立会》《纪念》《马女士传》《慈善家的忏悔》等作品来揭露上海洋场对女性的"改造"，批判崇拜西式文明妇女的道德失守。其中《马女士传》一篇最为夸张，写一位大家女公子因为虚荣和贪婪不断改嫁，竟"十嫁人"，最后"行年五十，犹垂辫作处子妆"③。虽然这两三年间他还写过感叹美人迟暮的《美之寿》，写过感慨男女相慕而不能如愿的小说《半月》，但其主要表达的还是对情爱的失望和忏悔，特别是对新女性纵情奢侈的刻画，几乎贯穿了他这一时期创作的所有小说。

这对王钝根而言，或许是出于自身经验的客观描述，但就当时的社会现实而言，却也不能说不是片面且带有偏见的。在小说《慈善家的忏悔》中，作者除了写"王恩"（忘恩）等小人外，最主要的是描绘女子的懒惰和虚荣，比如作品中的甘如蜜小姐变成"一位京沪时式的姨太太"后：

结交了许多小姊妹，天天打麻雀、吃馆子、听戏、逛游戏场、买

---

① 钝根：《重婚佳话》，《礼拜六》1921 年第 115 期。
② 素纯女士：《侬之恨史》，《礼拜六》1921 年第 110 期。
③ 王钝根：《滑稽小说：马女士传》，《嘤声月刊》1922 年第 4 期。

衣料、打首饰，当作日常课程。果然用度浩繁，不说别的，单是赏下人一项，一出手便是五块钱一张的钞票，不行有单块的，更不用提毛钱了。下人们受着那么恩典，少不得感恩图报，变着种种法儿讨太太们的欢喜。咳，大凡家庭间千奇百怪的活剧，就在这上头发生了。①

全篇内容基本是男主人公"曾沧海"看透世情的自白书，因为忏悔更进一步便是逃避和幻想，以至于认为所有醉心经营的人生大事都是虚无幻象，所谓情爱更是欲念烦恼的根源、迷乱心智的罪魁。因而抛家弃业才是"快活真诠"。即在批评新女性及"忏情"之后，王钝根转而书写男性对家庭婚姻的痛悔与逃避，于是便有了《我为谁》《快活真诠》《家庭地狱》这几篇小说。

《我为谁》本是天虚我生的著作，自1921年《礼拜六》复刊起开始发表，但仅连载了两期，便因"家庭工业社百凡扩充，经理劳甚，实苦无暇更作小说"而搁笔。由于"读者来书诘问，积至千二百函"，于是便由王钝根续写。王续写了九回，连载于1921年《礼拜六》的第126—135期。在续写之前，王钝根说此篇原是陈蝶仙抒写"挟资漫游，弃家避世之志"的，他是"挟巨资而隐"，而自己将续以"无钱之隐"。实际上，在这篇小说里王钝根并未过多地述及"归隐"的意愿，而是在接续的篇幅中描摹社会情况，主要讲述"我"在弃家后的所见所闻，是沿用《二十年目睹之怪现状》的套路。但很可惜此作没能完篇，王钝根虽努力描绘社会现实，却没有将视野全面铺开，而只写了丑角"樊恩"的谄媚和不堪。从陈蝶仙、王钝根最初的创作意图来看，《我为谁》旨在写"弃家归隐"，但在具体的叙述中"隐"却有些语焉不详，直到第二年（1922）在小说《快活真诠》里，王钝根才将"隐"的意思和缘由表达清楚。

《快活真诠》的主人公"杜巽之"写了一本名著《谁是快活的》，原以为快活的要素是"邓通般家财""潘安般相貌""西施般妻妾""平原般名誉""孟尝般宾客"②，到最后却"独自一个钻在被窝里咽声痛哭"。他终于明白：

> 从此以后，只索一辈子忙忙碌碌给众人当牛马罢了。自己一个人吃的不过一碗饭，卧榻只占五尺地，其余的全供给了妻妾儿女、门客

---

① 钝根：《慈善家的忏悔》，《说部精英：甲子花》1924年第1期。

② 钝根：《世外桃源：快活真诠》，《快活》1922年第1期。

佣媪、亲戚本家、流氓善棍，自己日夜不得闲的辛苦，众人成败不关心的享用，世界上第一等愚人没有再过自己的了。①

　　于是终于离家出走，隐姓埋名，并在工作闲暇写一本书来"广劝众生修心养性，勘破虚荣，安分守业，寻求真正的快活"。此篇小说最能看出王钝根后期作品的思想基调，在历经家庭变故之后，王钝根将弃家归隐的生活看作"世外桃源"，将警戒世人看成自己的责任和义务，也因此不再局限于创作滑稽小说、言情小说一类的作品。

　　或者说，从一开始王钝根就无意打磨言情小说去取悦读者，如上文所举的作品大多是"言及情而非仅限于情"的。作为编辑，他平日所收稿件中小说极多，而小说之中言情小说的数量又极大。在阅尽千篇之后，言情小说的下笔之难可想而知。因此，王钝根不大可能执意于"言情"，即使撰写言情小说也不可能再去生搬套路，他更着意于描述情节和表达观点，在意表现社会生活的广度，因而在描写社会方面也更严肃和深刻。王钝根在这种心境之下，曾尝试撰写一部"社会小说"《温柔乡》。

　　《温柔乡》发表于1925年的《社会之花》，有楔子和正文七回，可惜又是未完成之稿。在"楔子"中，王钝根说："书名《温柔乡》，闻者必多拟为艳情小说。其实写情之处，固不能免，而作者之意绝非提倡恋爱……就人人心目中希冀之温柔乡生活，特为演绎而诠解之。写已得者之痛苦，藉以警醒未得者之迷梦。"② 即此点明小说宗旨不在"写情"，而在警世。在小说的前三回，作者交代了男女两个角色的家世及故事背景，但情节并未进入正题。按作者的意思，前三回中郑重描述的几个角色并不是小说的主角，"要晓得这两位先生，全不是书中的主人……我这头两回故意把陪宾写得郑重些，也是布设疑阵的玩意儿"③。而到了第四回却插叙老黄包车和小黄包车母女之事，接着便几乎完全与前文脱离，变为描摹社会怪状的"黑幕"作品，然后便没有下文了。

　　作者曾直接交代《温柔乡》要表达的内容：

　　　　如今要挽救男女爱情的纠纷，最好让他们澈悟美满姻缘之难得，厌故喜新的无谓。果然人人觉得新旧一般况味，何必多事更张。那就

---

① 　钝根：《世外桃源：快活真诠》，《快活》1922年第1期。
② 　钝根：《温柔乡·楔子》，《社会之花》1925年第2卷第1期。
③ 　钝根：《温柔乡·第三回》，《社会之花》1925年第2卷第3期。

可以教情海波平，爱河浪歇，只可惜没有那么一位苦心口婆①使者，亲身下界去走遭，经历一番悲欢离合，然后现身说法，普度家②生，就是本司将来也省却许多麻烦，那才是无量功德哩……临了还是拈花尊者从容起立，微笑点头，表示愿意为拯众生堕入尘障。于是合坐鼓掌，赞叹不绝。看官们记清这是拈花尊者托生人世的一段因缘，将来如何，自有分晓。③

则按照王钝根最初的构想框架，全书当写拈花尊者下界托生的一番经历，即作者欲借"拈花尊者"之口讲述爱情的易变，感叹旧礼教破坏之后，婚姻的难以维持。这一构想明显是模仿《红楼梦》的开篇，故而小说的结尾也可能是主人公对爱情婚姻的"澈悟"。而在此框架之中，小说的主体故事应为言情，其中又定有许多类似《孽海花》《歇浦潮》等书的风月场事，进而以这些情节为线索表现更丰富的社会内容，实现其所谓的"警醒未得者之迷梦"之目的。但可惜第四回之后的情节太游离主题，作者最终难以收束，而仅凭完成的七回内容，我们也无法完全摸清小说的布局和脉络。不过，王钝根在"楔子"中又说："小说之中，实以社会小说为最有意义，最有价值。吾既以小说为业，在义当作一长篇社会小说，警醒世人，庶几稍尽天职。而余二十年来，胸中郁积不平之气，亦得借此一稍倾吐。"④ 既然他认为"社会小说最有价值"，那么他对《温柔乡》的整体构想应该是记述恋爱之不可靠，并描绘社会之真实面貌。

可以说，这一时期王钝根所有的小说作品几乎都充斥着忏悔之意，文字之间全是看破婚姻恋爱、家庭生活的悲观失落，"忏情"系列如此，《我是谁》如此，《温柔乡》亦是如此，就如他在小说《最后一夜的自白》的按语中说："这篇小说骂尽一般穷亲恶友、恩将仇报的狗彘，文字淋漓尽致，痛快极了。……唉，老天哪老天，你何不把世界快快消灭了啊。"⑤

可惜《温柔乡》的完整篇幅不得而见，王钝根要警醒众人的文字到底有无振聋发聩的作用也不得而知，但他这一时期悲观失意的情绪已表达

---

① 疑为"苦口婆心"。
② 原文为"普度家生"，疑应为"普度众（衆）生"。
③ 钝根：《温柔乡·第一回》，《社会之花》1925 年第 2 卷第 2 期。
④ 钝根：《温柔乡·楔子》，《社会之花》1925 年第 2 卷第 1 期。
⑤ 小菊：《最后一夜的自白》，《礼拜六》1923 年第 191 期。

得非常充分。

其实王钝根此一时期思想与小说内容的转变，很大程度上都源于家庭和自身婚姻中的不幸，他在小说中所展示和讨论的许多情况也都源自其现实生活。前文提及他长子及三子的夭折，他的夫妻不睦和经商失败，如此种种，无可疏泄，只得在文字间细细抒写出来。如他提及创作《温柔乡》时的家庭环境：

> 虚名累人，坐客常满，绝少整暇，容我挥毫。虽或夜阑人静，孤灯斗室，宜若可以伏案构思，畅所欲为矣。叵奈细君不谅，横来絮聒，诛求无厌，欲壑难填。世间富贵逾我者，永不灭绝，即我生永无宁日。我欲待妇难敉平，而后怡然为文，譬诸俟河之清，人寿几何？我于是发愤自挝，强制方寸，收视敛听，忘身无我。夜叉之狞，山膏之骂，皆付之不见不闻……室人见我常伏屋隅，作书不辍，无复与之周旋，则喃喃而詈，甚或攫笔掷之窗外。余仍闭目续其文思，魔去则更出豫储之他笔，挥写如故。①

他将夫人李昌凤比作"夜叉""山膏"（《山海经》中异兽，好骂人），他既不能平复"妇难"，"惟有于笔端纸上罗致千百美人，尽态极妍，周旋左右。我以神游其间，顾而乐之，可不复措意于躯壳所着之环境非温柔乡而冷酷乡也。"②故小说虽名《温柔乡》，他自己所处之环境实为"冷酷乡"，而这些现实处境也使他这一时期的作品多有"自叙传"的色彩。特别是《家庭地狱》一篇，正可与他的《钝根随笔》《儿时顽皮史》《新年之回顾》等文章中所讲述的家庭情况相对照。

其实早在第一时期，即 1916 年《礼拜六》的第 98 期上，王钝根就已发表了脱却游戏笔墨与滑稽姿态的小说《情书》。《情书》一篇也是"言情"小说，但所言却非男女之情，而是祖孙之情，是追念先人之作。王钝根在文中多有真情实感流露，所写儿时场景及对祖父的怀念均有自传的性质，小说的祖父就是以其祖父王鸿钧为原型的。虽然此篇点到为止，只稍述伤感，还不到悲苦的程度，但笔意与二十年代的作品已十分相似。到了《家庭地狱》，王钝根则几乎完全以自己的生活为蓝本，将自己的经历全盘托出，近乎完全丧失了小说的"虚构"与"想象"功能，完全是

---

① 钝根：《温柔乡·楔子》，《社会之花》1925 年第 2 卷第 1 期。
② 钝根：《温柔乡·楔子》，《社会之花》1925 年第 2 卷第 1 期。

写实性的"自传"。

《家庭地狱》原发表在《半月》杂志的第 3 卷第 3 期，后又收在周瘦鹃编纂的《说晶》小说集下册（1926 年由上海大东书局出版）。在序言中，王钝根曾提及此篇的创作缘由：

> 老友瘦鹃严辞责予，久不作小说，人将目为骄惰。嗟乎老友！予岂自甘暴弃哉？亦不得已耳。年来郁郁家居，形神况瘁，良朋疏远，壮志消磨。时或悔恨椎胸，奋然执笔，欲有所书。忽而怔忡于心，喧聒于耳，不期仰天长叹，掷管而罢。至其所以然之故，虽对老友，弗能尽言也。此篇之作，乃述一友人事，文词质直，不合小说体裁，聊以警告世人耳。至予处境，不及此人之劣，然为病魔所困，亦颇类之。老友闻此，岂忍更加责备耶？①

所谓"述一友人事，文词质直，不合小说体裁"，一半是掩饰，一半也是招认。不过，此篇的巧妙之处正在于另外安排了一个叙述者"我"，借"我"拜访友人"余生"的机会，让"余生"给"我"讲述其家庭婚姻的不幸。虽然打了两层掩护，但读者一阅即可知是他的"自白书"，因为在小说中王钝根将自己婚前之意气风发与婚后的颓丧失意和盘托出，其中父亲在山西为官，二子夭折，在报馆任事等细节文中都有交代。特别是"余生"的幼子去世，他扶榇回乡安葬幼子，独坐舟中之情形与《钝根随笔》中所记一般无二：

> 予以扁舟载小榇，归葬故乡。夜来风雨，独卧舱中，不胜悲感。朦胧间，似见先祖抱儿坐床沿，睁目视之，忽焉而隐，桌上残烛将烬，绿光如豆而已。……此儿之来，益我匪浅。使我幼殇如儿，当时父母之痛我，犹我今日之痛儿，我今益感父母之恩，愿世人皆以爱儿之心爱其父母。②

> 余则雇舟载儿榇还乡安葬。夜宿舟中，雨丝风片，打蓬窗淅沥作响。孤灯如豆，照见小榇，余觉一缕奇酸从心坎直达鼻尖，泪珠簌簌，夺眶而出，此为余生平第一次尝试断肠滋味。既而转念，儿无恩于余，余且爱之如此，然则父母之可爱何如耶？于是决计以爱儿之热

---

①　王钝根：《家庭地狱》，《半月》1923 年第 3 卷第 3 期。

②　钝根：《钝根随笔》（十八），《新申报·小申报》1919 年 4 月 24 日。

情，移之以爱父母。①

前一段引文是《钝根随笔》中的叙述，后一段是《家庭地狱》中的描写，内容相同、行文相近，一看便知是对同一件事的描述。《家庭地狱》这种自传体的小说虽在一定程度上模糊了小说与文章的界限，但也正是这种自传体文字让王钝根抛弃了"命题作文"的包袱，放下讽刺时政、反映社会的意图，真正地进行自由的创作，记录真实的情感。因此在水准上也就高出其他作品，成为王钝根为数不多的佳作。

在《家庭地狱》中，"余生"曾罗列妻子的豪奢及家庭开支的困窘：

> 丁巳之夏，竟能举一男，十年渴望始得如愿。其喜可知，弥月大设汤饼，颇极豪奢。宾客多妇人，群致谀词，余妻闻之大乐，而余十月之俸去矣。②
>
> 余经此丧乱，所耗不资，又欲解余妻之悲，百计不得当。惟金珠服饰可博破颜一笑，竭力罗致，窃恨贫之困人，安得骤致巨富。③

事实上，这些都是王钝根对妻子李昌凤的描摹。在王钝根看来，李昌凤作为商人之女，也是一位"少习侈逸"的太太。他说"余淜迹上海十年，恒以一身兼数职，约计所得不下数万，乃以支应此小家庭，匪但无余且亏空。余妻则谓余所得悉用于外室，而家中月需二百金皆出余妻借垫"④，可以想见二人平日的各种龃龉。李昌凤是其小说中新女性角色的原型，而他们家庭中的"活剧"正是他小说中"忏情""逃避"主题的主要来源。

王钝根在创作小说的同时，因其编辑身份，也为不少撰稿人的作品进行过润饰。在民初的几年，他润饰的作品多是发表于《自由谈》的滑稽短篇小说，而在二十年代让他较为留意的作品偏于言情与婚恋题材。

如发表在《礼拜六》第128期的《秋河之浒》。这是一篇描写男女相恋以及殉情之事的作品，作者为"碧衫"。王钝根很欣赏《秋河之浒》的细致笔墨，在删润后的按语中评此篇"描写情景，颇入细微，惜重文全

---

① 王钝根：《家庭地狱》，《半月》1923年第3卷第3期。
② 王钝根：《家庭地狱》，《半月》1923年第3卷第3期。
③ 王钝根：《家庭地狱》，《半月》1923年第3卷第3期。
④ 王钝根：《家庭地狱》，《半月》1923年第3卷第3期。

字太多，故为略加删润，然匆匆走笔，仍未尽惬也"。不过他编选此篇，明显与其此时"愿未涉情场之小儿女，千万勿信情场中有义人"① 的心境有关。又如，发表于《心声》半月刊的小说《聘玉记》，作者张嘉莹曾给王钝根写信致谢，感谢他的校订增加了原作的知名度与影响力②。而王钝根之所以看重《聘玉记》，也因为作者对"旧式婚姻"与"自由恋爱"的思考与其此时渐趋保守的思想较为一致。此外，经其润饰的作品《杀人的刀》③ 亦是以"细微"的笔法取胜。此篇发表于小说季刊《夏之花》上，写一失恋少年准备报仇的故事，通篇着意于少年与刀的对话和人物的心理活动描写，没有《秋河之浒》中的重文缀语，与王钝根二十年代冷峻的文风也相一致。

大体而言，王钝根的小说创作可分为两个时期：从 1911 年编辑《自由谈》开始至 1918 年年底《自由新语》上不再见其小说作品止为第一时期；从 1921 年《礼拜六》复刊至 1926 年发表《温柔乡》为第二时期，而中间的 1919—1920 年为过渡阶段。其中，第一时期更侧重于滑稽短篇，而第二时期题材上更偏于言情及社会，写法上比第一时期更为成熟，虽无长篇作品，但有撰写长篇小说的尝试。当然，这并不是说王钝根在 1921 年之后全然没有游戏之作，只是相较于第一时期有大幅减少。如他 1924 年发表于《社会之花》第 8 期的《软玉温香馆烂脚记》就很有讽刺的味道，而且有讥讽曹锟的男宠李彦青之嫌④，不过小说的情节处理得较为隐晦，不像第一时期那样明显。

二 传记小品

王钝根创作的传记类文章不算多，其中发表在《社会之花》的《本旬刊作者诸大名家小史》系列，是这类作品的代表。同时，他还有几篇

---

① 碧衫《秋河之浒》末尾王钝根的按语，《礼拜六》1921 年第 128 期。

② 张嘉莹：《尺素》，《心声》1923 年第 2 卷第 1 期。张嘉莹在致王钝根的信中说："新年清居，偶成《聘玉记》小说一篇，早欲奉呈就正，孰érsed去杭忘携，再由家中递下，则竟付洪乔。幸副本尚存，此归为钞录一过，特请斧削。弟本不才，益二三年来，未亲笔墨。兹篇文谫词陋，不免贻方家笑焉。苟蒙不弃，赐以运斤，则题品所在，身价自高十倍。或堪刊之说部，若云酬赠，是非弟所愿问也。"

③ 怜红馆主初稿，王钝根润文：《杀人的刀》，《夏之花小说季刊》1926 年第 1 期。

④ 李彦青因替曹锟搓澡洗脚发迹，1924 年 10 月后被冯玉祥所杀，王钝根此篇"刻画"李彦青正当此时。刊载于 1924 年《社会之花》第 12 期的《养拙轩谈屑》中也有讽刺曹锟、李彦青的文字。

记述自己过往的"自叙传"文章，与"本旬刊作者诸大名家小史"两相对照，从中既可获知他与诸位好友的交游史料，亦可爬梳其文学观念之形成与渊源。

"诸大名家小史"发表于1924年《社会之花》第一卷，内容是讲述"诸大名家"的生平履历及文学成就的人物"传记"，共七篇，介绍小说"名家"十六位①。因王钝根与各位名家的熟识情况不同，传文也有长有短，如记陈蝶仙、陈小蝶、周瘦鹃几人的篇幅就相对较长，他们与王钝根的相知经过也叙述得极为详细。如在天虚我生的介绍词中，王钝根既记述了陈蝶仙进入新闻界、执掌《自由谈》笔政的过程，还重点提及自己对陈的举荐之功②。又如谈及马二先生，也主要回顾了二人的往来情谊：

> 余始识之于春柳剧场，先生演《红楼梦》贾琏之画童兴儿，为尤二姐缕述大观园诸美人状况。轻圆爽朗，熟极而流，余心爱之。旋于郑正秋席间与余握手通词，雅相推重。及春柳衰，先生弃演剧生涯而从事著述，兼任各报纸评剧。余所编《游戏杂志》得其投稿最多，有时署名啸红轩主人。民国三四年间，过从尤密，无日不至余家，谈笑唱戏为乐。③

二人在春柳剧场结缘，后又均与新剧家郑正秋相识，他们对戏剧的共同热爱，不仅是王钝根盛赞冯叔鸾表演才能的理由，也为其主持《自由谈》《自由新语》时期的"戏评""剧谈"栏目做出了解释。其他如记徐卓呆之滑稽、步林屋之渊博、毕倚虹之丰度、陈小蝶之才情，虽都点到为止，但寥寥数语却都是点睛之笔，颇有传统传记文以微末细事描摹人物性格的功力。至于他们诸同仁在报界文坛的交往经历，其史料价值又在文字之外。

这一时期刊登在报刊上的"名家小传"很多，因为王钝根等旧派作家大都已经成名，于是亲友后辈就来总结、介绍他们的成绩，为其刊文立

---

① 《本旬刊作者诸大名家小史》介绍的十六位作家是天虚我生、周瘦鹃、徐卓呆、毕倚虹、严独鹤、不肖生、步林屋、天台山农、刘豁公、陈小蝶、马二先生、张舍我、映清女士、陈翠娜、罗晴渊、徐哲身。
② 钝根：《本旬刊作者诸大名家小史·天虚我生》，《社会之花》1924年第1卷第1期。
③ 钝根：《本旬刊作者诸大名家小史·马二先生》，《社会之花》1924年第1卷第4期。

传。这些文章一方面为了充实报刊版面，一方面也有同仁间互相推重、抬高声价的嫌疑。其中较成系统的，如 1921 年严芙孙编撰的《全国小说名家专集》①、1922 年王锦南发表于《游戏世界》上的"小说家别传"等。王钝根推出"诸大名家小史"除了上述两点原因，还为了帮助读者了解《社会之花》撰稿人的情况，因其篇题之下标有"钝根对于读者之介绍词"字样。

　　按，当时的"旧派"已经是一个稳固的文学作家群体，因为这些"别传""小史"的主角大部分都是重复的。王钝根这七篇文章虽只记述了十六位作者的生平梗概，但也很明确地将这些"名家"划归到自己所属的文学阵营。同时，《游戏世界》《社会之花》《半月》《快活》等杂志同气相投，供稿者基本都是这几位"大名家"，因而要推求王钝根及其同仁的文学观念及创作特点，从他与"诸大名家"的交往及"诸大名家"所办的刊物里均能找到相应的证据。他们或"作而优则编"或"编而优则作"；他们因编辑而创作而评论，在各类作品中最重小说，却又常常以游戏笔墨出之；他们认为社会小说的价值最高，而言情小说的产出却最多。如刘豁公先为《新申报》撰写长篇小说，后任《心声》半月刊的编辑②；徐哲身曾任《花报》主笔，撰写《扬州梦》小说，而后又担任《春华日报》《小说新报》的编辑③，这些都是传统文人流落上海后，在相适的报刊界、小说界安身立命的例子。

　　不过，王钝根虽与"诸大名家"相熟，这七篇文章却也存在个别错误。王钝根曾在第 5 期"诸大名家小史"后"附启"中说："余作诸大名家小史，不过就余所知，略为叙述。俾读者诸君之素昧生平者，稍知梗概而已。至于籍贯年岁，未经质证本人，错误在所不免，但望详悉过余者，来函指正，则饶有兴味，益为读者所欢迎也。乃前日《晶报》载有饶舌所作《求疵录》，斥余所述天台山农籍地之误，竟以挖苦之辞出之，似乎太过。"④ 如其所言，他对诸位作者只是"略为叙述"，使读者"稍知梗概"，关于传主的籍贯等情况只能算是笔误，若说他枉顾事实却也冤枉。因为除这七篇之外，王钝根还有《朱鸳雏小史补》《高铁头小史》《郑希陶君小史》《赵晋卿先生小史》等人物传记文章，而在《朱鸳雏小史补》

---

①　严芙孙编撰：《全国小说名家专集》，云轩出版社 1923 年版。

②　钝根：《本旬刊作者诸大名家小史·刘豁公》，《社会之花》1924 年第 1 卷第 2 期。

③　钝根：《本旬刊作者诸大名家小史·徐哲身》，《社会之花》1924 年第 1 卷第 11 期。

④　钝根：《本旬刊作者诸大名家小史》，《社会之花》1924 年第 1 卷第 5 期。

中王钝根对于事实之尊重，正可为其辩诬。

撰写《朱鸳雏小史补》，源于朱鸳雏死后众人对他的"过誉"，王钝根在文中正是呼吁众人能正视客观事实，还原朱鸳雏的本来面目。他在文中说：

> 本旬刊前期有平襟霞《记朱鸳雏事》，寄慨沉痛，亦调侃盲从者不少。今之为鸳雏发行特刊者，殆有羡于李涵秋死后文章之增价，遂为东施效颦之举，是特书贾牟利之惯技，初无足异。惟在读者，目炫神摇于铺张扬厉之《朱鸳雏小史》，第震其为世俗所谓大文豪，而终不得详晓其身世，不亦大可笑耶。①

朱鸳雏于 1921 年去世，当时文坛对他的纪念文章颇多②，王钝根认为诸文太过"铺张扬厉"，故而撰文记述了他所认识的朱鸳雏其人。在此文中，他回顾了朱鸳雏成名前向自己求教的经历，及其后来辗转成名的经过，没有过分的赞誉，亦没有恶意的讥讽，评价朱鸳雏"质敏而不能养，体弱而不能葆，量狭而不能容"，倒也没有为逝者讳的意思。这足以说明王钝根是尊重事实的，关于传主的籍地、出身等客观情况或有疏漏，但已知的事实他并不会夸大或粉饰。至于《高铁头小史》一篇则见于《礼拜六》杂志第 122 期，乃叙述民初邮电总长高恩洪的生平，文中特记其刚直亢爽之个性，以至于"群赠以徽号高铁头"。而《赵晋卿先生小史》与《郑希陶君小史》均是其主持《工商新闻》期间所写，本意在介绍工商界名人，宣传实业家事迹。

此外，王钝根还有《我与文艳亲王之情史》一篇，题目中虽未标"小史""传记"字样，但也是对周瘦鹃生平事迹的介绍。只不过全文是模拟言情小说的手法完成的，通过记述"我"与文艳亲王通信、约见、共事的种种情境，叙述自己与周瘦鹃从相识到相知再到结拜的经过。文字谑而不虐，比《本旬刊作者诸大名家小史》中对周的介绍词更为别致。在此文中，王钝根将其写成了两人的"相恋"，甚至引得其他作者也撰写

① 钝根：《朱鸳雏小史补》，《社会之花》1924 年第 1 卷第 2 期。
② 平襟亚在《朱鸳雏死后成名》（《社会之花》1924 年第 1 卷第 1 期）一文中曾记："鸳雏既死，其名益彰，有征集其旧作者，有臆造其遗稿者，即《申报》所登诸作，亦再刊于《半月》中，今将三见于《红蚕茧集》间矣。"

了一篇戏谑之文《我也嫁给钝根》①，直至周瘦鹃又刊出《文艳亲王下嫁
王钝根记》②《几生修到作王郎》③ 之后，此事才告一段落。关于创作缘
由，王钝根说："周君好作言情小说，哀感顽艳，赚得无数少年男女之眼
泪，我便绰号之为文艳亲王。此原不过一时游戏，何期岁月迁流，一转瞬
间三人均已中年。回首前尘，不胜惆怅，清夜无聊，戏将当日谑言，衍为
小说，饶有趣味。"④ 因而此篇不过是回首前尘的"惆怅"之作。

考察此篇及诸篇"小史"可以发现，王钝根的"诸大名家小史"同
样是岁月迁流中的"前尘回顾"，其文中的传主均尚在人世，他撰写这些
"小史"并无为其树碑立传的目的，因为严格的"传记文"都是对传主一
生之总结，王钝根简要、片段式的描述只是杂史笔记，只能略补传主的生
平细节。标之为"小史"不如称之为"忆往"更准确，因为同时补充的
人事细节也包括他自己。他对自己早年生活及亲友往来的记述，也像给自
己写的"小史"，不过不是"为读者的介绍词"，而更像是他在怅惘心境
下的一种情感宣泄。

王钝根直接写自己"小史"的文章是《新年之回顾》和《儿时顽皮
史》，分别发表于周瘦鹃主办的《半月》杂志第 1 卷第 10 期和第 16 期。
两文俱是对幼年琐事的回忆，记述祖父母及幼时开蒙之事尤多。两文笔调
朴素自然，情感温厚诚挚，较之"诸大名家小史"的简概更多一重伤感，
是王钝根创作后期极温情的文字。如其中忆及祖母的片段：

> 犹忆三四岁时，夜辄坐先祖母怀中，就油檠烧橄榄核，观其火焰
> 四射，作绿色如兰花状为乐。……予日坐先祖母膝而嬉，则攫小藤筐
> 翻之，尽倾所有于桌上，一一玩弄，兴尽则先祖母徐徐收拾之，是为
> 每日之功课，予父母迄今犹演述之。⑤

王钝根幼年"依恋祖母特甚"⑥，文中的前尘旧事如在目前，诸般过
往正是其个人"小史"，虽似传记而又非传记所能尽括。无名女子曾说：

---

① 　无名女子：《我也嫁给钝根》，《社会之花》1924 年第 1 卷第 9 期。
② 　《半月》1924 年第 3 卷第 13 期。
③ 　《社会之花》1924 年第 1 卷第 13 期。
④ 　钝根：《我与文艳亲王之情史》，《社会之花》1924 年第 1 卷第 6 期。
⑤ 　王钝根：《儿时顽皮史》，《半月》1922 年第 1 卷第 16 期。
⑥ 　王钝根：《新年之回顾》，《半月》1922 年第 1 卷第 10 期。

"我觉得钝根先生的心情较前稍有改变了，但是他的可敬可爱有加无减。他是个谨守道德的人，他是借游戏笔墨，讽时劝世，故他的文字谑而不虐，谐而不轻，艳丽而不流于轻薄，近来似乎他忧伤世道的心更为激切了。"① 从这些传记文及"自传文"中的伤感惆怅，不难看出王钝根此时忧时伤逝的心境。

在传记文之外，这一时期王钝根还撰有一些随笔札记，其中值得注意的是《拈花微笑录》和《嗷谈偶忆》。"拈花微笑录"是复刊后的《礼拜六》新设置的一个笔记栏目，在《礼拜六》上刊出数期，之后又在《社会之花》上重新出现，且增加内容分量。其内容涵盖轶闻琐事、社会评论及个人的回忆等各个方面，篇幅长短不一。而且，因《礼拜六》后一百期与《社会之花》的刊出时间时隔两年，故《拈花微笑录》中所流露的情感也前后不同，前者是于娓谈中道出批评，而后者则主要是疏泄激愤不平之气。

《礼拜六》中的《拈花微笑录》多有对时事的理性思考，如其中所论"今日女子侈谈男女平等，然馈遗所欢，男多施而女鲜报。及其既婚，夫或要求平均负担家庭之需，妻必斥为奇谬"②，"天以日月照人，人受其惠而不知感，偶值霪雨，则怨詈随之矣。子女之于父母，亦复如是"③，"清室绝无异志，而一群汉族遗老，必欲强行复辟"④ 等，即是针对民初女性追求平等、遗老强行复辟等现实事件的记录和批评。又如，他曾在文中谈及民初的满蒙回藏问题⑤，无论其观点是否正确，对民族问题的关注都源于他作为一个新闻工作者的敏感和警觉，同时也说明他对时事政治、国家前途的关心与忧虑。同时，《礼拜六》中的《拈花微笑录》也有不少记录亲友生平往事的文章。特别是其中记录沈泊尘、谢西园、杨铸先的几则，有些绝似传记文，也是其笔端最带感情者。如记述好友沈泊尘的一篇：

　　余为《新申报》编辑时，与泊尘同一办事室，书籍纵横，积稿四围。余与泊尘伏处其中，日必三四小时。泊尘则上下古今，放言高论，恒占两三小时，余亦听之弗倦。以其妙绪泉涌，能发人所未发

---

① 无名女子：《我也嫁给钝根》，《社会之花》1924 年第 1 卷第 9 期。
② 钝根：《拈花微笑录》，《礼拜六》1921 年第 102 期。
③ 钝根：《拈花微笑录》，《礼拜六》1921 年第 102 期。
④ 钝根：《拈花微笑录》，《礼拜六》1921 年第 114 期。
⑤ 钝根：《拈花微笑录》，《礼拜六》1921 年第 116 期。

也。及泊尘病剧，余访之于仁济医院，泊尘强起，支枕而坐，仍纵谈良久，临别执余手大声曰：钝根，我欲与君更伏乱纸堆中谈笑，不可得矣。未几，余之天津，遂不复见。及归，仅于殉道堂之追悼会中一瞻其遗像而已。每当阴雨之夕，枯坐无聊，辄思泊尘。嗟乎！一死一生，乃见交情。①

文中道及沈泊尘生前二人的同欢笑傲，死后的阴阳两隔，令人不胜嘘唏。而写沈伯尘的才情学识，也有如谋面。又如记谢西园的一篇，可补文学史料之不足。按，鲁迅在 1912 年、1913 年的日记中曾多次提到谢西园，及其向自己借款事，但并未记录此人的其他信息。而王钝根因"庚申莫（暮）春，予游粤东，邂逅谢君西园"记下一笔，由此可知谢西园的生平梗概："君绍兴人，幼习韬略，能文章。第以遭逢侘傺，郁郁不得志。展转三湘两粤，偃蹇如故……曾为吴禄贞将军参谋长，石家庄之变，谢君为近侍某马弁所杀，利刃砍入后颈……幸喉管未断，翌晨竟苏，一仆负之出险。"② 据王钝根的描述，他与谢西园"纵谈竟夜"，两人应该是极相熟的朋友，只是不能由此推断王钝根与鲁迅是否相识。

相较于《礼拜六》上的《拈花微笑录》，《社会之花》中的《拈花微笑录》则主要叙述自己所经历的挫折，以及好友石叔雍、南洋烟草公司创办人简照南、五洲大药房经理项松茂等人的生平行迹，借以发泄心中的不平，谴责"以怨报德"的社会风气，文字中间的激愤多于《礼拜六》时期。如他在劝诫被所救之人欺侮的石叔雍时说："凡拯溺者，溺者得生，必尽攫拯者之衣物而推之水中，此为天公地道，以怨报德，自古如斯，于今为烈。"③ "以怨报德"这一主题，在王钝根的后期及晚期作品中曾多次出现，如他写于 1924 年的小说《慈善家的忏悔》即是此意。其实在《礼拜六》时期的《拈花微笑录》中，王钝根已反复表达过此意，他曾说："有掉小舟者，见海中溺人数十，急往救之。奋身入水，一一拽溺人登小舟。溺人操舟径去，掉舟者犹在水也。呼止求载偕归，溺人不许，掉舟者死焉。提携朋友之结果，亦复如是。"④ 而且还曾以自己的经验为例，写尽世态的凉薄：

---

① 钝根：《拈花微笑录》，《礼拜六》1921 年第 112 期。

② 钝根：《拈花微笑录》，《礼拜六》1921 年第 117 期。

③ 钝根：《拈花微笑录》，《社会之花》1924 年第 1 卷第 15 期。

④ 钝根：《拈花微笑录》，《礼拜六》1921 年第 102 期。

予为小学教员时，得一生绝聪颖，予甚爱之。别后时通函札，生初称予为夫子，而自署曰受业某某。及为洋行买办，则称予为先生，而自署曰晚。继为某公司经理，则自署曰弟。后为时髦官僚，乃称予钝根足下，自署某某，并弟字而无之矣。①

另外，他在《黄奕住轶事》（《社会之花》第 2 卷第 2 期）中赞誉华侨富商黄奕住重视信用、救国纾难的德行与操守，写其"宁尽全有以全信用，求之今日商界中，诚如凤毛麟角"，亦是其遍尝炎凉世态后的心境写照。

不管是《拈花微笑录》前期的社会思考与批评，还是后期的自我记述与感慨，王钝根从复刊《礼拜六》之日起，便明显多了"总结"和"回顾"性质的文章。记述亲友与自己被"以怨报德"的经历是总结，用评论概括世态真相也是总结，他所谓的"拈花微笑"其实是尝试用一种祥和了悟的姿态去追述社会万象、百态人生，这与他在《温柔乡》中虚构的一位"拈花使者"到下界拯救痴男怨女是同一道理。但不能否认，《拈花微笑录》中充斥着悲观和伤感的情绪，言语之下也多有追悔平生之意。他曾说：

予尝得分外之誉，故于历史所称圣贤豪杰，亦窃然疑之，恐声闻过情也。予尝得无因之毁，故于当世所斥元凶大恶，亦恻然怜之，恐罪不至此也。

世界如逆旅，人生如过客。过客之于逆旅，适则安之，厌则去之，无所用其勉强也。过客之于过客，孰先归者，孰后归者？先归者不足悲，后归者未必乐也。故厌世自杀者，或责其违背人道，我独许之；涕泣送丧者，人以为尽哀尽礼，我独嗤之。

现世界之外，尚有一世界；今生之后，尚有来生。来生非如轮回之说更入母胎而为人也，乃脱躯壳而存灵魂，舍躯壳世界而入灵魂世界也。凡人处躯壳世界之日短，处灵魂世界之日长，故与其求躯壳世界之乐而不可必得，无宁求灵魂世界之乐而权自我操。求灵魂世界之乐奈何？今生所为，悉行乎心之所安而已。②

---

①　钝根：《拈花微笑录》，《礼拜六》1921 年第 102 期。

②　钝根：《拈花微笑录》，《礼拜六》1921 年第 103 期。

可以说，王钝根家庭变故后的悲恸正是在其离尘绝俗的思考中化解的。"嚗谈偶忆"与"拈花微笑录"一样，也是《礼拜六》后一百期的笔记栏目，首次出现于《礼拜六》第 113 期，仅刊出六期，其中还保留着王钝根游戏笔墨的痕迹，有许多令人发嚗的文字。不过，嚗谈之余也稍涉亲友的掌故趣事，如第 116 期刊载的徐半梅演剧及李常觉计算银行利息、第 125 期中记好友吴君故弄玄虚等内容。这种记述名人日常琐事的情况，有似一种营销策略，更能引来"《礼拜六》迷"的关注和欢迎。

在上述作品之外，王钝根还有《松江六日记》《小雅琴语》《贫女之颊》《陈其美轶事》《字幕闲谈》等几篇记事记人的随笔小品。大体而言，《嚗谈偶忆》是王钝根创作后期仍能延续前期"游戏"笔调的文字，是其创作及文学思想由乐观、游戏向愤激、严谨转变过程中的含混之作。而《本旬刊作者诸大名家小史》《拈花微笑录》《儿时顽皮史》等作，则是进入二十年代后王钝根愤慨失望心境的直接写照，其中对世事人生的回忆和思考勾勒出王钝根前后期创作的变化脉络，而这条脉络的显现程度比其小说作品中的变化更清晰。

三　创作倾向及特色

其实，在小说及笔记创作之外，王钝根还有数篇诗词在刊物上发表。不过，古诗文词不是王钝根在二十年代的创作重点，仅有的几篇作品也都是偶然为之，或是奉和之作。如他在《商报》上发表的《代康南海赠吴蓬莱诗二首》《观劫车电影有感》《恭和吴子玉将军原韵》等诗，均是对时事发表的评论，且带有其独特的诙谐风格。如《代康南海赠吴蓬莱诗二首》便有调侃康有为之意：

> 未去张朝辫，先来谒佩孚。一场大钉子，碰得气呼呼。
> 老去还丢脸，恨无蒲扇遮。何当重复辟，五月落梅花。①

他在诗前序文说："电传'康有为至洛阳见吴佩孚，痛陈议会不良，人民愤激，怂恿以武力解散。吴不听，且加奚落。康大恚，赋诗两章而去'。读报者恨不得见其诗，钝根斗胆，代拟两章，圣人见之，恶其诗劣，必以原作露布，亦抛砖引玉之法也。"而其"抛砖引玉之法"无疑使

---

① 王钝根：《代康南海赠吴蓬莱诗二首》，《商报·商余》1923 年 4 月 22 日。

此事得以更快地传播，而他的《代吴佩孚天津桥口占》三首①也是调侃、奚落吴佩孚。三诗一出，《商报》中关于此事的诗文讨论持续了数日。

王钝根的这些"时事感怀诗"多属应景之作，且因其编稿之便，还使这些时事得以迅速传布。然而它们较之标准的旧体诗已稍有偏离，事实上这种以诙谐之语记录时事，借报章为媒介描摹世态的写法，在他的俚词小调中有更多更好的运用和发挥。比如，他通过模仿创作的古体诗、白话新诗等，均是以"谐诗"的笔调来实现调侃的目的。他的《大风歌》有近十首，他的《雨后的新诗》在末尾亦不忘向新诗家打一报告②。从内容上看，这些作品较之时事感怀诗都更随意、诙谐。

但总的来说，王钝根在二十年代的文学创作要比民初更加成熟，笔调也由前一时期的活泼与游戏变得冷峻、严肃。他这一时期的创作主要以小说为主，传记小品次之，诗词只是偶尔为之，剧评、剧作也大量减少，而游戏文章虽延续前一时期的创作思路，形式上的创新与言论上的劲俏却不如从前。可以说，王钝根这一时期的创作特点主要由其小说作品呈现，从中可窥知他的创作个性、优长及短板。

首先，王钝根这一时期自叙传式的小说最为成功。自叙传式的《家庭地狱》《情书》《返魂记》等作品，不管是否以"我"为直接的叙事者，在情感表达上都最真挚，下笔也最自然。因为作者在这些小说中抛弃了原有的"评判者"姿态，放弃了反映社会生活、宣传爱国思想等价值寄托，也脱离了"游戏文章""滑稽短篇"的固有格式，只是真实地叙事和抒情，只用朴素的文字传达完整的故事。如《家庭地狱》中"余生"回乡与祖父聊天的场景、夜晚乘舟载幼儿棺椁的情节，其细腻程度都是其他作品所难以企及的。又如《情书》与《返魂记》一写回忆祖父，一写省视姑母，虽然文中夹杂着议论，但更多的是对人物细微具体的描述，不像他的"滑稽短篇""忏情小说"之类将社会时事公式化，将人物概念化、符号化。

---

① 这三首诗分别是："张飞喝断灞陵桥，本使吓断天津桥。虽然觉得威风大，老在桥上怎么了。""蔡状元造洛阳桥，吴秀才拆洛阳桥。一造一拆怎么说，秀才不及状元高。""上桥容易下桥难，古语原来譬作官。今日一场新活剧，还须留与老三看。"王钝根在诗前序言中说："《申报》载吴佩孚乘汽车过天津桥（俗名洛阳桥），前后桥脚忽断，中段岿然独存。吴踞其上，进退维谷。钝根闻之曰，是不可以无诗也，亟代拟作三首。"《商报·商余》1923 年 8 月 19 日。

② 钝根：《雨后的新诗》，诗末有"新诗家请了，在下是外行，恕不用新标点"之语。《商报·商余》1923 年 7 月 16 日。

也正因如此，这一类作品较易引起读者的误会。因为它们与文章的界限太不分明，自叙传式的内容也几乎摆脱了虚构而变成实写。严格来讲，其小说人物的身份很值得商榷。如《家庭地狱》虽然先用序言将作者与篇中的"我"和"余生"区分开来，但"余生"只是一个名目代称，与现实中的作者明显重合。若非用"我"这个叙事者将文本与现实分开，《家庭地狱》则可以直接称为作者的自传。而《情书》《返魂记》两篇在形式上更像散文，而且直接以第一人称"我"进行叙述，其小说"本体"也很难辨别。因此，按通常的小说评判标准，这些"自叙传"小说似乎存在"文体"缺陷。但作为由传统向现代转型时期的作品，它们在格式上的不足又可以理解。

其次，王钝根的短篇小说优于长篇小说，而尤以文言短篇的成就最高。王钝根的叙事作品大部分都是短篇，篇幅略长的《聂慧娘弹词》《温柔乡》等也只能算是中篇，且这些篇幅较长的作品质量往往不如短篇。

当然，这并不是王钝根个人的问题，对于近现代时期的报人小说家而言，质量上乘的短篇小说或能常有，优秀的长篇却不易得。因为凡是发表在报刊上的作品多是急就章，很少能进行斟酌校改，短篇因为删改容易的缘故，大约还有审慎完稿的可能，而长篇因为内容丰富，人物繁杂，稍不留意就容易使前后情节割裂，结构冗沓松散，甚至有的人物还会在中途"写丢"。虽然这一时期的旧派长篇小说佳作也有不少，但这些佳作很多是完稿之后才在报刊上连载的，如海上说梦人的《歇浦潮》，又或者是尽数年之功才连载完成的。事实上，近代报刊上质量一般的长篇小说更多，它们大都模仿《二十年目睹之怪现状》，或者《儒林外史》的模式——小说情节块状化、小说人物片段化，个别作品用线索人物串起小说主干，而有的甚至连线索人物也没有，断章残篇不胜枚举。王钝根的长篇作品，情节割裂的问题就比较严重，像《温柔乡》和《聂慧娘弹词》就是直接的证据。

而他的短篇，则大多结构紧凑、语言明快，而且这些短篇作品还多模仿"史传"的格式，正文叙述故事情节，篇末用"钝根曰"发表评论。除了上述自叙传式的作品外，他短篇小说中的精华主要是那些描写特定场景的文言短篇，如《锦瑟记》《予之鬼友》《意中鬼》等。这些作品深得古典小说的意境之美，如《锦瑟记》有唐传奇的风范，《意中鬼》的文笔也颇近《聊斋志异》。作于1924年的《鬼电话》一篇，以"我"与"幻影女士"的对话推动情节，一看即是古代《送穷文》《逐贫赋》一类文章的套路，只是体裁更近小说。在故事情节上，王钝根也比较超前地摒弃了

"完整故事"的惯用写法，能够只记述片段情境。如《老母》《予之鬼友》《锦瑟记》等均是开篇直接描绘环境，不再介绍人物履历，也不说明府地州县，这些做法都是参悟、学习西式小说的新尝试。另外，这些精心结撰的短篇，在语句上也多用文言，虽然王钝根自《自由谈》就开始尝试使用白话，但在小说的创作中，他用文言写作似乎更得心应手，细节处理上也更精致细腻。

相比之下，他的长篇小说却几乎全部烂尾，前后情节不能连贯一致。在他为数不多的几个长篇中，没有写完的就有《斯文扫地》《钟馗》《我为谁》《温柔乡》，而《聂慧娘弹词》从内容上看已写无可写，可以完结，但连载的最后一回又有"无数离奇光怪事，诸君且听下回详"的字样，似乎还要再续。在其叙事作品中，也只有几个剧作还算完整，篇幅较长的小说则十之八九不能完成。这其中自然有作者忙于编辑工作而无暇撰文的缘故，但更主要的是撰写长篇小说需要先有清晰的主题和情节链条，而且需要足够的毅力。以《钟馗》和《我为谁》为例，两篇小说都是追随主人公的视野叙写上海的繁华及社会现状，这一类小说若无一定的核心人物和主旨，篇幅越长便越显得重复。而本有主题设想的《温柔乡》，作者因情节和人物的设置并不明确，故虽有好的创作意图，最终还是以失败告终。

长篇小说创作较难，写好尤难。因为一旦创作长篇，若无预先的完整构思，便很难做到情节的连贯与人物的前后一致。《聂慧娘弹词》情节上的支离破碎，《温柔乡》故事线上的主题游离，都是没有整体构思的缘故。由此可知，王钝根虽被称为小说家，但其创作能力还多有不足，至少还不能完全胜任长篇叙事文学的写作。但由这些"断章"及"烂尾"之作，还是可以看到王钝根创作长篇小说的意愿，以及"以社会长篇小说为最有价值"的文学观点。

再次，王钝根的小说作品多夹叙夹议，或文末附以评论。夹杂叙述者的议论是中国叙事文学的一个习惯，如话本中的入话、楔子、篇头篇末的诗词，又如文言笔记小说末尾的"异史氏曰""或曰"之类。王钝根自幼爱读小说，对于传统小说的写作习惯了然于胸。另外，作为报刊主编，"好为议论"的工作性质也影响到他的文学写作，这一点在其游戏文章中表现得非常明显，而在其小说中也有所体现。

这些评论有论及社会时政的，也有评论小说文本的。统观他所有叙事文学作品，除了剧本、弹词等数篇没有直接的议论外，王钝根在大部分作品中都会对篇中角色或世风时事进行一番评判。如《温柔乡》中讽刺骈体酸文及新文学家的一段插叙：

> 料想这人是个书呆子，或是少年失学、中年发愤自修的商人。多
> 读了几本恶劣骈体尺牍，或是时下流行的那一类野狐禅的骈文小说，
> 不知不觉中了他们的毒。甚至于出口成章，酸气直触，只顾牵扯浮文
> 通套，却不管用得用不得，这也是一般粗浅文人的通病，不能专怪他
> 一个人啊。就是现在那些新人物，绝对主张用白话当文字的，虽然众
> 口同声的嚷着推翻典故，排斥成语，可是他们脑筋里倘有一两个典
> 故，三四句成语，却又非设法表显出来不可，所以他们文字中常用
> 『』这一类的标记，中间嵌着并无引用必要的成语，借此显得创作者
> 博学多闻。那么，知识最高的新人物尚且如此，更不必怪他一个半通
> 不通的旧人物了。①

这段话在小说中是调侃马披经（马屁精）先生，作者用谐音的方式
讽刺酸腐文人的轻浮粗浅，而在现实中其实也对应了对旧派骈文家及
"新派"形式主义文学的批评。其他少数没有议论的作品，他在楔子、序
言或第一回中也会将所持的观点进行说明。至于"滑稽短篇"之类作品，
议论更是整篇小说的核心内容。如《闺房新语》中用对话推进故事，也
用对话发表议论：

> （夫）咳，人家都讲解放了，你几时才能解放我呢？
> （妻）吓，人家讲的是解放女子，并没有提倡解放丈夫啊。
> （夫）那么甚么叫男女平权？你的权这么大，未免不平了罢。
> （妻）男女平权的主张，因为中国向来女权太小了，理应伸张女
> 权，那有颠倒伸张男权的道理。
> （夫）男女同是个人，为甚么你可以晚上出去，我就不能出
> 去呢？
> （妻）我出去是有交际上的必要。你出去怕受少年女子的引诱，
> 很危险的。譬如文化未开、力量薄弱的国家，理当受强国的保护节
> 制的。②

---

① 钝根：《温柔乡·第四回》，《社会之花》1925 年第 2 卷第 5 期。
② 钝根：《滑稽小说：闺房新语》，《申报》1919 年 10 月 2 日第 18 版。

　　正是在夫妻的对话中，作者表达了对新式女子所谓"男女平权"的不满。又如，在《慈善家的忏悔》中，他讲："国家把有用之金钱耗于无用的军阀，不能遍设工厂，收容他们，咱一介小民又那（哪）能周济得了许多呢?"① 同样是借慈善家之口对国事进行批评。其外还有《懦夫自立会》《试丐》《上海十年记》等作品，虽然激愤之词不一定置于篇末，但总会借主角之口，或借叙事者的陈述，直接清晰地讲出来，并没有丝毫隐晦。

　　在叙事文本中添加评论会妨碍故事的流畅与完整，同时这种写法也有违小说、剧本等体裁的纯正。正如王钝根在小说《车夫问题》中反省的那样："如此写去，似乎时髦论说矣，岂复成小说耶?"② 也因为他发现了这个问题，所以欲要议论一事时，常常"编造"一事或一篇对话、一幕场景，然后将想要"生发的议论"套进去，如他所讲："于是耸肩摇膝，颠头播脑，另起排场而为小说。"③ 事实上，王钝根在创作早期之所以着意于"滑稽短篇"和"零碎小说"，也是因为其意并不在"小说"，而在评论和讽刺，在于他想要通过小说的工具价值实现其报人作家的社会责任。

　　从"夹叙夹议"的小说特点来看，王钝根重视叙事文学，也极力通过小说阐发自己的思想主张。因为他这一时期的作品以小说为主，所以也可以说他此时严肃、冷峻的作品仍然对"文学功用"的理念主张有所坚持。正因为王钝根看重"文学的功用"，所以其叙事文学作品才偏重于揭露和批判；正因为他认为"社会小说"最有价值，所以他才尝试撰写"社会小说"以实现其警世的目的。在这一点上，他的叙事作品与其"游戏文章"一样是承接晚清以来所倡导的"文学功用"而进行创作的。如果说民初十年间的游戏文章是通过自由议论来表达对时事的态度，那么他二十年代的小说创作就是通过叙事状物来诉说悲观伤时的心绪。正如王钝根在作品中所叹：

　　　　林琴南先生有言，天下至刻毒之笔，非至忠恳者不能出。忠恳者综览世变，怆然于心，无拳无勇，不能制小人之死命而行其彰瘅，乃曲绘物状，用作秦台之镜。观者嬉笑，不知作此者揾几许伤

---

①　钝根：《慈善家的忏悔》，《说部精英：甲子花》1924 年第 1 期。

②　钝根：《滑稽小说：车夫问题》，《礼拜六》1916 年第 95 期。

③　钝根：《滑稽小说：车夫问题》，《礼拜六》1916 年第 95 期。

心之泪而成耳。林先生者，我国新小说界之巨擘，故其言宛转沉痛，能代小说家白其苦衷。然而小说家之苦衷，终不为庸耳俗目所谅也。①

小说家"行其彰瘅"的刻毒之笔正是王钝根所谓之"苦衷"，而这也再次说明他"寓讽谏于文字"的创作理念，一定程度上也解释了他好为议论的作品特点。只是到了创作后期，随着乐观精神的消退、革新热情的消解，他在叙事文本中的议论和讽刺也和"游戏文章"一样逐渐隐秘起来。

第四节　在新旧文学论争中

王钝根在民国初期是以革新的姿态进入报界文坛的，在新文化运动之前，不论是他加入的南社，还是他在《自由谈》平台所结识的撰稿群体都很少被视为"旧派"。作为报界新人，王钝根及其同仁虽然在文学创作上也常常面对新旧问题、中西讨论，但总能在趋新与守旧之间找到自洽的平衡点。然而经过新文化运动的洗礼之后，不但王钝根及其报界同仁自发地聚集成一个所谓的"旧派"文学团体，新派人物更是积极地对他们进行归类、总结；不仅他们的作品被视为"旧文学"，他们作品的"道德"也在文学论争中被审视和批判。

一　二十年代旧派文学刊物的发展

在讨论旧派作家团体的形成及新旧文学论争之前，我们需要介绍一下二十年代旧派文学期刊的发展情形。二十世纪二十年代是旧派文学期刊发展的又一高峰，不仅所谓的"礼拜六派"刊物如《礼拜六》（后一百期）、《社会之花》《半月》《快活》等层出不穷，《学衡》《甲寅》《复社丛刊》《新黎里》等倾向旧文化、旧文学的杂志也在五四之后创刊，其他如《东方杂志》《申报》《新闻报》等报刊也依然活跃着旧派作家的身影。

其中所谓的"礼拜六派"刊物，王钝根或有作品发表，或有题词、

---

① 王钝根：《社会小说：小说家》，《申报》（南洋兄弟烟草公司广告）1920 年 2 月 13 日第 9 版。

赠语，大多都与之互通声气，相互扶持，而重点参与的刊物则有《心声》《半月》等。《心声》杂志"仿效大东书局的《半月》杂志，是南京路心心照相馆徐小麟主办的。第一期一九二二年十二月出版"。徐小麟为主干，刘豁公任编辑，郑子褒是校订，王钝根则列为主撰。实际上袁寒云、步林屋等人亦在主撰之列。在《心声》创刊号上，有"本刊编辑部同人摄影"——王钝根、郑子褒、刘豁公、徐小麟等主创的合影留念。此刊内容与复刊后的《礼拜六》相似，以小说、笔记及各类杂俎小品为主，撰稿者有姚民哀、海上漱石生、严芙孙等名家。王钝根虽为主撰，但作品却不多，仅有《心声》《陈其美轶事》等几篇。而该刊为了吸引读者，曾刊有戏剧号（第三卷第四号）；自第一卷第十号起，又设"妇女文苑"专栏，编辑主任由吕碧城担任①，而新增的"女界著作"确实为《心声》增色不少。除此之外，为了增加订阅量，《心声》杂志又有赠送《图画小说汇编》②的举措，内容或为王钝根与刘豁公小说的选编合集。③

《半月》杂志创刊于 1921 年 9 月，由周瘦鹃任总编辑，最初"归中华图书馆总经售，第五期起才由大东书局发行"④。此刊在所谓的"礼拜六派"文学期刊中坚持时间较长、内容也较有特色，共出有四卷，至1925 年 11 月停刊。《半月》创刊前，周瘦鹃一直在帮王钝根编辑《礼拜

---

① 《心声》1923 年第 1 卷第 9 期有"妇女文苑"《征求女界著作》广告："本刊现增《妇女文苑》，专载女界著作，不拘体例，除逐期选刊外，尚拟汇成专集，藉广流传。登录之稿，如愿受酬，甲种每千字酬洋二元，乙种一元（诗词无酬）。若特别佳构，当从优酬赠。来稿须注名姓、地址。如蒙惠以玉照，尤所欢迎。通讯处上海南京路八十二号《心声》半月刊总社。凡迹近攻讦，词涉猥亵者，概不收录。'妇女文苑'编辑主任吕碧城启。"

② 《心声》1924 年第 3 卷第 4 期扉页有《本社特别启事》广告："启者，南洋兄弟烟草公司出版之《图画小说汇编》系刘豁公、王钝根两先生杰作，由周柏生、张光宇、谢之光诸先生摘要绘图，美具难并，得未曾有，顷承惠赐五百部作为本刊赠品。拜领之余，不胜感荷。谨志数语，藉申谢忱。"同时还有"本刊奉赠南洋图画小说汇编简章"，详细说明赠送规则。

③ 原刊已佚，其具体内容无法确定。但因其出版者为"南洋兄弟烟草公司"，则大致推断内容可能是王钝根与刘豁公于 1919—1920 年创作的刊在南洋兄弟烟草公司广告中的小说。这些小说作品随烟草公司广告一起刊在《民国日报》《申报》《新闻报》等各大报刊中，皆为短篇，内容多滑稽、讽世题材，其中亦有专为南洋烟草公司所作的"广告小说"。

④ 郑逸梅：《民国旧派文艺期刊丛话·半月》，魏绍昌编《鸳鸯蝴蝶派研究资料》（上卷），上海文艺出版社 1984 年版，第 416 页。

六》周刊，据他说"到了一百二十多期以后，先兄伯琴见我一辈子依人篱下，不是了局，因便劝我自办杂志，每半月出一版，以免与《礼拜六》雷同，定名《半月》"①。而且在编辑《半月》的最初阶段，周瘦鹃仍在协理《礼拜六》的事务。此刊与《礼拜六》的内容和宗旨都很相似，撰稿人大多重叠，也因此常与《礼拜六》一起被新派作家点名批评。如郑振铎曾说：

> 中国的"遗老""遗少"们都说："小说是供人茶余饭后的消闲的。"于是消闲的小说杂志就层出不穷，以应他们的要求。自《礼拜六》复活（？）以后，他们看看可以挣得许多钱，就更高兴的又组织了一个《半月》。②

王钝根应周瘦鹃之邀，在此刊上发表过《儿时顽皮史》《新年之回顾》《家庭地狱》等作品。

除《心声》《半月》之外，王钝根参与编辑或供稿的刊物还有《快活》《蔷薇半月刊》《消闲月刊》《蔷薇花》等几种。《快活》创刊于1922年1月，共出36期，主编为小说名家李涵秋。此刊以登载小说作品为主，分短篇小说与长篇小说两大版块，其中长篇章回体小说有李涵秋的《近十年目睹之怪现状》、徐枕亚的《燕雁离魂记》、张碧梧的《毒瓶》等，而短篇作品则与《礼拜六》所刊大体相同，内容更关注婚恋伦理题材，且多有表达"进步"的新思想。但因该刊作品基本出自"旧派"名家之手，故而常常受到新派文人的批评。王钝根在此刊创刊号上发表有小说《世外桃源：快活真诠》。

《蔷薇半月刊》是由《工商新闻》发行部发行的，1925年《工商新闻》"国庆增刊"上曾刊有它的广告词。③ 当时王钝根为《工商新闻》的

---

① 瘦鹃：《礼拜六旧话》，《礼拜六》（原《工商新闻》副刊）1928年8月25日第271期第3版。

② 西（郑振铎）：《消闲？》，《文学旬刊》1921年第9期。

③ 广告词云："《蔷薇半月刊》系文学家成秋凤、徐鹃云主编，撰述者皆一时知名之士。名誉总编辑严独鹤、王西神，名誉编辑王钝根、程瞻庐、毕倚虹、徐卓呆、赵君豪、范菊高、徐碧波诸君。用上等道林纸，精印两色，排式新颖古雅，美观无俗气，内容文画兼重，并有长篇小说二种，殊为难得，洵近今出版物中之隽品。定价每份五分，全年一元二角，第一期已出版了。读者请附邮票五分至上海南京路、四川路民昌里二四〇号工商新闻发行部，当即寄奉一份。"

主编，同时也被列为《蔷薇半月刊》的名誉编辑，因其"撰述者皆一时知名之士"，则此刊亦属民国旧派文艺期刊类型。《消闲月刊》是《游戏新报》在苏州的"变体"，由赵眠云、郑逸梅合编，名誉编辑有"范君博、顾明道、尤半狂、袁寒云、袁百衲、何海鸣、徐枕亚、吴双热。每册定价二角，第一期出版于一九二一年五月，同年十月发行，第六期停刊"①。其"消闲"之题与《礼拜六》等"游戏""消遣"的意旨相似，而王钝根也参与过此刊的创作活动。至于《蔷薇花》，存世文本已难见到，据郑逸梅在《民国旧派文艺期刊丛话》中说，该刊为"严芙孙编辑，发行者北车站东首升顺里一弄，即芙孙的寓所。刊行于一九二四年七月……一期止。每篇作品的题目和作者署名，都是用锌版的。没有长篇小说，短篇如严独鹤的《回首百年》，王西神的《蔷薇花下》，王钝根的《名刺》，沈禹钟的《社会之口》……"② 虽然《名刺》《回首百年》等作品已难找到，但从严芙孙、严独鹤、王钝根等主创的情况来看，《蔷薇花》同样是二十年代旧派文学刊物发展潮流中的组成部分。

整体来看，这几种刊物刊发的王钝根作品并不算多，但无论是主撰人员还是刊物的内容形式，都是《礼拜六》的同类刊物。其中《蔷薇半月刊》的创办时间约在 1925 年，此时旧派的声势已由盛转弱，该刊能再次聚集旧派作家，亦可见旧派之潮流非一时可以消退。

这些刊物都是旧派作家的文学阵地，在新的文学环境中，它们在保持自身特色的同时，也在不断向同仁杂志学习，就像《社会之花》不仅延续《礼拜六》，还同时"摹仿《半月》杂志③，《半月》有《礼拜六》的影响，而《社会之花》又汲取了《半月》在编刊选材等方面的经验。同时，这些同时期的旧派刊物还有诸多交流互动，刊载的文章内容也时常彼此呼应。比如，前文提及的《晶报》与《商报·商余》关于"江北人江南人"的擂台赛；又比如曾使《社会之花》增加两千多份销数④的《我与文艳亲王之情史》甫一刊出，即招来好友同仁的续文和回应，不仅有周瘦鹃依照王钝根原文编造的言情小说《文艳亲王下嫁王钝根记》，也

---

① 郑逸梅：《民国旧派文艺期刊丛话·消闲月刊》，魏绍昌编《鸳鸯蝴蝶派研究资料》（上卷），上海文艺出版社 1984 年版，第 410 页。

② 郑逸梅：《民国旧派文艺期刊丛话·蔷薇花》，魏绍昌编《鸳鸯蝴蝶派研究资料》（上卷），上海文艺出版社 1984 年版，第 437 页。

③ 郑逸梅：《民国旧派文艺期刊丛话·社会之花》，魏绍昌编《鸳鸯蝴蝶派研究资料》（上卷），上海文艺出版社 1984 年版，第 436 页。

④ 《编辑者言》，《社会之花》1924 年第 1 卷第 7 期。

有无名女子的《我也嫁给钝根》来凑热闹。这些都适足以显出各刊物之间的交集及朋好关系。

所谓的"礼拜六派"阵营刊物还有多种，如《快活》《星期》《紫罗兰》《红杂志》等，这数种期刊虽未必都是受了《礼拜六》的影响而创刊，但其"同道"关系则是确定无疑的。就像前文所述的《商报·商余》《社会之花》中的各种"公案"，在二十年代的旧派文艺期刊中这类情况极为普遍，各刊编辑之间的相互投稿、邀稿，相互支持宣传，都促使其自然形成一个阵营，一股潮流。虽然所谓的"礼拜六派""鸳鸯蝴蝶派"没有正式的立派仪式、建社大典，但其共同推起的通俗文学热潮，足使本不存在的"派别"得以凸显。

二 民国旧派作家团体的形成与确认

在新文化运动时期，被新派学人划归旧派阵营的人物有很多，而在所有守旧的人物之中，王钝根等编撰通俗刊物、喜好撰写通俗小说的作家还被归为一个更集中的团体——"礼拜六派"。而这一称号的定义与确认，使王钝根二十年代的文学创作旨归才更清晰，而他在旧派作家团体中的地位也得以显现。

在五四前后，对"礼拜六派"的定义与确认是由新旧两派人物共同完成的，且大致经过了三个步骤。首先是民国初期王钝根等报界新人撰写小说、相互结识并自发交流的组团过程。这一过程中，除了从《自由谈》及《礼拜六》平台进入文坛的撰稿者，《时报》《新闻报》等刊物也同样培育了一批文坛新人。这些撰稿者以时下流行小说及旧体诗词为创作重点，以刊文交流为契机，经过报界文坛的自然筛选，并与已知名的文坛作家交会（如徐枕亚等人），最终在五四前夕形成了一个评论界眼中的旧派群体。其次是在新文化运动到来之后，这批旧派作家很快成为新派学人的打击目标，而至迟于1922年①，"礼拜六派"这一名称已经出现。在这之前的1918年，周作人曾用"鸳鸯蝴蝶体"一词批评过《玉梨魂》一类的小说，1919年又直接用"鸳鸯蝴蝶派"一词对当时文坛流行的言情小说作家进行概括。无论是周作人，还是茅盾、郑振铎等其他新派学者，他们批评的小说创作者均包括《礼拜六》周刊撰稿同仁，包括早期《自由谈》的诸多撰稿者，也包括当时众多通俗文学刊物的编创团队。但此时，新派

① 冰（茅盾）：《"写实小说之流弊"？》一文中出现"礼拜六派"一词。《文学旬刊》1922年第54期。

文人还只是举出徐枕亚、周瘦鹃等代表人物进行批评，他们尚无法指认这一群体的基本成员。最后是旧派作家自己完成了对群体成员的确认，完成了对所谓的"礼拜六派"确认的第三个步骤。而这第三个步骤主要是在1922—1923 年进行的，其主要表现一是文艺社团的创立，二是诸同仁对文坛小说家的介绍和总结。

关于民国旧派作家团体的形成，青社和中国文艺协会最能说明问题。青社成立于 1922 年 7 月，《申报》1922 年 7 月 11 日第 15 版有《青社成立记》一文：

> 中国小说家发起组织之青社，经数次筹备磋商后，于星期日下午开成立大会于界路笑庐。到者除包天笑、王钝根、周瘦鹃、严独鹤、胡寄尘、沈禹钟、严芙孙、许厪父、徐卓呆、江红蕉、赵苕狂、张舍我、张枕绿、张碧梧外，且有毕倚虹从杭州赶到，程小青从苏州赶到，其未能莅会之李涵秋则托胡寄尘代表，何海鸣托张枕绿代表，王西神托严芙孙代表，朱瘦菊托周瘦鹃代表。众人当将前拟之社章草案，逐条订正通过，继用无记名投票法选举职员，由包天笑君检票，结果张舍我当选庶务干事，张枕绿文牍干事，严芙孙会计干事。闻该社第一次聚餐会即乘毕、程两君在沪之便，决于昨晚（十日）七时在新利查举行，藉示欢迎之意云。

第二日，《申报》又发布《青社第一届聚餐会志》。从这两文可知"青社"成立之时间、地点、主要社员及宗旨。当时知名的旧派作家基本都在社员名单之内，而其声明——"本社对于小说读、作双方，应负指导监督之责，且为同人研究艺术、互通声气"①，显然是该组织的一种自我期许。当时新旧两派之争如火如荼，青社的此番言论可以说是旧派的自我辩护，意在告知社会及读者他们对文艺的重视，并欲尽应有之责任。

其实，青社在 1922 年 7 月 9 日成立大会之前还举行过两次讨论会，第一次在半淞园，第二次在包天笑的笑庐，实况信息可参考沈禹钟发表于《申报》的《消夏杂话》②。该文谈到青社的发起经过：

---

① 《青社第一届聚餐会志》，《申报》1922 年 7 月 12 日第 16 版。
② 《消夏杂话》连刊于《申报·自由谈》1922 年 8 月 7—12 日。

此社发起时芙孙、廑父实为之首倡，余与茗狂、红蕉、舍我、枕
绿亦力主其成，先经少数同志之讨论者凡四五次，遂渐事进行，嗣又
得天笑、钝根、瘦鹃、独鹤、寄尘、卓呆诸公之赞同，而北京之何海
鸣，杭州之毕倚虹，苏州之程瞻庐、程小青，同里之范烟桥，咸来书
加入，且托在沪同志于开会时代表列席焉。以是始于沪南之半淞园开
第一次茶话会，讨论会务。①

同时也指出该社的宗旨是"为海上治说部诸同志所结合，期以联络情
谊，研几文艺，并督察出版界之趋向。而于当世作者之著述，亦为加
以正确之评陟，使国人有所适从，用以增高中国文学之价值。意至
美，愿至伟也"。由此可知，青社成立前经过了一番讨论与筹备。而
其遍邀文坛同好，除了"发扬文艺"之外，大约也有共同应对新派攻
击的考虑。

在成立青社之后，青社成员还创办了《长青》周刊。据时人称，"该
刊所载的文字，是清一色的社员写的，没有外稿"②。可惜的是，《长青》
周刊的存世刊已佚，其详细的面貌尚无从得知。但《申报》曾刊《长青》
的出版广告，文中称："本刊为青社同人所组织，为文艺上的评论，通文
学界的消息。执笔者为王西神、王钝根、包天笑、江红蕉、朱瘦菊、沈禹
钟、何海鸣、李涵秋、周瘦鹃、胡寄尘、徐卓呆、范烟桥、毕倚虹、许廑
父、张舍我、张枕绿、张碧梧、程小青、程瞻庐、赵茗狂、严独鹤、严芙
孙诸君。每星期出一次，定名为《长青》，兹定九月三日为第一期出
版。"③ 则据此知，《长青》第 1 期出版于 1922 年 9 月 3 日，该刊之宗旨
乃"为文艺上的评论，通文学界的消息"，由此亦可以推断《长青》所刊
作品当以文学评论文章为主，而非如《礼拜六》《半月》等刊物主要发表
小说、笔记等文学文本。

同时，依据《最小》杂志宣言中所说的"本报抱提倡小说艺术的宗
旨，继《良晨》和《长青》而发刊"④，则知《长青》与《良晨》《最

---

① 禹钟：《消夏杂话》（一），《申报·自由谈》1922 年 8 月 7 日。

② 郑逸梅：《民国旧派文艺期刊丛话·小报·长青》，魏绍昌编《鸳鸯蝴蝶派研究资料》
（上卷），上海文艺出版社 1984 年版，第 502 页。

③ 《青社周刊长青出版》，《申报》1922 年 9 月 1 日第 3 版。

④ 记者：《最小的宣言》，《最小》1922 年 11 月 15 日第 2 版。

小》两杂志在篇幅、选材、撰稿等各方面是相对一致的。《良晨》《最小》
由张枕绿于 1922 年先后创办，良晨好友社刊行。两杂志的作品内容都是
探讨小说理论、小说技法及回应新派对"礼拜六派"之批评的，即"为
文艺上的评论"，那么由此亦可推知《长青》也是作为文学评论刊物而存
在的。

　　《长青》只出了五期，因为青社的组织较为松散，社团的文艺氛围未
如预想的活跃。作为以文会友的团体，青社除了主理《长青》杂志，主
要的活动只有雅集和聚餐。雅集的本意在讨论文艺，于是又有"青社谈
话会"之名目。《申报》上就曾刊载《青社谈话会纪》① 以及宴饮聚会②
的相关消息，同时期的《最小》杂志也曾刊《青社欢宴记》③，而范烟桥
在悼念李涵秋的文章《呜呼李涵秋先生》中也提到青社在东亚酒楼的聚
餐④，但在这之后，便没有再见到青社的活动消息。自其创社之日起，青
社仅有数次谈话会及五期作品，成绩不能算多。不过，在新派作家对其进
行"围剿"时，旧派同仁能创办这份"文艺评论"杂志，其"研几文
艺"之志亦不在小。

　　青社之后，这些旧派同仁又成立了中国文艺协会，时间在 1923 年 10
月 23 日，《申报》在 1923 年 10 月 21 日曾刊发《中国文艺协会将开成立
会》的预告消息。关于该协会的成员及协会宗旨等内容，《申报》上所刊
的《中国文艺协会之成立》一文也曾予以披露：

　　　　海上文艺家袁寒云、包天笑、宣愚公、陈飞公、周瘦鹃、江红
　　蕉、刘山农、余大雄、丁慕琴、毕倚虹诸君，前发起一中国文艺协
　　会。专以研究文艺，砥砺道德，本互助之精神，谋文化之发展为宗
　　旨，筹备多日，各方文艺同志加入者甚伙。已于前日假寿石山房开成
　　立大会，通过章程，并选举审查干事各员。选举结果，计（审查员）
　　选出袁寒云、包天笑、周瘦鹃、伊峻斋、陈栩园、宣愚公、陈飞公、
　　孙东吴、王钝根九人；（干事员）选出余大雄、周南陔、席时泰、江
　　红蕉、谢介子、张光宇、胡寄尘、张舍我、严独鹤、赵苕狂、毕倚
　　虹、刘山农、徐卓呆、丁悚、张冥飞、祁绂卿、钱芥尘、戈公振、张

---

① 　《申报》1922 年 9 月 28 日第 15 版。
② 　《青社定期欢宴何海鸣》，《申报》1922 年 12 月 1 日第 18 版。
③ 　孟刚：《青社欢宴记》，《最小》1922 年 12 月 5 日第 6 版。
④ 　《申报》1923 年 5 月 20 日第 19 版。

碧梧、步林屋二十人。会址暂设本埠山东路一百六十一号，以便入会同志之接洽。现在该会闻拟先从编辑会刊入手，联络进行，徐图开办图书馆、文艺博物馆、俱乐部、展览会等项大规模之事业。又该会定阳历本月二十七日（星期二）在远东饭店举行第一次会员聚餐，联络交谊，藉以讨论会务进行云。①

由文中提及的会员名单可知，此中国文艺协会乃是民国旧派作家的文艺协会，也可以说是所谓的"礼拜六派"的又一大本营。该协会有详细的《中国文艺协会简章》②，共二十四条，只是其声势虽然不小，真正落到实处的文艺活动却没有多少，读者既未见到其"编辑会刊"，也没有见到计划开办的图书馆、文艺博物馆等诸项事业。实际上，该协会仍是一个松散的文艺团体，协会中的多数成员都有自己主编的杂志，他们发表作品、讨论观点的阵地本就不少，再办新刊既无闲暇，也没必要，因此"中国文艺协会"的实际成绩和影响力尚不及青社。

除了青社、中国文艺协会之外，民国旧派小说家还有"星社""萍社""狼虎会"等其他同样松散，同样以讨论文艺为宗旨，以茶话会、雅集为主要形式的社团组织。如前文提及的"狼虎会"，蝶仙、瘦鹃、丁悚、小蝶、常觉、独鹤等人的诗酒唱和也在事实上证明了他们文学圈层的存在。他们一起研习文艺，偶或有"以文卖钱"之私心，但初无所谓某团某社之自我标榜。只是随着新派学人对其进行攻诘与定义，他们才有了结社的回应。不过，他们的组织松散，章法不严，成就也有限。如《心声》杂志曾在1923年举办"全国伶选大会"，旧派作家在大会中评选"花国总统""伶界大王"之类的举动，更是成为新派学者批评他们"反动""守旧"的口实。

伶选大会并不是一个文艺团体，它只是旧派小说界组织的一次剧评活动，所谓："援辚材之古例，取投票之新法，进上公侯伯而冠以大王，取博士硕学而总以领袖。艺苟精矣，不限于男女；评果当矣，不择于老幼。以心心照相，权作会场；待色色俱完，公开选举。"③它由《心声》半月刊经理徐小麟发起，是袁寒云、王钝根、周瘦鹃等一班同人于1923年年

---

① 《中国文艺协会之成立》，《申报》1923年11月23日第15版。

② 《最小》1923年第4卷第117期。

③ 《全国伶选大会第一次布告》，《心声》1923年第1卷第3期。

初参与的伶界评选活动，活动经费所得用于慈善捐助①。这是民国旧派作家在创作、办刊、集社之外的文艺活动，旨在"讨论戏剧""点评伶人"。但因选举票问题，当时还曾遭反对，受人质疑。② 关于该会的组织成员及选举办法，《心声》杂志曾发布公告：

> 会长　　　袁寒云
> 副会长　　步林屋、张镠子
> 评议长　　王钝根
> 评议　　　钱琴东、罗亮生、郑鹧鸪、徐卓呆、张冥飞、姚方定、丁慕琴、邹改庐、余伯陶、周采臣、李骞冈、徐朗西、张光宇、刘山农、周瘦鹃、余大雄、刘豁公、郑子褒、徐小麟、袁唐志君女士、徐杨秋娟女士、欧阳纫秋女士
> 名誉会长　冯叔鸾、何海鸣、徐凌霄
> 名誉会董　吴仓硕、徐乾麟、王一亭、陆达权、伊峻斋（以后敦请随时列入）
> 总务科　　正主任：刘豁公
> 　　　　　副主任：丁悚
> 　　　　　干事：苏少卿、郑恪夫
> 文牍科　　正主任：步林屋
> 　　　　　副主任：邹改庐
> 　　　　　干事：张庆霖、王菊痴、朱缽隐、王香禅……③

从选举组织名单可以发现，伶选大会的成员与中国文艺协会及青社的

---

① 王钝根在《伶选大会平议》中介绍说："全国伶选大会之发起，其原因一部分为评剧家之技痒，一部分则欲为慈善机关筹款。若最初发起之徐小麟则完全出于少年豪兴，甘心担负全部经济责任。"《商报·商余》1923 年 1 月 21 日。

② 《回头来劝一声伶选大会》文中说："伶选大会不幸而被人反对，两方面已大翻其脸。"《伶选大会之光明》一文中亦相应的辩白："伶选大会因为要出售选举票，就有旁人替他算账。售票六十万张，可得洋六万元，于是起而反对。……至于伶界的反对，一因有人在里头挑拨，二因脑筋简单的太多，一听见说伶选会要敲唱戏的竹杠，便信以为真。"《商报·商余》1923 年 1 月 22 日、29 日。

③ 《全国伶选大会第一次布告》，《心声》1923 年第 1 卷第 3 期。文中"朱缽隐"疑为"朱枫隐"之误。

成员多有重合。据王钝根说，此次活动还有捐款①赈灾的高尚目的，但他们的"结社""选伶"等一系列活动，恰是旧式文人吟诵风雅、看戏捧角的习惯表现，更加证明了他们的"旧派"身份。

与此同时，这些旧派作家还开始自发自觉地总结他们的文学成就，好友同仁间都有不同程度的介绍与吹捧，如大胆书生的《小说点将录》②，许廑父、徐枕亚等人撰写的《近代小说名家小史》③，严芙孙编撰的《全国小说名家专集》，王钝根的《本旬刊作者诸大名家小史》，以及莽书生（陆澹庵）的《文坛点将录》④ 等，都是介绍、归纳、点评旧派作家的专门撰著，同时也是民初旧派文学团体的自我确认。

其中王钝根的《本旬刊作者诸大名家小史》前文已做介绍，许廑父等人的《近代小说名家小史》同样记述了活跃于当时文坛的十余位小说家概况，大胆书生的《小说点将录》是"取近今小说名家与《水浒》人物相比附"，共列举旧派小说家七十余位，而莽书生的《文坛点将录》共列一百零八位，至于严芙孙编撰的《全国小说名家专集》⑤ 则主要介绍了当时文坛最常见的三十一位通俗小说家。严芙孙是严独鹤的侄子，他深得王钝根的赏识，而且两人还是近邻。当时，王钝根住在上海宝山路升顺里二十五号，而严芙孙的家在上海北火车首升顺里一弄二十号。两人同住在升顺里，两人与许廑父、大胆书生等人对小说名家的介绍与归纳又大致同时，这足以说明在 1922 年前后，上海的通俗文学界对当时的小说名家已基本达成共识。即使他们对于所谓的"礼拜六派"名号并不认同，但对这一旧派作家群体却无疑存在归属感。

通过社团的创立及对"小说名家"的总结，所谓的"礼拜六派"完成了对自身群体的确认，同时也在他们同属"旧派"这一问题上与新派学人达成一致，而他们与新派学人的争论也就此开始。从时间上看，这些社团组织的成立及同仁小史的撰写，均发生在他们被定名为"礼拜六派"之后，是他们在"新派"进攻下的一种应对。与此同时，在被指认为"思想的反流"之后，在"血和泪的文学"的道德绑架下，民国旧派作家

① 王钝根：《回头劝一声伶选大会》中说："替华洋义赈会或救济妇孺会等慈善机关筹一笔捐款。"《商报·商余》1923 年 1 月 22 日。

② 《红杂志》1922 年第 1—18 期。

③ 连载于《小说日报》1922 年 12 月 6 日至 1923 年 2 月 1 日。

④ 连载于《金刚钻》1925 年 7 月 30 日至 11 月 24 日。

⑤ 1923 年云轩出版社出版，该社社址为北火车首升顺里一弄二十号，即严芙孙的寓所。

不得不反思自身的文学观念，不得不为自己的作品辩护。

三 王钝根对"新旧之争"的回应

新派对旧派作家的批评大约始于 1918 年，当时批判的重点集中在黑幕小说、言情小说，集中在旧派文学刊物的口号"消闲"与"游戏"上。在介绍《新申报》时，我们曾谈及王钝根的"征集黑幕"活动，以及文艺界对"黑幕小说"的批判，而实际上新派学人对"黑幕小说"的批判一直延续到二十年代，特别是二十年代初的两三年间，新旧的笔战交锋最为激烈。

在这两三年里，新派学人以《思想的反流》《消闲?》《"文娼"》《论"黑幕"》① 等文章对"旧派"文学进行批评，且批评的重点主要落在"旧派"作家的"纯粹中国旧式"思想、误国从众的"消闲"旨趣、不道德的"造作事实"等几个方面。以"黑幕小说"为例，新派作家批评"他们做黑幕，看黑幕的人，岂不借口于'托讽'么？但它的实际，却正与这本旨相背"②。但旧派作家则认为"黑幕小说"意在警世而非揭私，认为《中国黑幕小说大观》"系近世写实派小说中之杰作"③。事实上，新派学者吴宓在《写实小说之流弊》一文中，也曾将"上海风行之各种黑幕大观及《广陵潮》《留东外史》之类"，以及"少年人所最爱读之各种小杂志，如《礼拜六》《快活》《星期》《半月》《紫罗兰》《红杂

---

① 《思想的反流》《消闲?》《"文娼"》三篇由郑振铎所作，署名"西谛""西"，分别发表于《文学旬刊》1921 年第 4 期、第 9 期以及 1922 年第 49 期。《论"黑幕"》由周作人所作，署名"仲密"，发表于《每周评论》1919 年第 4 期。

② 仲密：《再论"黑幕"》，《新青年》1919 年第 6 卷第 2 期。

③ 《百弊丛书》中刊有《中国黑幕大观》的广告，且有《黑幕大观为近世写实派小说》一篇长文广告词，其言曰："《中国黑幕大观》一书系近世写实派小说中之杰作，撰述者一百七十人，都七百三十二篇，一百数十万言。描写醜龊社会，揭发奸恶人心，至详且确。故发行未满两年，印订业已五版，足见全国欢迎。蒙北京大学蔡校长评'为近世写实派小说'，湖北王督军称为'裨益世道'，贵州刘督军称为'慧眼识奸'，甘肃张督军称为'暮鼓晨钟'，江苏符教育厅长有'苦口婆心'等题字。此外沪上各大日报皆有褒语，如《时报》评'摘奸发覆，裨益世道人心'，《新闻报》评'包罗宏富'；《神州报》评'描写社会种种状态，为近世有功世道之作'，《民国日报》评'洋洋一百万言足当大观两字'，《中华新报》评'义重创愆，文主浅显，淘足改良社会。'其他当代文豪如吴东园、王钝根、程瞻庐、张冥飞、刘豁公、观奕诸先生等均有序言。足见是书内容搜罗宏博，记载详实，洵为持身宝鉴，处世南针。"王钝根编纂：《百弊丛书》(4)，中华图书馆集成公司 1919 年。

志》之类"称为"写实小说"①，则"旧派"文学之罪过，实取决于新旧各派学者的文学立场及其论争的结果。

吴宓是从小说的写实及艺术价值层面对"旧派"文学进行批评的，与郑振铎等人专论"旧派"文人的创作动机与意识形态不同，而当时独立于新旧派之外的杨亦曾还维护"黑幕小说"，认为黑幕小说与"近世文学之潮流""近世社会思想之潮流""人生问题""道德"四个方面并不相违。② 其实，当时试图调和新旧两派的文艺界人士并不少，如有人曾说：

> 所谓欧化派小说家，他们所看见而称为礼拜六派的小说，仅仅是一些粗恶的作品。所谓礼拜六派的小说家，他们所看见的欧化小说也仅仅是一种粗恶的东西，所以双方攻讦起来。其实如果大家平心静气，破除了成见，细细搜求一些对方高深优美的作品来看看，便自然知道都误解了。他们所不同的只是一点形式，那原质是一样，也有好也有坏呀。③

即认为双方的"原质"相同，不同的只是形式，双方都只见到对方的短处，而未能公正客观地去评价对方"高深优美的作品"。由此可见，当时新派的观点并未对"旧派"形成压倒性的优势。在新旧交锋中，新派文学并非完全占据"文艺道德""艺术美学"的制高点，其中的许多问题都值得商榷。比如新派学者只看到"旧派"作品中的旧思想，却并不在意"旧派"作家采用了新式标点、运用了新的叙事手法，也从不体察"旧派"作品中可能存在的"救世"初心。

其实，新旧文学阵营本就交织、重叠，无论是作家还是作品，"旧派"文学都对新派有过启发和引导，如由旧变新的刘半农，或者出入新旧之间的胡寄尘，他们既在《自由谈》《礼拜六》等刊物上发表过"旧派"作品，又是积极探索文学革新的学者。而随着新派学人批评的深入，"旧派"也曾有过自我反思，也逐渐认识到兼顾"游戏与救世"的难度。

---

① 吴宓：《写实小说之流弊》，严家炎编《二十世纪中国小说理论资料》第二卷，北京大学出版社1997年版，第286页。

② 杨亦曾：《对于教育部通俗教育研究会劝告勿再编黑幕小说之意见》，《新青年》1919年第6卷第2期。

③ 楼一叶：《一句公平话》，《最小》1923年第1卷第17期。

再加上末流"消闲"文学之泛滥，及军阀混战之社会背景，他们也不断尝试对自己的作品做出解释，对自己的创作意图与结撰构思过程进行说明。如一位旧派阵营的创作者曾说：

> 小说家费了许多脑汁，好容易做成一篇小说，得到几块钱的稿资，去供给读者做消遣品。天下不值得的事，更有甚于此的吗？但我以为小说不是仅仅叙述有兴味的事实，须要参以作者的个性，和对于一切问题的主张，藉灌输于读者的脑中，使他们认识，使他们同情。那么，作者虽牺牲了一切，也是值得的了。①

显然他认为小说不仅仅是供人消遣的，小说还要"叙述有兴味的事实"，要体现"作者的个性"，要让所叙的问题引起读者的关注。他的这种观点很难说是"旧派的"或"反动的"，因为他谈的是小说家的责任与牺牲。但这些辩解和自我要求并不能改变新派学者的偏见，他们对旧派小说家仍加之以"文娼""文丐""文妖"的封号。而面对如此重的指责，"旧派"文学家也曾予以回击，其中值得注意的是《长青》《良晨》《最小》三种杂志。它们刊出的文章与新派作家的批评发表于同一时期，观点针锋相对，对自己的维护也最直接。

举例而言，《长青》杂志上曾刊登"周瘦鹃的《紫罗兰盦琐话》，程小青的《侦探小说杂话》，张舍我的《有永久价值的短篇小说》，范烟桥的《小说的效率》，包天笑的《小说家的常识》，张碧梧的《评海上现在之小说杂志》，何海鸣的《我之报告》，许廑父的《止谤莫如无辩》，张枕绿的《小说杂志的广告》，沈禹钟的《小说杂谈》，江红蕉的《小小说与问题小说》，胡寄尘的《中国古代的短篇小说》"②等文章，而新派阵营的《文学旬刊》则针对《长青》上的文章有过专文驳难。如，何慧心发表在《学灯》上的《评第三期〈长青〉》：

> 胡寄尘的《给郑振铎的信》里有一段说："提倡新文学的人，意思要改造中国的文学；但是这几年来，不但没有收效，而且有些反动。"这几句话，胡君未免有些武断罢！学校里的课本，改用白话

---

① 楼剑南：《值得的牺牲》，《最小》1922年第1卷第3期。
② 郑逸梅：《民国旧派文艺期刊丛话·青社》，魏绍昌编《鸳鸯蝴蝶派研究资料》（上卷），上海文艺出版社1984年版，第502页。

文；许多报纸上的评论，改用白话文；其他关于新文学的书籍，一天
多似一天。全国的人民，对于新文学，早已有了公正的批评："白话
文明白通畅，实在是开导民智的利器。"这不是新文学的成绩么？这
不是新文学的效果么？……青社里许多分子（一班大名鼎鼎的，现
在的旧小说家），在几年前谁也不是做"红楼一角""某翁""某生"
的小说健将。但是到现在，那一张七日一出版的《长青》里，为什
么一大半是用白话文呢？……

　　而你们想潜移默化么？而你们想用不痛不痒的药来医治病人么？
呸！你们不要捐什么假招牌！……《快活》的"新婚号""滑稽
号"，《红》《笑》《星期》《半月》《礼拜六》等等，所谓开导的法
子，所谓随机引导，所谓使社会欢迎，所谓不是迎合社会心理，原来
如此！原来如此！①

　　文中不但骂了《长青》，也同时骂了《红杂志》《半月》《礼拜六》
等杂志。在何慧心看来，《长青》里的作品大半用白话文，已经说明白话
文的胜利，而他们那些"旧小说家"所谓开导的法子、随机引导等不过
是迎合社会的假面具，又如何胆敢说提倡新文学的人"有些反动"。
　　又如，署名为"玄"的作者，曾在文章中说：

　　有一位先生（在《长青》里）努力要从现代的中国小说里找出
他所谓"有永久价值的短篇小说"，不幸又害了"近视"，只在"通
俗小说家"的作品里找，结果如何，也就可想而知。最奇怪的，这
位"选家"不但能"月旦"，并且能命令，他选中了一篇《可怜相爱
不相识》，竟判道："别人类此之作，简直可以说，可以不做。"（点
法敬依原文！）
　　他还在别一段上说："世界短篇小说中，除非没有哀情的一
类……"，哀情？我实在不曾见过"世界短篇小说中"有"哀情"这
一个门类。我想那个"选家"应该是写错了字；他极该说是"民国
十一年的短篇中"，庶几不犯"说谎"之讥。
　　寄尘君的《小说的作者与读者》里有几句话道："环境好的人，

---

① 何慧心：《评第三期〈长青〉》，《时事新报·学灯》1922 年 9 月 23 日。转引自芮和
　　师、范伯群、郑学弢等编《中国文学史资料全编（现代卷）：鸳鸯蝴蝶派文学资料》
　　（下），知识产权出版社 2010 年版，第 779—780 页。

小说中说些快乐的事，他便喜欢读。环境不好的人，小说中说些伤心的事，便中他的意。"（亦见《长青》周刊）我要问："陀斯妥以夫斯基的《苦人》难道只有像书中主人翁那样贫苦的颁白老叟方喜欢看？他的《死室的回忆》难道只有曾经住过牢狱的人方喜欢看？"我还要问："寄尘君究竟也承认文学作品的艺术价值是有定否？究竟是否也觉得凡堪称文学作品的，其本身必有一定的价值？要把'嗜好人各不同'一句话来替劣等小说辩护，恐怕不是'忠于文学'的寄尘君所宜出的罢？"①

此文批评了一位"选家"的观点，这位"选家"选中的《可怜相爱不相识》是胡寄尘发表在《礼拜六》第 115 期上的短篇小说，内容简略平常②，的确不是佳作。"玄"认为这位"选家"在《长青》里寻找有价值的小说，是害了"近视"，没有眼光，同时还讽刺了原文的标点。至于"哀情小说"则是民国旧派作家最常见的写作题材和内容，而"玄"完全瞧不上这类小说，便说"世界短篇小说"中没有这一个门类，而且还用俄国作家陀斯妥以夫斯基（今译陀思妥耶夫斯基）的作品反驳胡寄尘的观点，由此可知他对《长青》诸作家作品的鄙夷态度。

此外，还有一篇《什么话!》同样刊于《文学旬刊》，内容也是对《长青》周刊上文章的批评：

《长青》第三期上有一位先生说："大概小说的方式虽然不同，那作用却只有两种，一种是积极的，一种是消极的，积极的仿佛是喜剧，消极的仿佛是悲剧。"又说："……只是中国的无产阶级，不识字的多，须得把小说的形式，幼稚一点。一方面用图画来补助，那墙上红红绿绿的山歌，□上捐的蝇头小楷篇弹词，在无产阶级的社会上，很有势力。我们须得有价值的作品去替换这些东西，只是小说家那里肯做这'不登大雅之堂'的作品呢？那么小说的效率，只限于青年界了。"③

① 玄：《杂谭》，《文学旬刊》1922 年第 51 期。
② 《可怜相爱不相识》写了两则故事，一则是男画家在画展上听到一位女士称赞自己的作品，便爱上该女子，但却不认识她；一则是新婚之夜，丈夫询问妻子不认识自己却爱自己的原因。
③ 《什么话!》，《文学旬刊》1922 年第 51 期。

此文只是对《长青》周刊上文章的引述，并无半点讨论的话语，但题目"什么话"已道出作者对文中"论调"的不满和贬斥。同时也能发现，《长青》周刊上的文章已经使用"悲剧""喜剧""无产阶级"等新名词。在《长青》这一阵地，旧派作家也在尝试为识字不多的"无产阶级"去创作"有价值的作品"，这不能不说是旧派向新派的主动靠拢，即使新派学者直接否定了这些靠拢和"进步"。

《长青》之外，《良晨》《最小》也继续刊载文艺评论文章，并直接回应新派批评的文章。两种刊物的主撰范菊高、黄转陶、朱天石、徐碧波、王天恨等人均属于旧派文学阵营，他们也时刻关注新派学人的批评观点。如《良晨》上刊发有何海鸣的《求幸福斋小说话》（1922 年第 1期）、张敏笙的《小说和题目》（1922 年第 2 期）、张舍我的《小说小话》（1922 年第 2 期）、周浩泉的《我的小说罪言》（1922 年第 3 期）、吴渺僧的《小说小话》（1922 年第 5 期）等文章；而《最小》上有"关于小说之文"的系列文章一百五十二篇，其中如范烟桥的《卖文运动》（1922年第 3 期）、胡寄尘的《消遣?》（1922 年第 3 期）、张舍我的《批评小说》（1922 年第 5 期）、徐卓呆的《小说信口谈》（1923 年第 61 期）等均是回答新派指责的文学时评。

以上诸例都是二十年代初新旧两派的实际交锋，从中可以看到：不但新派的批评是尖锐而直接的，旧派面对指责的回击也是迅速而积极的。以"旧派"备受苛责的"消遣性"为例，胡寄尘曾撰文解释说："有人说，作小说不当供人消遣。这句话固然不错，但是我尚有怀疑。我以为专供他人消遣，除消遣之外，毫无他意存乎其间，甚且导人为恶，固然不可。然所谓消遣，是不是作'安慰'解？以此去安慰他人的苦恼，是不是应该？且有趣味的文字之中，寓着很好的意思，是不是应该？这样，便近于消遣了。倘然完全不要消遣，那么只做很呆板的文字便是了，何必要做含有兴趣的小说。"[1] 胡寄尘认为有"消遣性"的作品是有趣味的，也是可以给人安慰的。他意欲将旧派作品的"消闲""娱乐"性质合理化，只是语气中带着商量和退让，而像这样的回应在《良晨》《最小》及其他的旧派刊物上还有许多。

在回击新派学人的批评之外，旧派作家阵营也对小说创作下过一番研究的功夫；针对《文学旬刊》《学灯》《新青年》等新文学刊物的意见，旧派学人也曾试图厘清新旧文学的性质，建构文学批评的标

---

① 　胡寄尘：《关于小说之文：消遣?》，《最小》1922 年第 1 卷第 3 期。

准。如黄厚生说："什么叫做新文学呀，什么叫做旧小说呀，我心里却一视同仁，没有什么你疆我界。我以为一篇作品，只要问他是为人生的，是大①数人的代表的，是有极细腻的描写的。如果这作品内，是备有这几种要件的，我们尽管把他叫做文学作品了，又何必分而别之曰：这是新文学，那是旧小说呢？"② 又如范烟桥曾呼吁建设"小说批评界"：

> 须得把全篇结构上精密观察，把深闭的含蓄的旨趣抉剔出来，然后加以批评……这是小说读者应有的事，并不是政客的鼓吹和攻击，也不是剧场的捧角。好的地方，应该欣赏赞美，鼓励小说作者的兴会；坏的地方，应该指点研究，可以把做、看两方面沟通融洽起来，那岂不是盛事么？但是这回事儿，现在的小说杂志上还是很少，我以为可以借《良晨》的片地，建设一个新兴的"小说批评界"。只是有一句约言，须得声明着。凡是批评的话，须得以文学的眼光观察，以艺术的笔墨发表，要是像奉直战电那般村妇骂街的论调，那是不如其已了。③

他所希望的批评方法是通过阅读观察全篇的结构抉剔含蓄的旨趣，然后指出作品的优劣之处，进而再指点研究，将不足之处进行完善。他所希望的小说批评需要一个较长的文学鉴赏过程，而新派"村妇骂街"似的论调显然不能达到这一要求。

除去对新派直接或间接的论辩式回应，"旧派"同仁的创作实践在一定程度上也是对新派的有力反驳，因为他们同样支持文学改良，他们与新派一道参与了中国文学由古到今的转变革新。仅此一点，新派对旧派的批判就失于偏颇。如在女性代词的发明使用上，旧派作家并不落后于新派：

> 小说中用着第三位代名词处最多。近来一般作者，咸得单用一个"他"字兼代男女性，非常含浑而不便。所以把原有的"他"字代男性，另用一个字来代女性，有的用"她"字，有的用"渠"字，有的用"伊"字，各持一理，杂见于各种出版品上，成为文字改进时

---

① 或应为"多"字。
② 黄厚生：《评改制后的〈小说月报〉》，《良晨》1922 年第 2 期。
③ 范烟桥：《小说读者所应有事》，《良晨》1922 年第 2 期。

代纷乱现象的一种。到得后来，用"伊"字的人占了多数，即以青社人物而论，青社社员二十二人，都是现代中国小说界的优秀份子。据我所知，以十一年底为止，其中也已有十三个人专用"伊"字为第三位女性代名词了。……

已用伊字者：张枕绿、张舍我、徐卓呆（这三个人用得最早）。周瘦鹃（用得也早，不过有一时期不用，新近又用了）、胡寄尘、何海鸣（长篇小说里也径用了）、赵苕狂、范烟桥、张碧梧、严芙孙、许廑父、毕倚虹、王蓴农。

未用伊字者：李涵秋、严独鹤、朱瘦菊、王钝根、程瞻庐、程小青、沈禹钟、江红蕉、包天笑。①

男女专属人称代词的设计与运用是现代汉语建设中的一部分，在新派作家那里被广泛提及。而由上文可知，民国旧派对"他""伊"的使用并不落后于新派，青社中就有"十三个人专用'伊'字为第三位女性代名词"，可见旧派作家同样是现代汉语的建设者和实践者。

而且，随着文学思潮的前进，旧派已不断向新派做出妥协，在作品的主题选择上也有很大的让步。比如，言情小说的旖旎风光大幅度减少，反思新女性、讨论新文明的"反言情"小说大量出现，像王钝根、周瘦鹃等人已经在写情小说的题材之下反思"恋爱迷梦"，同时对新社会里的婚恋现实进行描述和讨论。以当时《社会之花》中刊登的作品为例，张碧梧的《生活的破绽》（第1卷第5期）、黄转陶的《二十四度中秋》（第2卷第9期）、徐卓呆的《和儿的悲伤》（第1卷第9期）等小说，无论是语言运用上，还是情境的展开及叙事方法上，都与当时的"新派"作品一般无二，其反映的内容已不限于旧派的言情、侦探、杂俎之类，而更偏重于表现社会现实人生。此外，如沈家骧②这种专一用白话进行创作的作者，在《社会之花》中亦非仅见。而诸如《人生是为什么的》（第2卷第10期）、《可怜的女工》（第2卷第12期）、《一个要求解放的女子》（第2卷第17期）等则完全是"新派"的关注问题，旧派小说家也同样开始通过作品进行思考。可以说，《社会之花》已然是"旧派"在应对"新派"批评下的改良刊物。

至于王钝根，他作为《礼拜六》杂志的创刊者，作为"游戏"文字

---

① 曼耶：《青社文风大半"伊"》，《最小》1923年第1卷第7期。

② 撰有《霜天酸泪》《钟声》《缠绵与烦恼》等小说。

的倡导者，新派对旧派进行抨击时，他首当其冲。不过，他很少选择正面回击，他的回应多是迂回的、借题发挥的，大多集中在《礼拜六》《社会之花》等自己主编的杂志里，其形式主要有两种，一种是笔记文章，另一种是篇末按语。比如《礼拜六》周刊上回应新派批评的几条按语：

> 钝根按，此等处可见小说品格之高尚，作者道德之醇厚，为旧式女子留身份、表美德，用心最为可敬。今日新文化旗帜下之批评家亦知之否？有人以《礼拜六》与市上淫秽小说等量齐观，我直欲抉其眸子。①
>
> 瘦鹃做了一篇小说《父子》，写一个儿子把自己的血补救老子，就有人大骂瘦鹃不该提倡行孝。我想在这非孝的时代，瘦鹃还是说孝，真太不识时务，所以特地做这一篇替瘦鹃忏悔。②
>
> 钝根要问读者：这样的言情小说高尚不高尚，纯洁不纯洁，圆满不圆满？③
>
> 钝根道，这是旧家庭，这是没有解放的家庭，但是他们的平安、敬爱、勤俭、知足却比了新式家庭还好。我就怕从今以后，再没有这样的家庭了。④

王钝根的这几段文字都是有感而发的，因为这里涉及新派对旧派作家最严重的指控——不道德。按，当时"以《礼拜六》与市上淫秽小说等量齐观"之类的观点甚盛，新派阵营多以"言情小说"为名目指责"旧派"文学"狂悖忘国""误人子弟"，而旧派文学之写情小说、艳情小说、黑幕小说、社会小说等名目之下确有不少涉及闺阃之事者，正可贻人口实。而王钝根这里所称赞的小说，《不是处女的处女》写女子之贞，《父子》写儿子之孝，宣扬的都是"旧家庭"中的"旧道德"，也都是新派学者批评的"旧式思想"。王钝根却称其为"高尚的品格""醇厚的道德"，这既是对"解放的家庭"的不理解，也是对新式思想的不服气。

关于"以《礼拜六》与市上淫秽小说等量齐观"的问题，周作人就曾说：

---

① 《不是处女的处女》篇中按语，《礼拜六》1922 年第 184 期。
② 《嫌疑父》篇末按语，《礼拜六》1921 年第 117 期。
③ 《陌上花》篇末按语，《礼拜六》1922 年第 186 期。
④ 《辞岁》篇末按语，《礼拜六》1922 年第 143 期。

到了袁洪宪时代，上下都讲复古……大家卷起袖子，来做国粹的小说。于是《玉梨魂》派的艳情小说，《技击余闻》派的笔记小说，大大的流行。讲清朝真正掌故的书，又自成一类，不知出了多少。再一转变，将这两三种的分子合成一起，于是乎现出了一种上文所说的艳情的掌故。换一句话，便是笔记体的淫书。

同是一样淫书，本来分不出什么好。但这种实录的东西（这单说所指的实有其人，描写的事，自然也是虚构），比虚构的更为恶劣。……有人说："他们的这种书，是意存劝戒，未可厚非。"但我要问中国有那一部淫书，不是说意存劝戒的？写造因的时候，讲一大堆坏话，记受报的时候，又讲一大堆坏话。这一往一来，便成立了他的所以为淫书的骨子。①

此文将"国粹的小说""黑幕小说"等同于"淫书"，与郑振铎、沈雁冰指斥"礼拜六派"文学"色情"是一样的道理。周作人提到的艳情小说、笔记小说、清朝掌故之类都是民初极流行的旧派文学作品，也是《礼拜六》等杂志刊登较多的一类作品。而王钝根作为《礼拜六》的主创，是无法容忍别人将《礼拜六》视为"淫秽文学"的。且不说他在编选作品时费过不少品评赏鉴的工夫，他希望登载的作品对世道人心能有所裨益，即便只为供人消闲、娱乐，亦不至于背上"淫书"的恶名。他借《不是处女的处女》声明小说中女子的纯洁，证明《礼拜六》作品的纯洁，就是为了告诉新派批评家应当尊重事实，尊重《礼拜六》的撰稿同仁。在其他作品的按语中，王钝根同样表达过这种委屈和激愤，如在评小说《陌上花》时，王钝根也用了"高尚""纯洁""圆满"等词，一方面是替读者总结此篇小说的性质，另一方面也是反问新派作家《礼拜六》上的小说是否"不高尚""不纯洁"。

至于王钝根自己撰写的小说《嫌疑父》，则是直接回击郑振铎对周瘦鹃等人的批评。郑振铎在《思想的反流》一文中曾批评道：

《礼拜六》的诸位作者的思想本是纯粹中国旧式的，却也时时冒充新式，做几首游戏的新诗。在陈陈相因的小说中，砌上几个"解放""家庭问题"的现成名辞，同时却又大提倡"节""孝"。在它的第百十期上，有二篇小说：一篇是《父子》，说一个孝子的事；一

---

① 仲密（周作人）：《论"黑幕"》，《每周评论》1919 年第 4 期。

篇是《赤城瑰节》，说一个节妇的事。在《父子》中，它描写一个理
想的儿子，功课又好，运动又好，又是一个新派的学生，他父亲的打
骂，他都能顺受不忤。后来他父亲给汽车碰伤了，医生说流血过多，
一定要人血灌入，方能救治。这个孝子听了，情愿杀身救父。……
《赤城瑰节》是极力摹（模）仿归震川一班人的节妇墓志铭的。……
想不到在现在"叔季之世"，犹得闻此高论。思想界是容不得蝙蝠
的。旧的人物，你去做你的墓志铭、孝子传去吧，何苦来又要说什么
"解放"，什么"问题"。①

　　小说《父子》为周瘦鹃所作，《赤城瑰节》为陈小蝶所作，《父子》
写新派儿子对旧式父亲的孝道，《赤城瑰节》写旧式女子为丈夫守贞。
"孝"和"贞"本不具"恶"的性质，但作者为表彰这两项道德而编造
的故事却暴露了他们"旧式的思想"与"反动"，小说中的所谓"孝道"
与"贞洁"恰恰是新派作家要消除的旧道德。郑振铎此文便直指"旧派"
文学宣扬旧思想的本质，以及他们对"新名词"的冒用，新派学人也由
此认定"旧派"文学就是"思想的反流"。
　　而王钝根为了替周瘦鹃鸣不平，在《嫌疑父》中也将新派人物挖苦
揶揄一番。他说：

　　　　矫枉过正会的会长就是鼎鼎大名，世界最新思潮大家何止百。这
何止百三字，他自己写起来有时写做"何？止百"，有时写作"何止
百！"人家瞧了都很纳罕，却不晓得他这里头藏着一段最有价值的历
史。因为他的母亲，是一个发明恋爱自由的老前辈，他不晓得在恋爱
哪一个人的时候竟得了胎，生下一个儿子，就无从查考哪一个人是他
的老子。……止百一听肃然起敬，才知道这人就是名震全国的维新怪
杰陈德淫先生。待要不给他医治，怎么对得起新派试验品的国家，待
要救他，又自己没有经验。……照新道德讲起来，朋友舍生救朋友的
命，便是极荣誉的英雄；儿子舍生救父亲的命，便成了极不名誉的孝
子。何止百博士是一位轰轰烈烈的新思潮专家，岂肯平白地犯行孝的
重罪，为新道德家所不齿。

　　王钝根的价值取向是守旧而传统的，他所讽刺的"新道德"也并不

―――――――――――
① 西谛：《思想的反流》，《文学旬刊》1921 年第 4 期。

等同于新派所提倡的"新道德"。在"贞""孝"等伦理观念上，王钝根与新派学人几乎无法沟通，因为双方的价值导向并不相同。新派提倡的"新道德""新式家庭""解放"，王钝根等人只能理解到这些词语的表层含义，却无法从根本上予以认同，更无从去理解。王钝根等人所固守的仍是传统的道德及礼制规范，然而这也从侧面可以证明《礼拜六》上的作品并非"淫秽小说"，因为这与王钝根等人坚守的"道德"并不相符。

王钝根说："《礼拜六》盛时，新文学家诋之不遗余力，而所举例证，多出他书，非《礼拜六》中所有，是皆今日新文学家感情用事，轻信盲从之弊也。"[1] 王钝根认为新文学家对《礼拜六》的批评是主观的、不理智的，是轻信盲从的结果，他甚至认为发起新文化运动的胡适、陈独秀曾后悔过。据王钝根说，发起文学协会时，胡、陈二人曾邀请过他：

> 昔胡适之、陈独秀二君未入京为大学教授时，常至余所组织之报界俱乐部宴饮谈笑。二君言，欲发起文学协会，提倡白话文，为通俗教育之助，邀余为发起人。余敢保其初无推翻旧文学之意也。及入北京大学，遂变原议，卒酿成此掀天动地之文字大革命。余友李次山君曾得独秀书，谓非始料所及。盖亦微病一般少年之矫枉过正，隐有悔祸之意矣。[2]

关于民初新旧文学的论争，我们一向认为其势同水火，全然对立，而这条王钝根与胡适、陈独秀的交往记录则表明真实的情况可能要复杂得多。尤其是当时新旧文人之间并非完全隔绝，许多人在报界文坛都有一定的联系，只是在价值观及文学观上存在差异。我们无法想象在新文化运动前夕，王钝根竟然和胡、陈二人讨论过"提倡白话文为通俗教育之助"的问题。关于陈独秀后来有"悔过之意"的说法，可能是王钝根的误记，或者只是他的一厢情愿，但他与新文化运动的领袖早就相识却是不争的事实。在新文化运动之后，胡适作为"新派"的代表，没有继续攻讦"旧派"，反而着力于整理国故、考证旧小说，这也是"新派"之于"旧派"的批评意见并不统一的证据。

而在文学的功用方面，"新派"标榜"为人生的艺术"的道路，而"旧派"跟随的是梁启超提倡"三界革命"以来的老路，即在追寻文学促

---

① 钝根：《拈花微笑录》，《社会之花》1924 年第 1 卷第 12 期。

② 钝根：《拈花微笑录》，《社会之花》1924 年第 1 卷第 12 期。

进社会革新，小说启发民智的功用方面，新旧之间是相通的，也因此新派将旧派文学定性为"消闲""娱乐"文学便不能说完全客观。新派作家所指责旧派的两点——旧式思想、消闲态度，在王钝根看来均是污蔑。就"旧式思想"而言，王钝根虽然坚持传统的道德价值判断，但是对一些新观念譬如婚恋自由、男女平等、公民权利等也是拥护和支持的，在这一点上旧派与"新思想"并不完全对立；就消闲态度而言，王钝根认为旧派作家曾反复提及"救世"的初衷，而旧派作品也有诸多"高尚""纯洁"之处，因此更不认同新派学人的指责。

此外，最能反映新派与旧派文人的矛盾交织，最能反映王钝根对旧派文学所持态度的，是他对柳亚子相关批评言论的回复。王钝根在文章中写道：

> 沈君禹钟告余，柳亚子覆其友人任某书，中有痛诋海上小说家语，略谓我向不看此类小说，皆上海一般文丐所为，君奈何欲与若辈全无道德之文丐为伍。盖任君去书，告以近作小说载诸《半月》杂志也。余闻亚子之言，诧讶且笑。亚子号称学者，何其言之蛮不合理如此。余初见新文学家漫骂文言派，辄作一笔抹杀语，以为少年浅躁使然。不图亚子有养之士，才习白话文，便亦轻狂如此。夫提倡白话文可也，提倡骂人，抑又何必？岂不骂人便不足为新文学家耶？且亚子昔为南社干事，尝与其所谓文丐者周旋甚欢，初不以为不道德，岂若辈文丐之道德，自亚子投降新体文后而始坏耶？抑众人之道德忽然同时而尽坏耶？彼新文学家之所以痛骂文丐者，殆谓以文卖钱耳。所谓不道德者，殆指言情小说耳。然独不思新文学家之投稿索酬者正多，而旧文学家之投稿者，未必悉为寒士斤斤于金钱也。至于言情小说，亦犹彼等之白话小说与新体诗耳。白话小说与新体诗之描写男女恋爱者，什居八九，其绘影绘声处，或且甚于旧体文之言情小说。更有同是白话小说，其为旧文化时代所作而未加新标点者，则丑诋为淫词，为下流。而一经新文化之酉①长批注，加以新标点者，则群奉为模范，学校且用为教本焉。更有口詈旧体作品而目未一见其书者，拾人牙慧，错误滋多。②

---

①　疑为"酉"字之误。

②　王钝根：《拈花微笑录》，《社会之花》1924 年第 12 期。

此文刊登于《社会之花》，是他关于旧派文学的重要评论文章。柳亚子痛骂海上小说家的原因有两点：一曰"文丐"，二曰"全无道德"，即其观点与郑振铎、茅盾等人相似。王钝根以此两点为据，认为柳亚子这位南社社友、旧派同仁在"投降新文体"后，痛诋"旧派"文学是感情用事，其言"蛮不合理"。他指出新派的白话小说、新体诗与"旧派"在"以文卖钱""描写男女恋爱"方面并无差别，新文学家对旧派的批评多是拾人牙慧，并非阅读作品后的直接感受，也并非中肯的评价。同时，他也强调，新派文学家不能仅评"白话""新式标点""写情小说"等几个方面就全盘否定旧派文学。

此次对柳亚子的正面回应，是在旧派文学逐渐衰颓之时。王钝根在编创过《礼拜六》《社会之花》等刊物之后，对旧派文学的起始与发展都有相当的认识，因此1924年的这篇文章基本可以代表他对新旧两派文学的态度，可以说明他对新派文学"一笔抹杀"旧派文学的反感。旧文化时代也有白话小说，所以他不以"白话"为新进或必需的语言风格；新派文学也作"言情小说"，所以旧派言情小说并不天生带有"不道德"的罪过。王钝根在《申报·自由谈》及《礼拜六》中是"反馈钉"的革新者，他从未排斥过白话、标点及新文体，因此他对旧派文学之维护也尤为坚决。

总的来说，王钝根在1918年前后由文学而兼及实业，由家庭变故而出现思想上的冲突，而这些变故冲突都可以在他主持的刊物中得到印证。他编辑商业报纸的实践，是其试图在文学之外肩负救国责任的心理诉求；而从复刊《礼拜六》周刊到编辑《社会之花》，王钝根又似乎希望重现早期《礼拜六》的荣光。

整体来看，二十年代王钝根重回报界文坛的道路并不顺利，从1921年复刊《礼拜六》到1926年刊印《说部精英·丙寅花》，六年的时间里无论是刊物的影响力，还是作品的传播度，均不如五四之前。此时，旧派文学已显露出"陈旧""反动"的老态，早期《申报·自由谈》时期的革新性逐渐被"新文学"掩盖。正如瞿秋白所说："等到旧式白话文学差不多完全夺取了以前新旧'文言文学'的地位的时候，这种旧式白话小说——二十年十五年前比较起'诗古文词'来可以算'新的文学'，现在，却已经成了旧文学的代表了，已经成了文学革命的对象了。"① 此时，新文学家反对的是"旧式白话的文艺"，是当时"高级的和低级的礼拜六

---

① 瞿秋白：《鬼门关以外的战争》，魏绍昌编《鸳鸯蝴蝶派研究资料》（上），上海文艺出版社1984年版，第17—18页。

派"。即所谓的"礼拜六派"已经沦为旧文学的主要代表，成为新文学的直接批判对象——其作品中存在的"旧道德""旧思想"是新文学家极力要革除的内容，而之前陈独秀等人要革除的"桐城谬种""选学妖孽"反倒退居被批判的次要地位。这种变化并非因为旧派文学的创作质量和水准严重下滑，更多的是时代和文学发展的情势所致。王钝根在这种情势之下，并没有意识到旧派文学即将被替代的命运，而是仍然坚持旧派文学亦有"社会功用"价值，仍不断地为旧派文学的"纯洁""高尚"与"道德"进行宣传和辩护。但是，所有的解释都无法说明旧派文学的效果不是"劝百讽一"，更不足以阻止新派文学家从各个角度对旧派文学进行批判和抨击。在二十年代初，王钝根对新派学人攻讦的回应，一定程度上说明他在向新派学人寻求一种身份认同，但在新旧文学之不能调和的趋势下，这一身份认同最终成为空想。然而，也正是在二十年代，王钝根的小说名家地位在旧派中得以确立，旧派作家的社团群体也在批评声中得到认证。

第四章 洋场传说：王钝根晚年的文学动向

王钝根在 1926 年编辑《说部精英·丙寅花》之后，数年间一直游走在文坛的边缘。虽然偶尔还会编辑刊物，也时有作品发表，但读者对这些刊物的关注度已非常低。在新文学浪潮的裹挟下，旧派作家的荣光一去不复返。在"礼拜六派"期刊上发表过作品的张静庐曾说：

> 民国十二三年（1923—1924）间，新书的销行，才渐渐抬起头来了。同时"礼拜六派"的势力，也到达"回光返照"时期，全国的读者很显明地分成两个壁垒。……回光返照期的"礼拜六派"在出版物的势力上估计，确比脆弱的新书业为宏大，无论杂志和书籍的销行，也比新文艺更为广远。……在民国十五六年（1926—1927）大革命高潮前后，这畸形发展的趋势就有了极大的变化，很快地和必然地被消灭了！①

二十年代旧派文艺的发展是否可以称之为"畸形"姑且不论，但所谓的"礼拜六派"阵营能够使"杂志和书籍的销行比新文艺更为广远"，显然说明它在二十年代初期尚具有巨大的能量。但在大革命高潮之后，特别是三十年代之后，虽然旧派文学仍然存活于新的时代背景中，依然坚持自己的文学立场，却已全面处于劣势。此时的王钝根也在文坛逐渐沉寂，其间虽亦参与过一些社会文化活动，但至三十年代后期便基本湮没于文坛，他曾经主持《自由谈》《礼拜六》的辉煌也成为时人茶余饭后的谈资。

---

①　张静庐：《在出版界二十年》，江苏教育出版社 2005 年版，第 83—85 页。

第一节　报刊编辑事业的终结

1926 年之后，王钝根迎来了自己编辑创作生涯的晚期。这一阶段他主办过《新上海》杂志，参与过《上海青年》的刊内活动，为《国货评论刊》写过文章，也受邀主持过《响报》及一些与卫生、健康问题相关的杂志。可以说，王钝根晚期短暂而零碎的文艺活动既是他文艺事业的余波，亦代表了所谓的"礼拜六派"人物在时代洪流中的一种归宿。

一　《国货评论刊》

《国货评论刊》创刊于 1925 年 11 月，至 1933 年 4 月（第 4 卷第 3 号）停刊①，由国货评论社创办并出版。王钝根约于 1928 年受雇于该刊，并担任国货评论社社长一职。因该刊的第 2 卷第 1 号的封面刊名为王钝根所题，其中有"戊辰三月钝根"字样；而该刊 1928 年第 6 期的"国货展览会特刊"中，也有王钝根题写的"展览会特刊 民国十七年十一月朔钝根"字样，还有"本社社长王钝根先生近照"一张。另外，他在特刊识语中还说："余今感于蒋君惠邦之热诚毅力，愿为承乏国货评论社长，深望天祐中华，我同胞提倡国货之恒心，与日俱进"②，则可知当时王钝根刚刚受邀任该社社长，而在此之前，《国货评论刊》上却未见王钝根的作品、题识或小像。

《国货评论刊》是国货评论社的社刊，办刊事务主要由社中成员负责。而国货评论社则是当时的商界及文化界名人所创立，据时人介绍：

　　五四以还，尤其是五卅以后，国人受列强之凌迫，几有不堪生存之状矣。爱国之士，希图扶之大厦将倾，故提倡实业不遗余力，而振兴国货，尤为众矢之的。提倡国货之口号，飞满中原，此可见全国人士希望于国货之急切矣。然而口号虽高，徒有其名而无其实，且亦之切实之机关以事提倡，遑论其他。今者孔君金庄、蒋君惠邦、朱君孟

---

① 　该刊 1932 年 1 月至 1933 年 3 月内容已缺（第 3 卷 6 号至第 4 卷 2 号）。《1833—1949 全国中文期刊联合目录》（增订本）（书目文献出版社 1981 年版，第 786 页）中著录为"1925.10—1931.12"不完全准确，1933 年 4 月第 4 卷第 3 期尚存可查。

② 　钝根：《国货评论刊题识》，《国货评论刊》1928 年第 2 卷第 6 期"卷首"。

栽、董君柏厓等有鉴于斯，故于前岁有本社之成立。抱牺牲之精神，具爱国之热忱，以革命之手段，提倡不振之国货，此不特国货之幸，抑亦民生之基也。①

即国货评论社乃激于五卅事件而创立，目的在"提倡实业""振兴国货"。其后为了更好地宣传"振兴国货"的主张，孔金庄、蒋惠邦、董柏厓等人发起创办《国货评论刊》，并由董柏厓出任主编。

关于该刊的宗旨，国货评论社曾在《申报》刊登启事，文中称"本社月出《国货评论刊》一册，秉最公正之态度，予各种国货以相当之评论……本刊实为优美国货之宣传机关，亦即为伪造国货之粪除器。将使优者胜而劣者败，将使消费者知所趋向，而无不满望此本社之微旨，倘亦国货之曙光欤！"② 则《国货评论刊》亦是秉持国货评论社的志愿，旨在鉴别货品之优劣，助力"优美国货"之发展，一如朱孟栽在《本社之愿望》中所说："发扬吾国精英，沟通吾民智识，俾四万万同胞聚精会神，群贯注于实业一途。"③ 盖"提倡国货"是二十世纪二十年代的重要社会议题，王钝根主编《商报·商余》《工商新闻》时均曾发表过相关倡议。在五卅风潮之后，民众对"国民经济"的关注更甚，王钝根此次担任国货评论社社长得益于他之前主持商业刊物的经验，也是他一向关注社会事务的证明。

《国货评论刊》原定"月出一册"，但在其实际运营的三年间，一共只刊出八期。至于主编董柏厓，他与王钝根是极相熟的朋友。1925 年，王钝根编辑《工商新闻》时，他是王钝根的助理编辑，1926 年他与刘豁公一起刊印的《小说季刊》上也有王钝根的作品。因为这层关系，王钝根对《国货评论刊》极力扶持，而董柏厓在编辑该刊时，也对《工商新闻》的内容有所借鉴。如其在"发刊辞"中称，此刊"秉最公正之态度，予各种国货以相当之按语。优者褒扬之、鼓吹之，以冀消费者之集中；次者策励之、导掖之，使日臻于改善；劣者警戒之，以启其觉心而觇其后效；伪者揭破之，勿使社会有一人之受愚，并征集四方学者之意见，以资邦人士之考镜"④。加"按语"的方式，近似于《工商新闻》中的"商业

---

① 周泽：《国货评论刊之使命》，《国货评论刊》1928 年第 1 卷第 12 期。

② 《提倡国货昨讯：国货评论刊之创办》，《申报》1925 年 9 月 21 日第 14 版。

③ 朱孟栽：《本社之愿望》，《国货评论刊》1925 年第 1 卷第 1 期。

④ 董柏厓：《发刊辞》，《国货评论刊》1925 年第 1 卷第 1 期。

言论"，奖优警劣的评判也是《工商新闻》意图"振兴实业"的方法。而且《国货评论刊》虽以提倡国货、发表国货言论为主，但内容设置比较丰富，不仅有批评、制造、美术、税务、交通、工厂小史、国难等多个栏目，还有专门刊登小说、笔记小品、诗词等文学作品的文艺专栏——"余兴"，也与《工商新闻》最初的副刊设置类似。在《国货评论刊》上，王钝根发表过《律师界革命纪》《愿政府体恤商艰》《中华国货展览会筹备会略》等几篇文章，都是有关国内时事、经济的评论；亦刊有《如此年华》《三小姐的爱国》两篇依旧讽刺新式女子的小说作品。总体上，他的文章更集中于对商业经济、时局政事的表达，主题均与国货、商业及爱国相关，而小说则有较多的劝诫意味和道德批判，这些都是王钝根晚期的创作特点。

1929 年，王钝根在该刊还发表过《国货卷烟之弱点》及"鬻书告白"，但在此之后《国货评论刊》上再没有他的文字，而他也几乎完全切断了与文坛的联系。直至三十年代主持《新上海》，他才又重新回到公众的视野。

二　《新上海》

《新上海》① 杂志 1933 年 9 月 10 日创刊于上海，1935 年 9 月 1 日终刊，共出十期。"主任为黄春荪，胡雄笙（1—3 期）；主干王钝根、胡憨珠；主编邵飘飘（1—3 期）、王天恨。从第 4 期到第 10 期终刊，由胡雄笙和王天恨主编。发行者为夏颜德，由沪滨出版社出版。此刊每期分两辑，由两位主编轮流分任每一辑的编者。"②

办刊宗旨与栏目设置　关于此刊的名称与创刊宗旨，王钝根在《新上海编辑赘言》中说：

> 本杂志何以名为《新上海》？凡新字之解释，常含有乐观的、进

---

① 在此之前，徐卓呆在 1925 年也曾创办《新上海》杂志，作者基本都是"旧派"文学家，内设"上海研究""社会""小说"等栏目，刊至 1927 年结束。除撰稿者部分相同外，与此 1933 年创刊的《新上海》杂志并无关联。

② 吴俊等主编：《中国现代文学期刊目录新编·新上海》，上海人民出版社 2010 年版，第 2355 页。但《中国现代文学期刊目录新编》将第 10 期错注为"1934 年 9 月 1 日出版"，而此期的出版在 1935 年。王天恨在第 10 期的《编者云》中曾说："本期稿件，犹系去秋所发，且早已排竣；中间打了一个岔，本来也不过只有十天八天的愆迟而已。不料因循下来，就一直到现在，才与读者相见，真是想不到的事！"

步的，甚至革命的意义。惟兹新字，予则以为别有意义。何也？今日
之上海乃一二八后之上海，非复往日繁华殷富之上海矣。故予所谓新
上海者，乃指全国精华荟萃，世界商业总汇之一变而为空虚凋敝、萧
索停顿之上海。是悲观的新，而非乐观的新也。……我大多数爱国同
胞果能从此以后痛自克励，乘世界列强汹汹备战之时机，发愤图强，
潜行团结，以雪国耻而争平等，安见将来之新上海不能收回租界，撤
废一切领事裁判权，繁华稠密之中心区域尽为国货市场，俾最多数之
本国居民，亦如今日最少数之外国侨民，享有新上海主人翁之权利
耶？是则本杂志定名之最大意义，而敬为上海前途祝颂勉励者也。①

　　因此，"新上海"是指今日"凋敝""萧索"的上海，含有悲观的意
味；同时，"新上海"也指繁华稠密、国民享有主人翁权利的上海，是对
未来前途的期望。此刊寄希望于同胞"发愤图强，潜行团结"，故而所传
达的信息及刊发的作品都是颇具时代使命感的。

　　就其栏目设置而言，主要有"新上海漫画""捃英撷华""上海快
车""小说""中篇小说""长篇小说"等几个版块，有时也设有"杂作"
"补白"等补充性栏目。这些栏目的内容主要围绕上海展开，其中有许多
反映社会现实的篇幅，如"新上海漫画"系列就是专门为描画上海而设。
此系列由丁悚、丁聪、亚光、石轩、清馨、柳燊等人操笔，或纪实、或讽
刺，借以反映上海社会的方方面面。比如《多头政治》（延哲画，第 1
期）、《国庆欤国殇耶》（敦德画，第 2 期）、《全运会外之另一幕》（石轩
画，第 3 期）等画作，单从题目即可知其讽刺的时事内容。同时，"新上
海漫画"中还有用漫画进行叙事的作品，如飘飘、柳风合作的漫画时事
长篇《是月也》，柳燊所画的长篇《张三李四》两种，就是其中的代表
作，这在之前是极少见的。"上海快车""捃英撷华"两个栏目与"新上
海漫画"一样，也以描绘上海为重心。其中，"上海快车"主要谈论上海
发生的各种轶事杂碎，篇幅颇为短小，因编辑"希望读者尽量投稿，字
数最好在一千以内，不可过长"②。而"捃英撷华"则多刊表现上海社会
的笔记杂录，如《上海社会的矛盾》（漱六山房作，第 3 期）、《上海的罪
恶》（蔡钓徒作，第 4 期）等。

　　"新上海漫画""上海快车"等栏目虽切中《新上海》的主题，但该

_____

① 　王钝根：《新上海出版赘言》，《新上海》1933 年第 1 期。

② 　胡雄笙：《编后记》，《新上海》1933 年第 4 期。

刊中最重要的内容还是小说，篇幅也最重。当然所刊小说中也有反映上海社会内容的，而较具代表性的写情小说、滑稽讽刺小说等旧派文学作品亦有登载，如周瘦鹃翻译的《死缠绵》（英国名家汤家龙氏 Tom Gallon 著）、王天恨的长篇小说《迷楼新史》、张秋虫的《病叶狂花》等，此外还刊有新小说家穆时英的《五月》、陈大悲的《一二八之夜》等作品。而由此即可发现一个问题：分属新旧两个阵营作家的作品都曾被《新上海》收录。

《新上海》之"新旧"两辑　《新上海》的最大特点是每期都分"新旧"两辑编排，一前一后，先后次序亦每期更换，以示无所偏向。此两辑内容为新派作家一辑，旧派作家一辑，即如"上海快车"之编辑为新派的飘飘、胡雄笙，而"捃英撷华"的编辑为旧派的王天恨，在栏目设置、篇幅比重上，新旧两派都是大致相当的。

该刊在第 1 期《征稿小奏》中曾告知读者，此刊"不论新旧，创作、小说、散文、诗歌、小品，凡是文艺，均所欢迎"①。显然《新上海》是秉着调和新旧的态度而创刊的，这在新旧论争、新派占上风的三十年代文坛算是一种"中间道路"，也因此在每期的两辑内容中，读者都能看到两种不同风格、不同类型的作品。以小说为例，新派作品有穆时英的《五月》、张资平的《我是苦力》、邵飘飘的《遗恨曲》、章衣萍的《夜遇》等，所写内容既有社会人生，也有都市情感，创作手法与叙事技巧都是新派的、西式的。相对地，旧派的作品既有前文所举的《病叶狂花》《迷楼新史》两个章回体长篇小说，还有权隐氏的章回体中篇《酸甜苦辣》，更有漱六山房、姚民哀、徐卓呆等旧派名家的短篇作品，其中既有文言，也有白话，在章法结构及语言运用上还多有旧小说的写作习惯。

可以说，《新上海》是一个"沟通新旧""兼容并包"的刊物。正如王钝根所说：

> 近年来报章杂志新出版者多矣，类皆提倡新文化，或讨论种种政治问题。阅者各就所好，互有爱憎，故其销行不能普及。今惟黄君等创办《新上海》杂志，其旨趣乃在振导文艺，融新旧于一炉，偶涉批评政事、月旦人物之处，绝无党派门户之见。吾知文学刊物消沉已久，海内外读者得此，必能引起普遍的相当好感也。②

---

① 《征稿小奏》，《新上海》1933 年第 1 期 "版权页"。
② 王钝根：《新上海出版赘言》，《新上海》1933 年第 1 期。

"振导文艺""融新旧于一炉"并非易事，想要做到"绝无党派门户之见"，新旧双方的立场也都必须理解，起码对旧派文学要有相当的认识与肯定。从三十年代的文坛形势来看，《新上海》对旧派文学仍有扶持意义，起码在篇幅上还是旧派所占的比重更大一些，因为中长篇小说稿件皆为旧派作品。

《新上海》的主创或许在寻求一条新旧两派的弥合之路，毕竟旧派作家随着文坛形势的变化本就有"趋新"的倾向。所以相较之下，还是旧派作品更丰富些，如旧辑内容中不仅连载有陈家庆女士的《碧湘阁诗》、陈霭麓的《南归杂诗》，还有程瞻庐的《小幽默斋谈荟》、郑逸梅的《梅花诗话》等笔记。而关于"捃英撷华"栏目的主编王天恨，他虽不像包天笑、王钝根那样曾是旧派的领袖，但也是旧派的后起小将。黄转陶曾在报章介绍他说：

> 王益吾，署天恨，泰县人。十七八岁时，即以小说鸣。著有长篇多种，有刊于日报者，有刊行单本者，尤以刊《小申报》之《波光蝶影录》为最长。初作言情，继作社会，今则为侦探矣。去岁《星期》所刊之《产与罪》长篇，即其侦探得意之作也。……偶为笔记，文法简练可爱，诗更清曼可诵。现年仅二十一岁，是洵吾党之健者。①

所谓"吾党"，黄转陶指的是《最小》杂志的主撰团体"卡党"，而《最小》正是仿照《长青》所办的刊物，其创作者大多是旧派人物，所以"卡党"②也是旧派的作家小团体。王天恨作为"吾党之健者"，此时主持《新上海》的栏目，则可见《新上海》在"新"的压力之下仍留着"旧"的影子。而即使抛开黄转陶、王天恨等年轻一辈旧派人物不谈，单是程瞻庐、童爱楼等老牌《自由谈》同仁，也同样在《新上海》平台继续着自己的文学之路。当时童爱楼"年已届七旬"③，而《新上海》请王

---

① 黄转陶：《卡党小传：王天恨》，《最小》1923年第66期。
② 范菊高、黄转陶、朱天石、徐碧波、王天恨等人曾以《最小》杂志为基地成立卡党。范菊高在《谈卡党》中说："卡者，不上不下之称也。卡党云者，中等作家结合之党会也。取名者徐子碧波，作传者黄子转陶，滥竽者范子菊高。"《最小》1923年第3卷第71期。
③ 童爱楼：《五十年梦自序》，《新上海》1933年第2期。

钝根主持编辑事务亦是重视"旧派"文学的一种明证。

　　王钝根与《新上海》　王钝根 1933 年接编《新上海》,这是他最后一次编辑文学刊物。在这之后,他虽然仍零星主持过一些编辑工作,但基本都偏离于文艺范围之外。关于他为何会接编这本杂志,王钝根曾坦言道:

> 钝根抛弃文字生涯,已十余年矣。经商巨创之后,饱尝世味,厌薄人情,遂以研求内典为韬光养晦之计。念佛持戒,潜修忍辱波罗密。忘情毁誉,绝意进取,故与社会名流、文坛巨子不相往来,人亦几忘钝根矣……泣念我十九路军孤忠壮烈,独当强敌……予于是不得不寻秃笔,搜残墨,试复为文,草拟奖励义勇军及优恤阵亡将士办法,上书当道,并寄报馆,惜皆屏(摒)不见用。然予之重理旧业,实始于此。私衷耿耿,每欲得一出版机关,以泄我胸中郁积。今幸黄春荪君等创刊《新上海》杂志,命予主持其事。予不揣固陋,慨然允之。一般少年著作家,或且以为诧怪,因附志缘起于右。①

　　他说"泄胸中郁积"是其重拾报刊事业的原因,其实动荡的时局也让他对文艺事业有了新的认识。如果说之前的提倡国货还仅是有感于五卅惨案等事件的义愤之举,那么 1932 年的淞沪抗战就是此次王钝根"不得不寻秃笔,搜残墨,试复为文"的直接理由。他说自己抛弃文字生涯已十余年,其实自《说部精英》刊出到 1933 年编辑《新上海》才七年多的光景,但他"饱尝世味"却是真的。此番重操旧业,王钝根更注重严肃、实用的文艺内容,而原来兼顾"游戏性""趣味性"的王钝根已经变为"上书当道"的王钝根。

　　黄春荪邀其主持笔政或是看重他文坛前辈的资格,但王钝根在《新上海》并未特别强化或突出"旧派"的色彩。他在《新上海》发表的作品除了《新上海出版赘言》,只有一个连载的笔记——《京尘刹那记》,而此作也只专注于记录个人经历及国事时局,并没有过多谈及文坛与文艺的内容。

　　该笔记连载于《新上海》的第 1 期至第 9 期,共七个章节,主要介绍了他在南京游历期间的所见所闻,以及自己对时局的忧虑和思考。

----

① 　王钝根:《新上海出版赘言》,《新上海》1933 年第 1 期。

此次重返报刊界，他将笔墨完全倾注于社会时事，对政事也有强烈的参与诉求。可以说，王钝根在文学之中，积极谋求的是救世与救国，履行的是读书人对于社会国家的责任，而这些与其早期"救世其精神"的文学观念也是相通的。

王钝根的编辑之功在《新上海》中不着痕迹，因新、旧两辑的专门编辑还有邵飘飘与王天恨。《新上海》之于王钝根，是他编辑生涯中的最后一道风景，也是他在报刊中"泄胸中郁积"的最后尝试和努力。此外，他零星主持过的一些报刊栏目，都只有鬻文的目的，而不再具有文学的性质了。

三 《康乐特刊》及《快乐家庭》

《新上海》之后王钝根似乎又从报界文坛消失了，但实际上他还主持过广告栏目"康乐特刊"，受邀编辑过刊物《快乐家庭》，另外也有诸如参与"《申报》记者筹备会"、参加南社纪念会第二次聚餐会等社会活动。但这些工作持续时间都极短暂，相关的人事交往也极琐碎平常，称其已退出报界文坛也并不为过。

"康乐特刊"   "康乐特刊"是康乐制药厂在1935年为宣传戒烟药品而购买的广告专栏，当时《申报》《新闻报》上都有这一广告版面，主刊者为王钝根，编辑部在上海大马路抛球场无敌牌牙粉发行所楼上。该刊的征稿启事中有"康乐化学制药厂出品上海经理家庭工业社，营业部上海南京路一九一号二楼，电话九〇三六三"字样，则康乐化学制药厂是由陈蝶仙的家庭工业社所开办，此次王钝根承办"康乐特刊"应该还是受雇于家庭工业社。

此刊每两周一期，在《申报》上见于1935年8月24日至10月5日，在《新闻报》上见于1935年8月31日至9月28日。所刊内容全都与戒烟及推广康乐素有关，如《吸烟与吃烟》《无痛苦戒烟》《安慰吸烟诸君》等文章皆是此类。其中稍有价值的作品是陈剑农的《鸦片源流考》及王钝根的《虞美人馆杂记》。《鸦片源流考》刊于《申报》1935年8月24日及9月7日，主要记述鸦片传入中国的历史，并重点介绍了清代的鸦片传播与销禁情况。而《虞美人馆杂记》是记述鸦片掌故的笔记小品，刊于《申报》1935年8月24日、9月7日及9月21日，共有"燕子窠""孝女磨盒"等数则内容。

此刊仅半张版面，除文章之外，还有漫画作品，如由王钝根撰稿并配图的《有枪阶级》。① 另外，该刊还曾计划出版单行本，其《康乐特刊启事》有云："本刊由王钝根先生主编，刊载本报以来，极蒙读者欢迎。各界投稿，尤美不胜收。只以限于篇幅，不能尽量刊载，至为遗憾。兹决定另行自出单本，每日发行二次，凡爱读本刊者，但请开示地址，即行寄奉。"② 然而单行本未见刊出。

至于《康乐特刊》的刊发目的，明显是为康乐化学制药厂进行广告宣传。不过，王钝根在"发刊词"中却予以否认：

> 《康乐特刊》非广告也，康乐素非戒烟药也。阅报诸君骤见《康乐特刊》之标题，不加详审，遽下武断曰：是康乐制药厂宣传戒烟药之广告也，弃之弗顾，则殊辜负编行者之苦心矣。夫康乐者，人生唯一之需求，求之而不得其法，则结果适得其反。本刊宗旨在集思广益，供献国人以增进健康、取得快乐之方法。如何修养性灵，如何锻炼身体，如何发展事业，如何显扬名誉，且更于研究卫生、讨论世道之外，多载有趣味之文字。藉以引起读者兴趣，而苏息精神疲劳，亦造成康乐之一道也。至于康乐素为现代医药界最新发明之一种大补剂，其功用之奇伟，罄纸难书。无论老幼男妇，均可服用注射。持以恒心净信，真能却病延年，回天再造。……故《康乐特刊》出版之始，多讨论戒烟文字，后乃渐及于其他一切卫生问题焉。惟望阅报诸君，勿误为寻常戒烟药之广告，毫无趣味，而置之不顾，则编辑者幸甚。③

他所说的"研究卫生、讨论世道""有趣味之文字"等内容在《康乐特刊》中并不多见，而"供献国人以增进健康、取得快乐之方法"自是辩解，至于售卖"现代医药界最新发明"的康乐素才是"康乐特刊"的真正意图。事实上，在此刊出现时，时人已对王钝根的文章提出过质疑。如关于戒烟方法，有人曾刊发文章说："前见《申报·康乐特刊》，王钝根先生《无痛苦戒烟》一文，于发泡戒烟诋之不遗余力，此实有淆乱社会听闻，恐怖烟民心理之处。钝根之意，本在推销某工业社之蛋黄素，余于蛋黄素之是否有效，不愿论及，而对于王君所言失实之处，则不能

---

① 《康乐特刊》，《申报》1935 年 9 月 21 日第 14 版。
② 《康乐特刊启事》，《申报》1935 年 10 月 15 日第 6 版。
③ 《康乐特刊发刊词》，《申报》1935 年 8 月 24 日第 15 版。

（不）加以纠正焉！"① 可见，时人更相信"推销蛋黄素"才是"康乐特刊"的发行目的，并且很怀疑蛋黄素的戒烟功效。

不过，此刊也确实"多讨论戒烟文字"，不遗余力地宣传戒烟。后来，坊间曾传闻王钝根有烟瘾，称其"在戒烟药店楼上……终日卖命为老板写宣传文字"②。此种传言虽不甚确，但"在戒烟药店楼上""写宣传文字"大约就是指编辑"康乐特刊"一事。此时，王钝根已是一位广告商人，而不再是主持文学刊物的文人，他确已滑到了文坛的边缘。

《快乐家庭》 《快乐家庭》1936 年 2 月创刊，出至第 2 卷第 1 期（1937 年）停刊。据其创刊号的广告言，"本埠四川路一一〇号三楼三十二号，快乐家庭出版社出版之《快乐家庭》，第一期业已出版，图文并茂，计有文字六十篇，俱系专家撰作。更有影写版八页，张光宇、鲁少飞、黄嘉音之漫画及张英超之新装设计等共一百二十页"③。

关于此刊的主旨及大致内容，据编辑说："我们抱着求人类幸福的目的，来发行这个刊物的旨趣……快乐家庭的使命就是要灌输新的常识，新的思想。"④ 因此，《快乐家庭》所刊内容皆是与家庭日常生活相关的知识，是直接服务于读者的，有较强的实用性。

也因其实用性，《快乐家庭》的销路应该不错，所以至第 2 卷刊行时，便邀请王钝根担任主编之职。该刊曾发布消息说，"爱多亚路中汇大楼六楼，联华出版社之定期刊物《快乐家庭》，内容丰富，印刷美丽，各大商行均有广告，行销达七万余份。……现为更求精进起见，特聘王钝根担任主编。因得遍求各界名流，著述有价值之论评及小说、诗歌等类，新旧体文俱备，可使读者并皆满意。闻《快乐家庭》第二卷第一期即将出版。"⑤ 则此刊邀请王钝根担任主编，既是为了通过他结交"各界名流"，也是为了改进刊物的内容，增加小说、诗歌、评论等文学内容，主要在扩大销路这一目的。而王钝根在接编此刊时曾发布启事，他说：

> 弟自脱离报界，笔砚久荒。年来奉母乡居，潜修忍辱波罗蜜，作书习画而外，绝不与闻尘事。惟念昔时文字之交，不知零落何似，辄

---

① 宋国宾：《谈自身发泡戒烟法》，《申报》1935 年 11 月 18 日第 16 版。
② 阿拉：《报界名老枪王钝根戒烟》，《海涛》1946 年第 9 期。
③ 《快乐家庭半价定阅》，《申报》1936 年 2 月 6 日第 15 版。
④ 涛：《〈快乐家庭〉是大众的读物》，《快乐家庭》1937 年第 1 卷第 6 期。
⑤ 《出版界：快乐家庭之改进》，《申报》1937 年 5 月 29 日第 13 版。

用怃然。兹承联华出版社诸君子属为主编《快乐家庭》杂志，自维
疏拙，丁此国难，宁敢终逸。改良家庭，为复兴民族之基本工作，诚
能以文字协助救国，亦聊尽匹夫之责。是用不揣狂愚，贾其余勇，伏
乞海内外文坛宿将、艺海新才、科学专家、翻译能手，惠寄鸿篇，源
源勿断。敝社酬劳，惟力是视，文体不限新旧，惟求切合实用。凡有
关于家庭问题及可供茶余饭后之消遣娱乐者，评论、译述、小说、谐
谈、长篇散记、诗词歌曲以至图画照相之属，均所欢迎。①

　　其中"笔砚久荒"的说法与《新上海出版赘言》中所言一致。他三
十年代的创作相较于之前的二十年确实有大幅减少，因为当时的文坛已没
有太多的市场分给旧派文学。而"丁此国难"，他为了奉养老母，为了生
计考虑，除了接受此刊的工作，也并无太多其他选择。他说，此刊的宗旨
是"改良家庭""以文字协助救国"，然而他也欢迎"可供茶余饭后之消
遣娱乐"的作品。所以，王钝根计划编辑的仍是一份通俗文学刊物，只
是三十年代的《快乐家庭》很难将这一计划实施。

　　王钝根接手后只编辑了一期内容，一期之后《快乐家庭》便停刊了。
关于这一期的内容，"计有凌集熙女士之《开辟正当的社交园地》、王建
新之《为什么不从旅游上讨乐》、陶冷月之《国画之新的研究》、徐百益
之《父母的修养》、卞其蕤之《勤劳》。又特加入'家事研究'一栏，计
有经济一篇、儿童扶（抚）养二篇、屋内装饰二篇、饮食二篇。此外更
有王人路、鲍维湘、沈祥瑞…………等最新杰作。"② 与王钝根所言之
"切合实用"的确相符，但小说、译述、长篇散记等作品却寥寥无几，他
没能收到名流的稿件，相关作品更没有协助救国的效果。

　　盖《快乐家庭》第 1 卷第 5 期出版时是 1937 年，第 2 卷第 1 期在
《申报》上发布出版广告的时间是 1937 年 7 月，此时正值抗日战争全面
爆发的前夕，《快乐家庭》的停刊在所难免，王钝根刚接手的刊物就此告
终亦是时势所然。在这仅一期的内容中，除了延续《快乐家庭》本有的
栏目风格，王钝根并没有为其添注新的亮点。因战事之中的报刊业本就难
以为继，王钝根再想"贾其余勇"也无能为力。

　　除了主持《康乐特刊》《快乐家庭》，王钝根还于 1932 年为《卫生杂
志》的创刊号写过"序言"，1937 年在《健宁》杂志的创刊号上发表过

---

① 《问候老友并为〈快乐家庭〉征文》，《申报》1937 年 6 月 15 日第 18 版。
② 《出版界：快乐家庭二卷一期出版》，《申报》1937 年 7 月 4 日第 16 版。

《牛皮癣治验报告方》《毒治验报告》两个治病方子。早在 1930 年年初，《申报》上还刊有"《好报》明日出版"的广告，广告称"此报为王钝根、谈景蘧合编之三日刊，创刊号定明日出版。王君为报界前辈，内容想必可观。"① 但之后并未见到《好报》的刊印消息。而在 1930 年年底，他还与周佛尘、梅辋川等合编过三四个月《响报》，但并没有引起多少注意。可以想象，进入三十年代以后，王钝根的号召力已大不如前，他虽然在报刊业继续发挥余力，虽然有许多小报仍打出"王钝根编辑""王钝根撰稿"的招牌，但王钝根全身心投入工作且具一定影响力的报刊却是没有的。

第二节　王钝根晚年的文学创作与结局

王钝根晚年的文学创作，较之前一时期急剧减少。在小说方面，只有 1928 年在《国货评论刊》上发表的《三小姐的爱国》《如此年华》，1935 年在《华洋月报》上刊出的《虚荣误》等几篇作品。② 其中，《三小姐的爱国》《如此年华》《虚荣误》三篇小说的内容仍是讨论女子虚荣、浪掷韶华的可憎与可惜，延续了二十年代的主题。在诗歌方面，作品更是稀有，目前仅见《壬午季夏久不雨，农田尽槁，疫疠横行，民多愁叹，至二十六日始得小雨，旋止，未足以救灾荒也，口占纪之》③ 一首，内容是抒发自己的悯农之心。实际上，1926 年之后，王钝根只有随笔文章的创作差强人意，可算是他晚年文学作品中的代表。

这一时期他最重要的作品是 1933 年在《新上海》上发表的《京尘刹那记》。《京尘刹那记》共七篇，是王钝根再次以自己的旅行为蓝本，记录游历南京时的见闻经历。当时正值国难频仍之际，故其中关乎军事、政治的话题较多。王钝根在篇章开头曾详述此记的创作缘由：

① 《出版界消息》，《申报》1930 年 1 月 4 日第 25 版。

② 此外，王钝根还有《轮窟丽姝》与《柏林之围》两篇。《轮窟丽姝》为集锦小说，王钝根只是作者之一，发表于《社会日报》，王钝根所写的第七部分刊于该报 1931 年 3 月 13 日；《柏林之围》为翻译小说，法国作家都德原著，发表在《北平交大周刊》1935 年第 66 期。

③ 《东方文化》1942 年第 1 卷第 4 期。

慨自投笔为商，漫游燕赵，南下许郑，西出井陉，北走大同，东观泰岱。既复遵海而下，极于港粤。江山虽好，风景全非，战祸频仍，饥民盈野，遂令人意兴索然。倦游归来，息影沪渎，忽忽已十余年。……今年七月，以诸生固请，作新都之游。乃乘秋高气爽，轻装首途。时当国难濒危，群情愤激，政府宣言长期抵抗，而迟迟无以证实。但戒人民自动抗日，亟亟解散义勇军。而当局者计出万全之战略，又以军事秘密，不便昭示国人。予遂思一觇中枢之气象，兼聆衮衮诸公之绪言，或得藉此窥测前途之发展，而慰我杞忧，未可知也。一月所得，随笔记之如左。①

南京之行是因为"诸生固请"，也因为自己想游历新都，打听当局者的抗日战略，以此窥测国家的前途，因此有一定的计划性，而这七篇笔记的内容也相对集中，不像之前的《钝根随笔》之类"信笔所之"。大体而言，《京尘刹那记》记述的内容主要有三：一是记录南京的名胜风物、历史遗迹、社会民生及报刊茶肆等各行业的状况；二是记述拜访汪精卫一事及访中见闻；三是关于抗日的相关问题。

关于新都南京的情况，王钝根详细记录了此行所见之街道、建筑、衙署、物价、人民生活程度，还特地探访了明孝陵、紫霞洞、中山陵等人文胜迹，抒发对人世变幻的幽思与感慨。他坦言，"予足迹不践京尘者垂四年矣，首都气象，今非昔比"②。数年之间，因家国多难，王钝根无法寄情于山水、究心于戏园茶肆，对胜迹风物也不无陌生、骇怪之感。他与友人在城中游历一番后，直言："金陵号称龙蟠虎踞之区，故其风景之胜，在山而不在水。自莫愁湖、燕子矶而外，绝少惬意之水景。若秦淮河、桃叶渡之类，虽则艳称千古，而一按其实，直堪令人作三日呕。岂沧海桑田，变幻古今，至于相反耶？"③ 在风景名胜之外，王钝根按计划考察的是南京民众的生计，于是不仅记述了南京清唱茶园兴起之缘由，还讨论了"首善之区"的禁娼"政绩"以及私娼转多之流弊，于耳闻目见之间考述历史、参比外国，并思考应对策略。

在南京各胜迹游玩之际，王钝根也注意到市面上的报刊业状况。他见到"都下报纸甚多，夫子庙报摊所陈列者，光怪陆离，无虑数十种。第

---

① 王钝根：《京尘刹那记》（一），《新上海》1933 年第 3 期。

② 王钝根：《京尘刹那记》（二），《新上海》1933 年第 4 期。

③ 王钝根：《京尘刹那记》（四），《新上海》1933 年第 6 期。

询其销数，皆不过数百份，且多极小之报。甚有以十二开纸，拉杂凑印小品文三五则，亦居然称为报纸者"①。虽然只是记录夫子庙一带小报的情况，并未深察南京各大报纸的内容和销路，但以他多年的编辑经验和业内人士的责任感，王钝根还是觉得这些小报光怪陆离、拉杂凑数、流弊极多。他直接批评道：

> 据报界同人言，此类小报但得歌场戏院或有名歌女，各予津贴数元，即可集事。然其品格近于沿门托钵，或软求不得，则变为硬敲。信口雌黄，捏造歌女丑史，描写秽亵，其品更下。惟当道者对于报纸道德不甚注意，但须不反对政治，不触显要者忌讳，便无干涉之必要。余不禁慨叹，自施行新闻检查，而报界失其言论自由。益以检查员之见解高低不一，或但知迎合上意，或过虑触怒当道，而绝对不许记载外交、批评政治。殊不知当道者具有卓识，未尝不许翔实的记载、善意的批评也。夫报纸而不能评纪外交政治，则惟有取材于社会琐闻、私人秘事，流弊所极，遂至捏造铺张，画蛇添足。但求奇诡淫亵，淋漓尽致，以博阅者之快，而与事实不符，以及毁人名誉，皆所不顾。于是新闻记载与读报者之道德，同趋堕落，而中国报纸遂贻世界同业以黄色之讥。呜呼痛哉！②

此段记述基本可以作为 1930 年代中国报刊业的写照。盖南京这类"沿门托体"的小报是在政治和商业的夹缝中求生存的，为了赚钱，它们肆意"捏造铺张""但求奇诡淫亵"，只要不反对政治，当道者便对其道德"不甚注意"。而王钝根自 1911 年进入申报馆工作，目睹二十年间中国报业"道德之堕落"，其心之忧戚可想而知。

王钝根在笔记中曾一再申述积极抗日的意见，他不仅激赞十九路军的英勇，还详述了九一八事变、一二八事变等事件的前因后果。他希望政府能奋勇一战。③ 此外，他在谈论抗日之事时，曾插叙了自己对印度在华友人的帮助，由印度之亡国而"履谋兴复"来晓谕国人该奋起抵抗日人的侵略。特别是他为印度友人推荐工作后，"印友颇感谢，中有一人为甘地

---

① 王钝根：《京尘刹那记》（五），《新上海》1933 年第 7 期。
② 王钝根：《京尘刹那记》（五），《新上海》1933 年第 7 期。
③ 王钝根：《京尘刹那记》（七），《新上海》1933 年第 9 期。

之族弟，后以甘地亲笔函一通，致余为谢，余宝藏之"①。此得甘地信函一事，可算是中印交流中颇值纪念的事件。

　　除上述三个方面的内容，《京尘刹那记》中还记有政府禁烟搜捕事，与《拈花微笑录》中所记"中国模范省"一则为同一事实。在《拈花微笑录》中王钝根是以讥讽的口吻反讽当政者，而在《京尘刹那记》中，虽是于上海车站见搜捕者而触景生情，但也可见王钝根胸中郁闷积年未消，为此"训政时期最显著之矛盾"②再发一问，同时也可见他的许多文章都是前后关联，隔年再叙的。鉴于当时的政治高压和王钝根"研求内典""韬光养晦"的需要，《京尘刹那记》可以说是他最后一次在报端发表自己对于时事政治的见解。他说："当军政时期，削平反侧，文网周密，言禁森严。自福建叛变以后，出版物之检查尤严。言论稍一不慎，辄惹嫌疑。"③因此为了避免"嫌疑"，此后他虽也撰写过零星小说及文章，但都已失去了往日的锋芒。即使如讨论日货及中日战事的《告日本大化会》《越想越糊涂》，即使在文中反问政府诸公，"你们常说的整个计划到底是怎么样的一条妙计啊？你们只说一句葫芦提的笼统话，不肯略示一些端倪，真把我想得要发疯了"④，也很难再引起读者的注意。

　　《京尘刹那记》与《拈花微笑录》一隔近十年，如他自己所说，这十年间"与社会名流、文坛巨子不相往来，人亦几忘钝根矣"。总体而言，《京尘刹那记》是王钝根在彻底退出文艺报界之前最重要的文字，也是最能代表他晚期创作特点的作品。从中可以看到，他在三十年代对宣传抗日的积极奔走，对国家形势的认真考察，而这些都有别于他之前困于书斋、编辑室的"道听途说"。从1927年到其去世，是王钝根编辑及文学创作生涯的晚期。这段时间因其作品数量的不足，也使得反映王钝根文学观念的线索相对模糊。但从《国货评论刊》到《新上海》，从《三小姐的爱国》《京尘刹那记》到《康乐特刊》上的广告小品，我们仍能看到他对文学创作的"重拾"与摒弃过程。

　　王钝根在二十年代末至三十年代初的办刊经历及文学创作，只是他晚年生活的一小部分。在1927年至五十年代初的二十余年间，失业、逃难、

---

① 王钝根：《京尘刹那记》（六），《新上海》1933年第8期。

② 王钝根：《京尘刹那记》（一），《新上海》1933年第3期。

③ 王钝根：《京尘刹那记》（七），《新上海》1933年第9期。

④ 钝根：《越想越糊涂》，《万岁杂志》1932年第1卷第2期。

避世才是他生活的主题。妻儿、父母的相继离世，战火的连年折磨，不管是曾经"寓救世于游戏"的文学理念，还是用"写实""道德"为黑幕小说、言情小说所做的辩护，在家国苦难的舆论场中全部不值一提。而整个旧派文学也跟王钝根一样，其主要刊物、代表作家及文学观念也都被雨打风吹去，所剩下的只是背影和痕迹。

王钝根在经历事业的颓败及时局的动荡之后，远离文坛、绝意进取，同时也远离了基督教而归奉佛教。如前文提到他在《新上海出版赘言》中所说的"念佛持戒，潜修忍辱波罗密"，又如他与同仁组织创立佛光社：

> 志法僧对于佛学，素有研究。鉴今日世道炎凉，每况愈下，特纠合王一亭、蒋百器、王钝根等诸名士，组织佛光社。所以发扬释教之光，挽救人心。今夕特招待报界，一时嘉宾齐集，凡五十余人。①

佛光社是他与蒋百器等人于 1931 年发起，当时《申报》上还有他的写经广告："钱云鹤画佛，王钝根写经，合作扇面。二公报界先进，宣扬佛化，发愿合作结缘，现成作品陈列。望平街口新世界印社。"② 在时代的沉潜中，部分旧派作家仍献身于报刊生活，而热切于时事的王钝根则在佛学那里找到了归宿。创立佛光社是为了"挽救人心"，就像他当初信奉基督教是为了宣扬"博爱"一样，而此时他似乎完全放弃了基督教信仰，也可能是避世的念头让他更倚重佛教。

王钝根在报界文坛的沉潜是从二十年代后期开始的，尤其是在《社会之花》《说部精英》之后，王钝根的所谓"礼拜六派"身份越来越不明显。他说："予维迂拙顽固，少年著作界已訾为落伍者，讵堪于新潮流髦俊之前，作陈腐之贡献。"③ 又说："我是一个日军侵犯以后失业的人，饿着肚子没有事做，想想以前的经过，到底是怎么一回事？实在越想越糊涂。"④ 在时局面前，他对政事，对报界文坛的事业都无能为力，最后只能变卖健康、卫生等无关政治、无关文学的文字来谋求生计。但即便如

---

① 王沿津：《新静安寺小记》，《申报·自由谈》1931 年 6 月 29 日第 12 版。

② 《申报》1929 年 6 月 13 日第 15 版。

③ 王钝根：《短篇小说：虚荣误》，《华洋月报》1935 年第 2 卷第 1 期。

④ 钝根：《越想越糊涂》，《万岁杂志》1932 年第 1 卷第 2 期。

此，他在 1933 年还担任过上海全球华侨总公会秘书长①，并在任职期间编印了《伍平一先生珍藏先烈黄克强陈英士两公遗墨》一书。在该书序言中，他盛赞伍平一为国奔走的勇毅，并呼吁社会各界捐款，帮助旅墨被难回国的侨胞。② 1935 年 9 月，在上海市房客减租联合总会的报界招待会议上，他还作为主席进行致辞③，1936 年年初他也曾出席南社纪念会的第二次聚餐④，偶尔也参加一些零星的文艺活动，所以他的"绝意进取"并没有到完全不问世事的地步。

在二十世纪四十年代，文坛已盛传他"潦倒洋场，不知所终"⑤，还有人称他"七七事变后，立投身附逆，入《新申报》做编辑，结果终究潦倒死去"⑥。实际上，1937 年之后出现的《新申报》并非民初王钝根所主持的《新申报》，而直至抗战胜利他也仍然健在，且"须发还没有斑白，谈话兴致也很好，尤其对于当时文坛和艺术界情形，说起来娓娓不倦，如数家珍"⑦。王钝根晚年活动的模糊与潦草，适足成为新生代文人虚构、想象与记念民国旧派作家的底板素材，而与王钝根同时代的旧派文人也同样在新的文学环境中成为研究、总结与反思的对象。

事实上，早在新文化运动时期，旧派阵营就已经开始发生变化。其中一部分人已经离世，如林纾；另外一部分人在慢慢倾向新派，如柳亚子在 1918 年离开南社之后，就积极地迎合新文学，连胡适都说："近来稍稍明白事理的人，都觉得中国文学有改革的必要……甚至于南社的柳亚子也要高谈文学革命，但是他们的文学革命论只提出一种空荡荡的目的，不能有一种具体进行的计划。"⑧ 虽然这些投靠新文学的旧人物很难改变原有的写作习惯，虽然他们依旧创作古诗文词，但在认识与态度上，却很坚决地

---

①　全球华侨总公会于 1933 年 3 月 1 日正式成立，不久因"海外宣传，又辄抵政府，挑拨侨胞恶感"等原因，于同年 11 月 10 日被政府勒令解散。

②　王钝根：《伍平一先生珍藏先烈黄克强陈英士两公遗墨·序》，上海全球华侨总公会秘书处，1933 年石印本。

③　《房客减租联合总会筹备处昨招待报界》，《申报》1935 年 9 月 15 日第 15 版。

④　柳亚子著，柳无忌编：《南社纪略》，上海人民出版社 1983 年版，第 132—141 页。

⑤　孙鹤：《四十年来自由谈人物志·反饾饤的王钝根》，《申报馆内通讯》1948 年第 2 卷第 2 期。

⑥　阿拉：《报界名老枪王钝根戒烟》，《海涛》1946 年第 9 期。

⑦　盛俊才：《再谈自由谈人物——王钝根、周瘦鹃两先生近状》，《申报馆内通讯》1948 年第 2 卷第 3 期。

⑧　胡适：《尝试集·自序》，《尝试集》（附《去国集》），安徽教育出版社 2006 年版，第 24 页。

与"旧思想"划清界限。与此同时，还有一部分旧派人物如叶楚伧、胡怀琛等则转向学术、教育事业，如 1926 年《申报》上曾刊登过一则关于国民大学的消息，称"该校国学系主任系胡朴安，教授有章太炎、李石岑、何炳松、叶楚伧、陈去病、周同、胡怀琛、朱勤补诸国学专家"[①]。而无论是转向新派，还是转向教育，这些旧派人物都放弃了与新派交锋的文坛，或者说他们中的许多人不愿再将精力耗费于文坛，他们对文学救国、小说救世的主张已产生怀疑。

而在更大范围、更长时间内被新派斥责的旧派作家则是跟王钝根一样在文坛慢慢消失。就像陈小蝶 1928 年回忆"狼虎会"时所说："现在狼虎会也是中年了，毕倚虹死了，刘醉蝶阵亡（凡狼虎会员无故不到的，谓之逃阵，永远不到谓之阵亡）。钝根虽则复活，却仍在风雨飘摇之际，相聚剧谈大笑的次数，渐觉一次比一次少。"[②] 而周瘦鹃在 1928 年也曾提到旧派文学界的惨状：

> 十年以还，如叶小凤、姚鹓雏投身以入政治界，天虚我生改业为牙粉与化妆品之制造家，恽铁樵改业为医士（可与柯南道尔氏之以医士而改业为小说家相对照），王钝根改业为广告家，张枕绿改业为信封信笺之制造者，张舍我改业为人寿保险人。严芙孙改无可改，遽去而卖卜，恃一闷葫芦，以糊其口。而最近又得一消息，则英文学专家沈问梅亦逃出文艺界，去而为汽车公司老板矣。日前往访之，知已设两公司，一曰亚洲，在长浜路；一曰金星，在杨树浦，业事良不恶，谈汽车事业，利弊暸然，宛然老斫轮手。自顾藐躬，笔耕年年，呕心沥血，终不能决然舍去，可叹也。[③]

当年盛名一时的通俗小说家，当年所谓的"礼拜六派"同仁都已渐离文坛，改换职业。也因此在周瘦鹃唏嘘感叹的 1928 年之后，旧派小说群体的四散与凋落更是毋庸置疑。到 1941 年，陈小蝶在《狼虎会的回忆》[④] 一文中又写到其父陈蝶仙与江小鹣的死，而之裔在《狼虎会》一文

---

① 《学校消息汇志》，《申报》1926 年 8 月 23 日第 10 版。

② 小蝶：《礼拜六和狼虎会》，《礼拜六》（原《工商新闻》副刊）1928 年 8 月 25 日，第271 期，第 2—3 版。

③ 瘦鹃：《改业》，《上海画报》1928 年 2 月 6 日第 320 期。

④ 陈蝶野：《狼虎会的回忆》，《万象》1941 年第 1 卷第 3 期。蝶野，为陈小蝶另一笔名。

里也写道："此会旧甚著称于文艺界，战后捬沙一散，或隔人天，似已没没无闻矣。"① 这些都是"狼虎会"成员凋落、名存实亡的佐证，同时也明示了旧派作家在三四十年代的风流云散。

抗日战争时期，大部分旧派人物都离开了报界文坛，留下的虽仍在坚持旧文学写作，但早已失去了和新文学抗争的力量。他们在战火中与新派人物一样或辗转于西南，或躲藏于租界，他们只有追忆往昔的文笔，却再无重拾辉煌的可能，他们最终成了旧日洋场的传说。许瘦蝶在 1948 年撰写"文坛忆旧录"② 的时候，提到施济群，"知以中风逝世，不禁失声一叹"③；想起王钝根，为其撰写寄怀诗一首："粲花妙舌想犹存，落拓风尘忆钝根。尽许挥毫谋活计，未妨托钵傍禅门。沉沦赤县新潮亟，呜咽青溪旧梦温。安得观空人我相，自由文字夜同论。"但"诗刊布后，未获消息"④。而郑逸梅在 1943 年及 1948 年也曾撰《说林凋谢录》与《逝者如斯》系列⑤文章来悼念当年的旧派小说家同仁。

当年的旧派作家都无可置疑地凋零了，没有逝世的也即将在新的时代被彻底清扫。王钝根说自己"不敢当洋场文人，也没有陷于悲剧"⑥，但是所谓的"礼拜六派"同他自己一样最终都不得不从文坛退出。可以说，与旧时代同时陨灭是旧派文学与文人的宿命。在文坛残存的小说家，即或传承着旧派的衣钵，也是新派文学可以容忍的"衣钵"；其笔下即或拥有旧的传统，也一定是与新派合流的"传统"。旧派文学对新派的吸纳与妥协，向新派的靠近与学习在当时的历史环境中几乎是一种必然。

总的来说，三四十年代是民国旧派文学的终点。在二十年代后期旧派文学被新派全面打压之后，无论是报刊编辑事业，还是旧文学的创作，旧派文人都没有了往日的成绩。他们丢掉了越来越多的报刊平台，失去了舞文弄墨的热情。而对于王钝根来说，无论他编辑《新上海》，还是《快乐家庭》，无论他记录《京尘刹那记》还是撰写其他时评文章，他都更多地

---

① 之裔：《狼虎会》，《中外春秋》1947 年第 36 期。
② 1948 年许瘦蝶在《永安月刊》上发表"文坛忆旧录"七篇文章，回忆并记述与生前好友陈蝶仙、王恩甫、施济群、王钝根、孙次青、吴东园、戚饭牛七人的交往经历。分别见于《永安月刊》1948 年第 104、105、107、108、112、114、117 期。
③ 许瘦蝶：《记施济群——文坛忆旧录之三》，《永安月刊》1948 年第 107 期。
④ 许瘦蝶：《记王钝根——文坛忆旧录之四》，《永安月刊》1948 年第 108 期。
⑤ 发表于《永安月刊》1943 年第 50—52 期、1948 年第 109—111 期。
⑥ 盛俊才：《再谈自由谈人物——王钝根、周瘦鹃两先生近状》，《申报馆内通讯》1948 年第 2 卷第 3 期。

被时局和当时文学环境所左右，自己的文学理想与政治热情只能于其中展露、抒泄，却无法再造成影响和改变。他与旧派作家同仁、与整个旧派文学界都不可避免地成为洋场传说，逐个从文坛陨落。到三十年代中期，王钝根第二次离开文坛时，他所有关于文学的或社会的事业统统沉寂不见了。

经过一系列的论争及家国变故之后，王钝根陷入了一种混乱焦灼的状态。他虽有一定的革新性，但意识形态仍然陈旧。而这也决定了他的作品即使采用新的文学表现形式，但讲述的仍是旧有的社会道德伦理。而且在新的革命文学出现之后，他当初的积极姿态消失不见，他早前的"劝讽""言情"等文学内容已不足以表现时代的严肃与残酷。在奔走仕途、上书当道亦无可为的情况下，王钝根才彻底地与文坛隔绝。也正在此时，呈现"游戏""消闲"趣味的旧派文学最终被严肃的"为人生"的革命新文学所取代。

第五章　民国旧派作家的历史命运

　　回顾王钝根的平生经历，可知其文艺事业奠基于清末，巩固于民初，辉煌于新文化运动前夕。在二十年代，他获得了小说名家的身份，他复刊过《礼拜六》，又曾短暂地与文坛隔离；在三十年代，他更关心战局，他曾偶拾笔墨，最终还是淡出文学舞台。他进出报界文坛的经历，在一定程度上反映了民国旧派文学的消长变化过程。可以说，王钝根的文学生命是外部环境及文学传统共同影响下的产物，而旧派文学的盛衰也是多方因素冲突刺激下的结果。在近代中国的文学变革中，王钝根在各阶段都有相应的心态变化，而其作品也呈现出不同的形貌特点，他在文学创作上的成与败可以代表旧派文人的部分得失，而旧派文学的历史进程则决定了王钝根在民国报界文坛的位置。

第一节　王钝根在民国旧派文学界的位置

　　1922 年，大胆书生在《小说点将录》中曾将诸位旧派小说家进行排序，位次靠前的几位是："托塔天王晁盖——吴趼人、及时雨宋公明——林琴南、玉麒麟卢俊义——曾孟朴、智多星吴用——陈冷血、入云龙公孙胜——王钝根、豹子头林冲——李涵秋、双鞭呼延灼——陈蝶仙……"①此种品评虽非绝对正确，但在一定程度上还是反映了当时通俗文坛的状况，以及王钝根在受众读者心中的地位——排在他前面的只有吴趼人、林琴南、曾孟朴等清末成名的"老牌"小说家，以及比他出道略早的主编陈冷血。

　　王钝根在民国小说界是有"老资格"的，慕芳在所撰《文苑群芳谱》中曾将王钝根比作梅花：

---

① 　大胆书生：《小说点将录》，《红杂志》1922 年第 1—18 期。

梅花风貌最古，而钝根在小说界中资格最老。梅花品格最高，而钝根的作品，很有高超华贵的气概。钝根的滑稽文字，很能使人发笑，又合着巡檐索笑的故事，因此我把梅花来点在他额角上，也好教他老人家做一做寿阳公主。①

"梅花风貌最古"，正可喻王钝根在旧派小说界的地位与品格。同时，乔太守在《文苑鸳鸯谱》中也将其与包天笑相配，并言曰：

郎风流，妾风骚，风月场中资格老。呱呱叫，手下讨人知多少。旧时王孙，爱上了老鸨。（注：钝根、天笑，皆说界老前辈也，颇肯奖掖后进。王孙之王，钝根姓，鸨谐天笑姓。）②

包天笑也是旧派小说界的前辈，他根植于《时报》奖掖后进，与王钝根深耕于《申报》提携撰稿同仁一样，也是旧派文艺报刊界的"权威"。当时诸如此类的点评还有不少，这些均是王钝根在民国初期作为旧派文坛领袖的确证。

然而，王钝根的领袖地位在短短十年内就走向崩塌，恰如旧派文学在疾风迅雨中迅速由盛转衰。对王钝根来说，他在盛时的声望堪比陈冷血、包天笑，但于晚年却默默无闻，时人对他的追述寥寥且舛误百出。事实上，王钝根生前死后均未能获得客观而全面的评价，因为只有将其放在当时的文坛实况中，放在整个旧派文学的发展中，其真实的地位才能凸显。

首先，在民国旧派同仁的心目中，王钝根是报界老前辈，是旧派文学创作团体的引领者。王钝根在文坛的声望和地位主要由《自由谈》和《礼拜六》积累而来，而文坛对他的归类和评价也主要由这两种刊物而定。张静庐曾言："在民国二三年（1913—1914 年）间，中国的文坛是'礼拜六派'最活跃的时代，真正老牌的《礼拜六》周刊就产生在这个期间。那时候文坛的领袖者有两个巨头，一位是青浦王钝根先生，一位是吴门包天笑（朗孙）先生，而包先生的势力似乎不及王先生，因为那时候的王先生拥有《申报》的《自由谈》和《游戏杂志》《礼拜六》周刊三大地盘，我们不能否认周瘦鹃、陈蝶仙（天虚我生）的成名，是经他推

---

① 慕芳：《文苑群芳谱》，《红玫瑰》1925 年第 1 卷第 32 期。
② 乔太守：《文苑鸳鸯谱》，《红玫瑰》1925 年第 1 卷第 44 期。

荐出来的。"① 当时王钝根推荐到文坛的作家有很多，除了周瘦鹃、陈蝶仙等小说名家，也有一些未能暴得大名的报界新人，比如早期《自由谈》的百余位撰稿者。二十年代旧派撰稿同仁影菴曾有题诗《敬赠钝根先生即求塵政》云：

> 景仰余风近十年，识荆一面怅无缘。琼瑶君似王夷甫，萍剑我惭李谪仙。不乞雪阶盈尺地，为钦崖谷一线天。(《白日斋杂记》谓唐韩宋欧，似幽谷一线天，陡放光明。先生在今世著作林中，持正起衰，意谓似之。) 征帆待到春申浦，拟拜槐阴立旧毡。②

诗中对王钝根推崇备至，极渴望能结识相见，而所谓"君似王夷甫""持正起衰"，也正是王钝根当时作为文坛名宿、报界前辈之体现。

而提及他所主编的最具盛名的小说周刊《礼拜六》，该刊所载《〈礼拜六〉感言》《〈礼拜六〉造孽》《钝根骗我》《钝根造孽》一类的短文，均记述因阅读《礼拜六》出神而废寝忘食的故事③，也极能体现作者与读者对主编的景仰与崇拜。事实上，《礼拜六》之于王钝根还有两点重要影响，其一是使王钝根从《自由谈》时期的"时事主题"里走出来，减少了对"救世"文学的过分关注，并找到了文学的社会功用之外的趣味性；其二是使其获得了"礼拜六派"文人的身份及新派学人所诟病的"无聊文人"称号，进而成为与新派学人对抗的旧派代表。这两点影响使王钝根不自觉地引领了所谓的"礼拜六派"文学的发展，进而巩固了他在撰稿同仁及读者大众心目中的小说界的先辈地位。

就第一点而言，虽然早期《自由谈》是《礼拜六》周刊的雏形，也基本上奠定了他的作品风格，但在《〈礼拜六〉出版赘言》中王钝根不再解释"游戏"与"救世"的矛盾，不再标榜"寓教于乐"的意义，而是完全地将诙谐有趣、娱乐消遣作为杂志刊行的主旨，这在当时的文坛及评

---

① 张静庐：《在出版界的二十年》，江苏教育出版社 2005 年版，第 23—24 页。

② 影菴：《敬赠钝根先生即求塵政》，《社会之花》1925 年第 2 卷第 5 期。

③ 如梦珠的《声讨王钝根》一文所述："陈君不我慰问，反愤然语余曰：吾必声讨王钝根。余愕然问故。则曰：'顷者命庖人购得白花鲈，将以为鲙。时尚早，嘱挂窗棂上，乃取《礼拜六》翻阅之。孰知开卷如饮醇醪，不期心醉。忽尔时钟报午，始恍如梦觉。起视窗棂，绳索仅存，鱼已不知去向。集佣仆穷搜，始获之于厨下。骨肉糊模，盖大半已膏狸奴之吻矣。吾怒极，乃以所购《礼拜六》殉葬鲈鱼于垃圾岗。然气犹未平，必声讨王钝根而后已也。'"《礼拜六》1922 年第 171 期。

论界并不多见。盖在传统的文学批评及小说批评中，鲜有不顾及"言志"或"救世"价值的。所谓"虽小道必有可观者"，不管是传奇、杂俎、笔记，甚或"诲淫诲盗"者，传统文人总要从中寻找并"规定"出对社会人生之意义。而清末民初之小说热潮，其主要成绩乃在转变小说的卑微地位，突出并强调小说的作用与影响。王钝根作为浸淫传统颇深的文人，不管具体的创作及审美趣味如何，强调作品的裨世作用，对游戏文章、滑稽短篇进行解释在所难免。但主编《礼拜六》前一百期时，王钝根却能仅取小说的"消闲""轻便"，而暂时忘记小说的"救世精神"；只关注读者的兴趣，而暂不过问作品的寓教功能，从而使《礼拜六》杂志获得了巨大的成功。

此时，清季流行的小说已是"强弩之末"，因为"晚清小说界的主流是将小说看作改变社会、改善人生，乃至政治斗争的最重要、最直接的工具，寄予它的期望太高，写作的目的太功利，从而使大量的慷慨激昂的政治小说与暴露黑暗的社会小说辞气浮露，寡味少趣"①。而《礼拜六》的作品，则在很大程度上消解了之前笼罩在小说之上的沉重负担，王钝根自《自由谈》以来提倡的"趣味性"逐渐成为旧派作家的创作导向，而他也由此成为"消闲"杂志的"广大教主"。

早期《礼拜六》杂志的超高人气，使得一系列同类刊物随后产生，通俗化、市民化、娱乐化的文学也迎来了兴盛期，王钝根的文坛影响力正于此时得以确立和巩固，并最终导致"礼拜六派"一词的出现。于是继"鸳鸯蝴蝶派"一词而来，"礼拜六派"成为文坛通俗小说家，特别是旧派言情小说家的代名词。王钝根也随着"礼拜六派"一词的指认而被推到游戏文学、消闲文学的潮流中心，其"老资格"之外又加一"礼拜六派"首脑之头衔。

就第二点而言，《礼拜六》杂志也使王钝根终生佩戴着"消闲文人""无聊文人"的帽子。因为自《礼拜六》杂志诞生之后，王钝根就永远无法摆脱"《礼拜六》主编"之身份，他一时的"消遣"倾向被解释为他终生的文学主张。

且不说王钝根在《礼拜六》中并没有完全废弃表现社会人生之主题，就在《礼拜六》的后一百期，他也已减少了"消闲"的内容，同时加入了不少评论社会时事的随笔文章。尤其是在二十年代初期，王钝根转而主持商业类报刊，其文艺思想也明显地回到了"实用救世"的轨道，但是

---

① 黄霖：《民国初年"旧派"小说家的声音》，《文学评论》2010年第5期。

其"礼拜六派"的名号并不因此而消失。1938 年,《申报》上曾登《南市现状一瞥》一文,记上海南市失陷一年后的情形,文中称王钝根为"无聊文人"①。

1938 年离王钝根主持《礼拜六》已过去近二十年之久,离其最后一次主持文艺杂志《新上海》也有五年时间,然而他所辑之《国耻录》,他在《工商新闻》上所发表之短评并未给人留下印象,反而是当年编辑"游戏文章""滑稽短篇"的旧事被人一再重提。同年的《上海生活》杂志上有《徐三档师事王钝根》一文,其中对王钝根之评价一如《南市现状一瞥》:"王是一个落伍的小说家,现在是苏州《江南日报》的总理,兼理苏州文化事宜,盖成一'弹冠相庆'之人物矣。"② 以当时的情形来看,"落伍小说家"之称也不完全算错,但也显然忽略了王钝根在《礼拜六》杂志之外的编辑成绩。

王钝根是《礼拜六》的创刊者,作为被一贯批评的"礼拜六派"主要人物,他的言情小说与所谓的"礼拜六派"在创作角度和主题方面并不相同。这种不同展现了旧派文学阵营内部的复杂性——每位作家都有自己的个性,他们对小说创作的理解也不统一。事实上,虽然以文艺来"裨补时事""增助社会文明"是当时旧派作家的一致论调,但在具体的创作实践中他们却有各自的喜好和选择。比如,同是撰写时评,王钝根的诙谐调侃与陈冷血的平直简洁不同;同是短篇小说,王钝根的滑稽冷峻与周瘦鹃的凄艳哀怨不同;同是小说翻译,包天笑的长篇译制与周瘦鹃的短篇选译也不同。或许单就个人的创作风格无法说明旧派作家文学观念上的多元性,但从他们出入政界、报界、商界及文艺界的情况来看,民国旧派作家不应该也不可能全都爱好"言情小说"、全都以消闲的趣味文学为创作宗旨。像叶小凤、胡寄尘、袁寒云等出入政坛人士的创作该如何评定,像柳亚子、刘半农、成舍我等文学主张发生过巨大变化,无法确定其文学之"先进"或"守旧"性的人物又该如何归类?旧派文人不断被新的文

---

① 《南市现状一瞥》中言:"当时难民区九大区委员及潘主任等均为委员,旋又改组,换去少数人。嗣因政权冲突,与苏锡文迭次争论,乃经日方调解,改为政务署,而由陈云为政务长,分三科及若干股。一切委员均改任科长,而有名之无聊文人王钝根,且任为秘书。"《申报》1938 年 11 月 16 日第 10 版。

② 耳神:《徐三档师事王钝根》,《上海生活》1938 年第 2 卷第 7 期。按,《江南日报》创刊于 1938 年 11 月,《上海图书馆藏中文报纸目录 1862—1949》(上海图书馆,1982 年,第 170 页)中载上海图书馆藏"1939.4.24(181),11.6;1941.3.10,12,18,21,25—27,4.22,8.9(1006)"数期内容,但藏本未能查到。

学思潮所影响，他们的文学观念本就在流动之中，而"守旧""反动"等词也只不过是新派学人贴在他们身上的标签。所以，将新派学人统而概括为"无聊文人"之类，则不能说是没有偏见的嫌疑。也因此，评论王钝根在报界文坛中的地位，他的全部编创成绩都应该进行考量，主编《申报·自由谈》《礼拜六》确为其主要之成绩，但主编《工商新闻》、刊印《伍平一先生珍藏先烈黄克强陈英士两公遗墨》等经历，也不能直接无视。王钝根实质上与陈景韩、包天笑等人一样是报刊编辑兼作家，或曰"报人作家"，只是因《礼拜六》声名太盛，而王钝根后期之编辑工作又时断时续，以他曾经"入云龙"般的号召力，旧派同仁称其为"名小说家"也算恰如其分，而新派学人贬其为"礼拜六派"也正当其理。

其次，从王钝根对文学期刊的发展判断、对文学作品的批评见解来看，他称得上是民国时期的文艺评论家。王钝根对民国通俗文学的起落形势有着深刻的认识，他对作家、作品的选拔评鉴亦有独到的眼光。前文已反复提及他对陈蝶仙、周瘦鹃等小说家的挖掘与提拔，他对名家文集的编辑与宣传，而在《礼拜六》《社会之花》等杂志中对投稿作品的润饰、修改和品评，也同样能证明他的批评眼光及文学编辑能力。比如，他在《礼拜六》周刊的稿件中所加按语有八十余条（前一百期少，后一百期多）；又如，他虽是"旧派"文学的作者和编辑，但亦能跳出圈外反观自身，能根据读者的兴致，推测刊物的经营趋势。

他在编辑《社会之花》时曾评述通俗小说十余年的发展概况：

> 去冬开办的时候，藜青社主任问我，预料能销多少。我说若在前年，可销两三万，这时候只能销一万多些罢。……我常对书业中人说，民国以来社会上欢迎小说的热度，有一种波浪式的起落，很为显明。如民国三四年是起得很高的时候，到后来一落千丈，直到民国十年，我才觉得一般人读小说的兴致回复过来了。试把《礼拜六》重行出版，果然销路大好，比三四年的高度更高。于是各种小说杂志，一时并起。直到十一年冬，我觉得热度又退了，所以把《礼拜六》捱到二百期又宣告暂停了。去年下半年，小说杂志的市况实在是疲软不堪，有几家正在那里计议停刊，而藜青社诸君，竟敢在这个时候创办《社会之花》，可谓胆大包天。只可惜读者诸君不悉书业内情，没有觉得《社会之花》创办人逆流奋斗的勇敢罢了。①

---

① 王钝根：《编辑者言》，《社会之花》1924 年第 1 卷第 7 期。

　　文中对小说与小说杂志发展状况的精确判断，足可说明他对于民国旧派文艺期刊之盛衰有着清醒的认识。王钝根清楚地知道《社会之花》的销路不会太好，该刊在市况疲软的情况下"逆流而上"，靠的不过是编辑与作者们的奋斗热情；他知道小说刊物的成败深受"一般人阅读小说的兴致"的影响，只有抓住"一般人读小说的兴致"才能办好刊物。从其初创《礼拜六》到复刊此刊再到编辑《社会之花》，民众对小说的喜爱呈现"波浪式"的起伏，而正因为他能抓住读者的"兴致"，所以《礼拜六》的前后各一百期才能成为这一"波浪"的两个制高点。

　　而除了对旧派小说热度的清晰认识，王钝根对于旧派文学亦有自己的评判。其中能管窥其意见者，是他追忆《礼拜六》周刊时的一个比喻。他说：

　　　　工商新闻的《礼拜六》并不是我当年编辑的《礼拜六》，不过田君寄痕追念老成，征求到咱们当年的老同志，这是他的好意。可是咱们当此，够多么的感叹。我这有一比，当年的《礼拜六》好比是光复会、同盟会，现在的《礼拜六》好比是国民革命党、新国民党。今日如火如荼的北伐告成、训政开始，是新国民党的功劳，但也有几个同盟会的老头儿夹杂在里头，却总赶不上许多少年领袖的出风头罢咧。①

　　田寄痕主编的《工商新闻》副刊《礼拜六》是趋向于新文学的，不仅作品已用白话，作者也多为年轻一辈的文人。王钝根虽非将其与《礼拜六》周刊做新旧派别之比较，但仍进行了今昔作者的对照。王钝根称"当年的《礼拜六》好比是光复会、同盟会"，其实是说当年的《礼拜六》及其相类杂志乃是早期之革命先辈，不过此革命乃"文学革命"。即，他认为当年的"礼拜六派"人物是引领文学风气之先的，他们是不同于辛亥革命之前的旧文学的。而眼下又有所谓"新国民党"的出现，则指《工商新闻》的副刊《礼拜六》中作家的"诞生"。他们虽风头正盛，但却是当年"革命"的延续者。

　　故而，在王钝根的认知里，民国之后的文坛是顺势发展、新旧接替的，绝非"新旧对立"。民国旧派文学的地位只是被迅速崛起的新文学所

①　钝根：《想起了当年事》，《礼拜六》（原《工商新闻》副刊）1928 年 8 月 25 日第 271 期第 2 版。

取代，当年的《礼拜六》是前辈，是后来文学之奠基者，而非"封建余孽的鸳鸯蝴蝶派作家"①。其实在二十世纪二三十年代，关于新旧派别的问题已有基本定识，正如松庐所言：

> 方今小说一门，已成过渡时代，此言已为一般人之公认矣。夫当此过渡时代，其战争也必愈烈。设新者胜，则旧者必致绝迹，反是亦然。余谓小说之新旧，各有其佳。记事实则推旧者，写情景则崇新。设同一三千余字之短篇小说，以新派作家之作品，使旧派作家重作之，则恐无数言之记载；以旧派作家之作品，使新派重作之，则必成为万余字之长篇矣。故长篇小说，而以极新派写来者，殊不多见。②

一般人已公认，此时为小说的"过渡时代"，也即由旧入新的时代。只是在过渡之中，新旧各有所长，新的未必能完全消灭旧的。事实上，执掌文学刊物的许多编辑并不严格区别新旧，甚至有调和新旧的主张，如《新上海》每期两辑的排版行式，即是不分新旧界限之例证。王钝根以"同盟会"与"新国民党"为喻，表面上是说老《礼拜六》是新《礼拜六》的前辈，同时也是在解释当年的"礼拜六派"作家并非守旧僵化的封建余孽，而是新派文学的先行者。故王钝根并不以《礼拜六》杂志阵营的作家为守旧者，并不以其为"新派"应该打倒的对象，他们只是被文学潮流湮没的"前浪"而已。

同时，王钝根对于言情小说等通俗文学作品的看法，并非如新派学者所批评的"礼拜六派"那样——他并不痴迷于"鸳鸯蝴蝶"的创作，也不是拿恋爱故事"诱骗"青年男女牟取钱财。虽然他的作品常冠以"游戏短篇""滑稽短篇"的字样，但跟一些作家认为"小说游戏耳，吾辈执一支秃笔东涂西抹，必觍然告人，谓吾文字有功于人心世道，此特英雄欺人语，良不足信"③的观点仍有所区别。他的"滑稽短篇"恰是一种尝试用文学干预社会时事的做法，而他对社会小说的推崇也说明他并非所谓的"礼拜六派"的言情代表。

对于西方小说，王钝根也有更理智客观的认识和判断，而不像当时大

---

① 阿英：《上海事变与鸳鸯蝴蝶派文艺》，《阿英全集》第 1 卷，安徽教育出版社 2003 年版，第 600 页。

② 松庐：《小说狂谈》（一），《绿竹》1923 年第 1 卷第 4 期。

③ 李涵秋：《我之小说观》（八十六），《时报》1922 年 3 月 10 日第 14 版。

多数作家那样一味地追捧。他曾批评当时翻译的西式言情作品："前清光绪季年，盛行一种小说，大半从日本小说翻译过来，也有日本小说家翻译了英文或法文小说，中国小说家又翻译日本文的。这种小说里的人物，男的总是公爵伯爵，女的总是公主郡主，有时还要到医院里当看护妇，临了看护妇嫁给病人做老婆，差不多是千篇一律，好比中国旧派小说的私订终身后花园，落难公子中状元。说破了，不值一笑。但在当时看小说的人，已是津津有味。"① 可见王钝根对于时新小说，并不会盲目地跟风，即使是挂着"西洋"字样的作品，他也同样不屑于其中的才子佳人套路。作为《礼拜六》杂志的创刊者，他的小说并没有想象中的旖旎缠绵，所谓的"礼拜六派"风格在他的作品中并不明显。

孙鹤在《反饾饤的王钝根》一文中曾对他有过中肯的评价：

> 在《自由谈》中心人物中，王钝根先生应该是有相当比重的。虽然他不以文名，然而当时若干文人是由他选拔出来的，则为不可否认之事实。"礼拜六派"虽为举世诟病，那是指五四以后很久，虽已用了白话写小说，却仍然顽固地不肯用标点，题材仍然多半是洋场才子和租界佳人，而且只有流水账的叙述，缺乏较细致的描写。但这是后期复刊的《礼拜六》，前期的《礼拜六》虽则是文言的，但在王钝根的影响之下，是无可厚非的。在当时，毋宁还是"反饾饤主义"的，比起"玉梨魂派"的文字，实实在在已进了一步。《自由谈》在那时候也就是这一型的，翻开当时的《自由谈》，已经不多见那种似骈非骈，似散非散的文章，"卅六鸳鸯同命鸟，一双蝴蝶可怜虫"的气息，已经非常之少了，这应该是王钝根氏的眼力。②

此文是《申报》同仁对《自由谈》创刊四十余年的回顾，而作者对王钝根最深刻的印象就是他对《自由谈》文体、语言的解放。王钝根是"反饾饤的"，是比写骈文的"玉梨魂派"要进步的。故由此看来，《自由谈》《礼拜六》等刊物其实是被批评者标签化了的，它们并不全是旧式的文言和绮艳的内容，"洋场才子和租界佳人"一类的作品固然存在，但在语言及写作技巧上也有不少革新。

---

① 王钝根：《看护妇》，《礼拜六》1921 年第 113 期。

② 孙鹤：《四十年来自由谈人物志·反饾饤的王钝根》，《申报馆内通讯》1948 年第 2 卷第 2 期。

此外，王钝根在民国文坛的地位，他关于所谓的"旧派"或者说"礼拜六派"文学的自我评价，还体现在"报界俱乐部"这一组织的成立和活动中。

报界俱乐部约成立于1917年，是当时上海报界及社会各界人士联络信息、共议时事之处。俱乐部由王钝根与《中华新报》《民国日报》同仁共同发起，吴稚晖为部长，地址在上海四马路望平街口万家春楼上。据王钝根言：

> 民国六年，予与《中华新报》《民国日报》同人发起报界俱乐部，时先生方主《中华新闻》笔政，齿德最尊，公推之为部长……旋俱乐部以会员星散，经费不继停办，遂不得常晤先生……时俱乐部中更有《中华新报》经理章木良先生梓、曾松乔先生毅。①

则《新申报》《中华新报》《民国日报》各报主编均为"报界俱乐部"的发起人，而且前文曾提到胡适、陈独秀未成名前亦时常往报界俱乐部谈笑宴饮②，则此俱乐部实有"文化沙龙"的性质。另外，1917年《申报》上所刊《南社社员公鉴》文末署"通讯处上海四马路望平街口报界俱乐部成舍我收"③，1918年所刊的《豁公启事》中亦署有"望平街万家春楼上报界俱乐部刘豁公启"④的字样，则可知成舍我、刘豁公也都是报界俱乐部的成员。

但据刘家林《中国新闻通史》记载："1916年6月，袁世凯病死；同月，成（舍我）首次到愚园参加南社第14次'雅集'，加入南社。在此期间，成还同《新申报》副刊编辑王钝根等发起组织'上海记者俱乐部'（加入该俱乐部的有吴稚晖、曹松翘、陈白虚、王新命、叶楚伧等20多人），并结识了陈独秀、刘半侬（后改名'刘半农'）和《太平洋》杂志主办人李剑农等人。"⑤则又有成立于1916年6月的"上海记者俱乐部"，但以其发起人及成员来看，"记者俱乐部"与王钝根所言之"报界俱乐部"应该是同一组织。

---

① 钝根：《钝根随笔》（二十九），《新申报·小申报》1919年5月6日。

② 王钝根《拈花微笔录》，《社会之花》1924年第12期。

③ 《申报》1917年8月7日第1版。

④ 《申报》1918年1月27日第4版。

⑤ 刘家林：《中国新闻通史》（修订版），武汉大学出版社2005年版，第374页。

　　另外，王新命在其《全国报界联合会成立》一文中亦谈及"记者俱乐部"：

　　　　记者俱乐部成立于民国六年，主要发起人是成舍我、王钝根。加入的份子仅有《中华新报》的吴稚老、曾松翘、陈白虚和我，《民国日报》的叶楚伧、邵力子，和文艺作家王西神、刘豁公、张冥飞等二十余人。①

　　则王新命所记俱乐部的名称与刘家林相同，成立时间则与王钝根相同，而三者谈及的俱乐部成员又基本一致，由此基本可以断定"上海记者俱乐部"就是"报界俱乐部"。此外，《申报》还曾刊有"上海报界记者俱乐部"②的字样，而成舍我、刘豁公在《申报》上刊布的启事中署"报界俱乐部"，则"上海报界记者俱乐部"应该是全称，王钝根等人所谓"报界俱乐部"，王新命所谓"记者俱乐部"都是简称。

　　另外，王新命在《全国报界联合会成立》一文中还谈到"记者俱乐部"与"全国报界联合会"之关系：

　　　　这联合会虽不是由民国六年的上海记者俱乐部蜕化而成，但上海记者俱乐部的份子，却都是联合会的中坚分子，我们无论如何都不能不承认联合会与俱乐部之间有一种极密切的关系。

　　　　记者俱乐部发起人成舍我，是《民国日报》副刊编辑，王钝根是《新申报》副刊编辑，一为"暴徒"，一为孤立派人物，故俱乐部成立之初，仅《中华新报》《民国日报》《新申报》三家主要份子加入，其余各报份子均不加入，加入人数总计止有二十余人。但加入俱乐部人数虽少，然多半都和各省报纸有联系，在"五四"运动发生前约一个月，接近国民党的记者，开始和各省报馆联络，表示将从事组织全国性报界联合会的意思，希望各省报馆参加发起。因广州、长沙、汉口、昆明及平津各地报馆多半表示赞同，于是"全国报界联

---

① 王新命：《新闻圈里四十年》（第四十七），海天出版社1957年版，第163页。
② 如1917年《申报》所刊广告，"中国催眠学大家、中国精神研究会长兼地方巡游教授团长鲍芳洲博士……在上海举行第一次巡回教授兼治病会，在上海报界记者俱乐部内当众演试，极受各界人士推许"之消息。《申报》1917年12月19日第2版。

合会"遂在极顺利的情形下面宣告诞生。①

"全国报界联合会"成立于1919年4月15日,据称是"国民党在上海的活动中心"②。王钝根既然是"报界俱乐部"的发起人,自然也参与过"全国报界联合会"的成立事宜。

上述报界俱乐部之情形至少可以说明两点:第一,王钝根在当时报界亦有"发起人"之地位和号召力。他或许不及吴稚晖有威望,但在民国头二十年的报坛也是一方盟主;第二,王钝根与胡适、陈独秀、成舍我诸君在俱乐部时期均有交往,胡、陈之所以邀请他"提倡白话文"大约与其"自由谈"式的文学主张有密切关系。而由该俱乐部之成员及往来人士可以看出,在"礼拜六派"之外,王钝根还有一个相当广阔的交际圈子。从南社到报界,从文坛到政坛,王钝根均有相熟的朋友和同道。与吴稚晖、叶楚伧、胡适、陈独秀等人的交往,足以说明王钝根实处在一个多重政治、文化因素交错的环境中,处在一个新旧文人交织的网络里。南社文学偏重于革命性、战斗性,吴稚晖、叶楚伧等人的报章文学又多是旧式的、政治性的,而胡适、陈独秀后来又是"新文化运动"发起人,那么王钝根即便偏于"洋场才子佳人"气息,又如何能不受他们丝毫影响?王钝根在与各路人物关于时事、文艺的探讨中,思想观点肯定有过交锋。虽然最后与这些人物大多分道扬镳,但在其文学取向中,他们的影响总会留有痕迹。

王钝根最终归属于旧派文学,是文学潮流自然筛选的一种结果。这一结果并不能说明他所有的文艺观点都是守旧的,也不能说明他所坚持的文学道路完全是"游戏消遣式"的。作为民国的报界前辈,文学史给予王钝根的评价止于《礼拜六》,但王钝根的成就和价值并不止于《礼拜六》,他还是民国文学的革新者、先行者,还是分析总结过"礼拜六派"文艺的评论家。

再次,在旧派文学所辐射的电影、广告、书画及社会公益事业等文艺圈层,王钝根同样是持有开放态度、走在时代前沿的弄潮儿。关于他涉入广告行业的经历,前文曾提到他为南洋兄弟烟草公司撰写广告小说,其实他还曾兼职于电影界,曾为英美烟公司影片部和联合影片公司工作过。

---

①　王新命:《新闻圈里四十年》(第四十七),海天出版社1957年版,第163—164页。

②　王新命:《新闻圈里四十年》(第四十七),海天出版社1957年版,第163页。

　　英美烟公司影片部成立于 1923 年，地址在上海虹桥路附近，由英国人海勃道夫主持，威廉·强生（W. H. Jansan）担任摄影师①。1924 年，英美烟公司设立影片部"中国董事部"，王钝根被聘为重要职员②。他自己曾言："余尝为英美烟公司别设之影戏部编剧主任，凡风景片、新闻片、戏剧片所需之字幕，亦归余部撰制。"③ 后因在该公司工作不遂心意，且"以五卅风潮，外界反对英美烟公司甚烈，余备受朋友来书诘责"④，他于是向董事部辞职。英美烟公司曾出品过七部电影，均在 1925 年⑤。王钝根在该公司影片部的工作主要是编配字幕，据他在《字幕闲谈》中说，该公司影戏部经理强生"对于华人编制之剧本悉摒弗用，而自恃一知半解辄敢排演中国历史古妆剧，于中国人之礼节风俗谬误离奇，至为可笑"，则英美烟公司影片部的电影制作水平低劣，这几部影片也因质量问题曾备受诟病，如当时的《影戏春秋》《电影杂志》等刊物上就曾有多篇批评文章。

　　离开英美烟公司影片部之后，王钝根到张慧冲的联合影片公司出任编剧总监⑥，负责的仍是编写剧本、编配字幕等工作。他曾谈到自己对公司影片的一些贡献：

　　　　其《情海风波》一片之字幕，实出余手……联合公司之《情海风波》原名《水落石出》，余嫌其四字皆仄声，而仄声之中，入声且居其三，虽竭力高呼，不能使之响亮，故为之改今名，便觉易于传播。又如南华公司之《失足恨》原名《千古恨》，余因其千古二字与恨字连读，似不顺口，故为之改今名。⑦

　　此外，他还写过与电影相关的一些文字，如发表在《小说季刊》上

---

① 《上海电影志》编纂委员会编：《上海电影志》，上海社会科学院出版社 1999 年版，第 117 页。
② 程季华主编：《中国电影发展史》第一卷，中国电影出版社 1980 年版，第 124 页。
③ 王钝根：《字幕闲谈》，《夏之花小说季刊》1926 年第 1 期。
④ 王钝根：《字幕闲谈》，《夏之花小说季刊》1926 年第 1 期。
⑤ 这七部影片分别为《一块钱》《神僧》《慢慢的跑》《心病专家》《名利两难》《三奇符》《柳蝶缘》，程季华主编《中国电影发展史》第一卷，中国电影出版社 1980 年版，第 557 页。
⑥ 王钝根：《字幕闲谈》，《夏之花小说季刊》1926 年第 1 期。
⑦ 王钝根：《字幕闲谈》，《夏之花小说季刊》1926 年第 1 期。

的两篇《字幕闲谈》，发表在《电影杂志》上的《影戏与社会小言》及
《情海风波本事》等。他在《影戏与社会小言》中曾经探讨电影与社会的
关系，认为当时社会盗匪、劫案之所以多的原因，"不良之长片侦探影片
必居其一"，于是感叹："影戏之于社会既能发不良之影响，未必不能为
良善之影响也，是在编剧者之能否慎重注意耳。"① 不过，他在电影方面
最主要的成绩是编写了《劫后缘》与《工人之妻》两个剧本，可惜剧本
的完整内容均未找到。

　　《劫后缘》的导演和主演均为张慧冲，1925 年联合影片公司出品②，
是目前有影像留存于世的最早的中国电影之一。《申报》1925 年 4 月 7 日
所刊的"电影消息"称："联合影片公司自《情海风波》出映后即从事摄
演第二片《劫后缘》（又名《盗窟情人》），现此片内景大半已摄"，
1925 年 7 月 11 日《申报》上又发布通告称"《劫后缘》亦已摄竣，前日
在西班牙商之维多利亚戏院试映，成绩颇佳，深得该院主雷玛斯之奖赞。
闻此片现正接配字句说明，大约本月底即可正式在卡尔登影戏院开映"。
从当时的评论文章可知，此剧大抵为"侠情"故事③，融合了当时最吸引
观众眼球的言情、武侠元素，如刊在《申报》上的宣传广告中就有"尚
武爱情影片""爱情武术影片"字样。1925 年 8 月 10 日，该片在上海卡

---

① 王钝根：《影戏与社会小言》，《电影杂志》1924 年第 2 期。
② 《上海电影志》编纂委员会编：《上海电影志·附录影片目录·续表一》，上海社会科学
　院出版社 1999 年版，第 966 页。
③ 据心冷的《中国影片新评》一文介绍，该影片内容为："流氓吴半笑，拦路调戏妇女，
　为邑绅白省三所见，扭交岗警严惩，以是恨之。既而被赦出狱，遂约徒党报仇。白有戚
　曰张元冲，曾卒业陆军学校，服务军队中，以扫墓来居其家，吴半笑率徒党午夜越省三
　卧室，欲杀之。元冲力敌四五人，捕半笑，于是怙恶不悛者复幽于狱。白有二女，长曰
　玑，次曰璇，皆有殊色。随张往扫墓，女因追蝶为钱泳青所见，钱本纨绔，见女神夺，
　欲肆非礼。元冲痛殴之。费（钱）羞愤而归，与其友金德新商，知吴被执，而其徒党
　正蠢蠢思动，因往说之，欲收为己用。元冲扫墓既毕，别白氏而归，赠省三以照相，玑
　见之，携之入室，对之痴视。璇亦慕元冲英俊，别后顿感无聊，夜梦盗劫其家（但片
　中所演则为父女相将入山，中途被劫），赖元冲力救得脱，醒而异之。时适有客至，谓
　县长请其父有所商，省三去半时后，从者复至。在县病急，命二女速往，二女忽随之
　去。中途伏贼，尽出缚女等去，继而玑得脱逃，因救妹亦被缚去。元冲船行竟日，帆为
　风断不能行，于是登岸闲步，适见盗缚女过，乃往救之，夺得贼马乘，追之入贼窟。钱
　得璇欲逼之，为元冲所救。时玑见张为贼所围，往告警，贼乃悉就缚。元冲见玑，携之
　入别室，互倾爱慕意。璇亦入，见二人昵状，恍然悟，闭门自去。元冲等归屋觅璇不
　得，怅怅去。明日则得之尼庵中，已削发矣。"《国闻周报》1925 年第 2 卷第 31 期。

尔登戏院正式上映①，还配有中英文说明②。据王钝根说："《劫后缘》一片虽用余名为编剧者，其实全片剧情多出张君及毕倚虹、任矜苹诸君改窜。余之原稿，所存者仅十之一二。"③ 则此片所呈现出来的剧情应与他的原稿相去甚远。但不管怎样，底稿是王钝根所写，主要人物应该没有更换。

另一个剧本《工人之妻》是描写社会现实内容的，影片由东方第一电影公司出品，任彭年导演。该片剧情一方面"描写妇女醉心虚荣"，这正合着王钝根小说创作第二个时期的特点，即以"忏情"为喻，批评新式女性的虚荣和"误入歧途"；另一方面又记述底层工人的生活，在意图上有讽刺现实、警世救弊的一面。到了 1934 年，此片又"由月明编剧部斟酌，稍稍修正后仍由任彭年导演，摄制全部有声片"④。

1925 年，王钝根还曾和朋友创办过电影公司，名曰"银星影片公司"，地址在上海北四川路丁兴里。《申报》1925 年 8 月 14 日曾刊登"银星影片公司开幕"的消息，同年张潜鸥也在《申报》发表过《参观银星影片公司记》一文。文中写道：

> 北四川路丁兴里银星影片公司为王钝根君等所创办……该公司之办事室及演员休息室壁上均满悬欧美电影明星之像片，或有精彩之影片，旁并注以该明星之史略及投身银幕后，成明星之经过，使演员阅之，得资借镜。中并悬插图一幅，上题"上银幕、成明星、研究艺术、万人观瞻、共享快乐权利"等字，盖即该公司"银星"二字命名之意义也。……王君谓公司中已编就一片，定名《同命鸳鸯》。摄制尚未完竣，并取已成数节相示，取景配光皆甚可睹。记者询王君公司中，共有演员若干，王某谓刻已固定者，可五十余人，其余视剧情之繁简，再临时招致之。⑤

由张潜鸥的参观可知，银星影片公司设备齐全，已初具拍摄影片的能

---

① 《张慧冲导演〈劫后缘〉尚武影片定阳历八月十号起在卡尔登戏院开映》，《申报》1925 年 8 月 9 日第 1 版。

② 《〈劫后缘〉明日开映》，《申报》1925 年 8 月 7 日第 19 版。

③ 王钝根：《字幕闲谈》，《夏之花小说季刊》1926 年第 1 期。

④ 《银幕近讯：〈工人之妻〉将摄声片》，《时事旬报》1934 年第 13 期。

⑤ 张潜鸥：《参观银星影片公司记》，《申报》1925 年 9 月 16 日第 17 版。

力。但实际上该公司的开办并不成功，计划摄制的《同命鸳鸯》也未见上映，1925 年之后也很少再见到该公司的消息。

从王钝根涉足影视行业的经历来看，无论是编配字幕，还是创作剧本，对他而言都是全新的文学工作。虽然结果都不太成功，但这些活动均可以证明他在文艺界所具有的号召力和活动能力。

其实，无论是与广告商的合作，还是大胆涉入电影行业，王钝根对于新事务一直是开放接纳的态度，而且还不乏魄力，敢于尝试。作为一位旧派人物，这些追逐"新文艺"的行为都是非常新潮的。1917 年，画报流行于文坛之时，王钝根还曾创办过《明星画报》。该报由中华图书馆出版发行，在用纸、绘图、制作等方面都十分讲究。《游戏杂志》第 18 期刊有"明星图画月报"的广告。① 该报图文并重，制作精良，既描绘社会风情，又创作图画小说，如由周瘦鹃撰写、丁悚绘图的《哀情小说：春风杨柳》就是这期内容的代表作。可惜虽拟定"月出一册"，但仅出一期便即停刊。王钝根编辑《明星画报》同样是一次并不成功的尝试，但足以证明他开阔的思路与眼界。

与此同时，王钝根还是较早绘制漫画的人。当然，他在画坛本就有许多好友，如他编辑《明星画报》时，是刘海粟、张聿光、汪亚尘等画家为其提供作品；他主持《申报·自由谈》和《礼拜六》时，是丁悚、沈泊尘等为他绘制经典漫画，其实王钝根自己也曾一度在《自由谈》上发表讽刺漫画。② 这些漫画作品，和他的游戏文章中调侃的政治、时事、世态相一致，而且作品与文字相得益彰，配合生动。其中像"摹（模）仿西人"系列、"俗语画"系列、"误读四书"系列、"香烟画"系列等从题名中已知其意，再配以文字，滑稽诙谐的效果便呼之欲出。如《官癖》③ 一篇图文，描画某人辛亥革命后失官之怪状；又如《昔日之上海与

---

① 广告称："钝根拟请当世名家沈泊尘、张聿光、陈洪钧、杨左陶、刘海粟、汪亚尘、丁悚诸君并征求外稿，合作画报，月出一册，内用中国连史纸，精印仕女画、风景画、动物画、植物画、滑稽画、讽刺画、新闻画、戏剧画及学堂习画范本共八十幅，并附绘图小说数篇，务极优美，为中国画界放一异彩，故名《明星》。"《明星图画月报》，《游戏杂志》1916 年第 18 期。

② 这些讽刺漫画的创作时间集中于 1912 年 3 月至 12 月。当民国初立，其所画所讽也基本都是当时的时政新闻及社会亟须革新之习惯、心态等内容。这之后，王钝根虽也偶有画作，但数量较少，而在他人所办的杂志上，只有《紫罗兰》（1927 年第 2 卷第 12 期）所刊的《生意婆婆》，亦是漫画式的作品。

③ 《申报·自由谈》1912 年 4 月 17 日。

今日之上海》① 一图暗指革命后毒瘤未除，这些都增加了《自由谈》的可读性。

王钝根在当时还有"能书"② 之名，时人也多以获得他的墨宝为荣，而他在报刊上也发布过不少鬻书例广告③，如在 1923 年 10 月 10 日《工商新闻》上所刊的"钝根鬻书例"：

> 联：三尺四尺两元、五尺三元、六尺四元、八尺五元，八尺以上六元，指定文句者加倍；
>
> 条幅：三尺四尺每条两元、五尺三元、六尺四元、八尺五元、八尺以上六元；
>
> 中堂：视条幅加倍；
>
> 匾额：每字两元，字大逾一方尺者加倍，二方尺者再倍；
>
> 纨扇、折扇：每面两元，不作小楷；
>
> 名刺：每枚两元，须缩制锌版；
>
> 书面、题签两元，恶劣书籍不题；
>
> 尺页：每方两元，长阔逾一尺者加倍；
>
> 先惠润资，半月取件，限日倍润。

据时人说："此君又以能写一笔柳公权著称，当时求者极众，足堪与今日之马公愚媲美。尚古山房、大东书局所出书籍碑帖，泰半均系彼题眉，二马路小广寒青莲阁至今犹悬其所书之第一块市招。"④ 事实上，王钝根与当时的书画名家多有往来。比如，他曾是大同书画社社员，《申

---

① 《申报·自由谈》1912 年 8 月 17 日。

② 郑逸梅在《南社丛谈》中曾介绍说，王钝根"擅书法，秀美流润，似珠走玉盘，曾订润例卖字"（上海人民出版社 1981 年版，第 101 页）。而独鹤、天虚我生、瘦鹃诸人在替他刊登的鬻书例广告中曾称："挚友钝根，以小说知名当世，其书法胎息平原，抗颜道州，颇为识者所称赏"（《商报·商余》，1922 年 6 月间所刊广告）。

③ 王钝根的鬻书例广告在《申报》《新申报》《商报》等报纸多有登载。如《钝根鬻书例》（《礼拜六》1921 年第 101 期），《钝根书例》（《小说日报》1923 年 4 月 26 日第 12版），《钝根鬻书》（《小说旬报》1923 年 7 月 14 日第 3 版），《钝根书画文词润例》（《新闻报》1930 年 11 月 3 日第 13 版），《王钝根、陆渊雷减润鬻书助义勇军》（《新闻报》1932 年 12 月 30 日第 10 版），《叶楚伧介绍钝根作书激励同胞救国雪耻》（《新闻报》1933 年 10 月 19 日第 22 版）等。

④ 阿拉：《报界名老枪王钝根戒烟》，《海涛》1946 年第 9 期。

报》1932 年 12 月 20 日有《大同书画社援助义军》消息；又如《联益之友》曾刊载过他的一幅手迹，其文为："戊辰三月十日，与悟奇、化佛、雪泥诸兄饮于艺乘书画社，畅谈极欢，人生不可多得之会也。"① 戊辰为1928 年，而莫悟奇、钱化佛、孙雪泥三位皆当世著名画家，艺乘书画社②也是民国影响一时的书画艺人团体。

翻阅民国时的报刊，很多刊物的题头都能见到王钝根的手笔。特别是旧派文学期刊，王钝根的题签、贺词之类更是随处可见。王钝根自己主编的报纸刊物自不必说，《申报·自由谈》《礼拜六》等经典刊头大多出自他手，其他同仁期刊如《游戏新报》《游戏世界》《千秋》的封面、篇头亦多有王钝根的题书。比如，《礼拜六》第 130 期封面刊有他所手书的《调寄忆秦娥》，比如《晶报》1919 年 3 月 3 日第二版报头有其"刮目相看"题签；如《鞠部丛刊》有其题词"粉墨月旦"③，又如《鸳湖杂志》第 2 期刊头亦为其所写，而当时的编辑也因求得其字而兴奋不已——"王钝根先生的墨宝何等宝贵呀，居然被本刊求到了，你道可喜不可喜呢？但是钝根先生的盛意，吾们永永不能忘记的。"④ 同时，一些出版社或好友同仁出版的书籍也常邀请他来题签，像严芙孙编撰的《全国小说名家专集》、他参与编纂的《百弊丛书》、中国电影通讯社出版的《银幕秘史》等，封面的书签均出自王钝根之手。由此可以想见，王钝根的书法甚为时人所渴慕，他在文坛之外的书法界也有一定的名气。

另外，也有像《墨梯》这样的女性刊物，像《辛丰织印绸厂三周纪念特刊》⑤ 这样的商业刊物为了借重王钝根"报界前辈"的号召力，请来他的识题、手书以扩大自己的影响力。王钝根在称赞《墨梯》时说："新中国文化之美质钟毓于女子，女子才德之培养最盛于《墨梯》。本刊者，《墨梯》成绩之代表也。得此一编，宜以兰花之精，盥手而后读之，珍重

---

① 《王钝根之书》，《联益之友》1928 年第 96 期。

② 钱化佛述，郑逸梅撰：《三十年来之上海·艺乘书画社》，文中说："鄙人也有艺乘书画社的组织，初时设在劳合路莫悟奇的松石山房楼上……但总觉得地位局促，后来三马路云南路口，有一幢房屋空着，鄙人就把它租赁下来，将艺乘书画社移到那儿。……于是把家中所有的瓶盎鼎敦，以及许多高尚玩意儿，公开供客观赏，并在那儿开过六次书画展览会；没有客来，鄙人即就案头挥毫画佛，朋友前来，便请他们题识。"上海书店出版社 1984 年版，第 48 页。

③ 周剑云编：《鞠部丛刊》（下编），"粉墨月旦"栏目页，上海交通图书馆 1918 年版。

④ 《编者的话》，《鸳湖杂志》1923 年第 2 期。

⑤ 王钝根题"妙比天孙"四字，见 1934 年《辛丰织印绸厂三周纪念特刊》扉页。

珍重。民国二十年正月钝根拜题。"① 盖因《墨梯》为中西女塾发行的年刊，王钝根不仅为书家，亦曾跻身教育界，且亦关注女子教育问题，此题词虽或为应付友人的请求，亦是王钝根于《墨梯》一刊有所感触的赠题。而这一类赏誉题词，除了针对期刊杂志，也有对名人的品题。如他对程砚秋小影②的"幽娴贞静"四字题语，又如他在手书的《梅兰芳论赞》③中，对梅兰芳有"花容月貌，蕙质兰心，冶而不荡，乐而不淫，有志于发扬国光，而其艺术亦洵足以迈古而开今"之赞誉。

由此可见，王钝根在民国知识圈层的交游之广，对各类文艺事务的参与之深，举凡文学界、工商界、电影界、教育界、书画界等领域，他都曾涉猎，各领域也都有他熟稔的朋友。虽然他只在旧派小说界、书法界称得上名家，但他能够迅速地接受漫画、广告、电影等新鲜事物，就足以说明他并非拘泥固执的守旧者，反而是一个开放包容的进步人士。

所以，王钝根在旧派文坛所受的评价、他本身对报界文坛的了解程度，以及他在文坛之外的公共事业，都可以说明其在民国文坛的名家身份。当然，真正能说明其社会地位的是他受邀参加及主动参与的各类社会事务。这些事务在他进入申报馆之前是在家乡主持《青浦自治旬报》，在他进入申报馆之后是创办俭德会，参加寰球中国学生会、上海青年会，以及在会场中发表演说等。

总的来说，王钝根在民国旧派文坛与包天笑一样有"报界前辈"之地位，他在具体的编辑和创作过程中既继承着传统的习惯，又回应着时代的文学革新潮流。以现在的眼光来看当时的旧派文坛，王钝根虽是"老资格"，但他的编辑工作只在民初三四年间较受注目，至于他的文学创作无论是质量还是数量都无法与旧派名家李涵秋、周瘦鹃等人相比，但他的"文名"并不低于李涵秋等人，他对报界文坛走势的把控与理解、对文学作品的批评眼光更不输于这些报界同仁。他一方面以"救世精神"来指导创作，另一方面顺应市场和读者的需求而追求文学的趣味，同时还兼顾对白话语体的倡导与对西方文学的学习介绍。对于清末的狭邪、公案小说来说，民国旧派小说是簇新的；对于完全西化的新文学来说，民国旧派小说又是老旧的，故而王钝根所属的"旧派"或者说"礼拜六派"文学是介于新旧之间的过渡地带，而王钝根则是这过渡地带中较重要的一个参

---

① 《墨梯》1931 年年刊扉页。

② 徐慕云编：《梨园影事·旦部名伶小影·程砚秋》（上），大东书局 1933 年版。

③ 徐慕云编：《梨园影事·梅兰芳小影》（上），大东书局 1933 年版。

照点。

第二节　旧派文人在新旧之间的创作冲突

民国旧派文学是延续晚清的文学形态而来的，在诗词创作上一仍旧文学的传统，在小说、戏剧的编撰中也继承了不少晚清通俗作品的章法模式。同时，民国旧派文学与晚清旧文学又是不同的，它在语言修辞上有大胆的革新，在内容题材上也有多元的形态，而这些不同正是旧派文学通向新文学的路径。但民国旧派作家很少去解释自己的"过渡性"，他们在与"新派"的争论中一直试图证明作品中的"道德"，而在回顾自己与同仁的文学创作时，也承认自己的落伍，承认自己就是"旧派"，如范烟桥的《民国旧派小说述略》，郑逸梅的《民初旧派文艺期刊丛话》等。这种"自称"可以理解为他们的自我认同，同时也是他们对自己文学立场的维护，他们知道自己与"新派"的差异，也并不否定或排斥这种差异，他们承认是"旧派"，但"旧派"未必真的是逆社会潮流而动。

范烟桥说："方纪元之初，尚未脱尽以前传统主义之教训，虽其思想已变，而面目弗改，且有变本加厉之象，以词章点缀绵延，而章法参域外之制。其失在浮而不实，然以作意在婚姻制度之呻吟，却与当时社会心理相近，故颇得一部分之信仰。"[①] 则就民国旧派小说而言，其"旧"虽未脱尽"传统主义"，但在立意和词章上却多有与"当时社会心理相近"的地方。实际上，民国旧派文学作品恰恰是顺应社会普遍心理的，是通俗的，因而才会被一般的市民阶层所欢迎，也因此才会与社会心理同步而呈现出部分陈旧的思想内容，遣词、结构、叙事等方面的守旧倒在其次。

正是因为他们无法从思想观念上与"新派"取得一致，所以才有了激烈的新旧之争。但思想观念的改变是一个缓慢而艰难的过程，王钝根等人的教育背景、家庭环境都是他们与旧思想的牵绊，其主要的人际交往圈层也充满了旧道德的守护者。以新女性及孝道这两个民国时期的热点话题为例，王钝根等人在游戏文章中的评论、在小说中的描述就明显坚持旧的"道德"而无法理解新的思想主张。

如前文提到王钝根在二十年代撰写的"忏情小说"《踏青记》《娶夫如之何》《黄钟怨》等，就是将女性人物概念化、符号化了的作品，小说

---

① 范烟桥：《中国小说史》，苏州秋叶社 1927 年版，第 267—268 页。

中的新女性几乎都被描述成专注于买衣服、逛戏院、乱交际的虚荣女郎。在《黄钟怨》一篇中，王钝根就曾写道：

> 又介绍他会见了本校里几位男女教员，于先生瞧他们都装饰得油头粉面、扑鼻喷香，不免心里有些诧异。及至上堂授课，又见许多女学生都是服装妖艳、举止浮华，每天散课以后还有许多时髦男女络绎而来，到后边深房曲室里去闲谈玩笑、打牌喝酒，直闹到晚上一两点钟才罢。①

小说中于先生的"诧异"，就是王钝根自己的诧异，青年男女举止的"轻浮"被其归因于新思想的陶铸，尤其是"服装妖艳的女学生"在其看来更是受了新思想的"荼毒"。其实，自清末以来很多具有话语权的旧式知识分子都曾对女校、新女性进行过批评，他们未必理解"新式女性"的真正内涵，但却靠着自己的道德经验，对所有冲破"旧式女性规范"的行为进行批判。在民国初年，《新闻报》的一位常驻撰稿人"方"，就曾多次撰写游戏文章批评新女性，其在《发起女子不嫁会》《自由结婚之误人》《创立妇女自由大会》等文章中既调侃女子试图自由恋爱的"丑行"，又嘲笑女性争取选举权利的"胡闹"。他在《发起女子不嫁会》中说：

> 订不嫁之条，贞守不字；入自由之党，人尽可夫。纵传种须赖丈夫，而媾精必需吾辈。何以生龙育凤，义务则责之妇人；惹蝶招蜂，权利则靳之女子？此真人权失于偏重，公理未免不平也。际此女界飞腾，思想发达。争投票之选举，文明何必结婚；要参政之同盟，立志愿甘不嫁。倘有春心大动，淫行难支，只容暗渡阴平，不许明开鸟道。如其姘头广搭，定施幽闭之刑；苟能手法高强，何碍守官之点。②

很明显，此文是讽刺新女性争取婚恋自由和选举权的举动。作者凭着主观想象，认定新式女性争取权利过程中存在丑态淫行，而这正是当时保守知识分子对于新式女性的普遍不认同。经历新文化运动之后，二十年代

---

① 钝根：《黄钟怨》，《礼拜六》1921 年第 109 期。
② 方：《发起女子不嫁会》，《新闻报》1912 年 5 月 10 日第 13 版。

的学界文坛虽然对新女性有了更客观的认识，但是社会一般的舆论观念仍保有对新女性的偏见和误读。如严独鹤在《人海梦》中曾描述酸儒华寿卿对其女儿的批评："这一读书便更不了，好好的一个闺秀完全变成个女学生的派头。有时还讲究什么唱歌、体操，听说年底放假的时候开了个什么游艺会，他还夹在里面演说。演说还不算，到后来竟又使起刀来，你们看这成何体统。"① 严独鹤并非完全否定女学生，但当时社会民众的心理却如小说中的华寿卿一般无二；一般士绅对女学生及新女性尚有多微词，更闭塞、更保守的乡村社会及底层民众对女学生的态度就可想而知了。

王钝根等人对新女性之所以怀有偏见，说到底还是旧道德作祟的缘故，也是他们在思想观念上仍固守传统，无法客观地理解新女性"新作派"的缘故。不可否认，当时的确有部分女性以"新女性"之名，行"依附男性"之实，她们做出许多乖张的行径，徒有新式女性的"装扮"，却无独立自强的想法和能力。王钝根等人没有从提倡女性真正的平等、独立出发，而是以所见的女性"丑行"直接否定了"新女性"的正当与进步，并对妖魔化"新女性"的舆论热点推波助澜。例如，他曾在《自由谈》刊载过几组配有文字的漫画，其中一幅《摹（模）仿西人六·凸乳法》的文字注解是：

年来中国妇女喜效西装，非不美观，苦于双乳太低。于是有塞以棉絮使胸前凸出者，有将皮球切为两半覆双乳上者，又有用大碗者，更有用小锅子者，而最大者则为用大面盆，不但使两乳高过西人，且可备旅行之用。譬如行经旷野，忽然腹饥，则将左盆卸下，支以土灶，可代小锅。食毕更卸下右盆盛水洗面。故老于旅行之妇女，其两假乳中常装满手巾、牙刷、牙粉、肥皂以及米、面、盐、糖、鸡蛋、碗碟、七箸、树柴等物云。②

文字极尽讽刺夸张之能，对中国妇女模仿西人充满了讶异和不解。因为不解，又形成偏见。如他在观看春柳社所演的新剧《十姊妹》后曾评价说："此剧调侃当世新女子淋漓尽致……编者针砭薄俗之苦心，要亦不可泯没"③，除了赞誉编者的针砭时弊，他并不能看到"新女性"问题背

---

① 严独鹤：《人海梦》（第二回），《新声》1921 年第 1 期。
② 《申报·自由谈》1912 年 4 月 28 日。
③ 王钝根：《剧谈：观春柳社新剧十姊妹》，《申报·自由谈》1914 年 10 月 7 日。

后是女性在追求真正自由、平等时的种种困难。

　　与批评新女性相对应的，是他们对传统女性的赞美，这也反映出他们对旧道德的维护。如由王钝根提供素材、陈蝶仙撰述成文的小说《玉田恨史》，该小说从素材到立意都呈现着王钝根等人对于女性最真实的态度和看法。在小说撰写之前，王钝根曾致信陈蝶仙①，陈蝶仙在《玉田恨史》的写作缘起曾提到该信的内容：

　　　　钝根来书云：内弟李君，名昌海，字澄清，江苏青浦县之朱家角人。秉性醇厚，善事父母，尤好学，留心国事，论世具特识。肄业吴淞复旦公学，译著甚富。光绪三十四年夏六月十八夜，因纳凉得伤寒症，七日而死，年仅二十一岁。妻黄氏，少于李君一岁，同邑之玉田村人，工书善绣，能谱风琴，尝以李君亲制之歌，依声和之。其伉俪之笃，概可想见。李君病危，夫人愿以身替。及其死，乃于焚衣时自投于火，家人趋救得免。自是朝夕号泣，哀毁无状。抚李君所遗琴书，不胜悲痛。常卧床絮絮，对影自语，啜泣终夜，闻者酸鼻。或于月夜倚楼，仰天痴望，泪渗渗湿襟袖，更阑不自觉。其姑唤之，乃如梦醒，投床大哭，一恸欲绝，如是者不一次。翁姑劝之，则唯唯否否，但求速死。居恒啜冷饘，饮冷水，后且时作冷水浴，单衣当风，战栗无人色。明年六月，疾果发，状与李君同，且于李君死日死，年亦二十一。说者谓精诚所感也。李君无后，夫人既死，其姑侯太夫人，心乃大伤，书空咄咄，辄呼子媳名与之语，若电话然，但闻此问而不闻彼答。晨起必入子媳寝室，为之搴帏叠被，命婢进盥具，拂拭几案维洁，夜则为之展衾下帏，至今行之已五年矣，未尝少替。哀此情状，乞为哀情小说，以体其苦衷云。②

　　则《玉田恨史》的故事是以王钝根内弟及内弟妇黄氏的故事为原型，而黄氏守贞殉情，正是旧式节妇的典型。从文中内容来看，无论是王钝根还是陈蝶仙，他们都感动于妇人黄氏的"苦衷"。所谓"精诚所感"，除了给故事增添一层神秘感外，也是用更广泛的"说者"之言来支持自己对黄氏节烈行为的肯定，而将黄氏用小说文本加以描述，则是在更大的舆论场域中宣扬这种贞洁观念。他们没有明言丈夫死去，妻子应该"哀毁

----

①　原信未见。
②　陈蝶仙：《玉田恨史》（一），《申报·自由谈》1913 年 6 月 7 日。

无状""自投于火"，但他们却直接赞扬了这种行为。王钝根与陈蝶仙对黄氏抱以同情的心理基础不在她的死亡，而在于她殉夫背后的忠贞道德，因为他们所相信和守卫的正是这样的旧道德。

就像小说《不是处女的处女》写孤苦一生的阿串姐，虽然出嫁但直到年迈也未见过外出打工的丈夫，王钝根在其按语中称这篇小说"为旧式女子留身份，表美德，用心最为可敬"①，同样是表达对"旧式女子"的中肯和赞美。而前文提及的《赤城瑰节》，陈小蝶在文中描写黄节妇"夫殁子殇，栖身岩壑，绝食之（至）今，四十余载"，作者虽对节妇怜悯同情，但更重要的是称赞其忠贞，言"其身直可与木石同古，虎狼又何加于节妇之心？且山中固有巨蛇，旦夕为节妇呵护，盖人也而通于神矣"②。这种对于节妇由衷的赞美和夸张的称颂，是他们被新派学者批判的直接动因，也是他们之所以被归为"旧派"最有力的证据。对女子忠贞守节的过分要求是旧时代的道德，是王钝根等人的时代局限，也是他们在迎接新文化时极难跨越的观念鸿沟。对于他们来说，同样不能质疑、无法摆脱的道德之网还有孝道。

周瘦鹃在其小说《父子》中曾借人物之口调侃说："当着这高唱非孝的时代，老子早已退处无权，照理该向儿子尽尽孝道才是，那（哪）里还说得到一个打字。"③ 在这篇小说中，他讲述了一个名为"克孝"的孝子救父而亡的故事，故事或有所据，或只是作者的创造，但无论哪种情况，其立意都在借题发挥，意图在"非孝的时代"维护孝道。郑振铎写《思想的反流》批评这篇小说，王钝根便撰写《嫌疑父》批评新派人士矫枉过正，还讽刺说："大凡儿子对于老子不能有迹近孝道的行为。"④ 他们都极力维护传统的父慈子孝的伦理，极力为"孝道"张目；他们不认为自己崇信的孝道"陈旧"，而只觉得"新道德"惊骇悖礼。王钝根这些"旧派"人士无法理解新派之所以反对孝道，究竟在反对什么。在他们看来，"新派"抛弃忠孝的行径无异于禽兽，传统社会最基本的宗族与家庭伦理都通过"革命"祛除的话，那道德也所剩无几。但实际上，新派反对的乃是传统社会的君权、父权对自由人权的压迫，乃是旧式礼教对人性的束缚与摧残，并不是鼓励子女都去"革"父母的命。新旧两派看待忠

---

① 卢梦殊：《不是处女的处女》篇中按语，《礼拜六》1922 年第 184 期。

② 陈小蝶：《赤城瑰节》，《礼拜六》1921 年第 110 期。

③ 周瘦鹃：《父子》，《礼拜六》1921 年第 110 期。

④ 王钝根：《嫌疑父》，《礼拜六》1921 年第 117 期。

孝的思维逻辑本身就是割裂的，其思想观念上的相互不适，致使两派人士在道德上产生隔阂，而所谓"新道德"与"旧道德"，原本就是不同意识形态的产物。

在《礼拜六》杂志中，除了上述《父子》与《嫌疑父》，还有其他作者所撰的诸如《废父》《逐母记》等作品，其对于孝道及家庭伦理观念的维护同样是出于对新派"毁弃人伦"的义愤。1923 年，周瘦鹃在其编辑的《紫兰花片》杂志中也写过《记孝》《偏孝》两篇小说，都是质疑新派"非孝"的作品。又如前文提及的严独鹤的小说《人海梦》，其第五回为"家庭革命父子绝交，结婚自由友朋集款"，该回内容记述青年学子王念劬改名国光，抛弃姓氏的家庭"革命"。王念劬对于改名之事曾大谈一番道理：

> 我们中国人，每人有一个姓，这就是家族制度的遗毒。我如今既然要为国驰驱，当然只知有国不知有家。所以我就以国为姓，再不要从前这个旧姓了。至于这个名字上面什么孝先、念劬，那更是一派胡说。要知道忠孝节义等话头，都是那些腐儒骗人的话。父母自有父母应尽的责任，儿女自有儿女应做的事业，各不相犯，为什么硬要派定做儿女的盗这个孝字的义务。若说是生我劬劳罢，这个劬劳原是做父母的人，自己由快乐中寻出来的苦恼，自种其因，自收其果，岂能便在儿女面上来表功市德。①

这样的言语实是严独鹤借角色之口对所谓"家庭革命"的调侃，他与王钝根、周瘦鹃一样是觑着冷眼观望青年人的"闹剧"。无论是在意识形态上，还是在主观情感上，他们都无法接受新派废弃孝道的观点，也因此他们头脑中的思想便是旧时代道德观念的稳定延续。

可以说，对新女性的批评反感与对忠孝贞节的维护，是传统旧观念、旧道德在近代时期最典型的表现，也是王钝根等人成为"旧派"最主要的原因。当时，民众的普遍心理仍是偏于"旧"的，新派人士较易改造青年学生，却很难撼动旧道德培育的知识阶层以及底层民众。王钝根等人观念上的陈旧与普通民众的道德心理相一致，因之便建构起旧派文学的"通俗"，使之获得一般读者的青睐而占据较大比例的文学市场份额。

与此同时，民国旧派文学作品的"旧"还不单单是道德观念上的，

---

① 严独鹤：《人海梦》（第五回），《新声》1921 年第 3 期。

其"旧"还体现在语言表达、叙事习惯等方面，尤其是在小说创作中对古典小说章法结构的继承，也同样是民国旧派文学的特色。

范烟桥将民国旧派小说大体等同于当时的"章回小说"，就是因为旧派作家的长篇小说延续了传统的写作模式、叙事套路，而短篇小说则显露出更多的新变化。短篇小说因其篇幅优势，可以日成一篇甚至数篇，非常符合随时创作、随时发表的报刊刊发机制，故而较易尝试新式写法，但长篇小说却很难不沿用传统的章回体。因为撰写长篇最重要的就是安排情节、组织结构，既需要有贯通的叙事线索，又需要前后内容相衔接，其他诸如人物的详略描绘，故事冲突的逻辑照应等都需要强大的文本把控能力。一部长篇，需要长时间的酝酿才能下笔，而这显然与当时快速运转的报刊发表机制相悖。另外，即使当时有不少新译的外国长篇小说进入创作者的视野，可供其模仿参考，但是各种浪漫、写实的创作流派，倒叙、插叙的叙事手法不可能马上吸收，随时运用，更何况某些新奇的小说文本结构也并不符合读者的阅读习惯。所以，清末民初全新写法的长篇小说多是译作，而少有创作。而新创作的长篇小说则大体离不开"章回体"的组织架构，这样既易于布置情节、穿插人物，又适合在报刊上连载。尤其是模仿《儒林外史》写法的长篇作品最多，因为描写的人物可忽焉而来，忽焉而去，且不需要"善后"，只要对社会的观察足够详细，心中的褒贬足够抒发，甚至可以一直构拟新人物，一直续写下去，正如鲁迅先生所说"全书无主干，仅驱使各种人物，行列而来，事与其来俱起，亦与其去俱讫，虽云长篇，颇同短制"①，许多断篇未完成的长篇小说都有这样的特点，如王钝根的《温柔乡》就是如此。因此，清末民初长篇小说延续传统"章回体"的写法是基本事实，范烟桥谈民国旧派小说主要指向"章回小说"也大体准确。

整体来看，无论是道德观念上的守旧，还是长篇小说创作上的守旧，王钝根等民国旧派作家的创作都代表了传统文学在近代中国的延续，同时也呈现了观念、文化、文学在革新过程中的艰难。而各界士人在这一过程中都感受到了撕裂与阵痛——无论是旧派人士，还是新派学者，他们都在异样道德观、文学观的冲击下营建了自己的文学阵地，发出了自己真实的声音。

民国旧派的存在是中国文学从传统走向现代的必然现实，旧派在事实

---

① 鲁迅：《中国小说史略》，《鲁迅全集》（第九卷），人民文学出版社2005年版，第229页。

上也搭建起新旧文学之间的桥梁，比如其在短篇小说创作上运用的全新叙事手法，又如其对小说"载道"、启蒙主题的接受。更何况，新的思想及文化革命总是不断冲击旧派所坚守的传统道德与伦理，在激烈的思想论战中，旧派人士的观念还是会被撕开一些缝隙。他们在旧观念的支撑与束缚下，通过对新派的反击而逐渐认识到传统礼教可能存在的问题；他们在对忠孝节义的文学化叙述中，也不自觉地为了旧道德的"合理化"而调整相关的叙事，只不过意识观念的转变艰难而复杂，所以他们无法完全抹去旧时代的印迹。

但在这一过程中，道德观念之外的文学观念及文学主张的革新，譬如白话的运用、小说价值的重估、西方文学理论的引入等就容易接受得多，也即民国旧派文学在延续旧文学的基础上，也有不少簇新的内容，这些新内容和新派文学一样展示了中国文学的"现代化"进程。概而言之，民国旧派文学所表现出的革新元素主要体现在三个方面，其一是文学日常生活的新面貌，其二是文学类型体裁的新涉足，其三是语言表达及小说理论的新探索。

首先，民国旧派文人的文学生活在新兴的创作与发表机制中展开。报刊新媒体的引进与使用，打破了历来知识分子文学创作生活的宁静，它既让大批知识分子涌向报界文坛，也使原本缓慢的"写作—结集—出版"的文学生产方式变为快速的"写作—发表"方式，创作者之间的交流协作也有了新的平台和途径，而新的文学圈层也在这一变化过程中得以形成。

在王钝根等人的日常文学生活中，有旧的交游结社传统的延续，也有新的编刊、约稿、笔战等内容的涌现，而旧的交游结社也在此时呈现出新的变化。如前文提到的自由谈话会、俭德会等报刊主撰群体，又如狼虎会、青社、星社等文学团体，他们除了以文会友，还通过报刊编辑活动扩大交际的范围，不仅使其群体在报刊的影响下不断扩张，还同时将其文学议题、文学活动发布到普通读者的文学阅读与鉴赏中去，进而形成关于某部作品或某些作家的讨论场域。如前文提到的《商报》与《晶报》间的笔战、《半月》杂志中的"文艳亲王"之封、中国文艺协会与《心声》杂志发起的"全国伶选大会"等都是在新的报刊媒介条件下才会出现的文艺"论题"。1923年，小说家李涵秋去世时，民国旧派作家在报刊上发起过一系列悼念活动，其中《半月》杂志用两期内容专门刊载相关的哀挽诗文，《晶报》连续数日选录李涵秋的遗稿，其他如《文学研究社社刊》《最小》《红杂志》等刊物亦刊出多篇悼念文章。这种即时响应、共同推进、读者可以参与的文学事件在过去是难以想象的，其与传统社会的文人互动是完全不同的模式，反映出一种"现代式"的文学日常和文人面貌。

以王钝根的文学生活为例，一天之中他要先从位于上海宝山路升顺里廿五号的寓所赶到编辑部①，接着在编辑部处理来稿、选定刊发内容。因为稿件过多，他的编务工作十分繁忙，稿件时常积压，如其在小说《军办铁路》之后曾加按语说"此作投来已久，因小说稿积压，迄今始得登出，希作者与阅者共谅之"②。而在编稿之外，他还要抽出时间撰写稿件、接待来客、回复读者信件。丁悚曾回忆说："在钝根先生主编《申报·自由谈》时，大有所有天下文士，俱来归我之概。所以他的编辑室里，常宾至如归，害得他大好光阴，大半消耗于招待宾朋。况他又是位毫无架子的好好先生，朋友去拜他，着实使他受罪。"③ 以此可知，王钝根的日间编务及待客的事宜极多。而为了更好地处理编辑工作，在主编《新申报》副刊时，他曾发布《钝根启事》与来客约定时间：

> 冬日苦短，辑务綦繁，恨无余暇，从容见客。诸友赐教，请以书札，必不得已，恳于每日下午四时至五时，辱临本馆，作片刻谈。钝根敬当瀹茗以待。④

接待完访客之后，一天的报馆工作才算基本结束。1915 年，他从《申报》辞职之后，有段时间还在陈蝶仙的家庭工业社兼职，故而当时除去编辑事务外，他还要到上海西门内静修路的家庭工业社履职。而在 1925 年，他创办银星影片公司时，则需要到上海北四川路丁兴里去主持工作。不过，整体来看王钝根的活动范围大致在宝山路住处至报刊业集中的棋盘街一带，而当时大部分进入报界文坛的新作家也无不在棋盘街一带活动。

与此同时，王钝根还要为同仁刊物撰写封面、题头、题辞，为同仁的作品撰写序跋，虽然题辞、写序诸事也是传统文人的日常生活，但彼时的

---

① 《自由谈》的编辑部在位于上海汉口路的申报馆，《礼拜六》的编辑部则在上海交通路通裕里的中华图书馆编译所内。

② 井水：《军办铁路》，《申报·自由谈》1913 年 12 月 24 日。

③ 丁慕琴：《钝根编自由谈趣事》，《东方日报》1944 年 8 月 28 日第 3 版。

④ 《钝根启事》，《新申报·自由新语》1916 年 12 月 20 日。

作品要经年累月才能被大范围的士人圈层见到，而此时的这些文章及书法作品却能隔天见报，隔日见评。王钝根为同仁杂志及作品写过的序跋，如《〈戏考〉序》《〈香艳丛话〉序》《〈中国黑幕大观〉序》《〈卫生杂志〉序》《〈百弊丛书〉序》《〈工商新闻百期汇刊〉编辑缀言》之类，既有其对同仁作品及刊物的推介，也有他为自己所编刊物的说明，其目的当然也是借助自己编辑的名头及小说家的影响来提高作品或刊物的关注度。他在写给《国货评论刊》的识语中说："惟赖社会一二有心人激于义愤，发为文章，冀得唤醒国人迷梦。……天祐中华，我同胞提倡国货之恒心，与日俱进，不复如昙花之一现，则于救国御侮之道，其庶几乎？"① 这即是在《国货评论刊》发展的中途，重申该刊的责任与意义，以引起读者的注意。又如前文提及的《工商新闻百期汇刊》，他也称此书"赅备万有，举凡实业界切用之学术，包括无余……正合于时代之需要，而为制胜商场之利器"②，此即用广告式的"缀言"来增加刊物的销量。

　　这些全方位负责撰稿、编选、宣发的工作，与传统文人只需专注创作迥乎不同。其中自然有王钝根作为编辑的特殊性，但民国旧派作家的核心成员基本被包裹在这样的文学日常中。当然，一些旧派作家并非报刊编辑，也没有繁忙的审稿、会客事项，但同样与报刊联系紧密。比如文章完成之后，例行的投稿、等稿、看报，以及与编辑的沟通交往等，都是其日常文学生活中不可或缺的一部分。当时，报刊上常常见到的《投稿难》《投稿欢》《投稿歌》《投稿悲乐观》等文章，就是撰稿者生活的真实写照，而这种情况在旧派作家中表现得尤为普遍。所以说，与传统的文人生活相比，他们的文学写作更职业化，他们的文字生涯更依赖于报刊媒体，他们可以更快地获得作品的反馈，所以也更期待当世的知音而非寄托于后世。

　　此时的撰稿者与主编、与其他作者、与读者之间的互动都非常频繁，他们既有关乎作品观点的商榷，也有对聚会雅集的安排通告，有时还将私人间的相互调侃呈诸报端，种种文人间的"笔谈"不但可以成为流传文坛的"典故"，还能增进作者间的友谊，促成文学团体的聚合，并激活读者对刊物的关注度。如在《商报·商余》与《晶报》的笔战中，就有王钝根与张丹斧的往来与激辩；在"自由谈话会"的成立过程中，嘉定二我与徐了青也由笔友成为现实生活中的挚友。又如《礼拜六》期刊上又

---

① 　钝根：《〈国货评论刊〉题识》，《国货评论刊》1928年第2卷第6期卷首。

② 　钝根、柏崖：《编辑缀言》，《工商新闻百期汇刊》1925年。

常有《钝根骗我》《钝根造孽》一类的题目，这些作品中并无多少实质性内容，不过是作者借游戏式的文字调侃主编，但一经刊出却能引起其他撰稿人的效仿，并在刊物内外形成暂时的滑稽笑料。其中闻野鹤在《钝根骗我》① 中描述其潦草撰写小说及投稿发表的过程，就是作者与主编、读者之间的互动表现；而王钝根在幻影女士的《贫儿教育所》文后加按语，也是主编与作者切磋交流的体现。他说："屡承惠赐佳著，慈光照人，曷胜感佩。本馆定例对投稿者须赠书，女士通信处可见示否？倘蒙不弃，俾得寄书，稍弥歉仄，幸甚。"② 此语一出，会引得许多投稿人与读者的艳羡，自然也会吸引更多的投稿。

文学刊发机器的高速运转带来了文人对文学活动的普遍参与，文人交往的时空界限被打破，文人生活变得愈加丰富繁杂。一位普通的《礼拜六》杂志撰稿人可以通过创作与整个所谓的"礼拜六派"文人结识，而像王钝根这样处在旧派核心区域的报人作家，既要参与报界的记者会，也要参加南社的雅集；既要与出版社沟通某些小说单行本的出版事宜，还要不断谋求向商界、广告界、电影界发展。这种文学生活形态展现了一种全新的文学生产过程，也即旧派文学向"现代"的推进过程，这一过程伴随着文学传播方式的增速、文人作家圈子的扩大与文学影响力的增强，是旧派文人对新的文学环境的全面适应。

其次，在文学的类型体裁上，民国旧派文学基本接受了全新的文学分类与设定，并对新的文学内容有不少尝试与涉猎。虽然关于诗歌、散文、小说、戏剧的文学体裁分类方式，清末民初的创作者还不能完全认同，但是随着小说、戏剧越来越受重视，随着学人对西方"文学"概念的深入讨论，旧派文人及一般的读者也逐渐接受了这种分类方式。就小说创作而言，很多民国旧派作家都撰写过新体小说，如白话短篇、日记体、书信体等；他们也构思过各类小说题材，如社会小说、侦探小说、家庭小说、革命小说等，这些都是其尝试"新式"文学创作的证据。同时，他们还曾编演过新式话剧，撰写过电影剧本，进行过演说、汇报，这些较之以往也均是全新的文学文艺内容。

仍以王钝根为例，前文曾提及他的小说创作及观点，其中有不少趋新的表现。其实在戏剧方面，他也有较多向"新文学"靠拢的地方。他不仅喜欢观看旧戏、评论旧戏，也极关注新剧的编创与发展，如他曾与同仁

---

①　泗滨野鹤：《滑稽短篇：钝根骗我》，《礼拜六》1915 年第 76 期。

②　幻影女士：《理想小说：贫儿教育所》，《礼拜六》1915 年第 61 期。

朋友合演新剧《马介甫》，他常在自己主编的刊物上宣传、推介新戏，同时他与多个新剧社还有密切的往来，也时常与剧作者、表演者切磋探讨，关于舞台表演、剧作内容、脚本布局设计等问题，他也不断发表意见，这些意见也构成了他作品中不可忽略的部分——剧评、剧谈。例如，对于轰动一时的新剧《恶家庭》，王钝根曾给予特别的关注，并为该剧撰写过五六篇宣传评论文章。他说"《恶家庭》剧，系郑正秋得意之笔，原仅二本，一名《苦丫头》，一名《奶娘怨》，演于爱提西①大获时誉。"② 针对《恶家庭》，王钝根曾每日一篇评讲，对各位角色演员的表演、观众的反应等尽皆介绍，同时还分析剧本的结局"就中下社会心理不得不如此"③——以告知读者，剧作者为了照顾观众心理的苦心孤诣。

　　王钝根对于新剧的诸多方面内容，如布景、男女合演，以及对当时常常出现的台上演员与台下观众对话的演出形式等都发表过自己的看法。即使从现今的眼光来看，这些看法依然有其独到之处。如他赞赏民兴社布景的设置时说："民兴社于布景颇能注意，水景、园景最为出色。书房景，书画陈设，井然不俗，吾于是知画布景者，当是雅人。新剧之有布景，犹佳人之有红粉。佳人不需红粉者，世间有几？新剧不需布景者，世间有几？吾故深望民兴社不惜工本，当于布景上精益求精也。"④ 又如当时的新剧为了宣传目的，常有演员直接与观众对话的场景，王钝根对此不太赞同。他说："吾尝谓剧中人对剧外人讲话，不合情理，此剧乃有管海峰、小杨月楼对台下人发言，质之朱君旭东，以为何如？"⑤ 而关于当时比较流行的"以外国剧而演中国事"的做法，王钝根也表示了质疑。他认为，剧作内容应当贴合现实情景，如在观看了药风新剧社的《蔡锷》《十三妹》剧目后，他说："吾尚有一言忠告药风新剧社：演外国戏，不可任意牵入中国时事，当根据有价值之记载，演得切合当时情景，即演中国戏亦然。如《蔡锷》一剧，中有袁世凯亲口提议筹安会之事，殊失真相。又如《十三妹》一剧，于《儿女英雄传》原书精妙之处，多被删改，安公子径携张金凤见安太太，尤为唐突。总之，凡演一剧，参考不厌求详，各演员能阅书者阅书，不能阅书则倩讲戏者详细论述，务使彻底明瞭，演来

① 爱提西，民国时期上海圆明园路的老兰心戏院。
② 朱双云编著，赵骥校勘：《新剧史·补遗·恶家庭》，文汇出版社2015年版，第209页。
③ 钝根：《剧谈》，《申报·自由谈》1913年9月20日。
④ 钝根：《剧谈：二十三晚观民兴社剧》，《申报·自由谈》1914年9月26日。
⑤ 钝根：《剧话：史海啸之茶花女》，《新申报·自由新语》1917年1月14日。

方免破绽。"①

对于新剧社的经营与发展，王钝根也颇为关注。民国间新民、民兴、药风诸社都曾兴盛一时，但因为经营方式、行业竞争以及演员变动等原因，从新民诸社建立，到后来合并、解散却是一个极迅速的过程。王钝根对此尤有兴衰之感，他曾感叹："春柳凋零，镜若客死；新民消歇，正秋依人。乙卯以后，予亦不复涉足新剧社。盖黄钟毁弃，瓦釜雷鸣，目击心伤，徒增今昔之感耳。"② 1917 年大声公司成立时，他也曾谈及该公司在演剧方面的经营策略，并言："大声公司之办法，聚新剧人材于一大团体，而又分之为四小团体。一驻上海，汪游之领之。一驻汉口，顾无为领之。一驻无锡，郑正秋领之。一驻宁波，朱双云领之。"③

另外，对于新剧界的翘楚郑正秋，王钝根一直是极为支持和推崇的。在他平生所撰的戏剧评论文章中，关于郑正秋的记述也最多，如其对新民社不复存在、郑正秋附依他社，后又与人合办笑舞台，不久又创办药风剧社等事都有记录。1914 年，朱双云在《新剧史》一书中曾记："正秋郑氏……癸丑之秋，始营新剧，百折不回，底于今日。故世都以中兴健将称之，粉墨为生，儒雅彬彬，匪与俗五（伍）。《义丐武七》一剧，为其绝作，无步其后者。"④ 当时他所创的新民社正盛，时人称其为"中兴健将"。而时隔四年，到郑正秋创办药风剧社时，新剧界的情况已是另一番景象。王钝根曾对郑氏经营新剧事业的百折不挠予以极高评价，对该社演员及剧作也大加赞赏：

上海之新剧风流云散，硕果仅存者，惟药风新剧社矣。药风慷慨任侠，愿倾家以事新剧，亦今日之奇人也。该社多演亡国惨痛之剧，冀唤醒国人迷梦。上流人士乐观之，故卖座极盛……名角除鹧鸪、寄尘、剑魂、天人、立民、寒梅而外，近又加入啸天、笑吾、冶儿、双宜诸子，可谓盛矣。独惜半梅以先施公司聘任编辑，去此适彼，使坐中人不复闻其滑稽妙论，咸为快快耳。该社剧本，美不

① 钝根：《剧谈：伟哉药风新剧社》，《新申报·自由新语》1918 年 7 月 20 日。
② 钝根：《剧话：记史海啸、朱筱隐来沪》，《新申报·自由新语》1917 年 1 月 9 日。
③ 钝根：《剧谈：笑舞台之临去秋波》，《新申报·自由新语》1917 年 3 月 24 日。
④ 朱双云编著，赵骥校勘：《新剧史·药风本纪》，文汇出版社 2015 年版，第 112—113 页。

胜收。畴夜所见《爱国忏情》一剧，余尤喜其情节简明，而用意甚盛。①

> 药风新剧社同人，慨然有救亡起废之志，连日排演《世界亡国惨史》……十年来书籍报纸所不敢言者，药风新剧社竟能言之。寻常梨园所不敢演者，药风新剧社竟能演之。吾佩服之至，几欲五体投地。吾愿药风新剧社常存，使观者爱国之心，永永不死。②

从其赞赏中，可知王钝根对药风新剧社的剧目与演员都十分了解，不仅知道该社"多演亡国惨痛之剧"，而且还能体察他们的爱国之心，并对剧目的情节、效果给予恰当的评论。另外，他在《隐痛》《药风新剧社之勃兴》等文中也都有对药风新剧社的激赏之词，特别是上述引文中对该社所演"救亡剧"的"佩服"之词也说明王钝根对新戏在"唤醒国民""讽时警世""救亡起废"等宗旨上的肯定与认同。

事实上，当时许多的旧派文学作家都与王钝根一样既熟悉旧戏，亦倾心于新剧，如其友人刘豁公就既创办过《戏剧月刊》，同时还撰有《戏学大全》《京剧考证》《哀梨室戏谈》等戏剧学论著，而王钝根则既曾参与《戏考》的撰写和刊行，亦乐于观摩、鉴赏新剧。因为民国间的许多新剧还是从旧戏改编而来的，新旧戏剧并非截然不同，完全对立，如1914年前后出现的古装剧，就大有旧瓶装新酒的意味。当时民鸣社演的古装剧《武松》，新民社演的《马介甫》《恒娘》（两者都是《聊斋》中的篇章），《富贵冤》（脱胎于旧小说《描金凤》），民鸣社所演《痴心女子》（脱胎于《聊斋》中的"胭脂"），民兴社所演《芙蓉屏》（出自旧小说《今古奇观》）等剧目均源自古典小说戏曲。新剧社对这些故事进行改编，在保留剧中人物及部分情节的同时，又为其换上时代的"新衣"。而王钝根对这些剧作持欢迎的态度，同时也在比较中看到新旧剧作各自的优点和不足。

他在讲新旧戏剧之迭兴时说：

> 然而登峰造极，无以复加，则必转其途径，以别求新奇之世界。于是有新民新剧社乘时崛起，而一般有周郎癖者，遂相率哄然趋集于

---

① 钝根：《剧谈：上海之新剧》，《新申报·自由新语》1918年9月7日。
② 钝根：《剧谈：伟哉药风新剧社》，《新申报·自由新语》1918年7月20日。

新剧社，而新剧于是乎大发达，而民鸣、春柳等社于是乎接踵而起。曾不逾年，观者之意兴辄复厌倦，演者之精神亦似较前稍逊。于是诸社主人又出一法，以之鼓动垂绝之意兴，振起已坠之精神，于是上海社会又发起一种欢声曰：古装剧！古装剧！或疑古装剧非新剧，其实不然。新剧之所以别于旧剧者，演法不同，非剧中事实、时代远近之谓也。今以新剧家演古装剧，说白、举动、服饰、仪节较旧剧为近情，然在醉心旧剧者言之，则谓曰：今之新剧家试演古装剧，其说白不及旧剧之朗澈，举止不及旧剧之守法，且旧剧有唱，而新剧家之古装剧无唱，缺少乐歌之趣味。此说亦自别有见地，未可厚非，予所以主张新旧剧并行不悖之说也。①

王钝根认为，新旧剧之别主要在"演法不同"上，新剧能"别求新奇之世界"，装扮、表演更为"近情"，而旧剧能"守法""有唱""说白朗澈"。他主张"新旧剧并行不悖之说"，故而并不排斥新剧，不排斥具有西方文学特点的新剧内容与演出。作为一个旧派作家，他对新剧的欣然接受，对演出念白、动作的鉴赏与评论，与新剧家的交往与合作等均可说明旧派作家对于新文学类型及内容所持的开放态度。

当然，这种对新剧的开放态度一方面是因为新剧与旧戏的诸多关联，如新剧对旧戏的改编；另一方面也缘于旧派作家对新剧所倡导的"改良风化、革新社会"使命的认同。清末民初戏曲、小说等俗文学越来越受到重视，究其原因主要在于戏曲、小说对普通观众和读者的影响被发现，进而被夸大，被直接拿来作为改造社会、改变思想观念的工具和手段。在"工具性""实用性"上，戏剧与小说所受到的关注相同，故而旧派小说家也主动观赏新剧、结识新剧家，甚至创作新剧剧本，成为新剧家中的一员。

关于新剧之兴，一如时人沈所一在《劝学篇》中所言："新剧之所以见重于我人者，夫岂不曰以其能改良风化也，革新社会也。是故淫靡之戏，于旧剧则比比皆是，于新剧则未尝或见。悲哀悼痛之音，见诸旧戏，则人辄掩口；见诸新剧，则满座泛澜。……辛亥之秋，正秋诸子，组织剧社，命名新民，所演新剧，以社会教育为前提，以革新家庭为归宿。舆论韪之，而新剧遂复中兴于沪渎。"② 而民国旧派作家对新戏的重视和拥护

① 钝根：《剧谈：民鸣社之古装剧武松》，《申报·自由谈》1914年8月30日。
② 朱双云编著，赵骥校勘：《新剧史·杂俎》，文汇出版社2015年版，第189—190页。

也正着眼于"改良风化",一如他们对于小说革新主张的拥护一样。王钝根在《申报》副刊和《新申报》副刊上曾先后评论"波兰亡国惨剧",并感慨:"此剧之有功于社会岂浅鲜哉? 安得尽我国中一般争权夺利之军官来此一观,又安得尽我国中一般不肯助饷之守钱虏来此一观?"① 而其他如观大江东剧社所演《战之罪》时评说"此剧摹写至情,教人孝悌,用意甚盛"②,认为新民社所演《儿女英雄》③ "有提倡军国民精神之意"④,《尖嘴姑娘》能够"唤醒社会之迷信命相,惩戒鄙夫之贪图妻财"⑤ 之类,都是从这些剧作的社会作用入手,从中不难看出他对新剧"社会功用目的"的鼓吹。总体来看,这些新剧剧本与民初的小说一样在思想内容上都散发着改良道德伦理、挽救世道人心的新空气,却又少有民初言情小说的悲戚与缠绵。

虽说王钝根等旧派作家的很多作品都是言情小说、侦探小说,看似与社会时事没有关系,但他们亦极力支持借助文学的影响来"改良社会"的观点,这在其作品所题注的"社会小说""爱国小说",所撰的相关剧作以及所发表的评论文章中均有体现。他们尝试过当时几乎所有最新的文学类型与文学样式,只不过实际的创作实践与结果有时不免与文学主张相偏离,但不能就此认定这些旧派作家反对严肃的"为人生"的文学。他们反对的只是新派作家将其"旧派"作品视为"反动""腐朽"文学的观点,反对的只是新派作家"不讲忠孝"的思想意识,而不是反对新派文学本身。甚至可以进一步讲,王钝根等旧派作家其实也是"旧文学"的积极改造者,是"新文学"的参与者和推动者。

再次,在语言表达及小说理论的运用上,民国旧派作家与新派作家也有诸多相似之处。从旧派作家作品的语言表达来看,民国旧派作家的小说基本使用的都是白话,游戏文章则文白相杂,只有诗词仍是延续"旧体"进行创作。在文白语言的变换上,旧派作家没有强求固守文言,当然也不像某些新派学者那样要求废除文言,他们采取的是兼收兼用的态度,而在实际的创作中,其作品也呈现出浅白通俗的特点。

① 钝根:《新戏评》,《申报·自由谈》1912 年 3 月 22 日。
② 钝根:《剧谈:观大江东剧社新剧〈战之罪〉》,《申报·自由谈》1914 年 10 月 16 日。
③ "《儿女英雄》一剧,即本于《爱之花》剧本,而稍增损之。《爱之花》剧本,为予友瘦鹃子十七岁时所作。"朱双云编著,赵骥校勘:《新剧史·轶闻·爱之花》,文汇出版社 2015 年版,第 222 页。
④ 钝根:《剧谈》,《申报·自由谈》1913 年 12 月 24 日。
⑤ 钝根:《剧谈》,《申报·自由谈》1913 年 10 月 9 日。

而对于清末民国时期的外来小说理论，旧派作家参与讨论的力度和热情也是比较大的。如小说家张碧梧谈过《小说家应当游历的必要》①，报癖（陶佑曾，字兰苏）谈过《小说与心理》②，而常在《申报·自由谈》发表小说的张舍我也在《小说中的描写与动作》《小说与创作力》《创造自由》等文章中认真研讨过小说理论。他在《小说与创作力》中说："先不养成创作之思想能力以为备，时期未成熟以前，不能创作好小说也"③，便是对小说创作能力进行的理论探讨。此外，他撰写的《短篇小说作法》④亦是当时少见的研究短篇小说创作的理论专著。又如，胡怀琛在二十世纪二三十年代有《中国小说研究》《中国小说的起源及其演变》等论著，其内容也均是对小说概念、源流等问题的探索。1927 年，范烟桥在《中国小说史》中曾谈到民初十余年间对小说理论的研究，他说"零星短评见于当时之日报与杂志者甚多。尚有考证小说之作者与内容、研究小说之作法者，讨论小说之思潮、介绍域外小说之历史者，亦以此时期为多"⑤。由此可见，当时的学界已掀起研究小说的热潮，而利用外来小说理论研究中国小说则是推动热潮的重要支点。

以当时被学界反复强调的文学功用理论为例，新派作家一直强调文学的严肃性与社会性，旧派作家虽然创作上倾向消闲与娱乐，但他们也同样认同文学的功用理论，这在前文论述王钝根对新剧的态度中已得到证明。而当时诸如程小青在《怪侠弁言》中谈"小说之功能"⑥，镜性在《论有价值小说》中谈论小说的"宗旨"⑦等，亦是旧派作家肯定文学功用理论的证据。又如王钝根从主持《自由谈》开始，其游戏文章也好，滑稽短篇也罢，其中评论时局政事的新闻目的性就很强。而正是《自由谈》中的文章专栏，奠定了王钝根一生的文学基调——游戏其文字，救世其精神。虽然他开创过民初《礼拜六》杂志的辉煌，一度引领过以"消闲""游戏"为目标的"礼拜六派"文学，并在具体的创作实践中大量产出过"游戏"文本，但正如前文一再强调的——王钝根一直坚持着文学的"惩戒""救世"的宗旨，一直试图发挥文艺"裨补时用"的功能和价值。这

---

① 张碧梧：《小说家应当游历的必要》，《申报·自由谈》1921 年 4 月 24 日。

② 报癖：《小说与心理》，《心声》1923 年第 1 卷第 9 期。

③ 张舍我：《小说与创作力》，《申报·自由谈》1921 年 3 月 6 日。

④ 1924 年由梁溪图书馆出版。

⑤ 范烟桥：《中国小说史》，苏州秋叶社 1927 年版，第 327 页。

⑥ 程小青：《怪侠弁言》，《联益之友》1928 年第 91 期。

⑦ 镜性：《论有价值小说》，《半月》1921 年第 1 卷第 2 期。

种精神在所谓的"礼拜六派"文学的流行高潮时期曾经被削弱、淡化，但在新派文学的进逼中，在时局骤变的情势下，它又重新回归为王钝根的文学重心，甚至还得到了加强。

王钝根的《噱谈偶忆》中曾记有一则故事：

> 陋巷中两妇人争辩甚烈，势将斗殴。或问其故，则时间之争执也。甲妇谓此时方十点钟，乙妇谓已十一点钟，故相持不能决。或曰："何不一观汝表。"甲妇曰："吾没有表的。"或又曰："然则归家一视自鸣钟可矣"。乙妇曰："我家若有了自鸣钟，也不和他商量钟点了。"①

他在末尾附以按语说："今日狂妄少年于学理上并无真知灼见，而妄诋他人者，皆此类也。"虽未指明"妄诋他人之少年"为谁，但纵观1921年前后的争论及"狂妄少年"，可知王钝根不过借话讥人，回击当时新文学派一类的青年对旧派文学的无谓攻击。"自鸣钟"才是断定是非的标准，但新派作家未必有"自鸣钟"；能影响民众的作品才是实现文学功用的关键，但当时新派作家未必有许多深入人心的作品。

当然，旧派文学阵营内部的作家与作品，本身就是复杂而多元的。王钝根等人肯定文学的功用目的，并不足以证明整个民国旧派文学就以文学功用为创作重心，但他们愿意接纳文学功用理论，也大都对新观点、新理论保持开放的态度。更何况，他们运用西方文学理论探析中外小说问题的行动并不比新派晚。

因此，无论是从民国旧派作家整体的文学生活面貌来看，还是从他们文学作品的类型体裁、他们创作时选用的语言及理论来看，民国旧派文学较之晚清及其之前的文学都向前推进了一步，甚至与其说他们继承了传统文学，不如说他们更接近新派文学。他们思想意识上的保守，小说创作上对长篇章回体的延续决定了新派学人对其旧派角色的认定，但这些都只是表层浅在的事实，在更深层次的新旧争论背后，是旧派作家的自我审视，是他们在自觉、不自觉中对创作做出的调整，直至最终与新文学合流。

---

① 钝根：《噱谈偶忆》，《礼拜六》1921年第116期。

第三节　旧派文学的历史演进及其价值

通过王钝根主编《申报·自由谈》《礼拜六》等刊物的过程，通过他的文学创作，我们最终可以揭橥的观点是：王钝根的文学思想乃是"游戏与救世"相结合的矛盾体，其文学实践乃是新旧杂糅的工程；而通过对王钝根在民国旧派文学界地位的阐述，通过旧派文人在新旧文学观念之间的"守旧"与"进步"，也能够得出这样的结论：民国旧派文学的出现与所取得的成绩不单单是清末民初报刊文学迅猛发展下的一种结果，它同时也是文学在被过分强调社会价值情况下的一种自觉"反正"。基于此，王钝根等旧派作家才能够在"文学功用"的观念之下大胆地提出"游戏""消闲"等文学观点，才能够与文坛同仁一道创办《礼拜六》《半月》《心声》等这样独具旧派文学特点的刊物。

民国旧派文学与新派之间不是隔绝对立的关系，旧派文学中同时渗透着古典文学与现代文学的各种元素，也可以说是连接新旧文学之间的桥梁。这种桥梁作用，体现在王钝根等人与新派的多次论争中，也体现在旧派作家自觉不自觉的创作变化中，然而旧派文学的作用并不止于此。在更大的文学讨论范围内，在更长的文学时空中，民国旧派文学一方面在文学的政治意义、功用价值之外反映着文学发展的艺术自觉——自然地偏向于文学的游戏娱乐性质，同时也在更深层次上进行着对文学传统的再现与延续。

在连通新派文学方面，首先是前文反复陈述的旧派作家对小说价值的认同、对文学救弊的实践、对白话文的接纳等。旧派作家的救世主张、西化表现以及对现代社会文明的讨论并不少于新派作家，只是侧重点不在于批判旧思想、旧道德，而在于对社会现象的普遍描述、对民众一般心理的表达而已。

以旧派小说《回头是岸》为例，这篇作品描写的是一位恋爱失意的女士投身慈善事业的故事。王钝根在按语中说：

> 幻影女士当是基督徒，故能以剀切慈祥之意，作此有功世道之文。然谓欧洲妇女遇失意事，辄寄情于慈善事业，此言犹有未尽。盖欧美妇女大半服膺基督教，热诚所至，甘弃食色居处之好，而尽瘁于慈善事业者，正不必失意者为然。若我国妇女，则梦见博爱主义者犹

少，无怪其终日浮沉于衣服玩好、虚荣浊想之中，而不复知野田草露间有僵卧垂绝之婴孩也。深望女士此文普及中华女界，渐知济人为天职，失意者竭其力，得意者助以资，使震旦前途不致为怨雾所阻塞，国家进步之曙光，庶几可睹矣。①

不论是作品本身还是王钝根的按语，其主要赞扬的都是基督教教义中的博爱精神，以及这种精神对于社会国家的意义。这些都是较新的伦理价值，是与新派主张同样"先进"的外来观念。但与此同时，王钝根的按语中也不乏对中国新女性"虚荣奢华"的刻板印象，这依然是其陈旧的观念在作祟。而文中的新旧元素体现的正是旧派作家连通新旧思想观念的具体细节，这些元素既无法说明王钝根等旧派作家思想上的绝对陈旧，也不能证明其观念的彻底"进步"，于是他们的位置大致就在新旧交织中的模糊地带。

其次，旧派文学对新文学的连通还体现在其对民国小说的认识上。这些认识涉及民国时期新旧小说的发展，涉及新旧派别的论争，也涉及他们对于近代时期的新旧小说及传统小说的研究。前文曾多次提及王钝根等人与新派学者关于《礼拜六》小说的争辩，其实在这些案例之外，1923 年《商报》上也曾有过一次关于小说价值、小说盲目生产问题的讨论，这是旧派作家对旧派小说的一次反思，同样可以反映出旧派作家在小说价值评判上与新派的诸多相同之处。

当时，新文化运动的余波未平，王钝根等人与郑振铎关于"忠贞节孝"的交锋刚刚过去不久，王钝根主持的《商报·商余》上刊出了一篇名为《小说的盲目生产》的文章，该文对当时的文坛及小说界提出了严厉的批评：

　　东也一本小说杂志，西也一本小说杂志，大都性质类似，至多可以说是大同小异。做稿子的多数，可以说是最多数，总是几个所谓名小说家的熟名儿。我真奇怪，出一本杂志这几个人有稿子，出两本这几个人也有稿子，以至于三本四本……十本，也一定有稿子。小说家的稿件，在量的方面讲，实在惊人。如果要在质的方面讲，善读者早就不敢许可了……所谓小说家者，也竟好意思跟着盲目的产出小说来，一篇一篇的只要写成篇幅，恐怕连覆看一遍的功夫也没有，匆匆

---

①　幻影女士：《短篇小说：回头是岸》，《礼拜六》1915 年第 48 期。

的交给书贾了。书贾要得多，小说家的机器也开得快，盲目的生产给书贾盲目的消费了。在小说家进款骤丰，也不管什么，抱着乐得这样做的态度，还自以为得计呢，然而未免太商业化了。①

显然文章批评的是小说杂志的商业化，同时也批评了当时所谓"名小说家"的盲目生产。在作者"镜"看来，"名小说家"的作品在"质的方面讲"未必达到了可读的标准。王钝根既然刊出这篇文章，则必然对所谈问题有相近的意见，他在文末按语中说："我创办的小说周刊《礼拜六》就没有谄奉名小说家的习气，所采作品大半是远方不知名的初出茅庐的手笔。但也并不见得就不及名小说家了。叵奈读者诸君，总有几个嫌他们不是名小说家，我敢说一句夸口话，现在的所谓名小说家当初哪一个不是无名小说家，大半还是我亲手捧起来的呢。我既能捧他们，难道就不能再捧别人么？"② 这话是王钝根为自己主编的《礼拜六》辩护，声明自己编辑杂志从不以"名声"选定文章，他是与当时大同小异的小说杂志撇清关系，也是对自己所刊小说的质量保有信心，对自己推举、"捧红"的小说作者的能力有信心。

在该文刊出的第二天，王钝根又撰成《读"小说的盲目生产"后》一文，指出"镜"所谓的名小说家的作品多半不好的片面性，随后又列举出"名家的作品所以不能见好"的六种原因③，即"要求他们作品的地方太多""名家自恃盛名""名家的酬应太忙""名家的境况宽裕了""名家的年龄总比少年后起的非名家大些""名家大半是懒懒的"，进而说明名家作品有不好之处，但也有更多好的地方，呼吁编辑不要过分迷信名家，能够给予无名作者更多发表的机会。"镜"与王钝根讨论的是时人创作小说及创办小说杂志的盲目性、商业化，而其背后凸显的还有部分旧派小说家成名之后，无名的小说创作者缺少发表机会的问题。在旧派作家阵营内部，小说名家对刊发资源的垄断代表了民国旧派文学团体的形成与成熟；而从新旧文学的矛盾来看，旧派作家对自身作品质量的反思也很难排除新派观点的影响，因为早在1921年郑振铎等人就谈过旧派作家用小说卖钱的"文丐"问题，而"镜"的论据也脱不开"小说家进款骤丰"这一点。

在此后的两三个月内，《商报》副刊又有不少撰稿者对"小说价值"

---

① 镜：《小说的盲目生产》，《商报·商余》1923年1月15日。

② 镜：《小说的盲目生产》，《商报·商余》1923年1月15日。

③ 钝根：《读"小说的盲目生产"后》，《商报·商余》1923年1月16日。

发表见解，比如 4 月初都良、悟吾二人的言论。1923 年 4 月 1 日，都良在其《小说杂谈》谈到西方的现实主义、浪漫主义等文学流派时，指出读者应该关注的是小说的价值，而非小说的流派。王钝根很同意都良的观点，也说："小说的价值，决不在附会当世一知半解者臆造的派别。但看专以归纳派别为能事的新进小说家，已有许多失败了。"① 都良的不分新旧、不问派别，很符合王钝根当时为旧派辩白的意见和心理，也代表了多数读者的意见，即认为新、旧文学可以调和，至少在小说价值面前，新与旧只是暂时的概念而已。

在都良的文章刊出之后，悟吾在其连载的《小说谈话》中又谈及"好小说的要素"、"小说家的阅历"、小说的白话与文言等问题，都体现了当时评论者对小说的全新认识与见解。如其谈到小说的"描写"与"叙述"时说："小说而不重描写，虽用白话做，虽做得长，看的人最多只得到所序事情的一个概念，与笔记无异"②，其中不仅认识到笔记与小说的区别，还指出白话并非好小说的绝对要素。同时，他还说到"小说，说有文学的、通俗的分别则可，说有新旧的分别则不可。一般专以供人茶余酒后的消遣品为目的的小说，便是通俗小说。做小说的人不能有功利观念，就是不能套上道德的假面具，否则做出来的小说一定也变成太上感应篇了。"③ 他所讲的"通俗小说""文学小说"等的名词已是全新的概念，而对于小说功利观念的批评在当时也是极有见识的。

王钝根阅读了这篇《小说谈话》之后叹道："我读了非但不笑，而且哭了。我哭甚么，我哭的是富于阅历、够得上小说家资格的不作小说，偏让一班足不出百里，目不见殊俗，口不能异言，但凭臆测，向壁虚造的人作小说，称小说家。我更哭的是小说家等米下锅，长篇小说每天续一段，当日就换钱，从没有下几年工夫，仔细修改然后发行的。像这么闹下去，哪里会再有《水浒》《红楼》出现呢？"④ 他哭诉的是当时小说作品的粗制滥造，呼吁的是真正的小说家能够细下功夫撰著精品。明显他也承认时下小说趋于低劣的事实，这种显见的事实使其与旧派同仁、新派作家在观感上达成一致。所不同的是，新派作家要扫清这些作品，而王钝根诸人则是在痛心疾首之余，期待上乘小说文本的出现。所以，绕来绕去，新旧作

---

①　都良：《小说杂谈》文末按语，《商报·商余》1923 年 4 月 1 日。

②　悟吾：《小说谈话》，《商报·商余》1923 年 4 月 9 日。

③　悟吾：《小说谈话》，《商报·商余》1923 年 4 月 10 日。

④　悟吾：《小说谈话》，《商报·商余》1923 年 4 月 12 日。

家在新文化运动之后针对旧派小说提到的是一个相同的问题，即在市场化、商业化的驱动下旧派小说作品的粗劣问题，至于如何解决这个问题，新派作家执着于彻底的革新，旧派作家则需要在批评声中寻求突围与存活下去的可能。

　　故而，顺着这些对旧派小说、通俗小说的种种认识，旧派作家为自己做了诸多的辩护，也为旧派小说的创作走向提出了诸多要求。还是以王钝根的言论为例，他在《万国禁售淫书大会》一文中谈到新派学者对《礼拜六》杂志的污蔑：

　　　　譬如六年前有一位教育部通俗教育馆主任上了人家的当，硬说《礼拜六》是和《隔帘花影》一样的淫书，又如前年有一位北京大学学生到上海充当灵生女学教员的，冒冒失失的对女学生说《礼拜六》是《红楼梦》式的淫书。学生便问《红楼梦》是甚么体裁，淫在甚么地方？那位教员就红着脸说不出来了。诸如此类，强作解人的假道学先生，万万不能胜任万国禁售淫书大会的代表，至少得像蔡元培先生那么著作过《红楼梦索隐》的，或像李涵秋先生那么备有淫的《爱克司光镜》的。①

　　所谓的"礼拜六派"小说在二十世纪二十年代是新派学人批评旧文学的标的物，《礼拜六》杂志偏爱刊发言情类小说也最易贻人口实，该文中提到的教育部通俗教育馆主任可能指鲁迅，因他当时正好担任教育部通俗教育研究会小说股主任②（但无记载鲁迅说过此言）。王钝根指出这些"冒冒失失"说的话并无切实的证据，他最感到冤枉的就是将《礼拜六》上所刊作品与淫书等量齐观，这不仅与其讲求小说社会功用的主张相悖，对他与诸位同仁的人格也称得上是一种侮辱。但他的辩白并不能为其洗脱罪名，在被认定为"旧派"的同时，新旧的对立在新派那里就是不言自明的事实，旧派作家的费力"调和"只能说明王钝根等人在向新派不断

---

　　① 王钝根：《万国禁售淫书大会》，《商报·商余》1923 年 8 月 3 日。李涵秋撰有小说《爱克司光录》，王钝根误记为《爱克司光镜》。

　　② 《教育部饬第三零四号》："为饬知事通俗教育研究会，现经组织就绪，所有各股主任自应照章分别指定，以资进行。兹派该会会员周树人为小说股主任，黄中垲为戏曲股主任，祝椿年为讲演股主任。此饬。"《政府公报》1915 年 9 月 21 日，第 1212 号，第 52 页。

靠近，他们与新派的连通就是在这些对立争论中完成的。在这之后，旧派的话语权越加弱化，到了三十年代他们在概念、主张上更趋于向新派看齐。虽然旧派作家仍然关注言情、武侠等通俗小说，但其关注点更集中在"社会服务"的责任上，就像王钝根在 1930 年论及武侠小说时所说："近年来社会风行武侠小说，足征民族尚武精神之发达，亦政府提倡国术之效果。惟流行之武侠小说，间有向壁虚造，不合科学原理者……余望此后作武侠小说者，务求真实有用，阐发我国古代尚武之精神，公开秘传之艺术，暗助政府提倡国术之宣传，勿流于封神榜化，则社会读小说者之幸也。"[1] 其主张的"真实有用"与"国术宣传"都是对小说的期望，此时想要恢复到《自由谈》初期对文学的"游戏式"探讨已不可能。

　　因而民国旧派文学本身也是在不断变化更新的，其更新的过程就重叠着旧文学向新文学演进的过程。不过，勾连新旧文学的价值固然重要，但民国旧派文学的价值可能更在于其游戏娱乐的性质，在于其广被批评的消闲内容。上文提到悟吾在《小说谈话》中说"做小说的人不能有功利观念"，不能有"道德的假面具"，而清末以来的小说创作现实却是对"功利观念"的反复提倡，不管是最早呼吁"小说界革命"的学人，还是倡导新文化的新派小说家，他们关于文学创作的探讨大多从"道德"的高度出发，纵然他们在"道德"方面的要求并非虚假，但对于文学本身而言，其观点恰恰是束缚文学自由发展的枷锁，反而是民国旧派文学的消闲娱乐精神使文学能够回归艺术的"非功利性"，使文学能够在自觉之中保存一些自由活泼的气息，呈现出一些应有的游戏性、多元化的审美内容。

　　民国旧派文学整体上看，最突出的特点是撰写游戏性文章、创办消闲类杂志、发表言情类小说，所有这些通俗、琐碎甚至平庸的作品，带给读者的首先是消遣性的愉悦，其次才是间或引起的熏陶、刺激心灵的效用。而恰恰是作者的自由创作、读者的消遣性阅读，才更能使文学呈现其本来面目，使近代时期的文学能够在启蒙大众、裨补社会的工具角色之外，保存其粗糙而真实的面容。不过，因为民国旧派作家同时受困于小说市场与稿费的控制，所以其作品虽敢一时忽略道德功利的要求，却又不能完全无视金钱资本的诱惑，故而不能完全摆脱"非功利性"的创作，其作品也未能在"游戏"中达到较高的艺术水准。而且，旧派之中还有像王钝根这样积极回应文学革命、努力让小说"载道"的作者，其对文学的救世、功用价值的认同也进一步稀释了民国旧派对文学创作的"非工具化"

---

① 　钝根：《武侠小说之趋势》，《新闻报》1930 年 11 月 19 日第 12 版。

追求。

　　但是，不管王钝根等旧派文学作家是否愿意接受，他们的价值从来都不是在小说创作中坚持了"道德"、观照了社会，反而是其一度追求文学趣味的倾向和实践，是其诙谐之词、滑稽之文、供人遣闷之小说。就像童爱楼在《游戏杂志》创办之初谈到"游戏"带来的种种"创造"："考韩柳奇文，喻马说龙，游戏之笔也。良平妙策，鬼神傀儡，游戏之战也。风轮火琯，纵横九万里，其制作之始，不过游戏之具而已。祖德宗功，上下五千年，其肇造之初，不过游戏之偶而已。"① 他们隐约意识到文学可以由游戏而产生，而他们在其编创的杂志中经常发表的就是这类文字游戏式的作品，至于其中是否蕴含"道德"或社会效用，则由读者和作品的具体传播情况决定，而非由作者在创作之前进行计划或设定。因此，民国旧派文学即便受到文学功利主义与市场利益的双重诱惑，但依然为非功利的游戏之作保留了一席之地，为文学的自由发展让出了一条路径，而反观晚清时期的文学改革者与五四时期的新派作家，他们对文学的功利主义态度则是一脉相承。

　　民国旧派文学作为带有传统创作风格和特点的文学，其流派的确立与被公众承认其实是源于二十年代新派的出现，源于新派的定义和批评。即使受到清末以来文学革命与五四新文化运动的影响和冲击，旧派文学对于民初十余年的读者来说也是最具吸引力的，当时只有《礼拜六》一类的杂志就出现过门庭若市的场面。但自二十年代之后，旧派文学就越来越被概念化，越来越被简单粗暴地贴上"腐朽""反动"的标签，给人以全是"靡靡之音"的印象。到了四十年代，一般读者对旧派作家的记忆差不多只剩下一串名字，就如当时的文章所写：

　　　　月报中常有"玉梨魂派"的作品发表（钝根是否此派，不得而知），什么徐枕亚、李定夷、陈医隐、刘铁冷，这班郎郎姐姐的作者的大名，滚瓜烂熟底在我脑中。枕亚的《雪鸿泪史》曾风靡一时，故名气独大，余子不过大头目而已。然而我对于枕亚的作品，并无好感。除了欣赏他的词藻，我常常这样好笑，一个人只管镇日价紧锁双蛾，怏怏一世，到底有哈子味道?! 不如早些魂归离恨天还好些! 而且我对于他们的所谓"怀才不遇"，根本就认为不值一叹。②

---

　　①　爱楼:《游戏杂志·序》,《游戏杂志》1913 年第 1 期。
　　②　柳莹:《王钝根及其他》,《大路》1940 年第 4 卷第 1 期。

　　此时的人们只记得徐枕亚、王钝根等人曾有"大名"，只记得他们小说中的人物"怀才不遇""镇日价紧锁双蛾"，然而对于他们是否都是"玉梨魂派"，他们的作品有何不同却完全是模糊的。实际上，他们生产了一些以辞藻取胜的作品，创造了不少有记忆点的人物，从而丰富了民国小说的体裁、类型。民国旧派文学对文坛最大的贡献本就是对文学趣味的追求，对文学作品艺术性与读者市场的重视。所谓"无论文言、俗语，一以兴味为主"①，这在战争年代或许是备受斥责的依据，但对于整个文学史的发展来说，却亦是该被肯定的理由。

　　其实关于文学的本质及艺术价值，即使在提倡文学功用最用力的时刻，仍然有不少学者对其做出论述和阐释。如 1908 年，觉我（徐念慈）在《余之小说观》一文中说："小说之所以耐人寻索，而助人兴味者，端在其事之变幻，其情之离奇，其人之复杂……是因小说者，本重于美的一方面，用精细之画图，鲜明之刷色，增读者之兴趣，是为东西各国所公认"②，这就明确指出小说的趣味性及"美的一方面"才是真正抓人眼球的部分，小说是要先引起读者的兴趣，进而才能出现"助社会之发展"的功效。又如，同为旧派小说家的吴绮缘在 1919 年撰有《最近十年来之小说观》一文，他在文中谈到近代以前小说作者与读者对于小说的态度，其谓"执笔为此者，大率借以适性怡神，冀取快于一时。初不欲流名百禩，绝无名利之念存于中……阅者之志亦仅在乎排愁养性，视为娱乐品之一耳"，并进而指出当下"在作者与读者，双方各本良知，认小说为辅助教育品之一，有审美性质，而属于艺文，非可加以轻视及狎而玩之者"③，同样是说明小说的"审美性质"，以及作者的创作本始于"适性怡神"。既然如此，新派小说家要求的"血的文学和泪的文学"④很大程度上是掺杂着目的性与道德面具的命令式文学，而非文学自身生成的样子。虽然并非所有的作家都是为了怡情游戏而创作，也并非所有的创作都没有警世、救世的追求，但回到文学的本质特性，旧派作家游戏、消闲式的作品也绝非应该完全摒弃的内容。郑振铎批评旧派小说家，说"他们对于人生也便是抱着这样的游戏态度的，他们对于国家大事乃至小小的琐

① 《〈小说大观〉例言》，《小说大观》1915 年第 1 期。

② 觉我：《余之小说观》，《小说林》1908 年第 9 期。

③ 绮缘：《最近十年来之小说观》，《小说新报》1919 年第 5 卷第 9 期。

④ 西谛：《血和泪的文学》，《文学旬刊》1921 年第 6 期 。

故，全是以冷嘲的态度出之。他们没有一点的热情，没有一点的同情心"①，这其实是由对旧派作家作品的批评而上升至对他们人格的质疑，由改变中国社会现实的要求而上升至对文学创作的要求。文学创作在当时听命于政治的需要，听命于社会变革的需要是无法避免的；但文学能否保持一定的独立性，创作者能否为文学的怡情娱乐性质留有一席之地，答案也是显而易见的。因为即使将其游戏与趣味的一面强行去除，文学本身仍会自觉地找到怡情审美之路。

　　近来一些学者关注于民国旧派小说研究而提出"兴味派"一说，也是对旧派作家追求文学艺术价值的肯定。如一些学者所说，民国旧派小说家"坚主兴味第一"②，"以小说的'审美性''娱情性'为旨归……强调小说文体的文学审美性，凸显小说文体的娱情功能"③，民国旧派小说家追求消闲、趣味的一面经过多年的被批判与被贬低，终于得到学界的重新关注与评价。这是回归文学本位而对其进行的评价，也是文学的社会功用不再被过分强调时，民国旧派文学的艺术及审美价值的自由彰显。

　　而回到民国旧派小说迅猛发展的重要条件——报刊媒体、报纸副刊及文学杂志自诞生之初就有消遣游戏的因素在内，读者于文艺之中适性怡情，其辅助社会文明的"功用"价值则是在读者娱情之余获得的，编辑为了实现文学的功用价值也是以文学的游戏、娱乐性质作为途径的。就如王钝根从创立《自由谈》开始，一方面致力于用文艺"救世劝惩"的目标，另一方面又在具体的创作编辑中刊载许多游戏、消闲的作品，同时还聚集了一个既呼吁"救补时弊"，又不忘追求文学兴味的旧派文艺圈。最初这两个方面可以相得益彰，只不过随着王钝根对"有益文字"的越加在意，尤其在家庭变故之后，副刊版面"功用文学"意旨与"文字娱乐"之间的矛盾便逐步呈现出来。如 1922 年，他在主编《商报·商余》时，曾有撰稿同仁建议在《商余》增加有益文字：

　　　　大凡报纸之有附张，所以为阅者消遣之资料也。吾谓此后之《商余》，则当于消遣品中寓商业之常识、商业之新知，如商业名人之轶事小史及商业小新闻等有关商业之文字，于无形中示商业中人以

①　郑振铎：《〈文学论争集〉导言》，《中国新文学大系·文学论争集》，上海文艺出版社 2003 年版，第 14 页。

②　黄霖：《民国初年"旧派"小说家的声音》，《文学评论》2010 年第 5 期。

③　孙超：《"兴味派"：辛亥革命前后的主流小说家》，《文学遗产》2013 年第 3 期。

最新颖、最良好方法。一举两得，此《商余》之所以当注重于法之理由也。

从来报纸附刊之所谓小新闻等类，记载多不确实，且有杜撰塞责之弊，致为文字家诮为"本店自造"，诚不可不注意而改良之。故此后之《商余》，当于注重有益文字之外，兼注重于确实也。"①

因为在二十世纪二十年代报纸副刊早已发展成熟，而文艺消闲性本就是副刊的基本特点，虽然此时王钝根已逐渐褪去《自由谈》时期的活泼乐观而愈加严肃消沉，但他仍无法从滑稽腔调、消遣文字中脱离出来，仍不得不适应报纸副刊及文学杂志的消闲、娱乐特性。事实上，王钝根之于旧派文学，之于整个民国文坛的贡献和价值，不是他对文学功用思想的主动接纳，而是他较早地开启了文学的"游戏""消闲"模式，是他在自己最辉煌的文学生涯时期引领并实践了这种为市场所欢迎的所谓"礼拜六派"文学。因此，没有遵照宣传的要求去表现更严肃的社会主题不是民国旧派文学的缺陷，没有创作"血与泪的文学"也不是民国旧派小说家的原罪。民国旧派文学的文艺价值确有不足，其所表达的思想深度也不够深刻，但这并非其追求文学的游戏性、趣味性所造成的——他们作品中呈现的游戏性、趣味性反而是其需要被重估的理由，是其艺术价值的重要组成部分。

而除了保持了文学本真的审美艺术特性之外，民国旧派文学的价值还体现在它对传统文学的延续与转化上。民国旧派文学的价值，不仅在于它架起了新旧文学之间的桥梁，也在于它对传统文学的延续，或者说它其实是传统文学在近现代中国的一种具体表现，呈现了传统文学在近现代中国的存在方式。正如艾略特在《传统与个人才能》一文中所说："传统是一个具有广阔意义的东西……它包括历史意识……这种历史意识包括一种感觉，即不仅感觉到过去的过去性，而且也感觉到它的现在性。这种历史意识迫使一个人写作时不仅对他自己一代了若指掌，而且感觉到从荷马开始的全部欧洲文学，以及在这个大范围中他自己国家的全部文学。"② 艾略特所谈的是欧洲的文学传统，而对于中国的文学传统来说，它作为一种历史意识形态也无法完全从创作者的笔下剥离，各个时代的作家都是在传统

① 商余生：《商余小言》，《商报·商余》1922年6月6日。
② ［英］托·斯·艾略特：《艾略特文学论文集》，李赋宁译注，百花洲文艺出版社1994年版，第2页。

文学经典的基础上进行创作的。文学传统就像预存在作者头脑中的创作模式，它会限制文学体裁的形式，会拘囿文学叙事的视角，但它也可以触发灵感、引动审美，正如民国旧派作家的长篇小说受了明清小说的影响而使用章回体，同时也受了传统的诱导而对世情伦理有如此多的描述和关注一样。

如果说传统诗文是在近代诗家手中而得以延续、改变，那么传统的小说、戏剧就是在旧派作家的手里得以存活和改造的。王钝根等民国旧派小说家的作品常常借鉴《儒林外史》的结构，短篇文言小说也常有模仿《聊斋志异》的痕迹，弹词这种兼具于小说、戏曲元素而又为民众乐道的文体也是他们乐于尝试的，他们在传统曲目的考辨上也颇有建树，如《戏考》一书的编纂，所有这些例子都是"传统"存活于民国旧派文学中的证明。文学传统是作家创作的基石，同时作为一个有机体，传统也在不断更新，不断被修正和重塑。正是通过这些更新和重塑，文学传统的有机整体才会在调整中保持鲜活，并成为后来创作者的历史背景。文学传统有完整的结构链条，独特文学个体内容的出现会使其调整，某一群体的加入也能让其新变、重构。作者个体及创作群体处在这样可持续的传统体系中，个体或者群体的价值就主要取决于其在整个体系中的位置。因此，讨论民国旧派文学的价值，除了将其放在新旧文学的论争中、放在二十世纪初的报刊文学中分析，还应将其放在更长的文学史叙事中，放在清后期至1949年之前的历史时期中进行考察。

旧派文学活跃于二十世纪的前二三十年，自然是中国文学发展不可或缺的一环，是近代文学有机整体中的一部分。没有这一部分，中国近代文学的生成与变迁就无从描述，中国文学传统的留存也难以捕捉。将民国旧派文学放在清末以来的文学时空中，可以发现其能够体现文学传统且较有价值的部分，显然必须包括小说，其小说的价值又主要在旧小说而非新小说，在章回体的言情、侦探、武侠等长篇通俗小说，而非严肃的爱国小说、革命小说等内容。而这也是民国旧派作家之所以被称呼为"旧派小说家"的原因，是王钝根之所以被称为"名小说家"而非报刊家或文章家的原因。

既然民国旧派文学作家的价值主要体现在通俗小说作品上，那么考察这些通俗小说在整个通俗小说史上的价值就成为判定这些作家地位和价值的关键。以往对民国旧派小说家及其作品的总体评价较低，原因在于这些评价中掺杂了太多对作家道德的评判、对作品外在社会价值的评判，而忽略了文学作品本身的艺术性。民国旧派小说在整个通俗小说史中处于新的叙事结构、小说语言不断渗入创作阶段，其作品包含了以往通俗小说迎合读者趣味、符合一般的社会心理、表达民众世俗愿望的精神内核，呈现着类型化、同质化的文本特点，又是一个由报刊媒介促成的创作高峰。同时，如前文所说，文学传统也在不断地被新的个人及群体改变和重构。民国旧派文学作家对文学传统的"重构"体现在很多方面，比如前文谈及的对白话短篇小说创作、对新剧行业的涉足，以及在影视剧作方面的开拓等。

民国旧派文学对于传统文学是依恋、保存的态度，对新的文学内容及形式也并不排斥，在新旧文学内容与理论交织的时刻，民国旧派文学通过吸纳与融合完成了对传统文学的"重构"及自身的革新。因为清末民国真实的文学状况，并不是新旧文学两个阵营的截然分明与对立，而是新旧队列的模糊与重叠。在文章及小说创作上，如果说还有文言与白话的对立的话，那么在戏剧的方面，新旧双方的冲突则不如诗文、小说明显，特别是当时的旧派作家大都涉足过新剧界，这本身就模糊了新旧文学之间的界限。像新派学者郑振铎就爱好研究俗文学与传统戏剧，而旧派作家王钝根等人不仅对旧戏进行考证，也积极地尝试新剧的演出与批评。比如，当时有过关于男女合演问题的讨论，王钝根就通过梳理女子演戏的历史，表达了对男女合演的包容态度。他说：

> 中国女伶，向不重视。旧有所谓髦儿戏者，人皆以另眼相看，见所演有不尽善处，必为之宽解曰：是女子也。彼女子亦自甘居男子之后，唱功、武艺不敢望男子。及乎近十年而女伶始露头角，渐与男子合演。天津开其先，上海继其后。有心世道者戚然忧之，群起反对，若不可一日容者。夫使男女合演而志在乎戏，是亦未可厚非。或有不肖之徒，藉男女合演四字，以歆动一般浮荡少年、痴男怨女而自利其营业，使男女伶日为卑污狎亵之剧，尽弃其名誉而不惜，是则剧界之罪人也。以上之说余犹言旧剧也。四日之晚且有男女合演之新剧出现于民兴社，行见莺嗔燕叱，别擅胜长。巾帼之气，必有愈于头巾男子之矫揉造作者，吾辈观客得此新眼福，宁非幸事。然而吾愿民兴社主人常以实事求是为念，勿视女伶为卖坐之钩饵，勿为反对者之危言所中，则新剧界他日之纪功碑，将为君而设。①

---

① 钝根：《剧谈：论男女合演》，《申报·自由谈》1914 年 9 月 20 日。

　　王钝根重视并肯定女伶，这是对戏剧的全新认识，也是思想观念上的进步。女伶出现于旧戏，是戏剧发展的自然演进，那么新剧也采取男女合演的形式就不是比旧戏进步的理由，实是新旧戏剧共同发展的证据。在这里，传统戏剧与其说是被继承或改革的内容，不如说是剧作家共同的灵感源泉，传统在旧戏唱念与新剧表演中都获得了新生。

　　由新剧而至电影，传统的文学意识一样在旧派作家手中得以延续。中国的电影发展始于清末，从西洋人在上海放映西洋影戏开始，之后便有了上海第一家电影院，之后又有用相机拍摄传统戏曲的尝试，再后来又有电影公司的成立。当时，不少旧派作家都曾涉足过电影行业，如王钝根，前文提到他 1924 年加入过英美烟公司，在张慧冲联合影片公司供过职，编写过《劫后缘》《工人之妻》等电影剧本，以及在 1925 年还一度创办过银星影片公司。此外，周瘦鹃、刘豁公、包天笑等人都参与过编写剧本、撰写影评等工作。事实上，"从 1921 年到 1931 年这一时期内，中国各影片公司拍摄了共约六百五十部故事片，其中绝大多数是由鸳鸯蝴蝶派文人参加制作的，影片的内容也多为鸳鸯蝴蝶派文学的翻版"①，这些数据足以说明民国旧派文学对传统文学的改变或者"重构"。这些电影剧作内容是传统的戏剧文学中所没有的，但其中有与传统戏剧同等的观赏性及大众化特征，可以说是文学传统遭遇新形式后的调整，而这些调整恰恰是由民国旧派作家促成的。

　　此外，今日的网络通俗文学，虽然传播媒介已不同于民国时期的报纸杂志，但其以言情、侦探、武侠为主要题材的文学内容却与民国旧派文学一脉相承，其面向大众的消费性特点甚至也与传统通俗文学有着共时性的统一。

　　概而言之，民国旧派文学在近代中国的价值就在于弥合了新旧文学创作内容及形式之间的缝隙，在于坚持了文学的游戏性、趣味性等审美艺术特质，更在于保存并重塑了传统文学。在近代中国文学的历史演进中，民国旧派文学是极其重要的一环，它既重叠着传统文学，特别是通俗文学在清末民国的革新，又同步于新派文学对旧文学的改造，故而是旧文学在近代时期的余波，也是新文学不断变革的参照与标识。而与新派学人讨论小说之价值，为旧文学争生存资格的王钝根，就是旧派文学阵营的一个代表人物。

　　民国旧派文学是清末民初战事间歇的两次文学革命之间的过渡，也是

---

　　①　程季华主编：《中国电影发展史》第一卷，中国电影出版社 1980 年版，第 56 页。

新文学的诞生与发展的基础。当年，梁启超等人高呼诗界革命、文界革命、小说界革命是鉴于国家危亡的局势，是鉴于文学对普通民众思想的影响力而想到的文学救国良计。而到五四运动前后，文坛学界所弥漫的亦是这种深重的文人责任感与文学价值追求。在这两者之间，文学可以良莠不齐地自由发展、可以应对阅读市场进行自我调整的时期，恰恰由民国旧派文艺来填补。故而，在文学过分强调社会价值与意义的两个主峰之间，民国旧派文学虽是反映严肃主题的低谷，但作为高峰之间的缓冲地带，其创作活动恰恰进行了从思想内容到篇章形式再到语言风格等各方面的尝试和改变。故此，民国旧派文学不仅仅是市民通俗文学的反映，亦为新文化运动、为中国文学的现代转型提供了足够的镜鉴与基础。也因此，南社成员可以转而成为所谓的"礼拜六派"文学代表，而所谓的"礼拜六派"人物亦可变而成为新派作家的先锋。以某个特定的时期来看，文坛或许呈现出文学观念各不相同的创作阵营；而以个人的全部创作生涯来看，"旧派""新派"又不过是一定历史阶段的创作倾向而已。

结　　语

旧派文学在清末至民国的四十余年间走过了一个从兴起到兴盛再到衰落的过程。与新派文学一波又一波的革新相比，旧派文学是一次次地在传统文献典籍里寻找和淘洗——寻找出对应西方文学概念的小说、戏剧内容，淘洗出始终最能代表中国旧文学的古诗文词，并借助新的传播工具展示这些旧文学本有的光彩与能力。旧派小说和戏剧因为更通俗，所以发展势头更强劲，而古诗文词因为写作习惯及在文人交际中的实用价值也一直能够坚挺。而与旧派文学发展轨迹相应的是旧派文人在民国的流转与结局，他们不像旧派文学的生产可以连绵不断，他们思想与作品的"新旧"比旧派文学的"新旧"还难拆解，他们是一代知识分子中的一群，也是旧派文学阵营的诸个个体。

目前所辑的王钝根作品，基本已将见之于报刊者网罗殆尽，但仍非其写作生涯的全貌。据现存资料可知，王钝根还有不少与友人的信札，如1913年为陈蝶仙提供《玉田恨史》小说材料的书信①，又如己未年（1919）致陈蝶仙的信函②等。另外，王钝根生前还撰有日记，据其《新年之回顾》一文说，"余年十五而后渐亲俗务、习酬应，儿童之天趣日就泪没，故新年乐事亦无复可纪述之价值。惟有一年元旦，足不出户，读《水浒传》一册，此事差强人意，余之残缺不全之日记中曾纪及之。"③ 不过当时已有残缺，现在便更难找寻。

关于王钝根的生平经历，至全面抗日战争之前的情况，根据他自己的

---

① 陈蝶仙在《申报·自由谈》连载《玉田恨史》始于1913年6月7日，而此信即附在《玉田恨史》开头，因此王钝根致信陈蝶仙不应晚于此日，但也不会早于1911年年底，因二人订交正在1911年冬。

② 原件未见，但陈栩的复函见于其编的《工商业尺牍偶存》。据潘建国《〈工商业尺牍偶存〉所载鸳鸯蝴蝶派小说家史料辑考》（《明清小说研究》2003年第3期）一文可知，陈蝶仙的回信在己未九月十七日，内容是关于学校宿舍内的打架之事。

③ 王钝根：《新年之回顾》，《半月》1922年第1卷第10期。

著述基本都可以考述出来。但在抗日战争全面爆发后，因为战乱以及他退出文坛的缘故，报刊上极少有他的消息，故而他那几年的生活情形比较模糊。1938 年之后，有人宣称他吸食鸦片，如当时有文章说："王素性不羁，得金又复恣意吞吐，未月即罄……始而借贷，继而典质，困苦之状，不可言宣。"① 同时，又有人传他接受了伪职，做了汉奸。《申报》上确实刊有他出任上海南市难民区职务的相关报道②，但上海南市难民区是由上海国际红十字会所组织，以此不但不能证明他是汉奸，反而证明他在抗战中为保护同胞做出过努力。所以，当时"也有人说王钝根并没做汉奸，他的儿子在松江却有嫌疑。说他儿子是日本留学生，比较接近日本人，在松江的一个团体，说可以担保将来安稳，有钱人想要谋身家性命的保全，便出去运动他"③。关于他的儿子接近日本人之事，也无其他证据。因其长子及三子均夭折，若文中消息真实的话，那么留学日本的儿子应该是他的次子，而他的次子又患狂躁症一类的精神疾病④，后来是否痊愈，未见提及，故留学日本一说只能存疑。抗战期间他时在松江⑤，时住苏州⑥，应该是避乱之举。当时报刊上有《王钝根信星命》《王钝根先生命造》诸文，文中言其因多年时运不济，请人观八字、看星命，并按观星家之说留起胡须⑦，以期否极泰来。他的确有日本人朋友⑧，但他也确切地写过抵制日本的文章，如 1923 年在《商报》上刊发的《临城劫案与日本人》，又如 1934 年在《社会日报》上刊发的《紧裤一番》，提到要"把救国雪耻的工作一天一天紧张起来"⑨，这些文章中都有明确的抗日救国言论。

　　他是在民国初年信奉基督教的，但他晚年又皈依了佛门。据他自己

---

① 秋心：《王钝根摇身一变》，《社会日报》1938 年 9 月 13 日第 2 版。

② 《南市现状一瞥》，《申报》1938 年 11 月 16 日第 10 版。

③ 依：《关于王钝根的谣言续》，《战时日报》1937 年 11 月 11 日第 4 版。

④ 波罗：《王钝根公子之奇疾》，《时代日报》1933 年 10 月 20 日第 2 版。

⑤ 据报纸上所刊《文学家王钝根被控诈欺，下月六日传讯》（《立报》1936 年 10 月 24 日第 3 版）、《王钝根具状辩诉》（《时报》1936 年 10 月 27 日第 4 版）诸消息，知其 1936 年间曾退避松江居住。

⑥ 据一邱的《徐三档在苏州师事王钝根》（《香海画报》1938 年第 23 期），苏人的《王钝根称觞祥符寺》（《力报》1938 年 11 月 18 日第 2 版）诸文，知其 1938 年曾在苏州居住。

⑦ 《三日消息：王钝根留须》，《三日画报》1926 年第 68 期。

⑧ 如王钝根在《本句刊作者诸大名家小史·刘豁公》（《社会之花》1924 年第 2 期）一文中说，刘豁公受聘于"余友渡边天洋创办之上海公论社"。

⑨ 钝根：《紧裤一番》，《社会日报》1934 年 9 月 26 日第 2 版。

说："先母去世，在下自恨侍奉无状，誓愿出家修苦行，乃蒙冯先生来书责勉，大劫之中，亟须尽力救济众生，不应作自了汉。我就决计献身慈善事业，先为该社编订社章，译述劝世书籍，不过是一个记室，谈不到秘书。我既厌世俗，修净土，于一切尘事自甘落伍，最怕的是招摇嫌疑。"①时运不济加上世事艰难，他晚年迫于生计偶尔在报刊上"露面"，但似乎又因自己的窘迫而羞见世人。

王钝根生前对社会事务与公益事业有极高的热情，这种对时事的关注投射到文学中便是"要求文学能为社会服务"，而反映在文学之外就是王钝根对商业报刊、民生经济、国内战局等问题的持续关注。他在文章中对自己奔走于公益事业曾略有描述：

> 余儿适于是时得病，余照应稍疏，又值老年会为建筑新会所大募捐，余亦奔走其事，益无暇看护病儿。及儿卒，余妻颇致怨词，几欲尽绝亲戚，且禁余不得更为公益事业，以行善者未必得福也。余于舟中转侧终宵，椎胸痛悔。余不应有妻子，致为家庭地狱所拘禁，将与父母、亲戚、国家、社会隔绝也。②

这段文字是王钝根民初二十年间奔走公益事业的真实写照。在其报人作家生涯中，他对时代变革与社会事务总会有及时的响应，其文学思想中的"游戏与救世"相结合也好，其创作实践中的"忏情小说"也好，都是这种"响应"的具体表现和结果。

关于他的文学创作及文学观念，回顾其各时期的文章特点，显然有一个由多到少、由明丽诙谐到坦诚直接再到谨严含蓄的过程，这一过程虽不是界限分明，但与王钝根主持各类报刊的实际情况却甚为一致。显见的是，《自由谈》《自由新语》时期的活泼大胆、奔放自由，加之期间《礼拜六》杂志的流行，王钝根将滑稽、游戏的章法尽情发挥。到了创作后期，随着编辑刊物的偏离文艺，他的文章风格也变得越加凝重、严肃。不过，直到王钝根远离文艺圈，他惯于讽刺的笔调都没有变，只是在其下笔为文的最后阶段颓丧悲观的情绪比较强烈，文章内容也多半是对过往的回顾。当时，曾有人称赞他"尊著夭矫清拔，其美在骨，犹之西子捧心，

---

① 钝根：《关于五万万大善举》，《光化日报》1945 年 7 月 4 日第 2 版。
② 王钝根：《家庭地狱》，《半月》1923 年第 3 卷第 3 期。

东施不能肖也"①。此语虽不无吹捧之嫌，但"夭矫清拔"也确实道出王钝根的文章气质——不管是前期的游戏文章、后期的时评演说，还是出现于各个阶段的笔记短文，他的文章都清拔有力，毫无浮腴之态。

　　王钝根的文学观念不能用"新"或"旧"的标签贴死，因为民初的新旧本有其复杂性，其界线也并非泾渭分明。他在民初追求闲趣、游戏的文学活动，一方面是他在"三界革命"影响下的一种文学革新与开拓，是文学在世态缓和背景下自由选择的结果；另一方面，他所创办的《礼拜六》《社会之花》等刊物，他的"反饾饤"主义也为新派文学的到来做出了贡献。王钝根的"游戏与救世"的文学实践，虽是传统的、旧派的，但同时也具有革新的成分，也带着新文学的特点。他从《申报·自由谈》《自由杂志》就已经揭橥的"游戏其文字，救世其精神"的观点，从表面上来看也是颇具传统意味的。无论是"虽小道必有可观"的依据，还是劝百讽一的效果，抑或是《礼拜六》等杂志上所刊登的旧诗词、骈体文、文言短篇作品，民国旧派作家的观点乍一看仍是传统文学的一贯"旧说"。然而在民国文学的背景下，也应该看到其"游戏"写法虽是消遣，但其中也有对文学"趣味性"的追求；其"救世"观念虽为作品的外壳，但已从裨补时用延伸到改造国民精神。而这些"趣味""改造国民"等提法，都是不同于传统旧文学的全新文艺观念。从这一点出发，旧派文学掀起的趣味性、消闲性的文学潮流，除了填补"功用价值"之外的文学空间之外，也同时成为中国文学转型的助力。

　　王钝根与好友同仁虽创办了许多旧派文艺杂志，但他们并无意发起所谓的"礼拜六派"文学。只是在实际的效果上，《游戏杂志》《礼拜六》及其他同仁刊物的确开掘出文学的"政治价值""社会功用"之外的突破口，呈现出文学自由发展的可能状态。时人曾回忆说，《申报·自由谈》"曾经是礼拜六派的谈情说爱之所，也曾经是新文学家的盘肠大战之地。"② 王钝根主持《申报·自由谈》，创办《礼拜六》杂志的成绩足以让他在旧派文学阵营中占有一席之地，他二十余年的报人生涯记录了旧派文艺期刊的盛衰过程，也保存了民国旧派文人的真实生存景象。他在所谓的"礼拜六派"文学兴盛时期的意气风发，在旧派文学被抨击时期的失意黯淡，都展示了民国旧派文学曾有的辉煌与失落，也很好地诠释了传统文人应对时代变革时可能的成就与选择。王钝根在民国旧派文学界"老前辈"的地位，决定了旧派文人的创作整体偏向于《礼拜六》的"路线"；而他与旧派同仁在守旧与革新之间的冲突与矛盾，则共同体现了旧派文学历史演进的艰难与复杂。这种矛盾、复杂正是王钝根之于民国旧派文学界的意义，也正是旧派文学之于中国近现代文学转型的意义。

附录一　王钝根年表

时间		大事记
1888 年（清光绪十四年）		出生于江苏青浦县（今上海市青浦区），初名永甲，字耕培
1888 年—1908 年（清光绪十四年至三十四年）		其父在外省为官，王钝根跟随祖父母生活，并随祖父王鸿钧学习诗文
1898 年（清光绪二十四年）		祖父王鸿钧设塾于家
1899 年（清光绪二十五年）		十二岁（虚岁），是年十一月祖母去世
1903 年（清光绪二十九年）		青浦县试第一名
1905 年（清光绪三十一年）		松江府试青浦县第一名
1908 年（清光绪三十四年）		年二十一，娶妻
1908—1911 年间（清光绪三十四年至宣统三年）		入南菁书院，后往京津晋豫间游览
1909 年（清宣统元年）		青浦生员考职第五名
1911 年	4、5 月间	在家乡创办《青浦自治旬报》
	8 月	由同乡席子佩推荐入申报馆工作，自该年 8 月 24 日起主持编辑《申报·自由谈》
	本年冬	孙中山先生归国就任临时大总统，上海报界在虹口同记花园设宴欢迎。王钝根参与布置会场、设备、筵席等工作
1912 年	2 月	担任"吴绶卿都督追悼会启事"的发起人之一
	7 月	与冰盒、黄炳南、瘦蝶等人在《自由谈》上发起自由谈话会
	10 月	自由谈话会正式成立
1913 年	9 月	与同仁创办《自由杂志》（童爱楼任编辑）
	11 月	创办《游戏杂志》，任主编

续表

时间		大事记
1914 年	本年初	推荐陈蝶仙编辑《女子世界》
	1 月 13 日	在《申报·自由谈》上拟发起俭德会，随后经各同仁讨论通过，会员激增，当月 16 日设五条简章
	3 月 26 日	当晚，在寰球中国学生会演说"教育方针"
	6 月 6 日	创办《礼拜六》周刊，任主编
	8 月	编《流民图》剧本，由民鸣社演出
	本年	受谢武衡之邀，在上海青年会演说"读经之乐趣"
1915 年	3 月 17 日	辞去《申报·自由谈》编辑之职
	6 月 3 日	祖父王鸿钧去世（农历四月二十一日），享年八十有二。王钝根回乡奔丧
1916 年	4 月	《兴华报》新添的"小说"一门，请其出任编辑
	6 月 29 日	加入南社，社号为 634，介绍人为朱少屏
	6 月 29 日	《礼拜六》第一百期出版，随后停刊
	7 月	《民德报》聘其任编辑部部长
	8 月间	中华编译社欲聘其担任函授课教授；校阅的九十六回本《泪珠缘》（陈蝶仙撰）由中华图书馆出版
	10 月 15 日	青浦旅沪同乡会成立，任评议员
	11 月 20 日	入职《新申报》，编辑该报副刊《自由新语》
1917 年	1 月至 2 月	《民国日报》《神州日报》爆发成舍我与张春帆关于《九尾龟》的论战，主要讨论其书是否淫邪，王钝根敦促成舍我结束笔战
	3 月	王文濡编《南社小说集》，收录其《予之鬼友》
	5 月 9 日	在上海青年会演说"办报之经验"
	本年夏	长子出生
	本年	与《中华新报》《民国日报》同仁发起报界俱乐部，吴稚晖为部长，地址在四马路望平街口万家春楼上
	本年	在"报界俱乐部"中遇胡适、陈独秀二人，并受二人邀约共同发起文学协会，提倡白话文
	本年	与周瘦鹃、丁悚等合作创办《明星画报》

时间		大事记
1918 年	1 月 7 日	因咯血症、喉疾，欲解去《自由新语》编辑一职，1 月 13 日又发启事，继续任职，病中由刘豁公接任编辑
	4 月	长子夭折
	本年夏	次子出生
	8 月	陈蝶仙成立家庭工业社，任监察员
	9 月 6 日	据《中华基督教会年鉴》1918 年第 5 期载，"政府收买洋药公所存土制药，实与禁烟矛盾，上海教会蔡式之、梅益盛、曹锡赓、聂云台、王钝根诸君发起中外联合拒土会"
	10 月 13 日	晚上七时半，上海青年会德育演讲会邀请王钝根君演说"国庆节之感想"
	11 月	参与编印《家庭万宝全书》
	11—12 月	外出远游。因父命，往来京津沪渎售卖生铁，托周瘦鹃助其编辑《新申报·自由新语》
	本年	校印刊行吕碧城的《信芳集》
	约于本年	接任《中国商业月报》编辑
1919 年	年初	作客京师，遵刘式训言，起草《解放满蒙回藏意见书》
	4 月 27 日	在上海青年会演说"人生之生趣"
	本年夏	第三子出生
	7 月初	从《新申报》离职。自该月 4 日起，《新申报》副刊《小申报》刊载其"早已辞去《新申报》职务"的消息
	8 月间	与天虚我生欲发起晚报，曾公开征集广告，通讯地址为上海西门静修路家庭工业社
	12 月	编纂《百弊丛书》，由中华图书集成公司 1919 年 12 月 20 日出版
	12 月 10 日	中国广告公会召开第六次常会，中文书记为王钝根
	本年	任职于南洋兄弟烟草股份有限公司广告部，为其广告栏撰写小说；又，任中华中学校董，校址在"上海法租界恺自迩路惟善里"。《申报》1919 年 8 月 31 日刊有《中华中学校免费招生》广告
1920 年	本年春	游粤东，遇谢西园（谢西园为绍兴人，曾见于鲁迅日记）
	3 月间	受聘任西南第一中学校长，校址在上海南市万聚码头
	本年	主要任职于家庭工业社及编辑《中国商业月报》

续表

时间		大事记
1921 年	3 月 19 日	《礼拜六》杂志复刊
	本年夏	第三子夭折
	6 月 11 日	（农历五月初六）女儿佩珠出生
	本年	与陈小蝶、丁悚等人发起成立"狼虎会"
	本年	家人悉病，医药忙乱，无暇撰述
1922 年	4 月	《快活》杂志创刊，王钝根在创刊号发表《世外桃源：快活真诠》一文
	5 月 13 日	益德会征求会员第一次揭晓，当晚举行揭晓同乐会，在会上发表演说
	6 月 1 日	开始主编《商报》副刊《商余》
	7 月 16 日	参与创立文学社团青社
	12 月 23 日	在上海大马路东亚酒楼请客为母祝寿（农历十一月初六）《申报》12 月 15 日第 1 版曾登刊"钝根为母寿启事"
	本年	《心声》半月刊创刊，参与编辑工作
1923 年	年初	与徐小麟、袁寒云等人组织"全国伶选大会"，任大会评议长
	2 月 10 日	《礼拜六》出满第二百期，再次停刊
	9 月	不再担任《商报》副刊编辑；受田季恒所托，编辑《工商新闻》
	10 月	与袁寒云、包天笑、周瘦鹃、江红蕉、丁悚等海上文人组织成立"中国文艺协会"
	本年	在《半月》第 3 卷第 3 期上发表小说《家庭地狱》（内容与《钝根随笔》所记相似，推知是王钝根的个人真实生活写照）；同时还与刘豁公一起选编两人的小说，刊成《图画小说汇编》，作为《心声》半月刊的随赠品
1924 年	1 月	创办《社会之花》杂志，任主编
	本年	英美烟公司影片部设"中国董事部"，任影戏部编剧主任
	本年	与刘豁公合编《说部精英·甲子花》
1925 年	8 月	编辑出版《工商新闻百期汇刊》；离开《工商新闻》；创办银星影片公司，地址在上海北四川路丁兴里
	11 月	《社会之花》停刊
	本年	与刘豁公合编《说部精英·乙丑花》
	本年	离开英美烟公司影片部，加入张慧冲君联合影片公司，任编剧总监
	本年	担任电影《劫后缘》编剧（张慧冲导演，联合影片公司出品）

时间		大事记
1926 年	本年	与刘豁公合编《说部精英·丙寅花》
	本年	编撰剧本《工人之妻》（东方第一电影公司出品，任彭年导演）
1927 年	5 月	青浦旅沪同乡会重组，为委员
	7 月	其父王家霖逝世于天津寓所
	8 月	受聘于兄弟影片公司为总经理
1928 年	6 月	因诉讼案，判罚一千元。《申报》1928 年 6 月 28 日所登"上海临时法院"的判案消息中，有"高君藩与王钝根因债务涉讼一案，被告应偿还原告债务洋一千元，负担讼费"一条
	8 月 23 日	担任工商法规委员会第一次常会记录员（见《申报》1928 年 8 月 24 日第 13 版消息《工商法规委员会第一次常会》）
	11 月	任国货评论社社长，在国货展览会闭幕式上致辞
	本年	在《紫罗兰》第 3 卷第 12 期上发表《返魂记》，内有为姑母述基督教事
	约于本年	退居松江，侍奉老母
1929 年	6、7 月间	与书画界同仁发起赈灾展览会
	本年	携印度友人入京请愿于中央党部，见陈立夫；据其《京尘刹那记》记载，后来曾收到甘地的感谢信
1930 年	9 月	致函陈蝶仙，嘱其为《汉宫春色》一书题词；与周佛尘、梅辋川创办《响报》；据《响报》言，王钝根欲与潘毅华、顾肯夫二人复刊《礼拜六》杂志，但未能实行
	10 月 6 日	佛持《一得之言》中曾引用王钝根之语："纵令今日打万元底之牌而大胜特胜，万不及髫龄时与先大父打制钱麻雀之乐也"
	本年	所编新剧《家花哪有野花香》上演
1931 年	年初	潘毅华、顾肯夫二人在报上互骂，王钝根写信劝合（见《钝根顿首》，《社会日报》1931 年 1 月 11 日）
	4 月 26 日	参加袁寒云追悼大会，并题挽联
	6 月 29 日	与蒋百器等发起佛光社
1932 年	年初	草拟奖励义勇军及优恤阵亡将士办法，上书当道，并将"办法"寄报馆，但均未见用
	5 月	与上海诸同仁发起良心爱国团
	7 月	为《卫生杂志》写序言
	8 月 13 日	在天星影片公司成立大会上发表演说
	12 月	与大同书画社同仁"发愿写作联屏、堂轴三千件，半价出售，捐助东北义勇军"

时间		大事记
1933 年	1 月 7 日	当日晚，周瘦鹃因将主持《申报》新辟"春秋"栏目，为索稿宴客，座中有王钝根、徐卓呆、江红蕉等人
	2 月	陪同静安寺住持捐寺产
	7 月前	与汪精卫通信，谈及时事
	7 月	游南京，见汪精卫及旧友朱宗良，谈中日战事，受到印度友人款待
	9 月 10 日	《新上海》杂志创刊，受邀担任编辑之一
	本年	任上海全球华侨总公会秘书长，刊印陈英士、黄克强两先烈遗墨
1934 年	1 月 14 日	新亚大酒店开业，应邀出席欢宴
1935 年	8 月至 10 月	在《申报》上编辑"康乐特刊"，宣传戒烟方法
	9 月	《新上海》杂志停刊
	9 月 14 日	《申报》有《房客减租联合会筹备处 今日招待新闻界》一文，记有王钝根任"房客减租联合会筹备处"秘书长，主任为吴子垣记者筹备会上，作为主席致词
1936 年	1 月	"追悼程毓杰特辑"中收其题词作品
	3 月 7 日	出席南社纪念会第二次聚餐会，坐第十三席
	年初	该年王钝根因与日本人天野八郎牵涉而被控告，经律师辩护得免，之后举家迁往松江居住
	本年夏	避居松江，结识戏剧票友徐星晨等人
	10 月 24 日	《申报》上登"勾通外人诈财案"。文中称松江王钝根"串通外人，诈欺取财"，谎称与日本人天野八郎合办糖厂而被诉
	10 月 28 日	《申报》上登王钝根对讼案之回复，《来函》末尾署"二十五年十月二十五日，于松江"
	本年	上海大众书局出版《古今碑帖集成》150 种，封面均由王钝根题签
1937 年	5 月 29 日	《快乐家庭》杂志特聘王钝根为主编
	八一三事变后	避兵苏州太湖洞庭山
	本年	在《健宁》杂志上发表《牛皮癣治验报告方》《毒治验报告》

时间		大事记
1938 年	年初	上半年间，仍避乱于苏州
	11 月 16 日	《申报》上登《南市现状一瞥》，记日军占领上海后，南市难民区有九大区委，王钝根出任秘书
	本年	据称，王钝根与日本人合作，出任上海南市自治会的相关职务。秋心《王钝根摇身一变》一文中言："战后东邻实施新闻政策，有电讯社之创，知王潦倒，乃以利诱之，王竟上钩。会南市自治会改组为'政务处'，陈云由会长而蜕领处长，王则出任第二科科长闻矣。"（《社会日报》1938 年 9 月 13 日第 2 版）
	本年	据《徐三档在苏州师事王钝根》与《徐三档师事王钝根》两文称，该年王钝根在苏州创办《江南日报》，并自任经理。又，据邵盈午《南社人物吟评》言："困居吴门的王氏居然接受伪江苏省长高冠吾之聘，赴苏州出任《江南日报》主笔，继而出任伪江苏省议员。"（团结出版社 2022 年，第 34 页）
1941 年		返回上海，鬻书度日
1942 年	7 月 22 日	其妻李昌凤女士病逝
	本年	母病，回乡侍母
1945 年	3 月 28 日	母亲董太夫人去世
1946 年	4 月初	致信申报馆，言报馆多"轻采浮言，漫施攻击"
1947 年		任某同业公会秘书长
1948 年	年初	为父母、妻子卜葬于乡里，同时也为自己修筑了生圹
	本年	六十一岁，后辈盛俊才告诉他，报纸上有文章说他"潦倒洋场"
1951 年 3 月卒		据陆定中《〈申报·自由谈〉首创者王钝根》一文所言（《青浦革命文化史料》）
1953 年卒		据陈祖范《近代书苑采英》书中所记

附录二　王钝根作品编年

时间	作品	出处
1911.05.03	《破迷信》	《青浦自治旬报》第1版
1911.08.17	《短篇痴情小说：新状元》	《申报》第二张后幅第3版
1911.08.24	《滑稽小说：助娠会》	《申报·自由谈》（亦见《自由杂志》第1期）
1911.08.24—26	《动物之爱》（翼仍、钝根合译）	《申报·自由谈》
1911.08.26	《鲥鳝会败事长致江皖哀鸿书》	《申报·自由谈》
1911.08.29	《忽发奇想：人体改良》	《申报·自由谈》
1911.08.30	《忽发奇想》	《申报·自由谈》（亦见《自由杂志》第1期"千金一笑"《七夕说》）
1911.08.31	《忽发奇想：人体改良（续）》	《申报·自由谈》
1911.09.08	《见见闻闻》	《申报·自由谈》
1911.09.10	《滑稽小说：自由谈》	《申报·自由谈》
1911.09.10	《忽发奇想：水灾急救法》	《申报·自由谈》（亦见《自由杂志》第1期"千金一笑"）
1911.09.12	《见见闻闻》	《申报·自由谈》
1911.09.13	《瞎费心思：语气》	《申报·自由谈》
1911.09.16	《见见闻闻》	《申报·自由谈》
1911.09.18	《乡老游爱俪园记》	《申报·自由谈》（亦见《自由杂志》第1期）
1911.09.19	《滑稽小说：醋世界》	《申报·自由谈》（亦见《自由杂志》第1期）
1911.09.20	《编辑余谈》	《申报·自由谈》
1911.09.21	《海上闲谈》	《申报》第二张第4版
1911.09.22	《海上闲谈》	《申报》第二张第4版
1911.09.23	《海上闲谈》	《申报》第二张第4版
1911.09.24	《海上闲谈》	《申报》第二张第4版

时间	作品	出处
1911.09.25	《寓言小说：织金草》（署"钦钝译"，由《鼠探亲》一篇署名可知"钦钝"即为钝根）	《申报·自由谈》
1911.09.25	《海上闲谈》	《申报》第二张第 4 版
1911.09.26	《孝子盗》	《申报·自由谈》（亦见《自由杂志》第 1 期）
1911.09.26	《海上闲谈》	《申报》第二张第 5 版
1911.09.27	《荒诞小说：矮人国》	《申报·自由谈》（亦见《自由杂志》第 1 期）
1911.09.27	《海上闲谈》	《申报》第二张第 4 版
1911.09.28	《海上闲谈》	《申报》第二张第 3 版
1911.09.28—10.09	《侠情小说：铁丐》	《申报·自由谈》（亦见《自由杂志》第 1 期）
1911.09.29	《海上闲谈》	《申报》第二张第 4 版
1911.09.30	《情血》（署"翼钝译"，即翼仍与钝根合译）	《申报·自由谈》
1911.09.30	《海上闲谈》	《申报》第二张第 5 版
1911.10.01	《海上闲谈》	《申报》第二张第 4 版
1911.10.02	《海上闲谈：哈同花园之雨景》	《申报》第二张第 4 版
1911.10.03	《海上闲谈》	《申报》第二张第 4 版
1911.10.04	《千金一笑》	《申报·自由谈》
1911.10.04	《海上闲谈》	《申报》第二张第 5 版
1911.10.05	《海上闲谈》	《申报》第二张第 4 版
1911.10.06	《游戏文章：吕洞宾辞谢嫦娥邀赏桂书》	《申报·自由谈》（亦见 1913《自由杂志》第 1 期"游戏文章"）
1911.10.06	《海上闲谈》	《申报》第二张第 4 版
1911.10.07	《忽发奇想：月饼会》	《申报·自由谈》（亦见 1913《自由杂志》第 1 期"千金一笑"）
1911.10.07	《海上闲谈》	《申报》第二张第 4 版
1911.10.08	《海上闲谈》	《申报》第二张第 4 版
1911.10.09	《海上闲谈》	《申报》第二张第 5 版
1911.10.10	《孝子桥》（未题作者，有钝根按语）	《申报·自由谈》
1911.10.10	《海上闲谈》	《申报》第二张第 4 版

时间	作品	出处
1911.10.11—13	《奇情小说：意中鬼》（未题作者，有钝根按语）	《申报·自由谈》
1911.10.11	《新滩簧》	《申报·自由谈》（亦见 1913《自由杂志》第 1 期"游戏文章"）
1911.10.11	《海上闲谈》	《申报》第二张第 4 版
1911.10.12	《海上闲谈》	《申报》第二张第 5 版
1911.10.13	《海上闲谈》	《申报》第二张第 4 版
1911.10.14	《海上闲谈》	《申报》第二张第 4 版
1911.10.14	《钻石戒》（庆霖译述，钝根润辞）	《申报·自由谈》
1911.10.15	《黄金病》（特公译述，钝根撰辞）	《申报·自由谈》（亦见《自由杂志》第 1 期）
1911.10.15	《海上闲谈》	《申报》第二张第 4 版
1911.10.16	《忽发奇想：大员逃命法》	《申报·自由谈》（亦见 1913《自由杂志》第 1 期"游戏文章"）
1911.10.16	《海上闲谈》	《申报》第二张第 4 版
1911.10.17	《海上闲谈》	《申报》第二张第 5 版
1911.10.18	《鼠探亲》（署名"钦钝"；亦见《自由杂志》第 1 期，署名"钝根"）	《申报·自由谈》
1911.10.18	《海上闲谈》	《申报》第二张第 4 版
1911.10.19	《海上闲谈》	《申报》第二张第 4 版
1911.10.19—31	《痴人梦》	《申报·自由谈》（亦见《自由杂志》第 2 期）
1911.10.20	《海上闲谈》	《申报》第二张第 4 版
1911.10.21	《海上闲谈》	《申报》第二张第 4 版
1911.10.22	《海上闲谈》	《申报》第二张第 4 版
1911.10.23	《海上闲谈》	《申报》第二张第 4 版
1911.10.24	《瞎费心思：五十头歌吴下俗语》	《申报·自由谈》
1911.10.24	《海上闲谈》	《申报》第二张第 5 版
1911.10.25	《海上闲谈》	《申报》第二张第 4 版
1911.10.26	《海上闲谈》	《申报》第二张第 4 版
1911.10.27	《海上闲谈》	《申报》第二张第 4 版

时间	作品	出处
1911. 11. 01	《游戏文章：戏拟某道告示》	《申报·自由谈》（亦见 1913《自由杂志》第 2 期）
1911. 11. 01	《清谈》	《申报·自由谈》
1911. 11. 02	《游戏文章：拟万国协拿民贼条约》	《申报·自由谈》
1911. 11. 05	《浦江潮》	《申报·自由谈》（亦见《自由杂志》第 2 期）
1911. 11. 05	《海上闲谈》	《申报》第二张第 4 版
1911. 11. 05	《说极二》	《申报·自由谈》
1911. 11. 12	《编辑余谈》	《申报·自由谈》
1911. 11. 13	《游戏小说：催眠术》	《申报·自由谈》（亦见《自由杂志》第 2 期"游戏文章"栏）
1911. 11. 13	《海上闲谈》	《申报》第二张第 5 版
1911. 11. 14	《海上闲谈》	《申报》第二张第 5 版
1911. 11. 16	《见见闻闻》	《申报·自由谈》（另见 1913《自由杂志》第 2 期《白云苍狗》）
1911. 11. 18	《海上闲谈》	《申报》第二张第 5 版
1911. 11. 19	《海上闲谈》	《申报》第二张第 5 版
1911. 11. 20	《大倒账》	《申报·自由谈》（亦见《自由杂志》第 2 期）
1911. 11. 21	《海上闲谈》	《申报》第二张第 4 版
1911. 11. 21—12. 08	《爱情小说：周利亚》（闽县超西子著述，青浦钝根人润辞）	《申报·自由谈》
1911. 11. 23	《见见闻闻》	《申报·自由谈》
1911. 12. 01	《编辑余谈》	《申报·自由谈》
1911. 12. 02	《千金一笑》	《申报·自由谈》
1911. 12. 03	《游戏文章：处置张勋法》	《申报·自由谈》
1911. 12. 07	《编辑余谈》	《申报·自由谈》
1911. 12. 09	《编辑余谈》	《申报·自由谈》
1911. 12. 13	《编辑余谈》	《申报·自由谈》
1911. 12. 14	《编辑余谈》	《申报·自由谈》（亦见 1913《自由杂志》第 1 期）
1911. 12. 29	《编辑余谈》	《申报·自由谈》
1912. 01. 01	《游戏文章：新祝词》	《申报·自由谈》
1912. 01. 02	《编辑余谈》	《申报·自由谈》

续表

时间	作品	出处
1912.01.05	《千金一笑》	《申报·自由谈》
1912.01.07	《千金一笑》	《申报·自由谈》
1912.01.09	《编辑余谈》	《申报·自由谈》
1912.01.15	《无稽之谈》	《申报·自由谈》
1912.01.26	《短篇小说：风流老公使》	《申报·自由谈》
1912.01.28—02.05	《社会小说：财奴》	《申报·自由谈》
1912.01.30	《千金一笑：雪谈》	《申报·自由谈》
1912.01.31	《见见闻闻：怪服》	《申报·自由谈》
1912.02.04	《千金一笑：认族（续）》	《申报·自由谈》
1912.02.06	《游戏文章：地方自乱章程》	《申报·自由谈》
1912.02.12	《游戏文章：灶君退位记》	《申报·自由谈》
1912.02.13	《短篇小说：富翁过年》	《申报·自由谈》
1912.02.21	《俗谚考证》《半新半旧》	《申报·自由谈》
1912.02.22	《游戏文章：鼠界保辫会传单》	《申报·自由谈》
1912.02.23	《纸上空谈》	《申报·自由谈》
1912.02.24	《纸上空谈》	《申报·自由谈》
1912.02.25	《纸上空谈》	《申报·自由谈》
1912.02.26	《纸上空谈：橄榄式之船》	《申报·自由谈》
1912.02.27	《纸上空谈：驻颜粉》	《申报·自由谈》
1912.02.29	《纸上空谈：大玻璃罩》	《申报·自由谈》
1912.03.01	《纸上空谈：草帽公债》	《申报·自由谈》
1912.03.02	《纸上空谈：世界真和平》	《申报·自由谈》
1912.03.03	《有些》《游戏文章：改革称谓问题》	《申报·自由谈》
1912.03.04	《游戏文章：全球最新特别改良大药房广告》	《申报·自由谈》
1912.03.05	《游戏文章：全球最新特别改良大药房广告（续）》	《申报·自由谈》
1912.03.08	《游戏文章：袁总统与孙总统论总统书》	《申报·自由谈》
1912.03.08	《心直口快》	《申报·自由谈》
1912.03.09	《纸上空谈：世界地名大字典》	《申报·自由谈》

时间	作品	出处
1912. 03. 13	《纸上空谈：电动时计》	《申报·自由谈》
1912. 03. 18	《心直口快：驳驳女子参政权》	《申报·自由谈》
1912. 03. 22	《新戏评》	《申报·自由谈》
1912. 03. 26	漫画	《申报·自由谈》
1912. 03. 27	漫画	《申报·自由谈》
1912. 03. 28	漫画	《申报·自由谈》
1912. 03. 29	漫画	《申报·自由谈》
1912. 03. 30	漫画	《申报·自由谈》
1912. 04. 13	漫画	《申报·自由谈》
1912. 04. 14	漫画	《申报·自由谈》
1912. 04. 15	漫画《原来如此》	《申报·自由谈》
1912. 04. 17	漫画《官癖》	《申报·自由谈》
1912. 04. 18	《滑稽社论：无夫主义商榷》	《申报·自由谈》
1912. 04. 20	《游戏文章：军人上大总统诉冤苦书》、漫画《新官场之帽》	《申报·自由谈》
1912. 04. 22	《滑稽小说：文明结婚》漫画《摹仿西人一：高鼻法》	《申报·自由谈》
1912. 04. 23	《滑稽短篇：瞌睡》漫画《摹仿西人二：长身法》	《申报·自由谈》
1912. 04. 24	漫画《摹仿西人三：黄毛法》	《申报·自由谈》
1912. 04. 25	漫画《呜呼吾国同胞沉溺于外国制之草帽》	《申报·自由谈》
1912. 04. 26	漫画《摹仿西人四：深睛法》《滑稽丛谈：上海俗谚之疑问》	《申报·自由谈》
1912. 04. 27	漫画《摹仿西人五》	《申报·自由谈》
1912. 04. 28	漫画《摹仿西人六：凸乳法》	《申报·自由谈》
1912. 04. 29	《短篇纪实：影戏园》漫画《摹仿西人七：细腰法》	《申报·自由谈》
1912. 04. 30	漫画《摹仿西人八》	《申报·自由谈》
1912. 05. 03	《游戏文章：征夫告白》漫画《统一党 同盟会》	《申报·自由谈》
1912. 05. 03	《纸上空谈：完全国货大公司》	《申报·自由谈》
1912. 05. 04	漫画《新式帽》	《申报·自由谈》
1912. 05. 06	《短篇小说：剧盗》	《申报·自由谈》

时间	作品	出处
1912.05.10	《游戏文章：民国捐办法》	《申报·自由谈》
1912.05.17	《海外奇谈：以死殉婚》《心直口快》	《申报·自由谈》
1912.05.19	《零碎小说：摹西》	《申报·自由谈》
1912.05.20	《零碎小说：辱国痛》	《申报·自由谈》
1912.05.21	《戏评：〈明末遗恨〉》	《申报·自由谈》
1912.05.23	《心直口快》	《申报·自由谈》
1912.06.02	漫画《热心与冷血之比较》	《申报·自由谈》
1912.06.03	《游戏文章：最时式之时评》、漫画《你是大大的人儿，他是小小的虫儿。你不把他杀的斩草除了根儿，他倒把你吸尽脂膏，要了你的命儿。这岂不是一件很奇怪的事儿》	《申报·自由谈》
1912.06.04	漫画《新服装：龟板式之马甲》	《申报·自由谈》
1912.06.05	《编辑余谈》、漫画《可笑之报纸》	《申报·自由谈》
1912.06.06	漫画《天雨钱》	《申报·自由谈》
1912.06.07	漫画《自由之车》	《申报·自由谈》
1912.06.08	漫画《自由之花》	《申报·自由谈》
1912.06.10	《游戏文章：论中国今日宜以妇女为总统》、漫画《自由之神》	《申报·自由谈》
1912.06.11	《短篇滑稽：米袋老公》、漫画《米价之将来》	《申报·自由谈》
1912.06.12	漫画《猫撒屎狗做主》	《申报·自由谈》
1912.06.13	《短篇滑稽：我害他》、漫画《公要馄饨婆要面》	《申报·自由谈》
1912.06.14	漫画《弗见棺材弗肯哭》	《申报·自由谈》
1912.06.15	漫画《八十岁婆婆学吹打——气短了》	《申报·自由谈》
1912.06.16	漫画《接吻》	《申报·自由谈》
1912.06.17	《心直口快》、漫画《帽与颈之不相宜》	《申报·自由谈》
1912.06.18	《游戏文章：论维持国货之责在妓女》、漫画《胡子吸卷烟》	《申报·自由谈》
1912.06.19	漫画《钟馗君最近之摄影》	《申报·自由谈》
1912.06.19—24	《短篇滑稽：钟馗》	《申报·自由谈》

时间	作品	出处
1912.06.20	漫画《妓女吸卷烟》	《申报·自由谈》
1912.06.21	漫画《男女之新交际》	《申报·自由谈》
1912.06.22	《心直口快》 漫画《当国者之心理》	《申报·自由谈》
1912.06.23	漫画《香烟主顾两种》	《申报·自由谈》
1912.06.24	漫画	《申报·自由谈》
1912.06.26	漫画	《申报·自由谈》
1912.06.27	俗语画《胖奶奶的裤带不打紧》	《申报·自由谈》
1912.06.28	俗语画《头颈着膝裤（极言盼望之久也）》	《申报·自由谈》
1912.06.29	俗语画《荷花大少》	《申报·自由谈》
1912.06.30	俗语画《垃圾马车》	《申报·自由谈》
1912.07.01	俗语画《打野鸡》	《申报·自由谈》
1912.07.02	俗语画《言论界之笔》	《申报·自由谈》
1912.07.03	《戏评》、俗语画《烂污调》	《申报·自由谈》
1912.07.04	俗语画《出风头》	《申报·自由谈》
1912.07.06	俗语画《鬼拍马屁，又名马屁鬼》	《申报·自由谈》
1912.07.08	俗语画《合着裤子》	《申报·自由谈》
1912.07.09	俗语画《摸不着头脑》	《申报·自由谈》
1912.07.10	俗语画《揩油》	《申报·自由谈》
1912.07.11	俗语画《吃醋》	《申报·自由谈》
1912.07.12	俗语画《上当》	《申报·自由谈》
1912.07.13	漫画《害群之马》	《申报·自由谈》
1912.07.14	漫画《今之所谓政党者》	《申报·自由谈》
1912.07.15	漫画《呜呼亡民国者必汝辈也》	《申报·自由谈》
1912.07.16	《戏评》、俗语画《戳头戏》	《申报·自由谈》
1912.07.18	《挥扇闲谈》	《申报·自由谈》
1912.07.20	《游戏文章：前清逃督端徵昨日卒于沪寓，戏拟废帝谕旨以吊之》、俗语画《说鬼话》（署名"D. K."，因漫画《孙中山先之伟画》的署名为"D. K. Wang"，知其为王钝根的英文名缩写）	《申报·自由谈》
1912.07.21	俗语画《老蟹》	《申报·自由谈》

续表

时间	作品	出处
1912. 07. 22	《戏评：鄂州血》、俗语画《三只手》	《申报 · 自由谈》
1912. 07. 24	俗语画《俏眼做与瞎子看》	《申报 · 自由谈》
1912. 07. 25	俗语画《化子瞧不起讨饭》	《申报 · 自由谈》
1912. 07. 31	《附戏评》	《申报 · 自由谈》
1912. 08. 16	游戏画《大师会》	《申报 · 自由谈》
1912. 08. 17	《附戏评》 游戏画《昔日之上海 今日之上海》	《申报 · 自由谈》
1912. 08. 19	漫画《无耻之尤 冒充日本人》	《申报 · 自由谈》
1912. 08. 20	《滑稽短篇：垃圾桥相会》、漫画《新七巧图》	《申报 · 自由谈》
1912. 08. 21	漫画《新墓碑》	《申报 · 自由谈》
1912. 08. 26	漫画《震慑黎元洪之虎》	《申报 · 自由谈》
1912. 08. 27	误解四书画一《嫂溺援之以手》	《申报 · 自由谈》
1912. 08. 28	误解四书画二《君子食无求饱》	《申报 · 自由谈》
1912. 08. 29	误解四书画三《小人怀土》	《申报 · 自由谈》
1912. 09. 02	误解四书画四《邦有道如矢，邦无道无矢》	《申报 · 自由谈》
1912. 09. 03	误解四书画五《非求益者也，欲速成者也》	《申报 · 自由谈》
1912. 09. 04	《论消弭党祸之妙法》《心直口快》、误解四书画六《钧是人也，或为大人或为小人，何也》	《申报 · 自由谈》
1912. 09. 07	漫画《参议院之将来》	《申报 · 自由谈》
1912. 09. 09	《听王玉峰弹三弦记》	《申报 · 自由谈》
1912. 09. 10	漫画《中华民国之登高》	《申报 · 自由谈》
1912. 09. 11	《心直口快》	《申报 · 自由谈》
1912. 09. 12	《闲谈》、漫画《黄陈二君莅天津之纪念》	《申报 · 自由谈》
1912. 09. 13	《游戏文章：体操教员抗争选举权传单》《心直口快》、漫画《孙中山先生之伟画》（署名为"D. K. Wang"）	《申报 · 自由谈》
1912. 09. 14	《游戏文章：欢迎欢送辨》 《心直口快》、漫画《北京之游乐手》	《申报 · 自由谈》

续表

时间	作品	出处
1912. 09. 18	《心直口快》	《申报·自由谈》
1912. 09. 19	《游戏文章：代拟黄克强君以兵力征募国民捐办法》	《申报·自由谈》
1912. 09. 20	《游戏文章：女界尊孔会传单》	《申报·自由谈》
1912. 09. 21	《游戏文章：张天师电日俄两国皇帝文》	《申报·自由谈》
1912. 09. 25	漫画《月饼游戏》	《申报·自由谈》
1912. 09. 26	漫画《中秋夜月之悲观》	《申报·自由谈》
1912. 09. 29	《海外奇谈》《滑稽短篇：光复大纪念》	《申报·自由谈》
1912. 09. 30	漫画《光复纪念大会》	《申报·自由谈》
1912. 10. 02	《游戏文章：戏拟孙中山先生报告遇险电文》	《申报·自由谈》
1912. 10. 08	《游戏文章：孔子做生日记》	《申报·自由谈》
1912. 10. 09	《钝根游戏画》	《申报·自由谈》
1912. 10. 10	漫画《纪念会中之纪念品》	《申报·自由谈》
1912. 10. 12	《介绍舆论》	《申报·自由谈》
1912. 10. 14	《心直口快》	《申报·自由谈》
1912. 10. 14	《时评三》	《申报》第7版
1912. 10. 15	《时评三》	《申报》第7版
1912. 10. 15	《游戏文章：大厨司命令》《海外奇谈》	《申报·自由谈》
1912. 10. 16	《时评三》	《申报》第7版
1912. 10. 16	《游戏文章：理想电报》	《申报·自由谈》
1912. 10. 23	《附言》	《申报·自由谈》
1912. 10. 24	《游戏文章：清帝谕旨三十二日满太监奉》	《申报·自由谈》
1912. 10. 25	《游戏文章：戏拟征西大将军告捷电》《自由谈话会》	《申报·自由谈》
1912. 10. 27	《自由谈话会》	《申报·自由谈》
1912. 10. 29	《游戏文章：滑稽问答》	《申报·自由谈》
1912. 10. 30	漫画《遗漏选民》	《申报·自由谈》
1912. 10. 31	《游戏文章：辫子与选举权之关系》、漫画《劝吸香烟画一》	《申报·自由谈》

时间	作品	出处
1912.11.01	《游戏文章：处置闲兵策》《附戏评》、漫画《香烟画二》	《申报·自由谈》
1912.11.02	《游戏文章：四大政党俱乐部通告文》、漫画《香烟画三》	《申报·自由谈》
1912.11.03	漫画《香烟画四》	《申报·自由谈》
1912.11.04	《自由谈话会》、漫画《香烟画五》	《申报·自由谈》
1912.11.17	《自由谈话会》	《申报·自由谈》
1912.11.19	《自由谈话会》	《申报·自由谈》
1912.11.22	《自由谈话会》	《申报·自由谈》
1912.11.24	《游戏文章：劝沈佩贞女士改名说》	《申报·自由谈》
1912.11.25	《游戏文章：戏拟沈佩贞女士致自由报社书》	《申报·自由谈》
1912.11.26	《游戏文章：中国急宜组织飞行军》	《申报·自由谈》
1912.12.06	《自由谈话会》	《申报·自由谈》
1912.12.13	《游戏文章：孙行者投票记》	《申报·自由谈》
1912.12.15	"投稿自由谈至三年以上者赠新瓦当文马褂一件 钝根白"	《申报·自由谈》
1912.12.16	《游戏文章：说知事》《剧谈：纪新剧同志会演〈家庭恩怨记〉》	《申报·自由谈》
1912.12.20	《游戏文章：张别古小姐致章太炎先生书》《剧谈：十八夜听李万声弹三弦》	《申报·自由谈》
1912	《戏考》序	《戏考》（第1集），申报馆1912年刊本
1912—1925	《戏考》（与王大错等人合编）	《戏考》（第1—40集），上海申报馆、中华图书馆出版
1913.01.03	《忧时涕泪：危哉中华民国之二年》《滑稽小说：外国便桶》	《申报·自由谈》
1913.01.04	《二先生记》《社会小说：火油箱》	《申报·自由谈》
1913.01.05	《剧谈》《社会小说：尉迟恭第二》	《申报·自由谈》
1913.01.06	《滑稽小说：鲻鱼梦》	《申报·自由谈》

时间	作品	出处
1913.01.07	《自由谈话会》 《社会小说：拍卖初选当选人》	《申报·自由谈》
1913.01.20	《哀情短篇：逆旅女子》	《申报·自由谈》
1913.01.21	《游戏文章：茶房岳文德上程都督书》	《申报·自由谈》
1913.01.30	《自由谈话会》 《滑稽小说：救火新法》	《申报·自由谈》
1913.02.01	《游戏文章：某女士留某男学堂诸同学书》	《申报·自由谈》
1913.02.09	《游戏文章：鼠牛交代记》 《自由谈话会》 漫画《伟人之吹牛术、牛后之阔绰、研究法学者之猛进、牛头马面之人才》	《申报·自由谈》
1913.02.10	《海外奇谈：德国之财神》	《申报·自由谈》
1913.02.13	《游戏文章：多妻党秘密会纪事》	《申报·自由谈》
1913.02.14	《海外奇谈：空前绝后之步行家》	《申报·自由谈》
1913.02.16	《游戏文章：重婚法开丧》	《申报·自由谈》
1913.02.27	《社会短篇：窘新郎》《自由谈话会》	《申报·自由谈》
1913.02.28	《社会短篇：土人》	《申报·自由谈》
1913.03.01	《海外丛谈：大慈悲之神经病》	《申报·自由谈》
1913.03.02	《海外丛谈：一方里之共和国》	《申报·自由谈》
1913.03.03	《海外奇谈：二百七十年前之旧债》	《申报·自由谈》
1913.03.08	《海外奇谈：民主党之发》	《申报·自由谈》
1913.03.09	《海外奇谈：爱妻不如爱酒》	《申报·自由谈》
1913.03.10	《游戏文章：检察厅被窃记》	《申报·自由谈》
1913.03.11	《自由谈话会》	《申报·自由谈》
1913.03.17	《游戏文章：臭虫旅馆广告》	《申报·自由谈》
1913.03.18	《游戏文章：道士》	《申报·自由谈》
1913.03.18	《海外奇谈：不喜接吻之少妇》	《申报·自由谈》
1913.03.20	《游戏文章：空花记》	《申报·自由谈》
1913.03.22	《游戏文章：政党添聘招待员启》	《申报·自由谈》

续表

时间	作品	出处
1913.03.23	《游戏文章：慎防冒牌凶手》《自由谈话会》	《申报·自由谈》
1913.03.25	《游戏文章：阎罗窝赃感言》	《申报·自由谈》
1913.03.28	《游戏文章：讨常德禁烟委员》《海外奇谈：无声之地》	《申报·自由谈》
1913.03.29	《海外奇谈：仙平女郎》	《申报·自由谈》
1913.03.30	《海外奇谈：美国姑媳关系之淡薄》	《申报·自由谈》
1913.03.31	《海外奇谈：六岁儿控父案》	《申报·自由谈》
1913.03.31	《杂评二》	《申报》第6版
1914.04.01	《杂评三》	《申报》第10版
1913.04.01	《游戏文章：新滩簧》《剧谈：纪三十晚之大舞台》	《申报·自由谈》
1913.04.11	《游戏文章：省议员扫墓记》《自由谈话会》	《申报·自由谈》
1913.04.13	《游戏文章：戏拟大总统致某议员书》《自由谈话会》	《申报·自由谈》
1913.04.15	《游戏文章：暗杀保险公司广告》	《申报·自由谈》
1913.04.16	《游戏文章：代某议员拟请增加公费意见书》《自由谈话会》	《申报·自由谈》
1913.04.17	《游戏文章：排字速成学校招生启》	《申报·自由谈》
1913.04.18	《游戏文章：滑稽大总统命令》	《申报·自由谈》
1913.04.19	《游戏文章：议员缺席惩戒法》	《申报·自由谈》
1913.04.20	《自由谈话会》	《申报·自由谈》
1913.04.22	《自由谈话会》	《申报·自由谈》
1913.04.24	《游戏文章：选秀女感言》	《申报·自由谈》
1913.04.26	《游戏文章：论议员不必由选举，可以金钱雇用之》《自由谈话会》	《申报·自由谈》
1913.04.27	《戏拟西医剖验武士英报告书》	《申报·自由谈》
1913.04.29	《杂评三》	《申报》第7版
1913.04.30	《杂评三》	《申报》第10版
1913.05.08	《游戏文章：谣》《诸友迭以诗赠愧不能报书此见意》	《申报·自由谈》

续表

时间	作品	出处
1913.05.09	《游戏文章：军水》	《申报·自由谈》
1913.05.10	《游戏文章：劝伶人择名》	《申报·自由谈》
1913.05.11	《游戏文章：戏拟上海市议会致巡警厅哀的美敦书》	《申报·自由谈》
1913.05.16	《游戏文章：告将来之女议员》	《申报·自由谈》
1913.05.17	《游戏文章：聂隐娘致女子暗杀队长书》	《申报·自由谈》
1913.05.18	《游戏文章：瞽者同盟会宣布马文治罪状》	《申报·自由谈》
1913.05.20	《海外奇谈：V字光》	《申报·自由谈》
1913.05.22	《游戏文章：章太炎宜为蝙蝠党领袖》《海外奇谈：英皇太后于归五十年纪念》《滑稽短篇：义利团》	《申报·自由谈》
1913.05.23	《海外奇谈：谋夫案宜用女陪审》	《申报·自由谈》
1913.05.25	《游戏文章：劝吴维翘女士》	《申报·自由谈》
1913.05.28	《游戏文章：箴狗篇》	《申报·自由谈》
1913.05.31	《游戏文章：驳某检察官》	《申报·自由谈》
1913.06.03	《游戏文章：孔老夫子致林步青先生书》《自由谈话会》	《申报·自由谈》
1913.06.09	《游戏文章：王氏声明假冒》	《申报·自由谈》
1913.06.10	《游戏文章：论炸弹之将来》	《申报·自由谈》
1913.06.11	《游戏文章：蚊虫俱乐部挽留伟人电》	《申报·自由谈》
1913.06.12	《自由谈话会》	《申报·自由谈》
1913.06.13	《热得歌》《自由谈话会》	《申报·自由谈》
1913.06.16	《游戏文章：论某钱庄伙向俄妇混用假萝卜》	《申报·自由谈》
1913.06.17	《哀情短篇：支那人之颊》	《申报·自由谈》
1913.06.27	《自由谈话会》	《申报·自由谈》
1913.07.03	《游戏文章：家庭减政说》	《申报·自由谈》
1913.07.04	《游戏文章：头颅公司广告》	《申报·自由谈》
1913.07.05	《游戏文章：被裁司员夫人致司员书》《自由谈话会》	《申报·自由谈》
1913.07.08	《自由谈话会》	《申报·自由谈》

续表

时间	作品	出处
1913. 07. 12	《海外奇谈：墨西歌皇太后之可怜》 《自由谈话会》	《申报·自由谈》
1913. 07. 13	《海外奇谈：俄伯爵夫人被骗》	《申报·自由谈》
1913. 07. 14	《游戏文章：久矣吾不复梦见高尚》	《申报·自由谈》
1913. 07. 17	《自由谈话会》	《申报·自由谈》
1913. 07. 24	《自由谈话会》	《申报·自由谈》
1913. 07. 25	《上海新竹枝词》	《申报·自由谈》
1913. 07. 26	《上海战事五更调》	《申报·自由谈》
1913. 07. 29	《游戏文章：代夏粹方等辨诬》	《申报·自由谈》
1913. 07. 30	《游戏文章：嫖略通于战略论》	《申报·自由谈》
1913. 08. 01	《游戏文章：打野鸡行》	《申报·自由谈》
1913. 08. 04	《自由谈话会》	《申报·自由谈》
1913. 08. 05	《海外奇谈：最新发明之世界语》	《申报·自由谈》
1913. 08. 11	《自由谈话会》	《申报·自由谈》
1913. 08. 27	《游戏文章：劝人莫打落水狗》	《申报·自由谈》
1913. 08. 28	《自由谈话会》	《申报·自由谈》
1913. 08. 31	《游戏文章：某总理致地藏王菩萨电》	《申报·自由谈》
1913. 09. 01	《游戏文章：皇帝之魔鬼》	《申报·自由谈》
1913. 09. 04	《短篇小说：野蛮军》	《申报·自由谈》
1913. 09. 06	《游戏文章：讨爷军总司令通告文》 《吊黄花岗词·调寄浪淘沙》（《黄花岗英雄遗著》一文中所录）	《申报·自由谈》
1913. 09. 08	《游戏文章：戏拟某上将致国会议员书》	《申报·自由谈》
1913. 09. 17	《自由谈话会》 《剧谈》（评新民演剧社三四本《恶家庭》）	《申报·自由谈》
1913. 09. 18	《游戏文章：移芜湖之理由书》 《剧谈》（评新民演剧社五六本《恶家庭》）	《申报·自由谈》

续表

时间	作品	出处
1913.09.19	《剧谈》（评新民演剧社七八本《恶家庭》）	《申报·自由谈》
1913.09.20	《剧谈》（评新民演剧社九十本《恶家庭》）	《申报·自由谈》
1913.09.21	《剧谈》（评新民演剧社《芙蓉劫》）	《申报·自由谈》
1913.09.26	《游戏文章：二十四省公民秦开新等上参众两议院书》《自由谈话会》	《申报·自由谈》
1913.09.28	《剧谈》（评新民社演《马介甫》）	《申报·自由谈》
1913.10.02	《滑稽短篇：扦脚事业》	《申报·自由谈》（亦刊于《先施乐园日报》1920年5月30日第3版）
1913.10.06	《游戏文章：东邻悍妇传》	《申报·自由谈》
1913.10.08	《滑稽短篇：登高》	《申报·自由谈》
1913.10.09	《剧谈》（评新民社《尖嘴姑娘》）	《申报·自由谈》
1913.10.15	《游戏文章：征求古董文字启》	《申报·自由谈》
1913.10.18	《剧谈》（共和中舞台《唐静庵》）	《申报·自由谈》
1913.10.19	《剧谈》（新民社初演《恒娘》）	《申报·自由谈》
1913.10.30	《游戏文章：名谶》	《申报·自由谈》
1913.11.02	《自由谈话会》	《申报··自由谈》
1913.11.11—1914.01.05	《滑稽小说：斯文扫地》	《申报·自由谈》
1913.11.27	《剧谈》（新民社演《富贵冤》）	《申报·自由谈》
1913.12.05	《自由谈话会》	《申报·自由谈》
1913.12.18	《剧谈》（评民鸣社《痴心女子》）	《申报·自由谈》
1913.12.21	《游戏文章：覆冰盦书》	《申报·自由谈》
1913.12.24	《剧谈》（新民社演《儿女英雄》）	《申报·自由谈》
1913.12.31	《游戏文章：祭自由神文》	《申报·自由谈》

时间	作品	出处
1913	《偶然》《要人保护》（另有 21 篇作品发表在《自由杂志》1913 年第 1、2 期均已在《申报·自由谈》刊登）	《自由杂志》第 2 期
1913	《小言》《滑稽文：阳货传记》《诙谐短篇：徐娘福》《译林：美国南州女儿同盟会》	《游戏杂志》第 1 期
1913—1915	《聂慧娘弹词》	《游戏杂志》第 1—19 期
1914.01.03	《恭贺新年》	《申报·自由谈》
1914.01.12	《剧谈》	《申报·自由谈》
1914.01.13	《自由谈话会》	《申报·自由谈》
1914.01.15	《游戏文章：戏拟袁大总统如夫人致冯都督新夫人祝辞》	《申报·自由谈》
1914.01.16	《自由谈话会》	《申报·自由谈》
1914.01.18	《游戏文章：灶堂近事记》	《申报·自由谈》
1914.01.30	《游戏文章：文官法官考试抢替有限公司广告》	《申报·自由谈》
1914.01.31	《游戏文章：有请规复御史台者戏为代拟新官制》	《申报·自由谈》
1914.02.01	《游戏文章：游戏房记仿桃花源记》	《申报·自由谈》
1914.02.04	《游戏文章：寻人广告》	《申报·自由谈》
1914.02.13	《自由谈话会》	《申报·自由谈》
1914.02.14	《剧谈：恶家庭》	《申报·自由谈》
1914.02.21	《剧谈》（评新民社五六七八《恶家庭》）	《申报·自由谈》
1914.02.23	《游戏文章：管仲治脐、孔明治浊、王蜢治春，异同得失论》	《申报·自由谈》
1914.03.08	《社会短篇：新荐店头》	《申报·自由谈》
1914.03.19	《游戏文章：鸡口县董上知事书》	《申报·自由谈》
1914.03.26	《游戏文章：游戏裁判》	《申报·自由谈》
1914.03.27	《自由谈话会》	《申报·自由谈》
1914.04.03	《观南洋路矿学校记》	《申报·自由谈》（亦刊于《教育周报》1914 年第 38 期）
1914.04.06	《介绍良书》	《申报·自由谈》
1914.04.07	《纪人：宋飏裘传》	《生活日报》第 12 版

时间	作品	出处
1914.04.08—09	《滑稽短篇：予为车夫》	《申报·自由谈》
1914.04.19	《剧谈：民鸣社之儿女英雄》	《申报·自由谈》
1914.04.24	《自由谈话会》	《申报·自由谈》
1914.05.06	《忠义堂记》	《申报·自由谈》
1914.05.15	《游戏文章：吹毛日记》	《申报·自由谈》
1914.05.17	《游戏文章：吹毛日记》	《申报·自由谈》
1914.05.18	《游戏文章：吹毛日记》	《申报·自由谈》
1914.05.19	《游戏文章：吹毛日记》	《申报·自由谈》
1914.05.21	《游戏文章：瓶髭罐头斋笔记》	《申报·自由谈》
1914.05.25	《游戏文章：瓶髭罐头斋笔记》	《申报·自由谈》
1914.06.08	《为了青先生逝世告海内文字交》	《申报·自由谈》
1914.06.11	《挽了青徐先生》	《申报·自由谈》
1914.06.20	《剧谈：错姻缘》	《申报·自由谈》
1914.07.12	《社会小说：两种天》	《申报·自由谈》
1914.07.13	《滑稽小说：臭虫的势力范围》	《申报·自由谈》
1914.07.14—15	《滑稽小说：续水浒》	《申报·自由谈》
1914.07.16	《自由谈话会》	《申报·自由谈》
1914.07.18	《记美国幻术家藤根》	《申报·自由谈》
1914.08.09	《游戏文章：戏拟大总统令》《清室遗老呈请拨帑修茸首阳山文》	《申报·自由谈》
1914.08.10	《社会小说：危机一发》	《申报·自由谈》
1914.08.11	《游戏文章：论欧洲战事之影响》	《申报·自由谈》
1914.08.12	《游戏文章：该》	《申报·自由谈》
1914.08.13	《游戏文章：缝工竹匠战纪》	《申报·自由谈》
1914.08.18	《剧谈：民鸣社之义务剧》	《申报·自由谈》
1914.08.20	《俭德会》	《申报·自由谈》
1914.08.21	《游戏文章：臭虫致角虫哀的美敦书》	《申报·自由谈》
1914.08.30	《剧谈：民鸣社之古装剧〈武松〉》	《申报·自由谈》

续表

时间	作品	出处
1914.08.31	《剧谈：续纪民鸣社之古装剧〈武松〉》	《申报·自由谈》
1914.09.16	《答丁悚书》	《申报·自由谈》
1914.09.20	《剧谈：论男女合演》	《申报·自由谈》
1914.09.23	《游戏文章：寿莱西观察致其夫人书》	《申报·自由谈》
1914.09.25	《游戏文章：女检查质疑》	《申报·自由谈》
1914.09.26	《剧谈：二十三晚观民兴社剧》	《申报·自由谈》
1914.09.27	《剧谈：民兴社之〈孝鸳鸯〉》	《申报·自由谈》
1914.09.28	《剧谈：民兴社之〈侠女伶〉》	《申报·自由谈》
1914.09.29	《游戏文章：外国顾问上大总统论孔典礼书》	《申报·自由谈》（另刊于《善导报》1914 年第 17 期）
1914.10.01	《剧场零拾》	《申报·自由谈》
1914.10.07	《剧谈：观春柳社新剧〈十姊妹〉》	《申报·自由谈》
1914.10.16	《剧谈：观大江东剧社新剧〈战之罪〉》	《申报·自由谈》
1914.10.26—12.10	《时事新剧：佛动心》	《申报·自由谈》
1914.11.10	《剧谈：久别重逢之新民社》	《申报·自由谈》
1914.11.11	《剧谈：新民舞台之〈空谷兰〉》	《申报·自由谈》
1914.11.12	《剧谈：观新民舞台之〈空谷兰〉》	《申报·自由谈》
1914.12.11	《游戏文章：孟姜女士与范杞良君结婚小启》	《申报·自由谈》
1914	《〈礼拜六〉出版赘言》《短篇瞎说〈礼拜六〉》	《礼拜六》第 1 期
1914	《敬告抄袭家》	《礼拜六》第 8 期
1914	《虞美人（次梦蘧韵）》	《香艳小品》第 3 期
1914	《译林：爱情之圣》	《游戏杂志》第 2 期
1914	《箴狗篇》《译林：天真烂漫之公主》	《游戏杂志》第 3 期
1914	《滑稽文：家的》	《游戏杂志》第 4 期
1914	《王钝根谈读经之乐趣》	谢洪赍编《证道集》卷上（中华基督教青年会 1914 年）

时间	作品	出处
1915.01.01	《新年歌·仿小热昏卖橄榄糖调》 《滑稽短篇：王小二过年记》	《申报·自由谈》
1915.01.04	《介绍青年会》	《申报·自由谈》
1915.01.15	《游戏文章：改良门联》	《申报·自由谈》
1915.01.20	《游戏文章：公堂案》	《申报·自由谈》
1915.01.23	《游戏文章：外国缩脚诗》	《申报·自由谈》
1915.01.24	《游戏文章：家庭改革大事记》	《申报·自由谈》
1915.01.26	《敬步原韵》（步朱继程仿刘禹锡乌衣巷句韵）	《申报·自由谈》
1915.01.27	《游戏文章：二月三十日奉》	《申报·自由谈》
1915.01.31	《自由谈之自由谈》	《申报·自由谈》
1915.02.01	《自由谈之自由谈》	《申报·自由谈》
1915.02.05	《自由谈之自由谈》	《申报·自由谈》
1915.02.20	《滑稽小语：财神语》	《申报·自由谈》
1915.02.23	《游戏文章：寿来西君接财神礼节》	《申报·自由谈》
1915.02.24	《游戏文章：大国要求小国条件》	《申报·自由谈》
1915.03.12	《自由谈之自由谈》	《申报·自由谈》
1915.03.13	《自由谈之自由谈》	《申报·自由谈》
1915.03.17	《自由谈之自由谈》	《申报·自由谈》
1915	《红楼劫》	《礼拜六》第 38 期
1915	《钝根启事》	《礼拜六》第 44 期
1915	《国耻录》	《礼拜六》第 51—58 期
1915	《国耻录停刊谨告》《将军妾》	《礼拜六》第 59 期
1915	《介绍演说报》	《礼拜六》第 65 期
1915	《游戏短篇：列位光顾》	《礼拜六》第 76 期
1915	《四少奶奶》	《礼拜六》第 77 期
1915	《心许》	《礼拜六》第 78 期
1915	《圣经与镜子》	《上海青年》增刊第 3 期
1915	《论今日教会宜以日报扩张布道之能力》	《兴华》第 12 卷第 15 期
1915	《游戏文：和前调》	《游戏杂志》第 11 期

续表

时间	作品	出处
1915	《游戏文：戏代救国储金团劝各色同胞书》《游戏文：胡子上谢强公书》《游戏文：人体问答》《游戏文：财神太太致储蓄票头等奖诸女士书》	《游戏杂志》第 12 期
1915	《理想新剧：国士》	《游戏杂志》第 14—16 期
1915	《游戏文：陈氏世家》（特别改良史传体）《游戏文：云土投黄浦江驳议》《译林：美国之华人陪审官》	《游戏杂志》第 18 期
1915	《诗：赠布雷》	《民权素》第 6 期
1915	《滑稽小说：外国老婆》	《国货月报》第 2—4 期
1916	《车夫问题》	《礼拜六》第 95 期
1916	《反目病》	《礼拜六》第 97 期
1916	《情书》	《礼拜六》第 98 期
1916	《浴室窃毛案》	《礼拜六》第 99 期
1916	《百年一梦》《自题四绝，志谢投稿题咏诸君》	《礼拜六》第 100 期
1916	《予之鬼友》	《希社丛编》第 6 期（另收在 1917 年刊《南社小说集》及《先施乐园日报》1920 年 9 月 12 日）
1916.11.19	《钝根非中华编译社教员》	《新闻报》第 13 版
1916.11.20	《自由新语发刊辞》《爱国小说：感遇记》	《新申报·自由新语》
1916.11.22	《谐文：牛皮祝词》	《新申报·自由新语》
1916.12.11	《谐文：议员保险公司广告》	《新申报·自由新语》
1916.12.13	《片语解颐录》	《新申报·自由新语》
1916.12.19	《青年会征求会友》	《新申报·自由新语》
1916.12.25	《耶稣传略》	《新申报·自由新语》
1916.12.26	《言情小说：心婚》	《新申报·自由新语》
1916.12.27	《家庭小说：老母》	《新申报·自由新语》
1916.12.29	《片语解颐录》	《新申报·自由新语》
1917.01.01	《闲话》	《新申报·自由新语》
1917.01.09	《剧话：记史海啸、朱筱隐来沪》	《新申报·自由新语》
1917.01.14	《剧话：史海啸之茶花女》	《新申报·自由新语》

续表

时间	作品	出处
1917.01.15	《剧话：牺牲子孙》	《新申报·自由新语》
1917.01.18	《避债新法》	《新申报·自由新语》
1917.01.26	《上海新年竹枝词》 《游戏小说：锣鼓会议》	《新申报·自由新语》
1917.02.02	《剧话：波澜（兰）亡国惨》	《新申报·自由新语》
1917.02.06	《谐文：戏拟灯彩店广告》	《新申报·自由新语》
1917.02.10	《介绍部：重兴俭德会缘起》	《新申报·自由新语》
1917.02.17	《剧谈：纪民鸣游艺社》	《新申报·自由新语》
1917.02.18	《游戏文：拟极绷国论中德问题》	《新申报·自由新语》
1917.03.18	《社会小说：良心》	《新申报·自由新语》
1917.03.19	《缠夹二先生语录》	《新申报·自由新语》
1917.03.21	《闲话》	《新申报·自由新语》
1917.03.24	《剧谈：笑舞台之临去秋波》	《新申报·自由新语》
1917.04.07	《文虎》	《新申报·自由新语》
1917.04.08	《短篇小说：复活节》	《新申报·自由新语》
1917.05.12	《祭谭鑫培文》	《新申报·自由新语》
1917.05.13	《短篇小说：沪军都督》	《新申报·自由新语》
1917.05.22	《哀情小说：锦瑟记》	《新申报·自由新语》
1917.05.25	漫画《你们快来呀！趁他们去张的当儿，丢吊（掉）他们的不倒翁!》	《新申报·自由新语》
1917.06.02	《游戏文：为武装护法团讨国会檄》仿讨武曌檄	《新申报·自由新语》
1917.06.10	《哀情小说：蛾眉谣诼》	《新申报·自由新语》
1917.06.12	《钝根哀求挽章》	《新申报·自由新语》
1917.07.21	《短篇小说：留声机》	《新申报·自由新语》
1917.08.11	《游戏文：昼寝党宣言》	《新申报·自由新语》
1917.08.12	《短篇小说：西瓜语》	《新申报·自由新语》
1917.08.13	《游戏小说：沃姆先生融化记》	《新申报·自由新语》
1917.08.17	《高丽之歌曲》	《新申报·自由新语》
1917.09.20	《游戏文：代慕容女士拟求婚广告》	《新申报·自由新语》

续表

时间	作品	出处
1917. 10. 06	《游戏文：钱塘潮水致天津洪水书》	《新申报·自由新语》
1917. 10. 07	《社会小说：俞衡甫》	《新申报·自由新语》
1917. 10. 08	《游戏文：茅循国大总统命令》	《新申报·自由新语》
1917. 10. 10	《国庆歌》	《新申报·自由新语》
1917. 10. 13	《游戏文：紧要广告 议长待雇》	《新申报·自由新语》
1917. 11. 03	《游戏文：赠观音大士联》	《新申报·自由新语》
1917. 11. 18	《游戏文：出丧筹赈法》	《新申报·自由新语》
1917. 12. 01	《游戏文：某省官厅代拟禁止人民开会示》	《新申报·自由新语》
1917. 12. 04	《游戏文：论今日急宜组织中国派》	《新申报·自由新语》
1917. 12. 07	《游戏文：论中国政界之高风》《笑话》	《新申报·自由新语》
1917. 12. 08	《游戏文：缠夹二先生致王克琴电》《笑话》	《新申报·自由新语》
1917. 12. 10	《游戏文：笑话》	《新申报·自由新语》
1917. 12. 14	《笔记：报界之贼》	《新申报·自由新语》
1917	《论说：办报之……经验》	《励志》第 17 期
1917	《江淮名将录题词七首》	《邗江杂志》第 2 期
1917	《五月九日王钝根先生演辞纪略》《夏季会友征求会五月卅日是闭幕诸君盍兴乎来》（王钝根、朱少屏、郎静山来稿）	《上海青年》第 16 卷第 20 期
1917	《和孙夫人阆仙菊花新咏次韵》	《小说新报》第 3 卷第 10 期
1917	《欧美名家短篇小说丛刊·序》	周瘦鹃译《欧美名家短篇小说丛刊》，中华书局 1917 年刊本
1918. 01. 01	《言情小说：元旦》《七年之乐观》	《新申报·自由新语》
1918. 01. 07	《钝根启事》	《新申报·自由新语》
1918. 01. 13	《游戏文：平火说》	《新申报·自由新语》
1918. 01. 20	《钝根征求秘史》	《新闻报》第 13 版
1918. 01. 25	《游戏文：批留银行广告》	《新申报·自由新语》
1918. 02. 03	《游戏文：年底无忧》	《新申报·自由新语》
1918. 02. 06	《游戏文：债精之历史》	《新申报·自由新语》

时间	作品	出处
1918.02.14	《笑话》	《新申报·自由新语》
1918.02.16	《笑话》	《新申报·自由新语》
1918.02.18	《游戏文：笑话》	《新申报·自由新语》
1918.02.19	《闲话》	《新申报·自由新语》
1918.02.22	《俚歌二》	《新申报·自由新语》
1918.02.25	《游戏小说：灶君回銮记》	《新申报·自由新语》
1918.04.02	《游戏文：特别改良文明符咒》	《新申报·自由新语》
1918.04.03	《游戏文：吾民之希望》	《新申报·自由新语》
1918.04.07	《游戏文：特赦典礼》《笔记：诗讼》	《新申报·自由新语》
1918.04.08	《介绍部：俭德会》	《新申报·自由新语》
1918.04.17	《游戏文：笑话》	《新申报·自由新语》
1918.04.28	《剧说：笑舞台之将来》	《笑舞台》第2版
1918.04.29	《游戏文：笑话》	《新申报·自由新语》
1918.04.30	《游戏文：代江宽死难者家属拟讣告文》	《新申报·自由新语》
1918.05.03	《游戏文：笑话》	《新申报·自由新语》
1918.05.04	《游戏文：甲乙论中日新交涉》	《新申报·自由新语》
1918.05.09	《游戏文：新岁时纪》	《新申报·自由新语》
1918.05.10	《游戏文：笑话》	《新申报·自由新语》
1918.05.15	《游戏文：贺大总统纳宠联》	《新申报·自由新语》
1918.05.18	《游戏文：十七字诗》《笑话》	《新申报·自由新语》
1918.05.19	《游戏文：笑话》	《新申报·自由新语》
1918.05.20	《游戏文：签字别解》	《新申报·自由新语》
1918.05.24	《游戏文：滑稽语》	《新申报·自由新语》
1918.05.27	《游戏文：调和新法》	《新申报·自由新语》
1918.05.31	《游戏文：母羊传》	《新申报·自由新语》
1918.06.06	《游戏文：论选民减折》	《新申报·自由新语》
1918.06.07	《游戏文：戏拟命令》	《新申报·自由新语》
1918.06.17	《游戏文：土老儿传》	《新申报·自由新语》
1918.06.18	《怪传单》	《新申报·自由新语》
1918.06.21	《游戏文：中央戊己公司广告》	《新申报·自由新语》

时间	作品	出处
1918.06.22	《醋罐头中之怪传单》	《新申报·自由新语》
1918.06.23	《游戏文：选举运动费收条》	《新申报·自由新语》
1918.06.24	《游戏文：理想参议院》《剧话：亦舞台》	《新申报·自由新语》
1918.07.02	《太瘦生太虚生之交涉》	《新申报·自由新语》
1918.07.03	《剧谈：药风新剧社之勃兴》	《新申报·自由新语》
1918.07.05	《剧谈：隐痛》	《新申报·自由新语》
1918.07.08	《游戏文：两礼拜平粤展期广告》	《新申报·自由新语》
1918.07.16	《新笔记：鬼照相》	《新申报·自由新语》
1918.07.20	《剧谈：伟哉药风新剧社》	《新申报·自由新语》
1918.07.22	《游戏文：范厚泽割须论》	《新申报·自由新语》
1918.07.27	《新开篇：俄皇怨》	《新申报·自由新语》
1918.07.31	《游戏文：妓女诊例》	《新申报·自由新语》
1918.08.11	《新笔记：杨督军与大菜》《羌虫烧鸭》	《新申报·自由新语》
1918.08.12	《新笔记：赔了夫人作议员》《新世界隧道琐记》	《新申报·自由新语》
1918.08.14	《新笔记：某督夫人之做寿热》	《新申报·自由新语》
1918.08.20	《新笔记：美人生须》《督军夫人之手面》	《新申报·自由新语》
1918.09.07	《剧谈：上海之新剧》	《新申报·自由新语》
1918.09.10	《游戏文：二世》	《新申报·自由新语》
1918.09.11	《新笔记：中国邮授新闻学校之可疑》	《新申报·自由新语》
1918.09.29	《新笔记：神仙照相》	《新申报·自由新语》
1918.09	《鞠部丛刊》序	《鞠部丛刊》（周剑云撰，1918年交通图书馆出版）卷首
1918.10.03	《游戏文：挽汪笑侬联》《新笔记：汪笑侬之盖棺定论》	《新申报·自由新语》
1918.10.04	《游戏文：祭孔日孔子感言》	《新申报·自由新语》
1918.10.06	《挽汪笑侬联》（附识）	《新申报·自由新语》
1918.11.23	《余之提灯会观》	《新申报·自由新语》
1918.12.22	《钝根启事》《旅行杂记》（一）	《新申报·自由新语》
1918.12.23	《旅行杂记》（二）	《新申报·自由新语》

续表

时间	作品	出处
1918.12.24	《旅行杂记》（三）	《新申报·自由新语》
1918.12.25	《旅行杂记》（四）	《新申报·自由新语》
1918.12.26	《劝世小说：驼穿针孔记》	《新申报·自由新语》
1918.12.27	《通用序文》《钝根启事》	《新申报·自由新语》
1918.12.28	《旅行杂记》（五）	《新申报·自由新语》
1918.12.29	《旅行杂记》	《新申报·自由新语》
1918.12.31	《送年谣》	《新申报·自由新语》
1918	《题吕碧城〈信芳集〉后》	《信芳集》1918年铅印本
1918	主编《上海游戏指南》《家庭万宝全书》	中华图书馆集成公司出版
1919.01.04	《八字新开篇》	《新申报·自由新语》
1919.01.08	《南京与上海之比较》	《新申报·自由新语》
1919.01.16	《稀奇古怪录：后门居妇前门住郎》	《新申报·自由新语》
1919.01.18	《稀奇古怪录：鄙人之翡翠约指》	《新申报·自由新语》
1919.01.22	《雪油诗》	《新申报·自由新语》
1919.01.27	《过年杂话》	《新申报·自由新语》
1919.02.09	《新退鬼咒》	《新申报·自由新语》
1919.02.10	《新鬼派》	《新申报·自由新语》
1919.02.11	《破引魂幡》	《新申报·自由新语》
1919.02.12	《商家俚歌：读法注意》	《新申报·自由新语》
1919.02.13	《论旧国会宜乔迁》	《新申报·自由新语》
1919.02.16	《春灯噱话》	《新申报·自由新语》
1919.02.17	《打油诗》	《新申报·自由新语》
1919.02.20	《雾中行》	《新申报·自由新语》
1919.04.07	《钝根随笔》（一）	《新申报·小申报》
1919.04.08	《钝根随笔》（二）	《新申报·小申报》
1919.04.09	《钝根随笔》（三）	《新申报·小申报》
1919.04.10	《钝根随笔》（四）	《新申报·小申报》
1919.04.11	《钝根随笔》（五）	《新申报·小申报》
1919.04.12	《钝根随笔》（六）	《新申报·小申报》
1919.04.13	《钝根随笔》（七）	《新申报·小申报》

续表

时间	作品	出处
1919.04.14	《钝根随笔》（八）	《新申报·小申报》
1919.04.15	《钝根随笔》（九）	《新申报·小申报》
1919.04.16	《钝根随笔》（十）	《新申报·小申报》
1919.04.17	《钝根随笔》（十一）	《新申报·小申报》
1919.04.18	《钝根随笔》（十二）	《新申报·小申报》
1919.04.19	《钝根随笔》（十三）	《新申报·小申报》
1919.04.20	《钝根随笔》（十四）	《新申报·小申报》
1919.04.21	《钝根随笔》（十五）	《新申报·小申报》
1919.04.22	《钝根随笔》（十六）	《新申报·小申报》
1919.04.23	《钝根随笔》（十七）	《新申报·小申报》
1919.04.24	《钝根随笔》（十八）	《新申报·小申报》
1919.04.25	《钝根随笔》（十九）	《新申报·小申报》
1919.04.26	《钝根随笔》（二十）	《新申报·小申报》
1919.04.27	《钝根随笔》（二十一）	《新申报·小申报》
1919.04.28	《钝根随笔》（二十一）（应为"二十二"，错标为"二十一"）	《新申报·小申报》
1919.04.29	《钝根随笔》（二十二）	《新申报·小申报》
1919.04.30	《钝根随笔》（二十三）	《新申报·小申报》
1919.05.01	《钝根随笔》（二十四）	《新申报·小申报》
1919.05.02	《钝根随笔》（二十五）	《新申报·小申报》
1919.05.03	《钝根随笔》（二十六）	《新申报·小申报》
1919.05.04	《钝根随笔》（二十七）	《新申报·小申报》
1919.05.05	《钝根随笔》（二十八）	《新申报·小申报》
1919.05.06	《钝根随笔》（二十九）	《新申报·小申报》
1919.05.08	《钝根随笔》（二十九）（序号应为"三十"，错标为"二十九"）	《新申报·小申报》
1919.05.09	《钝根随笔》（三十）	《新申报·小申报》
1919.05.10	《钝根随笔》（三十一）	《新申报·小申报》
1919.05.11	《钝根随笔》（三十二）	《新申报·小申报》
1919.05.13	《钝根随笔》（三十三）	《新申报·小申报》
1919.05.14	《钝根随笔》（三十四）	《新申报·小申报》
1919.05.15	《钝根随笔》（三十五）	《新申报·小申报》

续表

时间	作品	出处
1919.05.17	《钝根随笔》（三十六）	《新申报·小申报》
1919.05.18	《钝根随笔》（三十七）	《新申报·小申报》
1919.05.19	《钝根随笔》（三十八）	《新申报·小申报》
1919.05.20	《小评：欺人之言》	《新申报·小申报》
1919.05.28	《来函（家庭工业社复爱国诸君）》	《新闻报》第9版
1919.06.01	《小评：追悼会》	《新申报·小申报》
1919.06.02	《小评：今年之端阳》	《新申报·小申报》
1919.06.03	《小评：哀南洋》	《新申报·小申报》
1919.06.08	《小评：惟义士能牺牲》	《新申报·小申报》
1919.06.24	《钝根随笔》（三十九）	《新申报·小申报》
1919.06.25	《钝根随笔》（四十）	《新申报·小申报》
1919.08.10	《介绍〈上海罢市救亡史〉》	《时报》第11版
1919.09.16	《讽世小说：热度退了》	《民国日报》南洋兄弟烟草股份有限公司广告栏
1919.09.16	《讽世小说：大绅士》	《申报》《中华新报》南洋兄弟烟草股份有限公司广告栏
1919.09.18	《讽世小说：义务》	《民国日报》南洋兄弟烟草股份有限公司广告栏
1919.09.19	《讽世小说：结局》	《中华新报》《申报》南洋兄弟烟草股份有限公司广告栏（《申报》所刊时间为1919.09.20、1919.09.22）
1919.09.22	《滑稽小说：傻大姐》	《民国日报》《时事新报》《申报》南洋兄弟烟草股份有限公司广告栏（《申报》所刊时间为1920.08.13）
1919.09.24	《短篇小说：朋友》	《民国日报》《时事新报》《中华新报》南洋兄弟烟草股份有限公司广告栏（《中华新报》所刊时间为1919.09.27，《申报》所刊时间为1920.09.29）
1919.09.25	《惨情小说：火中女儿》	《申报》《中华新报》南洋兄弟烟草股份有限公司广告栏（《申报》所刊时间为1919.09.26）
1919.09.29	《滑稽小说：闺房新语》	《申报》《中华新报》南洋兄弟烟草股份有限公司广告栏（《申报》所刊时间为1919.09.30）

续表

时间	作品	出处
1919.10.06	《滑稽小说：新旧女子》	《申报》《民国日报》《时事新报》《中华新报》南洋兄弟烟草股份有限公司广告栏（《中华新报》所刊时间为1919.10.08）
1919.10.07	《天虚我生、钝根、小蝶启事》	《新闻报》第4版
1919.10.10、1919.10.12、1919.10.14、1919.10.16	《社会小说：彩票毒》	《申报》《民国日报》《时事新报》《中华新报》南洋兄弟烟草股份有限公司广告栏（《中华新报》仅1919年10月10日刊登）
1919.10.20—11.15	《社会小说：上海十年记》（又题"上海"）	《申报》《民国日报》《时事新报》《中华新报》《新闻报》南洋兄弟烟草股份有限公司广告栏
1919.11.26—28	《社会小说：冷暖阶级》	《申报》《新闻报》《中华新报》《民国日报》《时事新报》南洋兄弟烟草股份有限公司广告栏（《时事新报》刊登时间为1919.11.28；《申报》所刊时间为1919.11.27—29）
1919.12.01—02	《滑稽小说：救穷会》	《申报》《中华新报》《民国日报》《时事新报》南洋兄弟烟草股份有限公司广告栏
1919.12.05—06	《哀情小说：第二次》	《申报》《时事新报》《中华新报》《民国日报》南洋兄弟烟草股份有限公司广告栏
1919.12.08	《哀情小说：闲死》	《申报》《民国日报》《时事新报》《中华新报》南洋兄弟烟草股份有限公司广告栏（《申报》所刊时间为1919.12.09）
1919.12.10—12	《滑稽小说：李小姐的腿和脖》	《中华新报》《时事新报》《民国日报》南洋兄弟烟草股份有限公司广告栏（《申报》所刊时间为1919.12.11、1919.12.13）
1919.12.14	《滑稽小说：十二月十七日》	《申报》《中华新报》《民国日报》《时事新报》南洋兄弟烟草股份有限公司广告栏（《申报》所刊时间为1919.12.15）
1919.12.16	《滑稽小说：烟酒婆卖局》	《申报》《民国日报》《时事新报》《中华新报》南洋兄弟烟草股份有限公司广告栏（《申报》所刊时间为1919.12.17）
1919.12.19	《滑稽小说：又一星球》	《申报》《中华新报》《民国日报》《时事新报》南洋兄弟烟草股份有限公司广告栏（《时事新报》所刊时间为1919.12.20）

时间	作品	出处
1919. 12. 23	《短篇小说：微笑》	《申报》《中华新报》《民国日报》《时事新报》南洋兄弟烟草股份有限公司广告栏（《时事新报》所刊时间为1919. 12. 22）
1919. 12. 25	《短篇小说：藤荫余香》	《申报》《中华新报》《民国日报》《时事新报》南洋兄弟烟草股份有限公司广告栏（《时事新报》所刊时间为1919. 12. 26）
1919. 12. 29	《言情小说：永念》	《申报》《中华新报》《民国日报》《时事新报》南洋兄弟烟草股份有限公司广告栏（《时事新报》所刊时间为1919. 12. 30）
1919. 12	《百弊丛书》（与沃邱仲子合编）	中华图书集成公司出版
1919	《抵制日货之结果如何》	《中国商业月报》第9期
1919	《会务纪闻：王钝根先生演说辞》	《上海青年》第18卷第16期
1920. 01. 12、1920. 01. 14	《滑稽小说：因为天气冷了》	《申报》南洋兄弟烟草股份有限公司广告栏
1920. 01. 14	《滑稽短篇：热水袋语》	《申报》《中华新报》《时事新报》南洋兄弟烟草股份有限公司广告栏（《申报》所刊时间为1920. 01. 16、1920. 01. 18）
1920. 01. 28、1920. 01. 30、1920. 02. 01、1920. 02. 03、1920. 02. 05	《言情小说：苍头恨》	《申报》南洋兄弟烟草股份有限公司广告栏
1920. 01	《名誉资本》（十一月十六日钝根在先施公司演说）	《中国商业月报》第10期
1920. 02. 07、1920. 02. 09	《滑稽小说：丈母制度》	《申报》南洋兄弟烟草股份有限公司广告栏（《时事新报》所刊时间为1920. 02. 08）
1920. 02. 13、1920. 02. 15	《社会小说：小说家》	《申报》南洋兄弟烟草股份有限公司广告栏
1920. 03. 08、1920. 03. 10、1920. 03. 12、1920. 03. 14、1920. 03. 16、1920. 03. 18、1920. 03. 20、1920. 03. 22、1920. 03. 24	《侦探小说：两纸包》	《申报》南洋兄弟烟草股份有限公司广告栏

续表

时间	作品	出处
1920. 04. 04、1920. 04. 08	《哀情小说：花朝》	《新闻报》第 7 版、第 13 版
1920. 04. 05、1920. 04. 09、1920. 04. 13	《醒世小说：车中妇》	《申报》南洋兄弟烟草股份有限公司广告栏
1920. 04. 10	《哀情小说：清明节》	《新闻报》第 13 版
1920. 04. 15	《商人救国须作二十五年之计》	《中国商业月报》第 11 期
1920. 04. 20	《滑稽小说：马女士传》	《新闻报》第 13 版（亦刊于《申报》1920 年 4 月 27、29 日南洋兄弟烟草股份有限公司广告栏及 1922 年《嘤声月刊》第 4 期）
1920. 04. 24、1920. 04. 26	《社会短篇：方寸》	《新闻报》第 13 版（亦刊于《申报》1920. 05. 11—1920. 05. 12 南洋兄弟烟草股份有限公司广告栏）
1920. 05. 15	《吾同胞何以自处》	《中国商业月报》第 12 期
1920. 08. 06	《特别改良卫生红楼梦》	《申报》第 14 版
1921. 10. 03	《追悼赵公鉴湖大会》	《新闻报》第 1 版
1921	《半月》	《半月》第 1 卷第 1 期
1921	《小雅琴语》《新年杂想》《礼拜六闲评》	《礼拜六》第 101 期
1921	《拈花微笑录》《贫女之颊》《社会服务观》	《礼拜六》第 102 期
1921	《松江六日记》《拈花微笑录》	《礼拜六》第 103 期
1921	《踏青记》	《礼拜六》第 104 期
1921	《娶夫如之何》《拈花微笑录》	《礼拜六》第 105 期
1921	《请客》《拈花微笑录》	《礼拜六》第 106 期
1921	《生儿观》	《礼拜六》第 107 期
1921	《黄钟怨》	《礼拜六》第 109 期
1921	《空影》《拈花微笑录》	《礼拜六》第 110 期
1921	《汽车的神秘》	《礼拜六》第 111 期
1921	《拈花微笑录》	《礼拜六》第 112 期
1921	《看护妇》《怪问答》《拈花微笑录》《喙谈偶忆》（一）	《礼拜六》第 113 期
1921	《喙谈偶忆》《怪问答》（二）《拈花微笑录》	《礼拜六》第 114 期

时间	作品	出处
1921	《重婚佳话》《噱谈偶忆》《怪问答》	《礼拜六》第 115 期
1921	《噱谈偶忆》《怪问答：第九答》《拈花微笑录》	《礼拜六》第 116 期
1921	《嫌疑父》《怪问答》《拈花微笑录》	《礼拜六》第 117 期
1921	《怪问答：第十七答》《恋爱自由》	《礼拜六》第 118 期
1921	《怪问答》	《礼拜六》第 119 期
1921	《拈花微笑录》	《礼拜六》第 121 期
1921	《拈花微笑录》	《礼拜六》第 124 期
1921	《噱谈偶忆》	《礼拜六》第 125 期
1921	《懦夫自立会》	《礼拜六》第 126 期
1921	《我为谁》（三——十一）（接续天虚我生所撰内容）	《礼拜六》第 126—135 期
1921	《三十节感言》《三十节纪念大会陈列品》	《礼拜六》第 130 期
1921	《戏代交易所画策》	《礼拜六》第 140 期
1921	《新禧恭祝：爱读〈礼拜六〉诸君新年万福》	《礼拜六》第 142 期
1921	《拈花微笑录》	《礼拜六》第 150 期
1922	《纪念》《礼拜六之义务》	《礼拜六》第 151 期
1922	《卿卿歌》	《礼拜六》第 152 期
1922	《拈花微笑录》	《礼拜六》第 153 期
1922	《试丐》	《礼拜六》第 165 期
1922	《高铁头小史》	《礼拜六》第 166 期
1922	《美之寿》	《礼拜六》第 172 期
1922	《心声》	《心声》半月刊第 1 期
1922	《世外桃源：快活真诠》	《快活》第 1 期
1922	《新年之回顾》	《半月》第 1 卷第 10 期
1922	《儿时顽皮史》	《半月》第 1 卷第 16 期
1922.03.03	《晶报琐言》	《晶报》增刊第二张第 3 版
1922.04.22	《少梅集》出版广告（钝根、豁公合编）	《新闻报》第 21 版
1922.06.01	《开场白》	《商报·商余》

时间	作品	出处
1922.06.02	《铜元问题》	《商报·商余》
1922.06.03	《观卫生会游行大会感言》	《商报·商余》
1922.06.04	《送徐大总统德政牌》	《商报·商余》
1922.06.05	《我说信托公司交易所真不错》	《商报·商余》
1922.06.06	《商人论国事》	《商报·商余》
1922.06.07	《百年之后太难了》	《商报·商余》
1922.06.08	《治难产神咒》	《商报·商余》
1922.06.09	《裸体美人》	《商报·商余》
1922.06.10	《总统复位与文魁斋》	《商报·商余》
1922.06.11	《账上短收的总统》	《商报·商余》
1922.06.12	《时髦新书：商家贺电指南》	《商报·商余》
1922.06.13	《报馆附设本埠电报局》	《商报·商余》
1922.06.15	《算不清的账不如烧了》	《商报·商余》
1922.06.16	《增设劝驾部之必要》	《商报·商余》
1922.06.18	《声明作废》	《商报·商余》
1922.06.19	《糜烂人民不算一回事》	《商报·商余》
1922.06.23	《代拟安民告示》	《商报·商余》
1922.06.24	《戒严》	《商报·商余》
1922.06.25	《再论戒严》	《商报·商余》
1922.06.26	《阿呀我的伍老博士哇哇哇……》	《商报·商余》
1922.06.27	《代严家炽辩护有奖公债》	《商报·商余》
1922.06.28	《善哉上海某某会之忠告》	《商报·商余》
1922.06.29	《天哭》	《商报·商余》
1922.06.30	《本报宣告戒严》	《商报·商余》
1922.07.01	《夫人会议》	《商报·商余》
1922.07.02	《民界联合会挽留颜总理电》	《商报·商余》
1922.07.03	《商人出风头秘诀》	《商报·商余》
1922.07.04	《文人出风头之某君》	《商报·商余》
1922.07.05	《广苏人治苏主义》	《商报·商余》
1922.07.06	《道路建设协会之选举》	《商报·商余》
1922.07.07	《教会派》	《商报·商余》

续表

时间	作品	出处
1922.07.08	《再论教会派》	《商报·商余》
1922.07.09	《七月九日大编辑令》	《商报·商余》
1922.07.10	《我给江北人赔罪》	《商报·商余》
1922.07.11	《兵变之进步》	《商报·商余》
1922.07.12	《政党游戏场窑子合论》	《商报·商余》
1922.07.13	《兵额》	《商报·商余》
1922.07.14	《议员大廉价》	《商报·商余》
1922.07.15	《实行和平主义》	《商报·商余》
1922.07.16	《热》	《商报·商余》
1922.07.21	《拟政府向梅兰芳借款据》	《商报·商余》
1922.07.22	《官僚保头公司广告》	《商报·商余》
1922.07.24	《我所希望之总统》	《商报·商余》
1922.07.25	《代喜彩凤拟讣》	《商报·商余》
1922.07.26	《我也是捧喜彩凤》	《商报·商余》
1922.07.27	《蒋竹庄先生之调停江南北》	《商报·商余》
1922.07.28	《爪哇国》《晶报之乡愚晚》	《商报·商余》
1922.07.29	《呜呼社会》	《商报·商余》
1922.08.01	《黄报之名不祥》	《商报·商余》
1922.08.02	《曹三爷做皇帝的预兆》	《商报·商余》
1922.08.03	《致众议院议员贺电》	《商报·商余》
1922.08.04	《王宠惠能当总理么》 《敬谢参加笔战诸君》	《商报·商余》
1922.08.05	《我所望于将就国会者》	《商报·商余》
1922.08.11	《书商之造福与造孽》	《商报·商余》
1922.08.12	《你们别笑王鞠躬》	《商报·商余》
1922.08.13	《中央自治》	《商报·商余》
1922.08.14	《孙中山先生抵沪各界欢迎声中 我来说几句闲话》	《商报·商余》
1922.08.15	《蓝府绸长衫之孙中山》	《商报·商余》
1922.08.16	《贺王克琴就职电》	《商报·商余》
1922.08.23	《裁兵废督逐政客》	《商报·商余》
1922.08.25	《高恩洪的一封信》	《商报·商余》

续表

时间	作品	出处
1922.08.26	《卢信雪耻之机会》	《商报·商余》
1922.08.27	《闸北水泥厂》	《商报·商余》
1922.08.28	《一品香之礼拜六跳舞会》	《商报·商余》
1922.08.29	《障碍新文化底牛女》	《商报·商余》
1922.08.30	《民国妇女之品级》	《商报·商余》
1922.09.10	《代某国总统禁止官员索薪令》	《商报·商余》
1922.09.13	《十万火急大更正》	《商报·商余》
1922.09.14	《行业乐在其中》	《商报·商余》
1922.09.16	《政客式之飓风》	《商报·商余》
1922.09.19	《中央政府宜宣告修理》	《商报·商余》
1922.09.20	《书莫大伦君著〈骂〉后》	《商报·商余》
1922.09.21	《惰性》	《商报·商余》
1922.09.22	《评论》《有志跳舞者鉴》	《商报·商余》
1922.09.25	《减价》	《商报·商余》
1922.09.27	《中国的汽车》	《商报·商余》
1922.09.29	《鞋袜裤之战》	《商报·商余》
1922.10.01	《预收吊礼助振》	《商报·商余》
1922.10.02	《将有〈旭报〉出现》	《商报·商余》
1922.10.05	《中秋闲话（续）》	《商报·商余》
1922.10.06	《错字》	《商报·商余》
1922.10.08	《妇女寿险费之增加》	《商报·商余》
1922.10.09	《双十之夜》	《商报·商余》
1922.10.12	《只见好人不见坏人》	《商报·商余》
1922.10.14	《名人批点宋版内经朱墨影本》出售广告	《新闻报》第1版
1922.10.16	《学铎》	《商报·商余》
1922.10.18	《代德律风行拟取缔废话规则》	《商报·商余》
1922.10.19	《商店文字之纠正》	《商报·商余》
1922.10.22	《商余文字之纠正》	《商报·商余》
1922.10.26	《钝根声明》	《商报·商余》
1922.10.29	《钝根覆岳生书》	《商报·商余》
1922.11.04	《陶镕案征求假判决书》	《商报·商余》

时间	作品	出处
1922.11.11	《呜呼韩恢》	《商报·商余》
1922.11.14	《吾国人之一种勤性》	《商报·商余》
1922.11.15	《见异思迁性》	《商报·商余》
1922.11.18	《民国册立皇后感言》 《覆豁公先生书》	《商报·商余》
1922.11.19	《报仇》	《商报·商余》
1922.11.20	《驳仙女牌香烟征求译名揭晓第一名》	《商报·商余》
1922.11.21	《拟为强盗牌仙女牌介绍联姻》	《商报·商余》
1922.11.24	《中国法庭之陋》	《商报·商余》
1922.11.25	《仙女牌之广告术》	《商报·商余》
1922.12.01	《光阴与忙人为仇》	《商报·商余》
1922.12.02	《老虎灶之可恨》	《商报·商余》
1922.12.03	《我倒替游民工厂难受》	《商报·商余》
1922.12.07	《妓女与买彩票者》	《商报·商余》
1922.12.09	《男女同校问题》	《商报·商余》
1922.12.11	《寿头政治》	《商报·商余》
1922.12.12	《无暇营业之商店》	《商报·商余》
1922.12.13	《阁揆姓名减政主义》	《商报·商余》
1922.12.14	《中外官绅维持拆白党》	《商报·商余》
1922.12.15	《刘世昌式》	《商报·商余》
1922.12.15	《钝根为母寿启事》	《新闻报》第1版
1922.12.16	《浙江之奉令欠资信》	《商报·商余》
1922.12.17	《越没用的东西越名贵》	《商报·商余》
1922.12.19	《代宁波同乡致王内阁电》	《商报·商余》
1922.12.20	《打相打历史的新纪元》	《商报·商余》
1922.12.21	《小儿女之狡狯》	《商报·商余》
1922.12.22	《张欣生临刑念儿女》	《商报·商余》
1922.12.23	《总商会之三策》	《商报·商余》
1922.12.25	《耶稣诞日感言》	《商报·商余》

续表

时间	作品	出处
1922.12.25①	《戏拟（六言韵示）》	《商报·商余》
1922.12.27	《朱琴心的出身》	《商报·商余》
1922.12.28	《代交通部打主意》	《商报·商余》
1922.12.30	《博士》	《商报·商余》
1923.01.01	《民国十二年预言》	《商报·商余》
1923.01.03	《商余恭祝商余》	《商报·商余》
1923.01.04	《外国财神记》	《商报·商余》
1923.01.05	《狐狸精》	《商报·商余》
1923.01.06	《"儒堂尚好"论》	《商报·商余》
1923.01.07	《某国人的外交手段》	《商报·商余》
1923.01.08	《倪道烺大廉价》	《商报·商余》
1923.01.09	《狐狸精真利（厉）害》	《商报·商余》
1923.01.11	《鸣呼道德家之道德》	《商报·商余》
1923.01.12	《鸣呼社会之待遇道德家》	《商报·商余》
1923.01.13	《晚党机关部》	《商报·商余》
1923.01.14	《芝泉公别来无恙》	《商报·商余》
1923.01.16	《读"小说的盲目生产"后》	《商报·商余》
1923.01.17	《陈炯明出走问题》	《商报·商余》
1923.01.18	《钝根奉题》（诗二首，题于《梅贻毅与席上珍》一文之后）	《商报·商余》
1923.01.19	《议员议员》	《商报·商余》
1923.01.20	《文官武官之比较》	《商报·商余》
1923.01.21	《伶选大会平（评）议》	《商报·商余》
1923.01.22	《回头来劝一声伶选大会》	《商报·商余》
1923.01.23	《冰炭敬》	《商报·商余》
1923.01.24	《捧晚感言》《许少卿之乐观》	《商报·商余》
1923.01.25	《寻蔡元培》	《商报·商余》
1923.01.29	《王钝根先生来函》	《小说日报》第2版
1923.01.29	《伶选大会之光明》	《商报·商余》
1923.02.01	《代印铸局拟勋章报喜单》	《商报·商余》

---

① 应为26日，但版权页中仍写为25日，不知何故，或是排印错误。

时间	作品	出处
1923.02.02	《读〈法兰西女郎〉有感》	《商报·商余》
1923.02.05	《军人长外交最宜于中国》	《商报·商余》
1923.02.06	《戏拟议员索费呈文》	《商报·商余》
1923.02.08	《盐水》	《商报·商余》
1923.02.10	《自来水中有盐精》	《商报·商余》
1923.02.11	《商店春联之要命》	《商报·商余》
1923.02.19	《搭搭滴的癸亥年》	《商报·商余》
1923.02.21	《半吞半吐之恭喜发财》	《商报·商余》
1923.02.22	《浊世恩仇付诸流水》	《商报·商余》
1923.02.26	《鸟政府》	《商报·商余》
1923.02.28	《二十一条》	《商报·商余》
1923.03.01	《绿气砲歌》	《商报·商余》
1923.03.02	《上元观灯记》	《商报·商余》
1923.03.03	《上元观灯记》（续）	《商报·商余》
1923.03.04	《公鸡生蛋怕靠不住》	《商报·商余》
1923.03.05	《增寿一纪的辫子》	《商报·商余》
1923.03.06	《东方饭店吃了亏啦》	《商报·商余》
1923.03.07	《催眠术救国》	《商报·商余》
1923.03.08	《东面而征东面怨，南面而征南面怨》	《商报·商余》
1923.03.11	《敬告孔雀影片公司》《驻颜术》	《商报·商余》（《驻颜术》亦刊于《心声》1923年第6期）
1923.03.12	《希望中之日本覆牒》	《商报·商余》
1923.03.13	《泣告四万万同胞》《诸君欲入青年会否》	《商报·商余》
1923.03.14	《去后之名》	《商报·商余》
1923.03.15	《上海的希希罕儿》	《商报·商余》
1923.03.17	《神圣威武老奸巨猾淫凶泼辣冤寿土瓦议长吴》	《商报·商余》
1923.03.20	《接日本覆牒之后》	《商报·商余》
1923.03.21	《徐卓呆与胡适》	《商报·商余》
1923.03.22	《可怜张小姐》	《商报·商余》
1923.03.23	《款项无着应招兵》	《商报·商余》

续表

时间	作品	出处
1923.03.23①	《代孙大总统募捐启》	《商报·商余》
1923.03.25	《我也有二十一条》	《商报·商余》
1923.03.26	《我所希望游行之效果》	《商报·商余》
1923.03.27	《识相》	《商报·商余》
1923.03.28	《张绍曾更可怜了》	《商报·商余》
1923.03.29	《威信何在》	《商报·商余》
1923.03.30	《日本议员之文明》	《商报·商余》
1923.04.01	《新发明之半破产》	《商报·商余》
1923.04.02	《张作霖勾结宣统说》	《商报·商余》
1923.04.03	《戏代王正廷具结》	《商报·商余》
1923.04.04	《总理受骗感言》	《商报·商余》
1923.04.05	《寒食日菜单》《禁烟新考据》	《商报·商余》
1923.04.06	《改清明诗》	《商报·商余》
1923.04.07	《王羲之声明》	《商报·商余》
1923.04.17	《萧耀南之大蜡烛》	《商报·商余》
1923.04.18	《奉张之声势》	《商报·商余》
1923.04.19	《吴大头又一罪案》	《商报·商余》
1923.04.20	《制宪借款》	《商报·商余》
1923.04.21	《人民不信任国会》	《商报·商余》
1923.04.22	《代康南海赠吴蓬莱诗二首》	《商报·商余》
1923.04.26	《征求谐文插画》	《商报·商余》
1923.04.27	《法律与势力》	《商报·商余》
1923.04.28	《我来恭维外国人》	《商报·商余》
1923.05.06	《上海戏园之标劲》	《商报·商余》
1923.05.08	《匪也不讲道理么》	《商报·商余》
1923.05.09	版头题字："军阀仁兄，内讧之喜**毋忘国耻**钝根敬贺"《慢邮代电》	《商报·商余》
1923.05.10	《报馆特派驻寨记者》	《商报·商余》
1923.05.11	《王瑶卿来了》	《商报·商余》

① 应为 24 日，但版权页中仍写为 23 日，不知何故，或是排印错误。

时间	作品	出处
1923.05.12	《政府赎票问题》	《商报·商余》
1923.05.13	《戏拟命令》	《商报·商余》
1923.05.14	《临城劫案与日本人》	《商报·商余》
1923.05.17	《李涵秋的死》	《商报·商余》
1923.05.18	《答裱糊铺学徒》	《商报·商余》
1923.05.21	《议员的车夫》	《商报·商余》
1923.05.22	《临城饭店广告》	《商报·商余》
1923.05.23	《戏致吴毓麟、杨以德电》	《商报·商余》
1923.05.24	《瑶卿归何速也》	《商报·商余》
1923.05.26	《亦舞台观剧杂记》	《商报·商余》
1923.05.29	《打油诗自嘲》	《商报·商余》
1923.05.31	《丢脸》	《商报·商余》
1923.06.02	《我也来一首》《字字双赠手民先生》	《商报·商余》
1923.06.03	《田熊的神机妙算》	《商报·商余》
1923.06.04	《说票》	《商报·商余》
1923.06.08	《亦舞台与共舞台》	《商报·商余》
1923.06.09	《红十字会收归官有》	《商报·商余》
1923.06.10	《阁员名单》	《商报·商余》
1923.06.13	《我的黎总统啊》	《商报·商余》
1923.06.15	《观逼宫剧有感》	《商报·商余》
1923.06.16	《时事杂感》《观劫车电影有感》	《商报·商余》
1923.06.19	《端午节一篇糊涂账》	《商报·商余》
1923.06.20	《今日之吴佩孚?》	《商报·商余》
1923.06.21	《我也替仲帅打个主意》	《商报·商余》
1923.06.24	《戏拟老少川致小少川书》	《商报·商余》
1923.06.25	《中国将有劳商政府》《一个西洋式的中国字》	《商报·商余》
1923.06.27	《预防亡国细菌》《大雨中的四马路所见（钝根戏续）》	《商报·商余》
1923.06.28	《清宫大火》	《商报·商余》
1923.06.30	《放屁式的电报》	《商报·商余》
1923.07.01	《嘉奖田熊之理由》	《商报·商余》

续表

时间	作品	出处
1923.07.04	《请分一只眼光望东》	《商报·商余》
1923.07.06	《读了碧云霞最近小影以后》	《商报·商余》
1923.07.08	《戏代清帝溥仪声明》	《商报·商余》
1923.07.11	《段祺瑞的名言》	《商报·商余》
1923.07.16	《雨后的新诗》	《商报·商余》
1923.07.17	《长期大更正》	《商报·商余》
1923.07.18	《双包案式的政府公报》	《商报·商余》
1923.07.22	《我也来评这么一评日本情死案》	《商报·商余》
1923.07.25	《流会别解》	《商报·商余》
1923.07.26	《赤膊问题》	《商报·商余》
1923.07.30	《英雌造时势》	《商报·商余》
1923.08.01	《口的罪恶》	《商报·商余》
1923.08.02	《钝根也来四首》	《商报·商余》
1923.08.03	《万国禁售淫书大会》	《商报·商余》
1923.08.04	《热昏》	《商报·商余》
1923.08.06	《书哈定总统后》	《商报·商余》
1923.08.07	《索性天天发岁费》	《商报·商余》
1923.08.08	《大风歌：仿汉高祖》	《商报·商余》
1923.08.09	《大风歌：第二本》	《商报·商余》
1923.08.11	《排字先生欢迎新体诗》	《商报·商余》
1923.08.14	《答客问苏浙战事》	《商报·商余》
1923.08.16	《吴佩孚几乎落水》	《商报·商余》
1923.08.17	《拉弓不射箭》	《商报·商余》
1923.08.18	《不巧》《也算七夕诗》	《商报·商余》
1923.08.19	《代吴佩孚天津桥口占》	《商报·商余》
1923.08.21	《恭和吴子玉将军原韵》	《商报·商余》
1923.08.23	《吃巴掌的总统》	《商报·商余》
1923.08.24	《质问浪子》	《商报·商余》
1923.08.25	《介绍二十一条说明习字帖》	《商报·商余》
1923.08.26	《商余无线电》	《商报·商余》
1923.08.31	《新衙门前的棺材店》	《商报·商余》

续表

时间	作品	出处
1923. 09. 01	《归政》	《商报·商余》
1923. 09. 15	《金融界之势利》	《工商新闻》第 20 期第 2 版
1923. 09. 22	《排货与赈灾》	《工商新闻》第 21 期第 2 版
1923. 09. 29	《可怜之丝商》	《工商新闻》第 22 期第 2 版
1923. 10. 10	《饭店时代将过去矣》	《工商新闻》第 23 期第 2 版
1923. 10. 10	《双十节吾工商所当纪念者》	《工商新闻》国庆增刊第 19 版
1923. 10. 13	《工商界无此总统》	《工商新闻》第 24 期第 2 版
1923. 10. 20	《勿为贼言所中》	《工商新闻》第 25 期第 2 版
1923. 10. 27	《天乎天乎》	《工商新闻》第 26 期第 2 版
1923. 11. 03	《翻天印与交易所》	《工商新闻》第 27 期第 2 版
1923. 11. 10	《工头是甚么东西》	《工商新闻》第 28 期第 2 版
1923. 11. 12	《日每不是钝根》	《星华》第 2 版
1923. 11. 24	《警厅长问题：忙坏了商界各团体》	《工商新闻》第 30 期第 2 版
1923. 12. 01	《骇人听闻之银拆》	《工商新闻》第 31 期第 2 版
1923. 12. 08	《劝工商界与议员绝交》	《工商新闻》第 32 期第 2 版
1923. 12. 15	《闸北水电厂问题》	《工商新闻》第 33 期第 2 版
1923. 12. 22	《公司事业前途之障碍》	《工商新闻》第 34 期第 2 版
1923	《陈其美轶事》	《心声》第 1 卷第 3 期
1923	《奋斗环境之英雄》	《心声》第 2 卷第 8 期
1923	《家庭地狱》	《半月》第 3 卷第 3 期
1924. 01. 01	《圣诞节之礼物》	《工商新闻》第 35 期第 2 版
1924. 01. 05	《梅讯补遗》	《工商新闻》第 36 期第 10 版
1924. 01. 12	《天道好还》	《工商新闻》第 37 期第 2 版
1924. 01. 19	《咄咄！圈地》	《工商新闻》第 38 期第 2 版
1924. 01. 26	《年关自造说》	《工商新闻》第 39 期第 2 版
1924. 02. 09	《年关已过之后》	《工商新闻》第 40 期第 2 版
1924. 02. 16	《俭德会与工商界之关系》	《工商新闻》第 41 期第 2 版
1924. 02. 21	《敬谢饶舌》	《晶报》第 2 版
1924. 02. 23	《卷烟捐税事未可乐观》	《工商新闻》第 42 期第 2 版
1924. 02. 23	《再论俭德会》	《工商新闻》第 42 期第 3 版
1924. 03. 01	《外人主张扣留关税矣》	《工商新闻》第 43 期第 2 版

时间	作品	出处
1924.03.08	《商官不并立》	《工商新闻》第 44 期第 2 版
1924.03.08	《王钝根先生编辑青年尺牍出版》	《新闻报》第 21 版
1924.03.15	《哀曹锟》	《工商新闻》第 45 期第 2 版
1924.03.15	《一周纪念征文启事》	《工商新闻》第 45 期第 7 版
1924.03.22	《呜呼劳工之生命》	《工商新闻》第 46 期第 2 版
1924.03.29	《我国民对中俄交涉之态度宜慎》	《工商新闻》第 47 期第 2 版
1924.04.05	《再论中俄交涉》	《工商新闻》第 48 期第 3 版
1924.04.12	《学风感言》	《工商新闻》第 49 期第 3 版
1924.04.19	《吾商人之耻》	《工商新闻》第 50 期第 3 版
1924.04.26	《卷烟业两公会》	《工商新闻》第 51 期第 3 版
1924.05.03	《罢市之功尟 军使之功耳》	《工商新闻》第 52 期第 3 版
1924.05.10	《宜乐里之恶剧》	《工商新闻》第 53 期第 3 版
1924.05.17	《德发债票之用途》	《工商新闻》第 54 期第 3 版
1924.05.24	《闻谣传中山死耗感言》	《工商新闻》第 55 期第 3 版
1924.05.31	《司法不良》《势利之见》	《工商新闻》第 56 期第 3 版
1924.06.07	《端午节》	《工商新闻》第 57 期第 3 版
1924.06.14	《警告商办闸北水电厂诸公》	《工商新闻》第 58 期第 3 版
1924.06.21	《丝厂罢工之我见》	《工商新闻》第 59 期第 3 版
1924.06.28	《九六债之涨落》	《工商新闻》第 60 期第 3 版
1924.07.05	《上海租界之劫案》	《工商新闻》第 61 期第 3 版
1924.07.12	《上海总商会之进步》	《工商新闻》第 62 期第 3 版
1924.07.19	《国人唇吻间之大损失》	《工商新闻》第 63 期第 3 版
1924.07.26	《闸北居民之愤深矣》	《工商新闻》第 64 期第 3 版
1924.08.02	《赔款筑路之必要》	《工商新闻》第 65 期第 3 版
1924.08.02	《赵晋卿先生小史》	《工商新闻》第 65 期第 4 版
1924.08.09	《水灾感言》	《工商新闻》第 66 期第 3 版
1924.08.23	《总商会会长选出矣》	《工商新闻》第 68 期第 3 版
1924.08.30	《江浙之战》	《工商新闻》第 69 期第 4 版
1924.09.06	《内乱与租界》	《工商新闻》第 70 期第 4 版
1924.09.20	《外人目中之江浙军》	《工商新闻》第 72 期第 3 版

续表

时间	作品	出处
1924.09.27	《拉夫与捉刺花党》	《工商新闻》第 73 期第 3 版
1924.10.10	《呜呼今年之国庆》	《工商新闻》第 74 期第 3 版
1924.10.10	《编者感言》	《工商新闻》国庆增刊
1924.10.18	《东南战后感言》（一）	《工商新闻》第 76 期第 3 版
1924.10.25	《江浙战后感言》（二）	《工商新闻》第 77 期第 3 版
1924.11.01	《冯玉祥之改造果能彻底否》	《工商新闻》第 78 期第 3 版
1924.11.08	《未可乐观》	《工商新闻》第 79 期第 3 版
1924.11.15	《吾之吴佩孚观》	《工商新闻》第 80 期第 3 版
1924.11.22	《张作霖之机会》《郑希陶君小史》	《工商新闻》第 81 期第 3 版、第 4 版
1924.11.29	《冯玉祥之不幸》	《工商新闻》第 82 期第 3 版
1924.12.06	《冯玉祥之机会》	《工商新闻》第 83 期第 3 版
1924.12.13	《段合肥之危险》	《工商新闻》第 84 期第 3 版
1924.12.13	《挽毕汪璿玮女士》	《工商新闻》第 84 期第 11 版
1924.12.20	《枪毙代表》	《工商新闻》第 85 期第 3 版
1924.12.20	《上海租界童工委员会报告书》	《工商新闻》第 85 期第 7 版
1924	《名刺》（已佚）	《蔷薇花》第 1 期
1924	《影戏与社会小言》	《电影杂志》第 2 期
1924	《社会之花发刊词》《上海种种社会之花》《倚虹新夫人之特别称谓》	《社会之花》第 1 卷第 1 期
1924	《本旬刊作者诸大名家小史》	《社会之花》第 1 卷第 1—5 期，第 7、11 期
1924	《新交际场中之怪相》《朱鸳雏小史补》	《社会之花》第 1 卷第 2 期
1924	《新年佳话》《甲子正误》	《社会之花》第 1 卷第 4 期
1924	《我与文艳亲王之情史》	《社会之花》第 1 卷第 6 期
1924	《软玉温乡烂脚记》	《社会之花》第 1 卷第 8 期
1924	《王正廷与顾维钧》	《社会之花》第 1 卷第 9 期
1924	《拈花微笑录》	《社会之花》第 1 卷第 12、15、16、17 期，第 2 卷第 6 期
1924	《特别改良卫生笑话》《戏拟妓女广告》	《社会之花》第 1 卷第 15 期
1924	《述龙》《鬼电话》	《社会之花》第 1 卷第 17 期

续表

时间	作品	出处
1924	《温柔乡》	《社会之花》第 2 卷第 1—8 期
1924	《黄奕住轶事》	《社会之花》第 2 卷第 2 期
1924	《甲子花·序》《慈善家的忏悔》	《说部精英：甲子花》第 1 集
1925.01.01	《甲子年之成绩如是》	《工商新闻》第 86 期第 3 版
1925.01.10	《江浙从此无宁日矣》	《工商新闻》第 87 期第 3 版
1925.01.17	《斥张允明》	《工商新闻》第 88 期第 3 版
1925.01.31	《兵灾匪乱过新年》	《工商新闻》第 89 期第 3 版
1925.02.07	《上海和议之内幕》	《工商新闻》第 90 期第 3 版
1925.02.14	《金钱主义》	《工商新闻》第 91 期第 3 版
1925.02.28	《中山死后之国民党》	《工商新闻》第 93 期第 3 版
1925.03.07	《闻章行严论出版法痛告新闻界》	《工商新闻》第 94 期第 3 版
1925.03.14	《银根松紧观》	《工商新闻》第 95 期第 3 版
1925.03.21	《拍卖兵工厂地之后》	《工商新闻》第 96 期第 3 版
1925.03.28	《政府招待班禅喇嘛之逾分》	《工商新闻》第 97 期第 3 版
1925.04.04	《小银元恐慌》	《工商新闻》第 98 期第 3 版
1925.04.11	《发行纸辅币之商榷》	《工商新闻》第 99 期第 3 版
1925.05.02	《班禅喇嘛与上海商界何涉》	《工商新闻》第 102 期第 3 版
1925.05.09	《加那亨到底那亨》	《工商新闻》第 103 期第 3 版
1925.05.16	《对于烟土弛禁之两种论调》	《工商新闻》第 104 期第 4 版
1925.05.23	《专门人才与资本家遇合之难》	《工商新闻》第 105 期第 4 版
1925.05.30	《报纸广告突增之悲观》	《工商新闻》第 106 期第 3 版
1925.06.06	《上海公共租界残杀市民案》	《工商新闻》第 107 期第 3 版
1925.06.13	《再论南京路惨案》	《工商新闻》第 108 期第 3 版
1925.06.20	《交涉停顿观》	《工商新闻》第 109 期第 3 版
1925.06.27	《开市矣》	《工商新闻》第 110 期第 3 版
1925.07.04	《国货发达之机会宜善用之》	《工商新闻》第 111 期第 3 版
1925.07.11	《公共租界工部局停给电气》	《工商新闻》第 112 期第 3 版
1925.07.18	《劝同胞勿与某国人以罗织之材料》	《工商新闻》第 113 期第 3 版
1925.07.25	《交涉延缓工商界首蒙其害》	《工商新闻》第 114 期第 3 版
1925.08.01	《延宕制延宕》	《工商新闻》第 115 期第 3 版

时间	作品	出处
1925.08.08	《自返》	《工商新闻》第 116 期第 4 版
1925.08.15	《关税会议》	《工商新闻》第 117 期第 4 版
1925	《栏杆靴》	《社会之花》第 2 卷第 15 期
1925	《情海风波本事》	《电影杂志》1925 年第 9 期
1925	《电影剧本：劫后缘》	联合影片公司出品，张慧冲导演，1925 年 8 月上映
1925	《谐诗四首》	《红玫瑰》第 1 卷第 40 期，见蓬心《王钝根之谐诗》一文
1925	《斩施记实》（附图）	《明星画报》1925 年第 14 期
1926	《电影剧本：工人之妻》	东方第一影片公司出品，任彭年导演，1926 年 9 月上映
1926	《字幕闲谈》	《春之花小说季刊》
1926	《字幕闲谈》	《夏之花小说季刊》
1926	《杀人的刀》（怜红馆主撰，钝根润文）	《夏之花小说季刊》
1926	编辑出版《艳情小说：秘密缘》（又名《秘密艳史》）	上海小说图书社 1926 年版
1927.01.01	《民国成年》	《工商新闻》第 187 期第 18 版
1927.05.22	《钝根声明》	《新闻报》第 9 版
1927.05.30	《东方银公司之猝毙》	《晶报》第 3 版
1927.06.03	《钝根辨诬》	《晶报》第 1 版
1927.08.28	《钝根报丧》	《新闻报》第 14 版
1927	《梅兰芳赞》	徐慕云编《梨园影事·王钝根题无庵居士撰梅兰芳小影小传》（上），上海大东书局 1933 年版
1928.05.05	《五九声中之日本》	《礼拜六》（原《工商新闻》副刊）第 255 期第 2 版
1928.07.21	《提倡国货与女界》	《礼拜六》（原《工商新闻》副刊）第 266 期第 2 版
1928.08.25	《想起了当年事》	《礼拜六》（原《工商新闻》副刊）第 271 期第 2 版
1928.12.06	《王钝根为宝塔牌香妃霜征文》	《新闻报》第 16 版
1928	《返魂记》	《紫罗兰》第 3 卷 12 期
1928	《三小姐的爱国》	《国货评论刊》第 2 卷第 2 期
1928	《如此年华》	《国货评论刊》第 2 卷第 4 期

时间	作品	出处
1928	《中华国货展览会筹备记略》《国货评论刊 题识》	《国货评论刊》第 2 卷第 6 期
1928	《工商部中华国货展览会闭会辞》	《国货评论刊》第 2 卷第 7 期
1929. 11. 06	《一页哀史》	《新闻报》第 17 版
1929	《愿政府体恤商艰》《律师界革命纪》	《国货评论刊》第 2 卷第 9 期
1929	《国货卷烟之弱点》《中国杀虫药品研究社之立毙臭虫药水》《仁昌永料器厂》《同济厂之袜》《五洲牌辣酱油》	《国货评论刊》第 2 卷第 10、11 期
1930. 08	《球龙序》	《球龙》（漱六山房撰，上海龙光书局 1930 年版）卷首
1930. 09. 01—12. 01	《胭脂雨》（武侠军事长篇，与徐哲身合撰，仅刊出三回）	《响报》第 3 版
1930. 09. 27	《曾谭凋谢记》	《新闻报》第 17 版
1930. 10. 01	《心里嘴里》	《响报》第 3 版
1930. 10. 10	《纪念双十》	《响报》第 2 版
1930. 10. 10	《扶乩》	《响报》第 3 版
1930. 10. 13	《南北》《勘误》	《响报》第 2 版
1930. 10. 16	《眸子》	《响报》第 2 版
1930. 10. 19	《成败》	《响报》第 2 版
1930. 10. 25	《评剧与演剧》	《响报》第 2 版
1930. 10. 28	《做官》	《响报》第 2 版
1930. 11. 01	《政客》	《响报》第 2 版
1930. 11. 04	《相反》	《响报》第 2 版
1930. 11. 07	《耶稣欲笑》	《响报》第 2 版
1930. 11. 10	《战祸万岁》	《响报》第 2 版
1930. 11. 13	《不死》	《响报》第 2 版
1930. 11. 19	《武侠小说之趋势》（与严独鹤合撰）	《新闻报》第 12 版
1930. 11. 22	《余所闻潘小姐事》	《响报》第 3 版
1930. 11. 25	《下台歌》	《响报》第 2 版
1930. 12. 04	《爱做穷官》	《响报》第 2 版

续表

时间	作品	出处
1930. 12. 10	《生活问题》 《余友半聋居士精研古琴》	《响报》第 2 版
1930. 12. 16	《病得其时》	《响报》第 2 版
1930. 12. 19	《米业中之骇闻》	《响报》第 2 版
1930. 12. 22	《米业骇闻续纪》	《响报》第 3 版
1931. 01. 11	《钝根顿首》	《社会日报》第 2 版
1931. 03. 13	《轮窟丽姝》（七） （作品为集锦小说，王为作者之一）	《社会日报》第 2 版（又刊于《社会月报》1935 年第 7 期）
1931. 04	《集锦小说·序》	《集锦小说》卷首（上海大中华书局1931 年印行）
1931. 05. 02	《火焰冰山记》（一）（集锦小说）	《利利周报》第 2 版
1931. 07. 21	《名流奉佛记》	《新闻报》第 9 版（又刊于《金山法海波澜》第 7 期）
1931	《告日本大化会》	《民生周刊》第 2 期
1932. 10. 11	《卖花声》	《松报》第 4 版
1932. 10. 12	《浪淘沙》	《松报》第 4 版
1932. 12. 13	《钝根紧要声明》	《时报》第 2 版
1932	《越想越糊涂》	《万岁杂志》第 1 卷第 2 期
1932	《卫生杂志创刊号·序》	《卫生杂志》第 1 期
1932	《卫生杂志·题词》	《卫生杂志》第 2 期
1933	《伍平一先生珍藏先烈黄克强陈英士两公遗墨·序》	王钝根编《伍平一先生珍藏先烈黄克强陈英士两公遗墨》，上海全球华侨总公会秘书处发行
1933	《美国的陆海空军之鸟瞰》（存疑）	《生命线》第 1 卷第 11 期
1933	《京尘刹那记 附函件》	《新上海》第 1 卷第 3 期
1933	《京尘刹那记》（二）	《新上海》第 1 卷第 4 期
1934	《京尘刹那记》（三）	《新上海》第 1 卷第 5 期
1934	《京尘刹那记》（四）	《新上海》第 1 卷第 6 期
1934	《京尘刹那记》（五）	《新上海》第 1 卷第 7 期
1934	《京尘刹那记》（六）	《新上海》第 1 卷第 8 期
1934	《京尘刹那记》（七）	《新上海》第 1 卷第 9 期
1934. 07. 11	《蒋作宾之感想》	《社会日报》第 2 版

续表

时间	作品	出处
1934.09.25	《节急》	《社会日报》第 2 版
1934.09.26	《紧裤一番》	《社会日报》第 2 版
1935.01.29	《钝根声明：从无兜售戏券之事》	《新闻报》第 12 版
1935.08.24	《康乐特刊发刊词》《虞美人馆杂记》（一）	《申报》第 15 版 "康乐特刊"（另刊于《新闻报》1935 年 8 月 31 日第 17 版）
1935.09.07	《虞美人馆杂记》（续）	《申报》第 15 版 "康乐特刊"（另刊于《新闻报》1935 年 9 月 14 日第 19 版）
1935.09.13	《钝根向独鹤道歉》	《新闻报》第 14 版
1935.09.14	《女性中毒者》	《新闻报》第 19 版
1935.09.21	《虞美人馆杂记》（续）《吸烟与吃烟》《有枪阶级》及漫画	《申报》第 14 版 "康乐特刊"
1935.09.22	《来函》	《新闻报》第 15 版
1935.09.28	《有枪阶级　浅予漫画 "王先生"》《戒烟无痛苦惟有蛋黄素》《虞美人馆杂记（续）·潜邸》	《新闻报》第 19 版 "康乐特刊"
1935.10.05	《无痛苦戒烟》	《申报》第 15 版 "康乐特刊"
1935.12.01	《吴门观剧记》	《新闻报》第 17 版
1935	《虚荣误》	《华洋月报》第 2 卷第 1 期
1935	《柏林之围》（译作，法国作家都德原著）	《北平交大周刊》第 66 期
1935	《治鼠疫神效方》	《丹方杂志》第 7 期
1935	《镇江的学生生活》（存疑）	《中国学生》第 1 卷第 4 期
1937.01.30	《松江的玩儿票》	《社会日报》第 1 版
1937.06.14	《钝根问候老友并为快乐家庭征文》	《新闻报》第 15 版
1937	《牛皮癣治验报告方》《毒治验报告》	《健宁》创刊号
1941	《近东的伊朗》（存疑）	《邡潮》第 12 期
1942	《壬午季夏久不雨，农田尽槁，疫疠横行，民多愁叹，至二十六日始得小雨，旋止，未足以救灾荒也。口占纪之》	《东方文化》第 1 卷第 4 期
1943.01.05	《钝根为亡室李夫人讣告》	《新闻报》第 3 版
1945.04.30	《启事：钝根母丧》	《新闻报》第 1 版

续表

时间	作品	出处
1945.07.04	《关于五万万大善举》	《光化日报》第 2 版
1945.07.10	《题江寒汀画师金鱼图》	《东方日报》第 3 版
1947	《邬采芹牧师传》 《邬母陈太夫人传》	《上海第一浸会堂百年史略》，上海中华浸会书局 1947 年版，第 87—89 页
1949	《旧话重提》	《弘化月刊》第 95 期
时间不详	《赠逸梅》	郑逸梅《南社丛谈》，上海人民出版社 1981 年版，第 323 页

附录三 民国时期王钝根研究资料汇目

篇目	作者	出处
《〈礼拜六〉编辑钝根夫妇小影（中华民国纪元前一年五月摄影）》		《礼拜六》1916 年第 100 期
《钝根随笔》	王钝根	《新申报·小申报》1919 年 4 月 7 日至 5 月 19 日
《赠王钝根》	傅熊湘	《南社》1919 年第 21 期
《钝根先生传》	陈蝶仙	《栩园游戏文集》，上海栩园编译社 1921 年版，第 10 页
《新年之回顾》	王钝根	《半月》1922 年第 1 卷第 10 期
《儿时顽皮史》	王钝根	《半月》1922 年第 1 卷第 16 期
《〈半月〉之良友：王钝根君（照片）》		《半月》1922 年第 2 卷第 1 期
《声讨王钝根》	梦殊	《礼拜六》1922 年第 171 期
《小说点将录》	大胆书生	《红杂志》1922 年第 1 期
《又广钝根先生》	丹翁	《晶报》1922 年 7 月 12 日第 2 版
《钝根先生鉴》	瘦蝯	《晶报》1922 年 7 月 27 日第 3 版
《杨丹斧王钝根》	丹翁	《晶报》1922 年 8 月 18 日第 2 版
《代王克琴谢王钝根贺启》	林屋	《晶报》1922 年 8 月 18 日第 2 版
《近代小说名家小史：王钝根》	许廑父	《小说日报》1923 年 1 月 23 日第 2 版
《近代小说名家小史：王钝根（续）》	许廑父	《小说日报》1923 年 1 月 26 日第 2 版
《近代小说名家小史：附载王钝根先生来函》	许廑父、王钝根	《小说日报》1923 年 1 月 29 日第 2 版
《说小说家》	刘渭贤	《礼拜六》1923 年第 198 期
《〈礼拜六〉编辑者王钝根：小说周刊之创始者（照片）》		《礼拜六》1923 年第 200 期
《本刊主撰者王钝根先生小照》		《心声》1923 年第 1 卷第 3 期

篇目	作者	出处
《家庭地狱》	王钝根	《半月》1923 年第 3 卷第 3 期
《〈商余〉姑娘相思王钝根》	红燕	《钟声》1923 年 9 月 22 日第 2 版
《双十节钝根为〈工商新闻〉索诗而小蝶去西冷（泠）未返，不获躲懒，率成三绝报命》	天虚我生	《新闻报》1923 年 10 月 10 日第 26 版
《日每不如钝根》	日每	《星华》1923 年 11 月 12 日第 2 版
《斥钝根》	芹孙	《星华》1923 年 11 月 17 日第 2 版
《钝根失窃》	梅花馆主	《金刚钻》1923 年 12 月 21 日第 3 版
《王钝根》	严芙孙	《全国小说名家专集》，云轩出版部 1923 年版
《钝根与〈社会之花〉》	严独鹤	《社会之花》1924 年第 1 卷第 1 期
《本刊编辑主任王钝根君小影》		《社会之花》1924 年第 1 卷第 1 期
《我也嫁给钝根》	无名女子	《社会之花》1924 年第 1 卷第 9 期
《温柔乡·楔子》	王钝根	《社会之花》1924 年第 2 卷第 1 期
《答谢钝根》	饶舌	《晶报》1924 年 2 月 24 日第 2 版
《戏答钝根》	丹翁	《晶报》1924 年 2 月 24 日第 2 版
《质钝根》	神龙	《轰报》1924 年 4 月 8 日第 2 版
《钝根先生放心》	伧夫	《工商新闻》1924 年 4 月 26 日第 6 版
《王钝根交了花运》	唳鹤	《金刚钻》1924 年 9 月 3 日第 3 版
《文艳亲王下嫁王钝根记》	周瘦鹃	《半月》1924 年第 3 卷第 13 期
《钝根危险呀》	性命交关	《新上海》1925 年 5 月 30 日第 2 版
《代钝根斥识窍人》	慕陶	《金刚钻》1925 年 6 月 3 日第 2 版
《文苑群芳谱》	慕芳	《红玫瑰》1925 年第 1 卷第 32 期
《王钝根君之谐诗》	蓬心	《红玫瑰》1925 年第 1 卷第 40 期
《王钝根、毕倚虹之拉夫影响》	A. R.	《三日画报》1925 年第 28 期
《总主笔王钝根先生（照片）》		《工商新闻百期汇刊》1925 年
《王钝根留须》		《三日画报》1926 年第 68 期
《钝根夫人之阃威》	豹啼	《工商新闻》1926 年 10 月 10 日第 18 版
《本报前载白沙、泪痕〈遣怀诗〉读之凄惋，率赋寄和，并尘寄痕、钝根、豁公诸君哂政》	天涯沦落人	《工商新闻》1926 年 12 月 18 日第 4 版
《每日一人：王钝根》	红丝	《小日报》1927 年 5 月 13 日第 2 版
《王钝根之一百元官司》	虎伯	《福尔摩斯》1927 年 11 月 26 日第 2 版

续表

篇目	作者	出处
《王钝根心乱如麻》	绿叶	《琼报》1928 年 6 月 14 日第 3 版
《王钝根为宝塔牌香妃霜征文》		《新闻报》1928 年 12 月 6 日第 16 版
《本社社长王钝根先生近影（照片）》		《国货评论刊》1928 年第 2 卷第 6 期
《王钝根之广告债》	小侦	《晶报》1930 年 1 月 18 日第 2 版
《沈知方大捧王钝根》	若睹	《上海报》1930 年 2 月 3 日第 3 版
《王钝根忽发官兴》	痴珠、张冠	《上海滩》1930 年 6 月 4 日第 3 版
《王钝根悄然离京》	邪许	《小日报》1930 年 8 月 16 日第 3 版
《九月一日将有一日"响报"者出版》		《福尔摩斯》1930 年 8 月 29 日第 3 版
《静安寺设义务学校，王钝根为义务指导（题目自拟）》		《金刚钻》1932 年 8 月 23 日第 2 版
《王钝根发明报屁股》	病鸳	《东方日报》1932 年 8 月 23 日第 2 版
《王钝根作书警世》	然	《晶报》1933 年 9 月 23 日第 2 版
《王钝根公子之奇疾》	波罗	《时代日报》1933 年 10 月 20 日第 2 版
《王钝根赔钱鬻刺》	文殊	《时代日报》1933 年 10 月 25 日第 2 版
《驳钝根"无痛苦戒烟"》	恪三	《医药评论》1935 年第 131 期
《王钝根先生命造》	任培初	《小日报》1936 年 4 月 17 日第 3 版
《文学家王钝根被控诈欺，下月六日传讯》		《立报》1936 年 10 月 24 日第 3 版
《冠东公司糖厂子虚乌有，久孚合记营造厂经理控告王钝根，追还信用金三千元》		《时报》1936 年 10 月 24 日第 8 版
《王钝根具状辩诉》		《时报》1936 年 10 月 27 日第 4 版
《文坛前辈王钝根先生牵涉被控（题目自拟）》		《金刚钻》1937 年 3 月 1 日第 3 版
《沈禹钟与王钝根》	鱼庵	《金刚钻》1937 年 6 月 26 日第 4 版
《王钝根信星命》	奠耳公、猫庵	《金刚钻》1937 年 7 月 31 日第 4 版
《关于王钝根的谣言》	依依	《战时日报》1937 年 11 月 10 日第 4 版
《关于王钝根的谣言续》	依	《战时日报》1937 年 11 月 11 日第 4 版
《王钝根之晚境遭遇》	悱恻	《东方日报》1938 年 2 月 22 日第 2 版
《徐三档师事王钝根》	耳神	《上海生活》1938 年第 2 卷第 7 期
《徐三档在苏州师事王钝根》	一邱	《香海画报》1938 年第 23 期
《王钝根摇身一变》	秋心	《社会日报》1938 年 9 月 13 日第 2 版

续表

篇目	作者	出处
《王钝根称觞祥符寺》	苏人	《力报》1938 年 11 月 18 日第 2 版
《王钝根及其他》	柳莹	《大路》1940 年第 4 卷第 1 期
《钝根编〈自由谈〉趣事》	丁慕琴	《东方日报》1944 年 8 月 28 日第 3 版
《报界名老枪王钝根戒烟》	阿拉	《海涛》1946 年第 9 期
《四十年来〈自由谈〉人物志——反馈钉的王钝根》	孙鹤	《申报馆内通讯》1948 年第 2 卷第 2 期
《再谈〈自由谈〉人物——王钝根、周瘦鹃两先生近状》	盛俊才	《申报馆内通讯》1948 年第 2 卷第 3 期
《文艺忆旧录之四：记王钝根》	瘦蝶	《永安月刊》1948 年第 108 期
《钝根营生圹》	景云	《东方日报》1948 年 4 月 21 日第 2 版

附录四　已知王钝根书法作品目录

（一）书报杂志题签

作品内容	出处	创作时间
《申报·自由谈》刊名题签	《申报·自由谈》各期	1911—1915 年
《自由杂志》题签	《自由杂志》各期	1913 年
《游戏杂志》题签	《游戏杂志》各期	1913—1917 年
《礼拜六》封面题签	《礼拜六》各期	1914—1916 年， 1921—1923 年
《掷果缘》封面书名题签	黄退安撰《掷果缘》，新中华书社 1915 年版	1915 年
《寄心琐语》封面书名题签	余其锵撰《寄心琐语》，民初铅印本。题字后有"钝根署检"字样及"屯艮"印章。（依柳亚子序与王德钟跋可知，此书约刊印于民国六年）	约 1917 年
《鞠部丛刊》书内栏目题签"粉墨月旦"	周剑云编《鞠部丛刊》，上海交通图书馆 1918 年版	1918 年
《爱个丝光》封面书名题签	张枕绿撰《爱个丝光》，枕华出版部 1919 年出版	1919 年
《滑稽画报》刊名题眉	《滑稽画报》1919 年第 1 期，上海画报社出版	1919 年
《百弊丛书》书名题签	王钝根编撰《百弊丛书》，中华图书馆集成公司 1919 年版	1919 年
《游戏新报》书内栏目题签"艺林"	《游戏新报》1920 年第 1 期	1920 年
《戏学大全》题字	《申报》1920 年 6 月 1 日刊有此书出版广告，言"刘豁公先生第一杰作《戏学大全》，夏月珊先生详加校正……钝根的题字，光宇先生的封面画……"	1920 年

续表

作品内容	出处	创作时间
《千秋》封面题签	《千秋》1923 年第 1 期（张舍我编，今未见）（据郑逸梅《民国旧派文艺期刊丛话》，《鸳鸯蝴蝶派研究资料》（上卷），上海文艺出版社 1984 年版，第 435 页）	1923 年
《全国小说名家专集》封面书名题签	严芙孙编撰《全国小说名家专集》，云轩出版社 1923 年版	1923 年
《鸳湖杂志》刊名题签	《鸳湖杂志》1923 年第 2 期	1923 年
《小说旬报》刊名题签	《小说旬报》1923 年 7 月 14 日第 1 版	1923 年
《奇侠精忠传》封面书名题签	赵焕亭撰《奇侠精忠传》（正、续集），上海益新书局 1923—1927 年版	1923 年
《唐宫二十朝演义》扉页书名题签	许啸天《唐宫二十朝演义》，上海新华书局 1928 年版	1927—1928 年
《江南酒侠传》扉页书名题签	钟吉宇撰《江南酒侠传》，上海春明书店 1929 年版	1929 年
《民国通俗演义》封面书名题签	许廑父撰《民国通俗演义》（卷 14—16），上海会文堂新记书局 1930 年版	1930 年
《惊人奇侠传》封面书名题签	赵焕亭撰《惊人奇侠传》，上海华成书局 1930 年版	1930 年
《五岳奇侠传》封面书名题签	朱霞天撰《五岳奇侠传》，上海中央书店 1930 年印行	1930 年
《古今碑帖集成》题签	《申报》1936 年 5 月 15 日第 1 版《古今碑帖集成》广告，"全集一百五十种，每种均由当代大书家王钝根先生题签，字迹十分娟秀，尤属可贵"	1936 年

（二）报刊题词、祝词

作品内容	出处	创作时间
《实业旬报》祝词十七"富国利民"	《实业旬报》1919 年第 1 卷第 1 期	1919 年
《晶报》题字"刮目相看"	《晶报》1919 年 3 月 3 日第 2 版版头	1919 年

续表

作品内容	出处	创作时间
《礼拜六一百三十期增刊》封面题词 "三十节，荒原古树凄凉绝。凄凉绝，西园黄叶，水声呜咽。外交屡弱金瓯缺，中原多故思先烈。思先烈，一江残照，惨红如血。《调寄忆秦娥》，韵琴题，钝根书"	《礼拜六》 1921 年第 130 期增刊	1921 年
《新女子》杂志祝词 "黜奢崇俭"	《新女子》1922 年第 1 期	1922 年
《金刚钻》题字 "光怪陆离"	《金刚钻》 1923 年 12 月 30 日第 3 版	1923 年
《中国画报》题词 "无美弗备"	《中国画报》1925 年第 1 期	1925 年
题梅兰芳小影 "梅兰芳赞：花容月貌，蕙质兰心，冶而不荡，乐而不淫，有志于发扬国光，而其艺术亦洵足以迈古而开今。丁卯中冬钝根题"	徐慕云编《梨园影事》（上），大东书局 1933 年版	1927 年
《国货评论刊》题识 "二十年前余为《申报》编辑，即已主张抵制日货，提倡国货。时犹在满清腐化政府之下，朝野沉沉，不知民众运动为何物。惟赖社会上一二有心人激于义愤，发为文章，冀得唤醒国人迷梦。然而言者谆谆，听者藐藐，外人且得挟官僚之势力以相钳制，一时义举渐就消沉，直至今日始得见此大规模之国货展览会。惜乎当年同志，半没蒿莱，已不及睹此盛况矣。悲哉！余今感于蒋君惠邦之热诚毅力，愿为承乏国货评论社长，深望天祐中华，我同胞提倡国货之恒心与日俱进，不复如昙花之一现，则于救国御侮之道，其庶几乎！钝根识"	《国货评论刊》 1928 年第 2 卷第 6 期	1928 年
《墨梯》题词 "新中国文化之美质钟毓于女子，女子才德之培养最盛于《墨梯》，本刊者《墨梯》成绩之代表也。得此一编，宜以兰花之精，盥手而后读之。珍重，珍重。民国二十年正月钝根拜题"	《墨梯》1931 年年刊，中西女塾发行	1931 年
《卫生杂志》题词 "心境快乐，可愈百病。受侮不争，受毁不辨。处困辱而不愠，视穷居如富贵，更无忧闷之事矣。壬申七月钝根"	《卫生杂志》1932 年第 2 期	1932 年
《风琴胡琴京调曲谱大观·第三集》扉页题字 "谱出新声"	许志豪编《风琴胡琴京调曲谱大观·第三集》，上海大东书局 1933 年版	1933 年

续表

作品内容	出处	创作时间
题程砚秋小影"幽娴贞静"	徐慕云编《梨园影事》（上），上海大东书局 1933 年版	约 1933 年
《辛丰织印绸厂三周纪念特刊》题字"妙比天孙"	1934 年《辛丰织印绸厂三周纪念特刊》扉页	1934 年

（三）楹联、立轴等

作品内容	出处	创作时间
壬戌四月 云璈已通尘外意，琴书徒立世间名。 钝根王晦	于建华：《南社名家书画鉴赏》，中国书店 2012 年版，第 22 页	1922 年
壬戌四月 久知轩冕应无分，聊向渔樵寄此身。 钝根王晦	李海珉《南社书坛点将录》，苏州大学出版社 2012 年版，第 438 页	1922 年
集王廷珪、白居易诗句，小麟仁兄大雅正之 花间酌酒邀明月，石上题诗扫绿苔。 癸亥九月上澣 钝根弟王晦	《本刊编辑王钝根先生墨宝》，《心声》1923 年第 2 卷第 10 期	1923 年
丁卯孟春之月 人情更比秋云薄，世路犹输蜀道平。 钝根王晦	《王钝根之楹联》，《红玫瑰》1927 年第 3 卷第 42 期	1927 年
年来闭门养晦，与世无争，而横逆之乘，续续不已。毁我名誉，攫我资财，亦既穷无立锥，人犹以为未足，必使众怒交集，不容分辩而后快。于是知社会为杀人之机关，造谤者操刃，良懦供其宰割而已。丁卯十月钝根	《王钝根之立轴》，《红玫瑰》1927 年第 3 卷第 42 期	1927 年
戊辰三月十日，与悟奇、化佛、雪泥诸兄饮于艺乘书画社，劂谈极欢，人生不可多得之会也。钝根王晦	《王钝根之书》，《联益之友》1928 年第 96 期	1928 年
介民仁兄大雅正之 空江短棹浮诗卷，别岸飞花扑练裙。 己巳二月钝根王晦	上海市青浦区博物馆编《水乡遗珍 青浦博物馆馆藏文物集萃》，上海人民出版社 2018 年版，第 372 页	1929 年
志□老友大画师粲正 名园宜集新诗友，浊酒须酬老画师。 壬申九月钝根书于青浦公园	李海珉《南社书坛点将录》，苏州大学出版社 2012 年版，第 437 页	1932 年
范我世兄雅属 呼龙耕烟种瑶草，踏天磨刀割紫云。 钝根王晦	陈范我（藏）《书家王钝根墨迹》，《咪咪集》1934 年第 1 卷第 8 期	时间未知，应在 1934 年之前

续表

作品内容	出处	创作时间
祖范棣台诗句属书 **野树轻烟笼旭日，荒村浅碧拥松萝。** 丁亥重阳钝根①	陈祖范《近代书苑采英·王钝根》，浙江美术学院出版社 1992 年版，第 27 页	1947 年
时衰幸未丧斯文，大雅扶轮赖有君。珍重名山藏著作，他年际会待风云。	陈祖范《近代书苑采英·王钝根》，浙江美术学院出版社 1992 年版，第 24 页	时间未知，在三四十年代
心佩先生正字 **不解养生偏得寿，颇思离世乃成名。** 钝根王晦	王朝宾主编《民国书法》，河南美术出版社 1989 年版，第 188 页	时间未知

---

① 陈祖范加题："此余廿三岁时猎屐吴淞所得句也。第五字原为旸，钝根前辈易作笼字，乃得诗意之朦胧美。忽忽五十寒暑矣！"《莺湖陈祖范诸体书法继雅堂题跋合辑》，上海教育出版社 2000 年版，第 120 页。

参考文献

一 目录书

［日］樽本照雄编：《新编增补清末民初小说目录》，齐鲁书社 2002 年版。

北京图书馆编：《地方志人物传记资料丛刊》（华东卷），北京图书馆出版社 2007 年版。

刘永文编著：《民国小说目录（1912—1920）》，上海古籍出版社 2011 年版。

龙向洋主编：《美国哈佛大学哈佛燕京图书馆藏民国文献丛刊》，广西师范大学出版社 2012 年版。

全国图书联合目录编辑组编：《1833—1949 全国中文期刊联合目录》（增订本），书目文献出版社 1981 年版。

上海图书馆编：《上海图书馆馆藏近现代中文期刊总目》，上海科学技术文献出版社 2004 年版。

上海图书馆编：《上海图书馆馆藏中文报纸副刊目录（1898—1949）》，上海图书馆，1985 年。

上海图书馆编：《上海图书馆馆藏中文报纸目录（1862—1949）》，上海图书馆，1982 年。

上海图书馆编：《中国近代期刊篇目汇录》，上海人民出版社 1965—1985 年版。

王继权、夏生元编：《中国近代小说目录》，百花洲文艺出版社 1998 年版。

吴俊、李今、刘晓丽、王彬彬编：《中国现代文学期刊目录新编》，上海人民出版社 2010 年版。

二 专著

［清］徐公修编校：《国朝青浦人泮录》，清光绪己亥年（1899）

刊本。

　　［英］托·斯·艾略特：《艾略特文学论文集》，李赋宁译注，百花洲文艺出版社 1994 年版。

　　阿英：《阿英全集》，安徽教育出版社 2003 年版。

　　包天笑：《钏影楼回忆录》，上海三联书店 2014 年版。

　　曹惠民编校：《现代通俗文学的"幽默大师"程瞻庐》，南京出版社1994 年版。

　　陈布雷：《陈布雷集》，东方出版社 2011 年版。

　　陈蝶仙：《泪珠缘》，中华图书馆 1932 年版。

　　陈定山：《春申旧闻》，海豚出版社 2015 年版。

　　陈定山：《春申旧闻续》，海豚出版社 2015 年版。

　　陈国安：《南社旧体文学著述叙录（初编）》，上海古籍出版社 2016年版。

　　陈平原、夏晓虹编：《二十世纪中国小说理论资料》（第一卷），北京大学出版社 1997 年版。

　　陈祖范：《近代书苑采英》，浙江美术学院出版社 1992 年版。

　　程季华主编：《中国电影发展史》（第一卷），中国电影出版社 1980年版。

　　杜长胜主编：《京剧与中国文化传统——第二届京剧学国际学术研讨会论文集》，文化艺术出版社 2008 年版。

　　杜长胜主编：《京剧与现代中国社会（上）——第三届京剧学国际学术研讨会论文集》，文化艺术出版社 2010 年版。

　　范伯群：《礼拜六的蝴蝶梦：论鸳鸯蝴蝶派》，人民文学出版社 1989年版。

　　范伯群：《中国现代通俗文学史》（插图本），北京大学出版社 2007年版。

　　范伯群主编：《中国近现代通俗作家评传丛书》，南京出版社 2004年版。

　　范烟桥：《中国小说史》，苏州秋叶社 1927 年版。

　　冯并：《中国文艺副刊史》，华文出版社 2001 年版。

　　韩伟表：《中国近代小说研究史论》，齐鲁书社 2006 年版。

　　胡安定：《多重文化空间中的鸳鸯蝴蝶派研究》，中华书局 2013年版。

　　胡朴安：《南社丛选》，上海国学社 1936 年版。

胡适著，季羡林主编：《胡适全集》，安徽教育出版社 2003 年版。

花宏艳：《〈申报〉的文人群体与文学谱系》，商务印书馆 2021 年版。

花宏艳：《〈申报〉刊载旧体诗研究（1872—1949）》，凤凰出版社 2018 年版。

黄霖、韩同文选注：《中国历代小说论著选》（修订本），江西人民出版社 2000 年版。

黄霖编著：《历代小说话》，凤凰出版社 2018 年版。

姜国：《南社小说研究·初探》，吉林大学出版社 2012 年版。

柳无忌、殷安如编：《南社人物传》，社会科学文献出版社 2002 年版。

柳亚子著，柳无忌编：《南社纪略》，上海人民出版社 1983 年版。

鲁迅：《鲁迅全集》，人民文学出版社 2005 年版。

鲁云奇编：《家庭万宝全书》，中华图书集成公司 1918 年版。

陆费逵：《陆费逵文选》，中华书局 2011 年版。

陆康主编：《澹安藏札》，上海锦绣文章出版社 2011 年版。

路滨生编：《中国黑幕大观》，中华图书集成公司 1918 年版。

栾梅健：《纯与俗的变奏》，山东友谊出版社 2006 年版。

吕碧城：《信芳集》，上海 1918 年铅印本。

孟兆臣：《中国近代小报史》，社会科学文献出版社 2005 年版。

钱化佛述，郑逸梅撰：《三十年来之上海》，上海书店出版社 1984 年版。

芮和师等编：《中国文学史资料全编（现代卷）：鸳鸯蝴蝶派文学资料》，知识产权出版社 2010 年版。

《上海电影志》编纂委员会编：《上海电影志》，上海社会科学院出版社 1999 年版。

上海市青浦区政协办公室编：《〈话说青浦〉丛书》，上海市青年报社印刷厂 2004 年版。

上海市青浦文化局、青浦博物馆编：《青浦革命文化史料》，上海市青浦文化局 1991 年版。

上海图书馆：《近代中文第一报——〈申报〉》，上海科学技术文献出版社 2013 年版。

申报馆编：《最近之五十年——申报馆五十周年纪念》，上海书店出版社 1987 年版。

申报年鉴社编：《申报年鉴全编》，国家图书馆出版社 2010 年版。

沈雁冰：《茅盾全集》，人民文学出版社 1984 年版。

史和、姚福申、叶翠娣编：《中国近代报刊名录》，福建人民出版社 1991 年版。

孙超：《民初上海小说界研究》，上海古籍出版社 2023 年版。

孙之梅：《南社研究》，人民文学出版社 2003 年版。

天虚我生：《栩园游戏文集》，栩园编译社 1921 年版。

王钝根、王大错等编撰：《戏考》（全四十册），中华图书馆 1916—1925 年版。

王钝根编：《伍平一先生珍藏先烈黄克强陈英士两公遗墨》，上海全球华侨总公会秘书处，1933 年版。

王钝根等编：《百弊丛书》，中华图书集成公司 1919 年版。

王敏：《上海报人社会生活（1872—1949）》，上海辞书出版社 2008 年版。

王新命：《新闻圈里四十年》，台北：海天出版社 1957 年版。

王之泰、丁俭编：《南社王大觉诗文集》，香港：中国美术出版社 2009 年版。

魏绍昌编：《吴趼人研究资料》，上海古籍出版社 1980 年版。

魏绍昌编：《鸳鸯蝴蝶派研究资料》，上海文艺出版社 1984 年版。

文娟：《结缘与流变——申报馆与中国近代小说》，广西师范大学出版社 2009 年版。

萧相恺：《中国文言小说家评传》，中州古籍出版社 2004 年版。

谢洪赉编：《证道集》，中华基督教青年会 1914 年版。

谢菊曾：《十里洋场的侧影》，花城出版社 1983 年版。

严芙孙编撰：《全国小说名家专集》，云轩出版社 1923 年版。

严家炎编：《二十世纪中国小说理论资料》（第二卷），北京大学出版社 1997 年版。

杨天石、王学庄编著：《南社史长编》，中国人民大学出版社 1995 年版。

姚鹓雏：《姚鹓雏文集》，上海古籍出版社 2008—2012 年版。

俞子林主编：《百年书业》，上海书店出版社 2008 年版。

袁昶超：《中国报业小史》，香港：新闻天地出版社 1957 年版。

袁进主编：《都市魔方：鸳鸯蝴蝶派散文大系（1909—1949）》，东方出版中心 1997 年版。

张静庐：《在出版界二十年》，江苏教育出版社 2005 年版。

张仁静、钱崇威、金咏榴等编撰：《青浦县续志》，苏州陈海泉民国二十三年（1934）刻本。

张仲礼主编：《上海社会科学志》，上海社会科学院出版社 2002 年版。

郑汝德整理，雷群明选编：《郑逸梅收藏名人手札百通》，学林出版社 1989 年版。

郑逸梅编著：《南社丛谈》，上海人民出版社 1981 年版。

郑逸梅：《尺牍丛话》，上海古籍出版社 2004 年版。

郑逸梅：《书报话旧》，中华书局 2005 年版。

中国科学院上海经济研究所、上海社会科学院经济研究所编：《南洋兄弟烟草公司史料》，上海人民出版社 1958 年版。

周瘦鹃等：《小说丛谭》，大东书局 1926 年版。

周瘦鹃：《花前琐记》，浙江人民美术出版社 2019 年版。

朱联保编撰：《近现代上海出版业印象记》，学林出版社 1993 年版。

朱瘦菊：《歇浦潮》，上海古籍出版社 1991 年版。

朱双云编著：《新剧史》，赵骥校勘，文汇出版社 2015 年版。

左鹏军：《晚清民国传奇杂剧考索》，人民文学出版社 2005 年版。

三　学位论文

卞李雪：《传播学视域下的〈社会之花〉研究》，硕士学位论文，安徽师范大学，2015 年。

董黎丽：《〈申报·自由谈〉研究》，硕士学位论文，河南大学，2007 年。

杜竹敏：《〈民国日报〉文艺副刊研究（1916—1924）》，博士学位论文，复旦大学，2010 年。

付珊珊：《〈礼拜六〉小说创作的性别叙事研究（1914—1916）》，硕士学位论文，长春师范大学，2021 年。

季宵瑶：《"鸳鸯蝴蝶派"之再考察：1920 年代上海文人交流网络》，硕士学位论文，复旦大学，2008 年。

贾金利：《〈礼拜六〉杂志编辑思想评析》，硕士学位论文，河南大学，2005 年。

刘永文：《晚清报刊小说研究》，博士学位论文，上海师范大学，2004 年。

马静：《〈礼拜六〉前百期言情小说研究》，硕士学位论文，济南大学，2011 年。

牛文静：《〈申报·海外奇谈〉研究（1911—1915）》，硕士学位论文，华中师范大学，2013 年。

宋艳云：《后百期〈礼拜六〉研究》，硕士学位论文，济南大学，2012 年。

孙超：《民初"兴味派"小说家研究（1912—1923）》，博士学位论文，复旦大学，2011 年。

吴兴宇：《在传统与现代之间——〈礼拜六〉前百期小说研究》，硕士学位论文，复旦大学，2008 年。

谢凤麟：《〈礼拜六〉的妇女观研究》，硕士学位论文，华中科技大学，2021 年。

周逸欣：《〈礼拜六〉副文本研究》，硕士学位论文，苏州大学，2021 年。

祝云赛：《清末民初报刊言情小说研究》，硕士学位论文，复旦大学，2011 年。

四　期刊论文

陈建华：《1920 年代"新""旧"文学之争与文学公共空间的转型——以文学杂志"通信"与"谈话会"栏目为例》，《现代中文学刊》2009 年第 4 期。

邓瑗：《"逃避自由"——〈礼拜六〉言情小说与现代情感结构转型难题》，《文学评论》2023 年第 3 期。

杜莎：《从〈礼拜六〉杂志看其主编王钝根的编辑意识》，《东南传播》2012 年第 3 期。

杜新艳：《〈申报〉的过渡时代》，《汉语言文学研究》2011 年第 2 期。

房栋：《〈申报·自由谈〉"游戏文章"研究》，《现代中文学刊》2016 年第 4 期。

黄霖：《民国初年"旧派"小说家的声音》，《文学评论》2010 年第 5 期。

黄霖：《清末民初小说话中的几个理论热点》，《复旦学报》2009 年第 1 期。

王樊逸：《在"救世"与"游戏"之间——王钝根编辑思想刍议》，《苏州科技学院学报》2007 年第 2 期。

吴绍群：《论王钝根〈社会之花〉的编辑特征》，《中国出版史研究》2021 年第 1 期。

袁省达：《申报〈自由谈〉源流》，《新文学史料》1978 年第 1 期。

曾景忠：《朱少屏与南社》，《档案与史学》2003 年第 2 期。

朱泽宝：《"兴味派"文人与小说话关系探论》，《复旦学报》2019 年第 5 期。

五　民国时期报刊

陈蝶仙主编：《女子世界》，中华图书馆，1914—1915 年。

高剑华主编：《眉语》，新学会社，1914—1916 年。

工商新闻社：《工商新闻》，工商新闻社，1923—1927 年。

国货评论社：《国货评论刊》，国货评论社，1925—1933 年。

寰球中国学生会编：《环球》，寰球中国学生会，1916—1920 年。

寰球中国学生会编：《学生会会报》，寰球中国学生会，1915 年。

寰球中国学生会编：《寰球中国学生会周刊》，寰球中国学生会，1919 年。

李定夷、许指严等编：《小说新报》，小说新报社，1915—1923 年。

李涵秋主编：《快活》，世界书局，1923 年。

刘豁公、董柏厓主编：《春之花小说季刊》，上海山东路青青社，1926 年。

刘豁公、董柏厓主编：《夏之花小说季刊》，上海山东路青青社，1926 年。

刘铁冷、蒋箸超主编：《民权素》，民权部，1914—1916 年。

商报馆：《商报》，商报馆，1922—1946 年。

上海青年会编：《上海青年》，上海青年会，1902—1949 年。

申报馆：《申报》，申报馆，1872—1949 年。

时报馆：《时报》，时报馆，1904—1939 年。

童爱楼主编：《自由杂志》，申报馆，1913 年。

王钝根、刘豁公等主编：《心声》，心心照相馆，1922—1924 年。

王钝根、刘豁公主编：《说部精英》，五洲书社，1924—1926 年。

王钝根主编：《工商新闻百期汇刊》，工商新闻社，1925 年。

王钝根主编：《礼拜六》，中华图书馆，1914—1923 年。

王钝根主编：《明星画报》，新申报馆，1917 年。

王钝根主编：《社会之花》，藜青社，1924—1925 年。

王钝根主编：《游戏杂志》，中华图书馆，1913—1915 年。

王均卿等编：《香艳杂志》，中华图书馆，1914 年。

王天恨、邵飘飘主编：《新上海》，沪滨出版社，1933—1935 年。

吴双热、徐枕亚主编：《小说丛报》，小说丛报社，1914—1916 年。

新申报馆：《新申报》，新申报馆，1916—1922 年。

新闻报馆：《新闻报》，新闻报馆，1893—1949 年。

兴华报社：《兴华报》，兴华报社，1904—1937 年。

严独鹤主编：《红杂志》，世界书局，1922—1924 年。

严芙孙、孙纬才主编：《小说日报》，小说日报社，1922—1923 年。

余大雄主编：《晶报》，晶报报社，1919—1940 年。

俞颂华主编：《申报月刊》，申报馆，1932—1935 年。

张枕绿主编：《最小》，良晨好友社，1922 年。

郑留主编：《永安月刊》，永安公司，1939—1949 年。

郑振铎等主编：《文学旬刊》，文学研究会，1921—1923 年。

中国商业研究会：《中国商业月报》，中国商业研究会，1910—1920 年。

周瘦鹃主编：《半月》，大东书局，1921—1925 年。

周瘦鹃主编：《游戏世界》，大东书局，1921—1923 年。

人名索引

后　记

　　这篇博士学位论文的准备工作是从 2013 年开始的，中间几经修改，到现在计划校订出版，已近十年。一开始，论文写定的题目是"王钝根的文学思想研究"；2016 年进行论文答辩时，几位评审老师建议将题目改成"民国报人作家王钝根研究"；2020 年申请国家社科后期资助的时候，我又将标题改为"被塑造的旧派：报人王钝根的文学生活考察"；而后来获得资助结果公示上写的却是"王钝根的文学生活研究"。最后我的定稿还是回到"民国报人作家王钝根研究"这个题目。或许是给王钝根加个合适的定语太难了，似乎每一种描述都无法准确地概括他的身份。

　　他是个办报刊的，也是个创作者，但他办报的时间断断续续，作品中的佳构并不算多。他是《申报·自由谈》最早的主编，但大家并不记得他；他创办了《礼拜六》小说周刊，但关于《礼拜六》大家只会想到周瘦鹃。他写旧体诗词，也写短篇小说，他参加过科举，也经过商。他很主动地接纳了白话，也和胡适、陈独秀有过交集。他喜欢用"游戏文章"讽刺民国政府，也常常在小说里批评"新式女子"。而他的人生又是那样的凄惨，不仅经商破产、婚姻不幸，还先后夭折了两个孩子，又是在那样战火不断的年月里。王钝根就是这样一个半新不旧的人，文笔在新旧之间，思想也在新旧之间。他有许多古今新旧的纠结，他的文学生命也有许多囿于时代的必然性。

　　王钝根所有的作品合在一起可以出版几大册子，但那些文字大多是急就之章，有些还特别像今天人们在微博上发的牢骚、在"树洞"里写的段子。他这样普通的成就，让我从选题到成文，一直倍感失落。他跟李白、杜甫那些耀眼的名字相差太远了，这种差距让我在完成论文之后，仍有一种学术自卑感。我一度想更换研究对象，又无数次尝试去寻找王钝根文学作品的价值，还常常反思整理这样一个普通文人的文学文献是否真的有意义。王钝根就是这样一个被时代陶冶和影响的人，是一个生活在清末至民国时期的普通文人的样本。他的生平及文学成就大约可以代表那个时代文人的平均水平，而围绕在他身边的是处于新旧之交的普通文人群体。我在论文里试图用王钝根的个人文学史，呈现清末民国时期通俗文学界的整体面貌和形态；我用了附录和索引的形式，以求能够更多层次地展现那个时代的文学内容。

原本的博士学位论文，结构分为两大部分，共八个章节。第一部分是梳理陈述王钝根各个阶段的编辑生涯，第二部分是分析他的游戏文章、小说、剧评、诗歌等文学作品，共四十余万字，文本征引很多，但过于零碎。这次重新整理的书稿，共删去十余万字，我将文章结构按时间顺序重新排列，将内容过于繁复的"王钝根年谱"改为了"年表"，删去了许多对王钝根具体作品的引用与分析，专注于考察他与新派文人的论争，专注于他与旧派文学界之间的关系，但最终除了展现更多通俗文学界的文人交往与创作细节外，得出的结论其实并未超出"知人论世""传统与个人才能"这些基本观点。我试图说明近代以来创作权下移、发表平台普及对文学带来的影响，但具体的论证并不充分。而且因为搜集到的材料过多，撰写草稿时堆砌太过，疏于裁剪，后来虽经数遍瘦身和修改，但行文中仍留有不少草稿的痕迹，以致最后的成稿仍有遗憾。这也是个人学识所限，希望将来还有机会完善。

这篇博士学位论文是我梳理民国时期旧文学文献的开始，不但后来的博士后报告是由当初梳理的材料而来，时至今日的许多新发现也只是当年材料的延伸。走上工作岗位，读书的劲头和时间都不比往日，这几年在学业上的进益也越来越少，耳闻目见的许多事更不断加重我的学术焦虑。2016 年年底，我无意中在孔夫子旧书网上看到自己的博士学位论文在售，上架时间居然是 2016 年 10 月，距我完成论文答辩不足五个月。类似匪夷所思的事情，迫使我重新思考翻阅故纸堆的初衷。这些年被评价体系推着不停地码字，看着是挣了一些工分，但却没了当初考索王钝根文献资料时的热情。

撰写这篇论文最吃力，也最有成就感的是对王钝根所有存世作品的搜集与整理。虽然王钝根是一个普通的文人，但他也是一个新媒体迅猛发展时代的文人，他的作品大都留存在报刊之上，所以查找他的相关文献真如秋风扫落叶，随查随有，越找越找不完。好在《申报》的内容可以全文检索，还有影印的纸本可以对校；好在那时复旦文科图书馆三楼收藏的民国旧杂志还可以直接翻阅。但是《新申报》《商报》《工商新闻》这些没有数字化的内容就很麻烦，去上海图书馆看胶卷，一天看不了多少，一个月下来眼睛也感觉要废了。幸运的是，不久得知学校历史系购买了许多近现代报刊的电子版，所以后来就在历史系资料室蹲了几个月，很顺利地把这些报纸上的相关条目逐一整理出来。这里要特别感谢复旦文科图书馆和历史系资料室，感谢上海图书馆近代文献资料室，感谢爱如生《申报》数据库和《晚清民国期刊全文数据库》，没有这些资源，就没有我的这篇论文，更不可能有今天的成书出版。

在论文撰写及书稿校订的过程中，我得到了许多人的帮助，最感谢的是导师黄霖先生。这篇文稿从选题到答辩，从校订到申请出版，无不得到他老人家的悉心指导；十余年来，自己从学业到工作，从做学术研究到为人处事，也无不得益于他的支持与帮助。感谢论文的评审及答辩老师：孙逊先生、谭帆老师、周兴陆老师、吴兆路老师、刘再华老师对论文提出的问题和修改建议。感谢国家后期资助项目评委老师对书稿出版计划的支持，对书稿题目、结构、行文及史料注引等各方面提出的宝贵修订意见。感谢读博期间朱家英、陈静毅、苏晨、董志、林苑、柳佳等同学和朋友给予我的诸多帮助。最后，还要感谢父母的理解，感谢爱人安江的陪伴，也感谢自己的坚持和努力。希望自己靠着这份坚持，能够走出学术的焦虑与迷雾，能够见到更广阔的天地。

2024 年 1 月于宁波大学